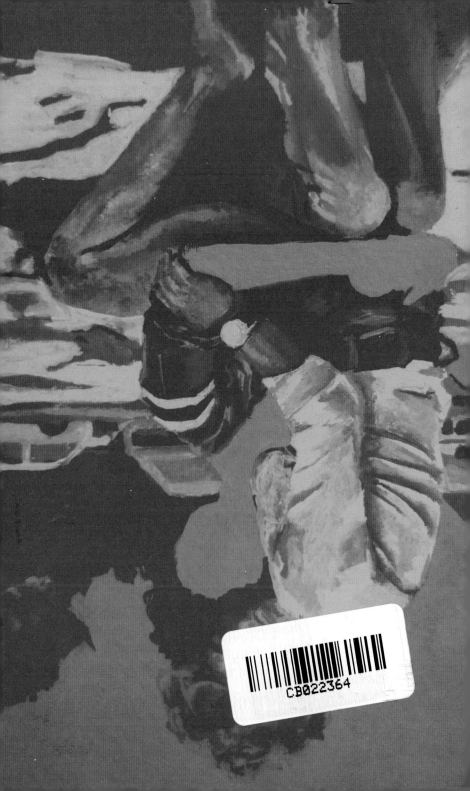

© Autonomia Literária, 2021.
© 2009 by Sherry Wolf.

Este livro foi publicado originalmente sob o título de *Sexuality and Socialism History, Politics, and Theory of* LGBT *Liberation,* pela Haymarket Books.

Coordenação editorial
Cauê Seignemartin Ameni, Hugo Albuquerque, Manuela Beloni
Tradução: Mariana Varandas Lazzari, Paulo Gabriel Galvão da Cunha, Matheus Henrique Gonçalves Silva, Guilherme Casciano Delgado (Coletivo LGBT Comunista)
Revisão técnica: Gabriel Varandas Lazzari.
Ilustração: Matheus Henrique Gonçalves Silva (Coletivo LGBT Comunista)
Capa: Rodrigo Côrrea/sobinfluencia
Diagramação e revisão de provas: Manuela Beloni

Conselho editorial
Carlos Sávio Gomes (UFF-RJ), Edemilson Paraná (UFC/UNB), Esther Dweck (UFRJ), Jean Tible (USP), Leda Paulani (USP), Luiz Gonzaga de Mello Belluzzo (Unicamp-Facamp), Michel Lowy (CNRS, França) e Pedro Rossi (Unicamp) e Victor Marques (UFABC).

Dados Internacionais de Catalogação na Publicação (CIP)
(eDOC BRASIL, Belo Horizonte/MG)

W855s Wolf, Sherry.
Sexualidade e socialismo: história, política e teoria da libertação LGBT / Sherry Wolf; tradução Coletivo LGBT Comunista. – São Paulo, SP: Autonomia, 2021.
424 p. : 14 x 21 cm

Título original: Sexuality and Socialism: History, Politics, and Theory of lgbt Liberation
ISBN 978-65-87233-55-0

1. Homossexualidade e socialismo. 2. Minorias sexuais. 3. Direitos dos homossexuais. I. Coletivo LGBT Comunista. II. Título.
CDD 341.48

Elaborado por Maurício Amormino Júnior – CRB6/2422

Autonomia Literária
Rua Conselheiro Ramalho, 945
CEP: 01325-001 São Paulo - SP
autonomialiteraria.com.br

SEXUALIDADE E SOCIALISMO

história, política e teoria da libertação LGBT

sherry wolf

Sumário

Prefácio à edição brasileira..................7

Nota da edição..11

Agradecimentos 21

Introdução..23

1 - As raízes da opressão LGBT.............35

2 - Repressão, resistência e guerra:
o nascimento da identidade gay..........63

3 - O mito da homofobia marxista.......103

4 - O nascimento do gay power 157

5 - Onde foi parar
a libertação gay? 185

6 - Em defesa do materialismo: pós-modernismo, políticas de identidade e a teoria *queer* em perspectiva 225

7 - Biologia, ambiente, gênero e orientação sexual 281

8 - Mexeu com um, mexeu com todos 315

9 - Libertação sexual para todos! 359

Posfácio à edição brasileira 395

Sobre a capa 419

Prefácio à edição brasileira

O livro que o leitor tem em mãos é fruto de esforço militante de tradução e divulgação de obras marxistas sobre história e teoria do movimento LGBT. Em seu texto, a pesquisadora estadunidense Sherry Wolf reflete sobre a história do movimento em seu país até o ano de sua escrita, em 2009, através da análise da construção social das identidades que compõem a sigla. Compreendemos que sua análise é importante referência para pensarmos a história do movimento LGBT brasileiro e seus rumos de luta por emancipação, e assim acreditamos por duas principais razões.

Primeiro porque a análise histórica de Wolf, cujo objetivo é propor rumos políticos para o movimento estadunidense, é um exemplo estrangeiro de um esforço necessário também em nosso país. É certo que as LGBTs fazem história, porém não de acordo com sua livre vontade. Isto significa que não podemos escolher as condições sob as quais atuamos, pois estas nos são legadas e transmitidas pelo passado. Entendemos que a qualidade/particularidade histórica da opressão altera diretamente tanto as possibilidades de atuação política dos oprimidos quanto suas demandas mais imediatas. Há que se ter em perspectiva que tais demandas se materializam em projetos coletivos, cujos objetivos são sempre respostas a uma conjuntura concreta de opressão. Reconhecer estes fatos significa reconhecer que sob o jugo de diferentes conjunturas forjam-se projetos políticos com diferentes objetivos. Compreender o porquê de o movimento ter tomado os rumos que tomou é ferramenta essencial, portanto, para a reflexão sobre para onde ele deve seguir.

Segundo porque o esforço teórico da autora é o de compreender essa história através das condições econômicas que propiciaram a constituição das identidades LGBT em solo estadunidense, esforço ainda pouco presente na historiografia LGBT brasileira. Entendemos que tanto a sexualidade quanto a identificação de gênero são fatores sociais, não biológicos. Não existem notícias anteriores à sociedade capitalista de identidades lésbicas, gays e bissexuais, apesar das inegáveis evidências de práticas homoeróticas ao longo dos séculos. Ao mesmo tempo em que no capitalismo o trabalho assalariado liberou o indivíduo da produção de sua vida em família e propiciou uma série de oportunidades para que desejos homoafetivos florescessem, foi nele que um processo organizado e específico de violência nos âmbitos jurídico, médico e religioso finalmente identificou e apartou pessoas umas das outras por conta de seus desejos sexuais. Tal processo é vivido imediatamente pelas LGBTs nas formas conhecidas do desemprego, da negação de acesso à saúde, da coerção física e da culpabilização moral que justifica tal realidade – todas consequências econômicas que versam sobre a possibilidade de sobrevivência dessas pessoas. Em maior escala, a situação de vulnerabilidade social das LGBTs disponibiliza à burguesia força de trabalho disposta a se vender a preço de fome e uma classe trabalhadora fragmentada e desunida. A norma heterossexual foi construída para designar o desvio homossexual – e tanto as razões quanto as consequências deste processo são econômicas. Almeja-se, portanto, que a obra da autora sirva de referência metodológica para refletirmos sobre a construção das identidades LGBT no Brasil e as condições mesmas de sua superação.

Em suma, esperamos que a repercussão desta obra acenda um debate político e teórico profundo em nosso país e que este contribua para a formulação de um projeto político revolucionário para as LGBTs da classe trabalhadora. Neste sentido, sugerimos após o término do livro a leitura do Posfácio à edição brasileira, assinado pelo Coletivo LGBT Comunista, onde contribuímos para esta discussão.

Boa leitura, camarada.

Coletivo LGBT Comunista[1]
Junho de 2021

---

[1] O *Coletivo LGBT Comunista* é um coletivo de luta da classe trabalhadora, de caráter revolucionário, focado na organização e na articulação política das especificidades da população trabalhadora que tem a exploração também caracterizada pelas opressões decorrentes de orientação sexual e identidade de gênero. Para conhecer mais sobre o coletivo e eventualmente militar conosco, acesse: https://lgbtcomunista.org. Caso queira contatar o coletivo, envie um e-mail para contato@lgbtcomunista.org.

Nota da edição

Em textos que não possuem tradução anterior para o português, manteve-se a referência à edição original e o trecho foi traduzido por nós. Textos que possuem tradução anterior para o português, colocou-se a mais recente e a tradução da edição correspondente.

Algumas referências de Wolf indicavam links para *sites* na internet que já saíram do ar. No caso de termos encontrado o texto na íntegra em outro link, foi alterado para o link em funcionamento; no caso de não termos encontrado, manteve-se o link conforme a publicação original do livro com a marcação [link indisponível na data de publicação da edição brasileira].

Ex.: STRYKER, Susan. "Marine Cooks and Stewards Union". *PlanetOut.com.* http://www.planetout.com/news/history/archive/marine.html [link indisponível na data de publicação da edição brasileira].

Nas notas de rodapé, onde não houver nenhuma notação prévia são simplesmente referências às obras ou comentários de Wolf; onde as notas começarem com a notação N.T são notas tradutológicas, em que comentamos aspectos da tradução específica de alguns termos, buscando apresentar seus contextos históricos; e onde começarem com a notação N.E são notas editoriais, em que buscamos explicar algum contexto histórico não ligado às questões tradutológicas, mas a questões específicas que aparecem no texto de Wolf e podem não ser familiares ao público brasileiro.

Nomes de organizações e publicações

A decisão a respeito dos títulos e nomes variou de acordo com o contexto. Para títulos e nomes com tradução possível, já existente ou consagrada, foi utilizada a tradução para maior aproximação do leitor brasileiro, sempre com o nome original no rodapé. Para outros títulos, foi mantido o original. As siglas sempre foram mantidas na forma original, para facilitar pesquisa futura do leitor.

Gírias e termos para designar LGBTs

As gírias que designam as LGBTs foram traduzidas quando não havia perda do sentido original. Ao longo do texto, no entanto, algumas vezes o original não pôde ser evitado, por se tratar de palavra intraduzível ou cuja literalidade seja importante no contexto. Exemplo da segunda foi a palavra "*queer*", que não tem paralelo perfeito na língua portuguesa e possui um significado político importante para a realidade estadunidense.

O adjetivo *radical*

Em inglês, o uso de "radical" como adjetivo para um militante ou ativista não tem paralelo em português. Isso porque, para nós, "radical" e "revolucionário" têm sentidos distintos, sendo o primeiro mais genérico e o segundo mais associado à uma perspectiva socialista ou comunista. Foi utilizado o termo que mais cabia em cada contexto.

Militante e ativista

Deparamo-nos com o uso de *militant* e *activist* quase como sinônimos. Porém, existe uma diferenciação precisa entre ambos os termos no Brasil, principalmente, nos últimos anos. É comum que "ativista" designe um indivíduo com uma postura crítica e ação contestatória, cuja atuação se dá no contexto de movimentos sociais e ONGs, o ativismo. Já a definição de "militante" é a daquele que luta pela transformação da realidade em uma organização política revolucionária. Assim, traduzimos para "militante" quando se tratava desse combatente e para "ativistas" ao designar aqueles que não têm uma atuação política organizada, por vezes, dispersa ou generalizada e, em alguns casos, tal como no original, membros de partidos da ordem.

Transgender

Deparamo-nos também com o termo *transgender* sendo utilizado de modo abrangente para se referir à população T. No Brasil, o cognato "transgênero" não é adotado em geral pelo movimento T, cujas associações convencionaram o uso de "travestis, mulheres transexuais e homens trans". Além disso, a realidade social das LGBTs estadunidenses é diferente da brasileira e nos é difícil afirmar nos casos em que a autora diz apenas "transgender" ou "trans people" que ela se refere a travestis, mulheres transexuais e homens trans, principalmente quando quando se trata de aspectos muito específicos da sociedade estadunidense. Pretendendo evitar uma falsa transposição da realidade das LGBTs brasileiras, optamos por traduzir conforme convencionado pelo movimento T no Brasil nas vezes em que cabia e como "transexual" ou "trans" nas de difícil aferição. Quanto à sigla LGBT: no dia 08 de junho de 2008, durante a I Conferência Nacional GLBT, com a participação de mais de 10 mil pessoas entre as etapas estaduais e federal, optou-se pela designação LGBT para o movimento social. A sigla foi ratificada no Encontro Brasileiro de Lésbicas, Gays, Bissexuais,

Travestis e Transexuais – EBLGBT ocorrido no mesmo ano. Optamos, portanto, por esta nomenclatura, embora de modo mais abrangente. Utilizamos LGBT nos referindo a lésbicas, gays, bissexuais, travestis, mulheres transexuais e homens trans.

SIGLAS

ACT UP – *AIDS Coalition to Unleash Power* / Coalizão de AIDS para Liberar o Poder

AFL-CIO – *American Federation of Labor and Congress of Industrial Organizations* / Federação Americana do Trabalho e Congresso de Organizações Industriais – AFL-CIO

AIDS – *Acquired Immunodeficiency Syndrome* / Síndrome de Imunodeficiência Adquirida

APA – *American Psychiatric Association* / Associação Americana de Psiquiatria

BAGL – *Bay Area Gay Liberation* / Libertação Gay da Baía de São Francisco

CDC – *Centers for Disease Control* / Centro de Controle de Doenças

CDCP – *Centers for Disease Control and Prevention* / Centro de Controle e Prevenção de Doenças

DOB – *Daughters of Bilitis* / Filhas da Bilitis

DOMA – *Defense of Marriage Act* / Lei de Defesa do Casamento

ECHO – *East Coast Homophile Organizations* / Organizações Homófilas da Costa Leste

ENDA – *Employment Non-Discrimination Act* / Lei de Não-Discriminação no Emprego

GAA – *Gay Activist Alliance* / Aliança Ativista Gay

GID – *Gender Identity Disorder* / Distúrbio de Identidade de Gênero

GMHC – *Gay Men's Health Crisis* / tradução livre: Crise de saúde de homens gays

GLC – *Gay Left Collective* / Coletivo de Esquerda Gay

GLF – *Gay Liberation Front* / Frente de Libertação Gay

GRID – *Gay Related Infectious Disease* / Doença Infecciosa Relativa aos Gays

HIV – *Human Immunodeficiency Virus* / Vírus da imunodeficiência humana

HRC – *Human Rights Campaign* / Campanha de Direitos Humanos

INSA – *Intersex Society of North America* / Sociedade de Intersexos da América do Norte

ISO – *International Socialist Organization* / Organização Internacional Socialista

IWW – *International Workers of the World* / Internacional dos Trabalhadores do Mundo

MCS – *Marine Cooks and Stewards Union* / Sindicato dos Cozinheiros e Camareiros de Navios

NGLTF – *National Gay and Lesbian Task Force* / Força Tarefa Nacional Gay e Lésbica

NOW – *National Organization for Women* / Organização Nacional para as Mulheres

p-flag – *Parents and Friends of Lesbians and Gays* / Pais e Amigos de Lésbicas e Gays

PCF – Partido Comunista Francês

PSL – *Party for Socialism and Liberation* / Partido pelo Socialismo e a Libertação

RCP – *Revolutionary Communist Party* / Partido Comunista Revolucionário

SDS – *Students for a Democratic Society* / Sociedade Democrática

SLDN – *Servicemembers Legal Defense Network* / Rede de Defesa Legal dos Servidores

SPD – *Sozialdemokratische Partei Deutschlands* / Partido Social-Democrata Alemão

SS – *Schutzstaffel* / Tropa de Proteção

SWP – *Socialist Workers Party* / Partido Socialista dos Trabalhadores

TAG – *Treatment Action Group* / Grupo de Ação para Tratamento

TVC – *Traditional Values Coalition* / Coalizão dos Valores Tradicionais

UFW – *United Farm Workers* / Trabalhadores Agrícolas Unidos – UFW

VA – *Veterans Administration* / Administração dos Veteranos

WHAM! – *Women's Health Action Mobilization* / Organização de Ação pela Saúde das Mulheres

WAC – *Women's Army Corps* / Corpo de Mulheres do Exército

WWP – *Worker's World Party* / Partido Mundial dos Trabalhadores

YIPPIES – *Youth International Party* / Partido Internacional da Juventude

YMCA – *Young men's Christians Association* / Associações Cristãs de Moços

YPSL – *Young People's Socialist League* / Liga Socialista dos Jovens

YSA – *Young Socialist Alliance* / Aliança da Juventude Socialista

Para Judy e Richard Wolf, meus pais, que encorajaram sua filha *tomboy* a praticar esportes, pensar por si própria, questionar a autoridade (mas talvez não a deles) e acreditar que nós podemos fazer a diferença.

Agradecimentos

Para quem vê de fora, escrever um livro parece ser uma atividade bastante solitária, e assim é em muitos aspectos. Mas minha visão de mundo e minhas ideias sobre sexualidade e socialismo foram moldadas por muitos colaboradores políticos através dos anos. Eu tenho a grande sorte de trabalhar ao lado de excelentes escritores, pensadores e ativistas marxistas que estão entre meus amigos mais queridos. Em primeiro lugar, e principalmente, eu devo agradecer a Paul D'Amato, meu editor, pelos *insights* e perguntas que me forçaram a esclarecer conceitos e arrematar algumas pontas soltas. Eu tenho certeza de que trabalhar comigo é difícil, e qualquer falha que haja neste livro é certamente só minha, embora eu saiba que algumas de suas qualidades devem-se aos estimulantes comentários editoriais de Paul. Além dos escritos e discursos de Sharon Smith sobre as mulheres e o socialismo, o trabalho nos EUA e outros assuntos incrivelmente variados, minhas conversas com ela ajudaram a formar muitas das ideias que acabaram compondo este livro. Eu devo agradecer também a Ahmed Shawki por me pedir para escrever o livro – e por pensar que eu tinha capacidade, apesar do fato de que eu nunca havia escrito um antes.

Debates frequentes com Joel Geier, Elizabeth Schulte, Alan Maass, Lee Sustar, Marlene Martin, Bill Roberts, Shaun Harkin, Lance Selfa e Eric Ruder forçaram-me a pensar melhor sobre o público leitor e os objetivos deste trabalho. Eu agradeço também a Jesse Sharkey, Jason Yanowitz, Annie Zirin, Julie Fain, Lauren Fleer, Keeanga-Yamahtta Taylor e Susan Swyer por terem piedosamente me salvado de suportar minha própria comida nesses últimos meses; e também por me trazerem questões, ideias, refutações e olhares confusos durante vários jantares. Eu não sei se todos perceberam que estavam me ajudando com o livro enquanto eu comia sua comida e bebia vinho, mas essas discussões fluidas me fizeram voltar para a biblioteca mais vezes do que eu gostaria de admitir. Em alguns capítulos, eu contei com a expertise de Dana Cloud, Aisha Karim, Matt Swagler, Phil Gasper e David Whitehouse, que fizeram comentários extremamente úteis. Eu também tenho que agradecer aos meus novos amigos, Scott McLemee do Inside Higher Ed[2] e Christopher Phelps da Universidade de Ohio, por me enviarem artigos úteis.

Agradeço também a Barry Sheppard por me apresentar ao pessoal na Biblioteca Holt Labor, em São Francisco. A investigação que Dave Florey fez pra mim nos arquivos da Universidade de Nova York (Tamiment) também foi de muita ajuda. E o conselho de Dave Zirin para não pensar neste trabalho como um livro, mas como se fosse a escrita de 72 artigos foi o tipo de dica boba e certeira que eu precisava do meu amigo, o jornalista esportivo que escreve para políticos que odeiam esportes e para atletas que odeiam política.

Por fim, eu gostaria de agradecer à equipe da Haymarket Books, que realizam o trabalho extraordinário de publicar com uma paixão e persistência que fazem jus a sua missão de criar "livros para mudar o mundo": Julie Fain, Anthony Arnove, Sarah Macareg, Rachel Cohen, Joe Allen, Bill Roberts e Dao Tran. É uma honra ser incluída na sua lista de autores.

---

[2] N.T: *Inside Higher Ed* (em português, "Por Dentro do Ensino Superior") é um portal de notícias, opinião, vagas de emprego e informação voltado para a comunidade acadêmica.

Introdução

Há uma contradição que permeia a política e a cultura da sociedade estadunidense a respeito de pessoas lésbicas, gays, bissexuais e travestis, mulheres transexuais e homens trans (LGBT). Por um lado, programas de TV bem avaliados e filmes vencedores de prêmios da Academia – como *Will & Grace*, *The L Word* e *Milk: A voz da igualdade* – retratam gays e lésbicas de uma maneira positiva. Por outro lado, a legislação federal e a da maioria dos estados nega o casamento igualitário, postos de trabalho e a proteção dos direitos civis para minorias sexuais. As taxas de violência contra LGBTs continuam sendo assustadoramente altas, inclusive a de assassinatos.[3] Pesquisas de opinião atuais, entretanto, demonstram um aumento considerável da aceitação, pela sociedade, de uma ampla variedade de comportamentos sexuais e de gênero desviantes.[4] Essa contradição é um produto de dois fatores: a emergência, no capitalismo moderno, de uma maior liberdade sexual para formar identidades sexuais que estejam fora da família tradicional; e a necessidade contínua do capitalismo de reforçar as normas de gênero que dão suporte à família "nuclear".

---

[3] Ver NATIONAL COALITION OF ANTI-VIOLENCE PROGRAMS. *Anti-Lesbian, Gay, Bisexual and Transgender Violence in 2007*. 2008. Disponível em: http://www.ncavp.org/common/document_files/Reports/2007HvReportFINAL.pdf.

[4] Os resultados da pesquisa foram citados a partir do texto CAMPO-FLORES, Arian. "A Gay Marriage Surge". *Newsweek*. Publicado em: 5 de dezembro de 2008.

Este trabalho utiliza uma visão de mundo marxista para examinar essa e outras questões – políticas, históricas e teóricas – sobre opressão sexual e de gênero, a fim de delinear um raciocínio sobre como podemos nos organizar para a libertação LGBT. Os fundadores do socialismo, Karl Marx e Friedrich Engels, viveram na era vitoriana, muitas décadas antes de que a noção de libertação LGBT tomasse forma. Ainda assim, eles (e outros marxistas depois deles) forneceram as ferramentas teóricas necessárias tanto para analisar quanto para travar uma batalha vitoriosa contra essa e outras formas de opressão.

Qual era o cerne da sua argumentação? Homofobia, sexismo, racismo, nacionalismo e outras divisões na sociedade moderna refletem os interesses da classe dominante na sociedade. Essa classe – a dominante – é constituída por uma pequena minoria da população. Portanto, ela usa as ferramentas institucionais e ideológicas à sua disposição para dividir a massa da população contra si mesma a fim de evitar que a maioria se una e se levante em uníssono para tomar de volta o que é dela por direito. O ex-escravizado e abolicionista Frederick Douglass acertou ao dizer que os senhores de escravos "dividiram ambos para conquistar cada um".[5]

Para Marx, a classe dominante depende da promoção de ideias que reforcem as divisões e a sensação de impotência entre os explorados. Ele e Engels escreveram: "As ideias da classe dominante são, em todas as épocas, as ideias dominantes, ou seja, a classe que é o poder material dominante da sociedade é, ao mesmo tempo, o seu poder espiritual dominante."[6] Essa afirmação também se aplica a ideias sobre "normas" legais e sociais do comportamento

---

[5] DUBOIS, William Edward Burghardt. *Black Reconstruction in America: 1860–1880*. Nova York: Simon and Schuster, 1999, p. 299.

[6] MARX, Karl; ENGELS, Friedrich. *A ideologia alemã*. São Paulo: Boitempo, 2007, p. 47.

sexual dentro do capitalismo. Logo, a repressão ideológica e legal, assim como o controle do comportamento sexual nos Estados Unidos e em outras sociedades industrializadas, nasce das necessidades da classe que detém o poder.

No entanto, a opressão não é meramente ideológica, mas também material. A opressão de imigrantes, por exemplo, permite aos capitalistas a superexploração de trabalho imigrante barato, o que, por sua vez, permite que eles reduzam os salários de todos os trabalhadores. Como está explicado no capítulo 1, a família nuclear provê uma maneira barata para a classe dominante impor à classe explorada os custos da reprodução, manutenção e a responsabilidade por disciplinar a atual e as futuras gerações de trabalhadores. As LGBTs são oprimidas porque suas identidades sexuais e de gênero desafiam a família tradicional, da qual o capitalismo ainda depende muito.

Se nós vivêssemos em uma sociedade verdadeiramente livre, em que as restrições materiais e sociais fossem removidas, as pessoas não seriam oprimidas e nem mesmo definidas por suas identidades sexuais ou de gênero. Só então poderíamos começar a ver como uma sexualidade humana livre poderia se desenvolver e se expressar. Mas numa sociedade de classes, que exige algumas normas de comportamento para disciplinar sua força de trabalho e uma ideologia para justificar a família nuclear, ideias reacionárias sobre sexualidade – incluindo normas de gênero – são meios de incitar a divisão e reprimir a sociedade como um todo.

Embora as ideias dominantes sejam as ideias da classe dominante e o controle social esteja concentrado em suas instituições – o Estado, o tribunal, a polícia etc. – não somos meramente ingênuos e vítimas. Desde a crescente urbanização e imigração até as campanhas bélicas mundiais, as forças sociais colocadas em movimento de cima para baixo deram origem a condições materiais e ideológicas que permitiram que as pessoas mudassem drasticamente suas vidas íntimas, como explicam os capítulos 2 e 3. A história mostra que, mais uma vez, a classe trabalhadora é capaz de se livrar das restrições sociais e legais impostas de cima para baixo e de desafiar o *status quo*. Embora não tenha sido o primeiro levante de massa contra normas sexuais e de gênero, a rebelião de Stonewall em Nova York, em 1969, marcou um ponto de inflexão para as lésbicas, gays e bissexuais modernos e levou ao florescimento das condições que possibilitaram às pessoas travestis, mulheres transexuais e homens trans reivindicarem suas demandas e lançarem suas próprias organizações, como o capítulo 4 detalha.

A Revolta de Stonewall, que aconteceu em meio a amplas explosões sociais contra a ordem racial, imperialista e sexual da sociedade estadunidense, expressou ideias radicais sobre a libertação sexual. Apesar disso, o que ocorreu a partir daí foi o rebaixamento do debate e dos objetivos das organizações LGBT existentes, que descartaram todo o discurso de libertação em favor das reformas progressivas dos direitos civis. Como o capítulo 5 analisa, os direitos civis das LGBTs foram almejados sempre dentro dos limites das políticas eleitorais. As demandas minimalistas dessa era surgiram de organizações e debates políticos que viram a liberdade sexual em termos de como os indivíduos falam, vestem-se, socializam e consomem produtos no mercado, um posicionamento denominado frequentemente como *lifestyle politics* [política de estilo de vida]. Essas ideias alcançaram seu ápice na década de 1990, com o quase desaparecimento da luta de classes nos EUA e um brusco declínio das organizações de extrema esquerda que apresentavam uma alternativa coletiva em contraponto ao isolamento e pessimismo que caracterizavam as tentativas individuais de desafiar a opressão contra as LGBTs. Isso é discutido no capítulo 6.

A hegemonia das ideias baseadas no determinismo biológico para explicar comportamentos e identidades sexuais e de gênero nos últimos anos é o tema do capítulo 7. Nele, eu desfaço alguns mitos e premissas errôneas usando o atual pensamento científico para levantar questões sobre a homossexualidade ser uma característica inata, sobre a ascensão da identidade transexual e sobre o tratamento médico padrão para as milhões de pessoas nascidas com genitália ambígua, conhecidas como pessoas intersexo.

Eu sinto que vivi uma reviravolta política brusca nas últimas semanas de trabalho neste livro. Em um contexto que parecia ser apolítico e estático, surgiu uma avalanche de organização, protestos e debates políticos saudáveis, e não apenas nos círculos LGBT dos Estados Unidos. O pano de fundo disso tudo é o pior colapso econômico desde a Grande Depressão da década de 1930 e a eleição do primeiro presidente negro em uma nação erigida sobre a escravidão da população negra. Uma sensação de esperança e expectativa se mistura com profundos medos sobre o nosso futuro econômico, social e ambiental.

Quando eu comecei a pesquisar e escrever este livro, eu tinha a esperança de que estudiosos e ativistas pudessem tirar dele conclusões para serem debatidas e postas em prática em alguma luta futura. Parece que o futuro está chegando mais rápido do que eu pensava. As derrotas eleitorais do casamento homossexual nos estados da Califórnia, Flórida e Arizona em novembro de 2008 agora parecem ser contratempos passageiros que serviram para alimentar uma oposição genuína, que é mais combativa e menos morna do que as dos anos recentes. A jovialidade e a espontaneidade do último levante da militância LGBT em resposta à derrota do casamento igualitário na Proposição 8[7] do referendo californiano são magníficas. A perspectiva política e a composição

---

[7] N.T: mais sobre a Proposição 8 pode ser encontrado no Capítulo 8.

social desse movimento LGBT emergente também merecem ser comentados. Esses jovens (e não tão jovens) combatentes são parte do crescente exército de baristas de cafeteria com ensino superior e trabalhadores precarizados itinerantes que agora povoam cada cidade grande e pequena dos Estados Unidos. Esse recente movimento é amplamente pró-trabalhadores, anticorporativo e aceita explicitamente pessoas não-LGBT como companheiros de luta.

Os ativistas do novo movimento, estudantes e socialistas organizaram um fórum sobre o casamento gay em Chicago em 11 de dezembro de 2008, um dia após a histórica vitória da ocupação da fábrica Republic Windows and Doors na mesma cidade.[8] Tendo acabado de ganhar 2 milhões de dólares em indenizações e remuneração por férias para um grupo multirracial de quase 250 trabalhadores fabris, Raúl Flores se dirigiu à multidão brilhantemente, dizendo que as nossas lutas estão unidas e que nós devemos estar também. "A nossa vitória é de vocês", ele disse, "agora, nós devemos nos juntar a vocês em sua batalha por direitos e retribuir a solidariedade que vocês nos mostraram".[9] Adeus *Will & Grace*, olá trabalhadores fabris da Republic!

No dia anterior, centenas de manifestantes gays, reunidos pelo direito ao casamento igualitário como parte da campanha nacional "Um dia sem um gay",[10] tinham unido sua marcha ao protesto dos trabalhadores da Republic, que acontecia em frente ao Bank of America. Sindicatos, ativistas pelos direitos dos imigrantes e

---

[8] Sobre a ocupação da fábrica, ver MITCHUM, Robert. "What Does Deal for Chicago's Republic Windows & Doors Workers Mean?". *Chicago Tribune*. Publicado em: 12 de dezembro de 2008.

[9] A autora esteve presente no fórum e gravou as palavras de Raúl Flores.

[10] N.E: "Um dia sem um gay" foi um protesto do movimento LGBT estadunidense promovido contra a Proposição 8, que previa o banimento do casamento de pessoas do mesmo gênero.

das LGBT uniram-se na mais eloquente exibição do *rainbow power* que a cidade de Chicago já testemunhou em décadas. Orlando Sepúlveda, um imigrante chileno, descreveu a ação daquele dia como "uma escola de luta".[11] Até o nome da ação LGBT expressou a mútua influência entre as lutas – as históricas marchas de trabalhadores imigrantes que tomaram as ruas em 2006 eram chamadas de "Um dia sem um imigrante".

A premiada cinebiografia de Harvey Milk, dirigida por Gus Van Sant, retrata a vida do ativista gay que foi eleito supervisor (cargo do órgão legislativo) de São Francisco em 1977. O filme chegou aos cinemas no fim de novembro de 2008, em um momento crucial de aprendizado. Ele alude a um aspecto chave da vitória dos trabalhadores e do movimento gay contra a cerveja *Coors* e contra a "Iniciativa Briggs", proposta de lei que buscava proibir professores gays, lésbicas e simpatizantes de "defender, aliciar, impor, encorajar ou promover"[12] a homossexualidade nas salas de aula da Califórnia. Ao se unir com o sindicato de caminhoneiros Teamster[13] na batalha contra a Coors e ao forjar duradouras alian-

---

[11] *Ibidem*.

[12] FADERMAN, Lillian; TIMMONS, Stuart. *Gay L.A.: A History of Sexual Outlaws, Power Politics, and Lipstick Lesbians*. Nova York: Basic Books, 2006, p. 224.

[13] N.E: a Irmandade Internacional dos Condutores (no original, International Brotherhood of Teamsters) é um sindicato histórico do movimento operário estadunidense, tendo representatividade nos Estados Unidos e no Canadá. Tendo sido fundada em 1903, ela originalmente representava os condutores de carroças e outros veículos de tração animal, tendo depois incorporado os trabalhadores rodoviários e afins. Sua importância para o movimento sindical estadunidense pode ser vista pelo fato de que, em 2020, tinha 1,3 milhão de filiados. Apesar disso, sempre se destacou por um sindicalismo de

ças com os trabalhadores de chão de fábrica e de escritório na luta contra a Iniciativa Briggs, Harvey Milk, junto com centenas de milhares de ativistas, avançou na luta tanto pelos direitos civis LGBT quanto pela união dos trabalhadores.

A articulação entre a organização no local de trabalho e a luta por direitos LGBT tem uma longa história. Harry Hay, o fundador da primeira organização gay dos EUA, a Sociedade Mattachine[14], começou a sua vida militante como sindicalista nas décadas de 1930 e 1940, no Sindicato dos Trabalhadores de Lojas de Departamento de Nova York, da Industrial Workers of the World (IWW).[15] As pesquisas feitas pelo historiador Allan Bérubé sobre o Sindicato dos Cozinheiros e Camareiros de Navios (MCS)[16] nos anos 1930 e 1940 mostram como, antes mesmo do surgimento de organizações LGBT nos Estados Unidos, um grupo composto em grande parte por trabalhadores gays e multirraciais, liderado por comunistas, em navios de passageiros, transformou um sindicato reacionário em um sindicato que defendia os direitos dos gays, desafiava o racismo e obtinha ganhos materiais para todos os trabalhadores, até que as táticas do macarthismo destruíram a MCS nos anos 1950.[17]

---

conciliação de classes, com ligações com governos burgueses e conexões com máfias.

[14] N.T: a Sociedade Mattachine (no original, *Mattachine Society*) foi uma organização política pioneira na defesa dos homossexuais nos Estados Unidos. Ela terá presença forte nos capítulos do livro, em especial no 2 e no 4.

[15] HUNT, Gerald (org.). *Laboring for Rights: Unions and Sexual Diversity Across Nations*. Filadélfia: Temple University Press, 1999, 60.

[16] N.T: No original, *Marine Cooks and Stewards Union*.

[17] KINSMAN, Gary. "Allan Bérubé, 1946–2007: A Queer Working-Class Community-Based Historian". *Against the Current*, n. 135. Publicado em: 3 de julho de 2008.

A placa pendurada no saguão da sede do sindicato dizia "Racismo, Anticomunismo e Homofobia são Anti-Sindicalismo".[18] O capítulo 8 sustenta que a união de classe entre LGBTs e heterossexuais é tanto possível quanto necessária para construir um mundo no qual sejamos todos libertos sexualmente. O livro conclui com uma defesa da libertação sexual para todos.

Um novo movimento vai enfrentar sérios desafios. As maiores organizações por direitos LGBT são patrocinadas por corporações multibilionárias e presas à postura moderada dos altos escalões do Partido Democrata. Em meio a demissões em massa e uma crise econômica severa, alguns defenderão posições retrancadas e comedidas para as questões LGBT. Isso pode e deve ser contraposto. Além da igualdade social e da legitimação da sexualidade LGBT, a luta pelo direito ao casamento igualitário é por benefícios materiais muito necessários – seguro saúde, seguridade social, herança e outros direitos e benefícios do casamento que a classe trabalhadora quer e precisa. Em outras palavras, ela é parte da luta de classes. Além disso, a luta pelo casamento igualitário amplia a organização e questiona tudo, desde as origens da opressão LGBT até a história do movimento e os vários desafios teóricos e políticos implicados na tentativa de entender e superar as divisões entre nós para alcançar a libertação.

Os indicadores de opinião da sociedade em relação a gays e lésbicas têm se mostrado positivos. A última pesquisa de opinião da *Newsweek* mostra um aumento das posturas pró-LGBTs nacionalmente. Não só 52% opõem-se atualmente à proibição federal do casamento igualitário (eram 45% em 2004), mas a ampla maioria

---

[18] STRYKER, Susan. "Marine Cooks and Stewards Union". *PlanetOut.com*. Disponível em: http://www.planetout.com/news/history/archive/marine.html [link indisponível na data de publicação da edição brasileira].

apoia acabar com todo tipo de discriminação contra LGBTs – 73% são a favor da extensão do seguro saúde para companheiros do mesmo sexo, 86% apoiam os mesmos direitos de visitação no hospital que os outros casais, e assim por diante.[19] Esses são números surpreendentemente bons dado o (no mínimo) equívoco dos políticos e a quase ausência, durante muitos anos e até recentemente, de qualquer ativismo. Imagine o impacto na consciência se as opiniões dos trabalhadores comuns estiverem mudando não só por causa de experiências vividas ao lado da crescente quantidade de colegas de trabalho, de escola e parentes que saíram do armário, mas também dentro das organizações e lutas onde os estereótipos sobre sexualidade foram decididamente contestados.

Há uma crescente sede de conhecimento e de debates sobre a história, a política e a teoria da libertação LGBT dentre os estudantes e ativistas da justiça social. Esse trabalho não mascara os posicionamentos políticos da autora. Historiadores de esquerda e cientistas como John D'Emilio, Estelle Freedman, Susan Stryker e Anne Fausto-Sterling, junto com muitos outros, formaram e influenciaram enormemente meu entendimento sobre a política e a história LGBT. Como uma marxista lésbica que se tornou adulta nos anos 1980 – no contexto da Nova Guerra Fria e na década devastada pela AIDS – eu sou parte da geração pós-Stonewall. Muitos dos meus pares questionam a relevância ou a possibilidade de organização e luta. Mas a realidade está forçando essas alternativas. Eu gostaria de prevenir os leitores para que não limitem sua visão, presumindo assim que as lutas LGBT vão ou deveriam necessariamente surgir independentemente dos levantes mais amplos contra as guerras e o colapso da economia. As minorias sexuais, afinal de contas, são diretamente afetadas por essas catástrofes que se desdobram. As nossas demandas podem e devem ser trazidas para

---

[19] CAMPO-FLORES, 2008.

dentro de batalhas mais amplas que, eventualmente, vão entrar em erupção e podem ser guiadas por ideias socialistas.

O exemplo de Chicago que citei acima mostra que, ao passo que uma nova era política ganha forma, os grupos de imigrantes e trabalhadores podem reivindicar, e em alguns lugares já estão reivindicando, que os grupos LGBT aliem-se a eles para organizar uma resposta à atual crise. Aqueles de nós que são muito jovens para terem participado das revoltas dos anos 1960 e 1970 e que viveram com uma insistente suspeita de que nós podemos ter perdido o momento da revolução podem esperar fortes emoções. Em um mundo que apresenta muitos elementos semelhantes aos das décadas de 1960 e 1930 – mas também em um momento em que posturas sobre raça, mulheres, sexualidade e gênero desenvolveram-se muito -, parece que temos à frente tempos emocionantes para nós.

Que há em um nome?[20]

Logo de início, eu devo admitir que não posso usar uma palavra que entendo como uma ofensa, que foi rabiscada em meu armário no ensino médio e cuspida em mim por inúmeros preconceituosos – a palavra "*queer*"- como um significante positivo em um livro sobre a história, a política e a teoria da libertação sexual. Como uma socialista que defende a libertação sexual para todos, a questão atual de querer ser inclusiva e compreensível para todos obriga-me a definir como me refiro a lésbicas, gays, bissexuais e transexuais coletivamente. Eu escolhi utilizar "LGBT" da maneira

---

[20] N.T: a pergunta "Que há em um nome?" faz referência a uma fala de Julieta na peça *Romeu e Julieta*, de William Shakespeare: "Que há em um nome? O que chamamos rosa, com outro nome, exalaria o mesmo perfume tão agradável".

como fazem muitos historiadores atualmente, assim como estudantes e militantes. Há, no entanto, muitos lugares em que as palavras gay ou homossexual são usadas porque são histórica e culturalmente precisas nesses contextos. Espero que o conteúdo da minha exposição e minha argumentação satisfaçam mesmo os leitores mais duramente afeitos à palavra *queer*.

    Eu acredito ser necessária uma trégua na questão da nomenclatura LGBT. A língua está sempre evoluindo em paralelo com o movimento mais amplo da sociedade em que vivemos. O tempo dirá, junto com as lutas futuras, quais termos emergem dos atuais diálogos. Eu sei que muitos defendem apaixonadamente essa questão, contudo, depois de todo o debate emocionado feito sobre esta, que é na verdade uma questão pequena, eu acredito que devemos seguir em frente e respeitar as escolhas linguísticas dos outros. Todos os oprimidos deveriam ter o direito de se chamar do que escolherem, um direito que deve se estender também a mim.

Sherry Wolf
Maio de 2009

CAPÍTULO UM
As raízes da opressão LGBT

A opressão contra lésbicas, gays, bissexuais e travestis, mulheres transexuais e homens trans nem sempre existiu, como também nem sempre existiram pessoas LGBT como um segmento específico da população. A opressão de todas as minorias sexuais é uma das inúmeras contradições do capitalismo moderno. O capitalismo cria as condições materiais para que homens e mulheres levem vidas sexuais autônomas, mas, simultaneamente, procura impor normas heterossexuais na sociedade para garantir a manutenção da ordem econômica, social e sexual.

Ao mesmo tempo em que existem lésbicas famosas como Melissa Etheridge, que lota salas de show, e a comediante Ellen DeGeneres, que apresenta um programa de entrevista muito premiado, leis homofóbicas defendem a discriminação no trabalho e no casamento. Pessoas LGBT como Matthew Shepard[21] são brutalmente espancados até a morte por preconceituosos, ao mesmo tempo em que a opinião pública muda radicalmente a favor dos

---

[21] Matthew Shepard era um estudante gay da Universidade de Wyoming quando, em outubro de 1998, foi torturado e assassinado por homens que o deixaram pendurado em uma cerca na cidade de Laramie, Wyoming. Esse acontecimento suscitou a indignação pública, levando a protestos em várias cidades pelo país e seu nome tornou-se sinônimo da luta contra a violência homofóbica. Uma compilação de pesquisas de opinião sobre posturas públicas acerca de pessoas LGBT pode ser encontrada na seção "LGBT" no site PollingReport.com.

direitos civis LGBT. Esse estado de coisas aparentemente contraditório nos Estados Unidos pode ser explicado.

A opressão LGBT, assim como a opressão sobre as mulheres, está ligada à centralidade da família nuclear como um dos meios do capitalismo de, ao mesmo tempo, inculcar normas de gênero e terceirizar o cuidado das atuais e futuras gerações de trabalhadores a baixos custos para o Estado, como explicado em detalhes abaixo. Além disso, a opressão sobre as pessoas LGBT no capitalismo, assim como o racismo e o sexismo, serve para dividir as pessoas da classe trabalhadora, especialmente em suas batalhas por justiça econômica e social. Enquanto a sociedade capitalista tenta classificar as pessoas em certos papéis de gênero e comportamentos sexuais, os socialistas rejeitam esses limites. Em vez disso, os socialistas lutam por um mundo em que a sexualidade seja um assunto puramente pessoal, sem restrições legais ou materiais de qualquer ordem. O direito à autodeterminação para os indivíduos que os socialistas defendem deve incluir a liberdade dos indivíduos de escolher seu comportamento sexual, aparência e preferências eróticas.

A sexualidade, como muitos outros comportamentos, não é um fenômeno fixo, mas fluido. A homossexualidade existe ao longo de um *continuum*. A expressão moderna disso pode ser encontrada entre os milhões de homens e mulheres que se identificam como LGBTs e que muitas vezes identificam-se de formas diferentes em diferentes momentos de suas vidas. Não há dois tipos de pessoas no mundo, o gay e o hétero. No que diz respeito à biologia, existe apenas a raça humana, dotada de uma multiplicidade de possibilidades sexuais que podem ser contidas ou liberadas, a depender da forma como a sociedade humana está organizada.

Uma enorme quantidade de evidências históricas confirmam que o que definimos hoje como comportamento homossexual existe há, pelo menos, milhares de anos e podemos presumir que comportamentos homossexuais têm ocorrido desde que os seres humanos andam pela Terra. Mas foi apenas a Revolução Industrial, no final do século XIX, que criou as condições para que um grande número de pessoas pudesse viver fora da família nuclear, permitindo que nascessem as identidades gays, lésbicas e bissexuais. Só no final do século XX algumas pessoas começaram a se identificar como travestis, mulheres transexuais e homens trans, embora tenha existido ao longo da história, em diferentes culturas, pessoas que desafiaram os conceitos modernos e ocidentais de comportamentos apropriados para cada gênero. Assim, a opressão sistemática de pessoas LGBT, do modo como ocorre na maioria das sociedades contemporâneas ocidentais, também é um fenômeno bastante recente na história humana. Não afirmo, no entanto, que antes do capitalismo os seres humanos existiam em um paraíso sexual livre de repressão ou de restrições de qualquer tipo. Na verdade, proibições legais e tabus sociais existiram em muitas culturas, da antiguidade à era pré-capitalista. Eles eram baseados em atos sexuais, muitas vezes denunciavam o sexo não reprodutivo, mas não havia a condenação ou mesmo a concepção da identidade sexual como um aspecto intrínseco ou proeminente do ser de um indivíduo.

As sociedades industriais contemporâneas criaram a possibilidade de que homens e mulheres identifiquem-se e vivam como gays e lésbicas, como discute a coletânea *Hidden from History*:

> O que chamamos de "homossexualidade" (no sentido de distinguir traços próprios dos "homossexuais"), por exemplo, não era considerado um conjunto unificado de atos, muito menos um conjunto de qualidades que definia pessoas específicas, em sociedades pré-capitalistas [...] heterossexuais e homossexuais estão envolvidos em

"papéis" e atitudes que pertencem a uma determinada sociedade, o capitalismo moderno.[22]

De fato, foi o capitalismo que deu origem à individualidade moderna e às condições para que as pessoas tenham vidas íntimas com base no desejo pessoal, uma ruptura histórica em relação ao poder da igreja e da comunidade feudais, que antes organizavam os casamentos. Sob o capitalismo, o trabalho de uma pessoa é convertido em uma mercadoria de propriedade individual, que é comprada e vendida no mercado. Os indivíduos são empurrados para a concorrência entre si por trabalho, habitação, educação etc. e os cidadãos individuais dos Estados são contados em um censo e inscrevem-se para votar, ou, se eles possuem as condições, são proprietários. Todas essas características da sociedade capitalista inauguram a individualidade, criando também o potencial para o florescimento da autonomia sexual. Esse processo seria impensável em sistemas anteriores, como no feudalismo. Nas palavras de Karl Marx: "Nessa sociedade da livre concorrência, o indivíduo aparece desprendido dos laços naturais etc. que, em épocas históricas anteriores, o faziam um acessório de um conglomerado humano determinado e limitado".[23]

Evidências históricas sugerem que o comportamento homossexual foi integrado com êxito em muitas culturas pré-capitalistas. O exemplo mais famoso é o da Grécia antiga, em que as relações sexuais entre homens mais velhos e meninos mais novos eram

---

[22] DUBERMAN, Martin; VICINUS, Martha; CHAUNCEY, George Chauncey (orgs.). *Hidden from History: Reclaiming the Gay and Lesbian Past*. Nova York: Meridian, 1989, p. 20.

[23] MARX, Karl. *Grundrisse – Manuscritos econômicos de 1857-1858: Esboços da crítica da economia política*. São Paulo: Boitempo; Rio de Janeiro: Ed. UFRJ, 2011, p. 39.

consideradas uma das mais elevadas formas de amor. Esses relacionamentos, no entanto, eram encorajados entre mais ricos, mais velhos e poderosos "superiores" e seus subordinados, que eram mais jovens, mais pobres ou prisioneiros de guerra. Para os gregos e romanos da Antiguidade, o status e o poder entre os amantes era fundamental para a sua concepção de relações entre pessoas do mesmo sexo e eles viam de forma completamente diferente aqueles que desempenhavam o papel de penetração no sexo e aqueles que eram penetrados. Plutarco, historiador grego do primeiro século, explicou: "Classificamos aqueles que apreciam o papel do passivo como pertencentes ao mais profundo nível de vício e não lhes damos um mínimo de confiança ou respeito ou amizade".[24]

Muitas tribos indígenas estadunidenses incluíam homens e mulheres travestidos,[25] conhecidos como *berdaches*, que adotavam papéis de gênero do sexo "oposto" e, até hoje, são às vezes chamados de pessoas "com dois espíritos". Uma multiplicidade de arranjos de gênero existiam nas diversas tribos, de acordo com os antropólogos. Alguns *berdaches* masculinos faziam sexo exclusivamente com outros homens, mas não com outros *berdaches*, enquanto outros permaneciam celibatários, ou tinham parceiros

---

[24] Citação extraída de GREENBERG, David F. *The Construction of Homosexuality*. Chicago: University of Chicago Press, 1988, p. 149.

[25] No original, "transvestites". Na realidade estadunidense, significava uma pessoa que se veste, em sua vida cotidiana, com roupas do sexo oposto. Esse termo não é novo e caiu em desuso conforme se modificavam os termos da discussão de identidade de gênero. Devemos considerar a constituição histórica recente das identidades trans e travestis. Assim, não confundir o uso de "travestidos" com "travesti" ou "pessoas trans", mas entendê-lo como designação genérica para a vestimenta em desacordo com o sexo biológico.

de ambos os sexos ou faziam sexo exclusivamente heterossexual.[26] Era a mudança de gênero, e não a preferência sexual, que definia o *berdache* e, em vez de ridicularizar sua incompatibilidade de gênero, as tribos indígenas estadunidenses viam-nos como membros valiosos de sua sociedade. Um ancião do povo Crow explica: "Não desperdiçamos as pessoas da maneira como a sociedade branca faz. Cada pessoa tem seu dom".[27]

Mesmo a Igreja Católica Romana, até o século XII, celebrava o amor entre os homens. Quando ela acabou com o casamento sacerdotal e tornou o celibato obrigatório, a homossexualidade foi proibida também.[28] No entanto, nessas sociedades, eram as atividades homossexuais que eram toleradas, louvadas ou escrutinadas, e não a identidade de um grupo de pessoas. As condições econômicas e sociais ainda não haviam se desenvolvido de maneira a permitir que um grande número de pessoas se reconhecessem, se expressassem ou explorassem o desejo pelo mesmo sexo como uma característica central de suas vidas ou de suas identidades.

O filósofo francês Michel Foucault questionou as tentativas da sociedade moderna de transpor suas ideias de sexualidade para o mundo antigo. Ele defende:

> Os gregos não opunham, como duas escolhas excludentes, como dois tipos de comportamento radicalmente diferentes, o amor ao seu próprio sexo ao amor pelo sexo oposto. [...] Bissexualidade dos gregos? Se quisermos dizer com isso que um grego podia, simultânea ou alternadamente, amar um rapaz ou uma moça [...] mas se quisermos prestar atenção à maneira pela qual eles refletiam sobre

---

[26] *Ibidem*, p. 44.
[27] Extraído de ROSCOE, Will. *Changing Ones: Third and Fourth Genders in Native North America*. Nova York: Macmillan, 2000, p. 4.
[28] DUBERMAN; VICINUS; CHAUCEY, 1989, p. 5.

essa dupla prática, convém observar que eles não reconheciam nela duas espécies de "desejos". [...] A seus olhos, o que fazia com que se pudesse desejar um homem ou uma mulher era unicamente o apetite que a natureza tinha implantado no coração do homem para aqueles que são "belos", qualquer que seja o seu sexo.[29]

Enquanto as sociedades de classes anteriores proibiam certas atividades sexuais, o nascente Estado capitalista e seus defensores nos campos da medicina, do direito e da academia entraram em cena para definir e controlar a sexualidade humana de maneiras inimagináveis até então. Esses profissionais do século XIX – quase todos homens brancos – refletiram os interesses e os preconceitos da classe média em ascensão. Com o crescimento econômico e o desenvolvimento, surgiu a necessidade de níveis mais elevados de educação para mais tipos de empregos, o que estendeu a adolescência e removeu jovens de muitas ocupações, reduzindo a interação social entre adultos e crianças, nos casos em que não havia parentesco. Médicos profissionais, com o objetivo de legitimar seu campo, patologizaram a masturbação, enquanto os legisladores promoveram leis de idade mínima de consentimento e pressionaram por uma idade mínima mais alta para o casamento. Relações homossexuais entre adultos e "menores inocentes" foram proibidas e jovens foram "tornados" assexuais.[30] Ninguém menos do que Sigmund Freud, o pai da psiquiatria moderna, na virada do século XX, teorizou e popularizou o "problema da homossexua-

---

[29] FOUCAULT, Michel. *História da Sexualidade 2: o uso dos prazeres*. Rio de Janeiro: Edições Graal, 1984, p. 167-168.
[30] GREENBERG, 1988, p. 399.

lidade", transformando a heterossexualidade na "norma que todos conhecemos sem refletir muito sobre ela".[31]

Nossas concepções sobre papéis de gênero mudaram radicalmente de uma sociedade para outra e de um período histórico para o próximo. Até os nossos corpos foram radicalmente transformados pela alteração das nossas condições materiais. Seria inconcebível, há uma geração, atletas femininas modernas como Dara Torres, campeã olímpica de quarenta e um anos de idade e mãe, cujo corpo esbelto e musculoso é capaz de vencer nadadores profissionais do sexo masculino e feminino com metade da sua idade. Avanços na nutrição, no treinamento e nos direitos civis para mulheres criaram o potencial não apenas para uma mulher estadunidense de meia-idade competir e vencer três medalhas de prata nas Olimpíadas de verão de 2008, mas também para a sua aparência andrógina ser aceita e até mesmo valorizada nas páginas do *New York Times*.[32] Em contraste, o início precoce da puberdade das meninas nos Estados Unidos, em especial das afro-estadunidenses de baixa renda, é atribuído aos resultados de dieta, produtos químicos ambientais, sedentarismo e outros fatores que são características da sociedade industrial moderna.[33]

A medicina há muito tempo reconheceu a existência de milhões de pessoas cujos corpos combinam características anatômicas que são associadas convencionalmente tanto com as de ho-

---

[31] Extraído de KATZ, Jonathan Ned. *A Invenção da Heterossexualidade*. Rio de Janeiro: Ed. Ediouro Publicações, 1996, p. 76.

[32] WEIL, Elizabeth. "A Swimmer of a Certain Age". *New York Times*. Publicado em: 29 de junho de 2008.

[33] STEINGRABER, Sandra. "The Falling Age of Puberty in U.S. Girls: What We Know, What We Need to Know". *Breast Cancer Fund*. Publicado em agosto de 2007. Disponível em: http://steingraber.com/the-falling-age-of-puberty-in-u-s-girls-what-we-know-what-we-need-to-know/.

mens quanto com as de mulheres. Esses indivíduos intersexuais, estimados em um nascimento a cada dois mil apenas nos Estados Unidos,[34] são operados legalmente por pediatras que forçam normas de aparência genital em recém-nascidos, muitas vezes tornando-os incapazes de experimentar prazer sexual posteriormente em suas vidas. A realidade física de pessoas intersexuais questiona as noções fixas que nos foram ensinadas sobre homens e mulheres. Intersexuais desafiam não só a construção social dos papéis de gênero, mas também nos compelem a encarar a ideia de que o próprio sexo é construído, confinado e forçado a encaixar-se em um rígido binarismo masculino/feminino. Parece que mesmo o nosso sexo físico – não apenas como nos comportamos – é muito mais ambíguo e fluido do que se imaginou anteriormente. A imposição de cirurgia em bebês perfeitamente saudáveis, com o objetivo de forçar seus corpos a conformarem-se com as normas sociais do sexo, são uma forma flagrante de abuso físico sancionado pelo Estado. Esses atos de mutilação sexual devem ser combatidos por todos que acreditam que a autodeterminação deve incluir o direito individual de controlar e experimentar o prazer de seus próprios corpos, bem como de definir-se como qualquer gênero que se escolha.

Os socialistas defendem que o que foi criado pela humanidade também pode ser destruído por ela. Se a tese defendida neste livro é verdadeira – ao dizer que a sociedade capitalista transformou a forma como as pessoas expressam-se sexualmente, ainda que tenha, simultaneamente, visado restringir a sexualidade humana como um meio de controle social – então, um tipo de sociedade fundamentalmente diferente, baseada na necessidade humana e não no lucro, poderia pôr fim às modernas definições e limitações

---

[34] INTERSEX SOCIETY OF NORTH AMERICA. *How Common Is Intersex?* Disponível em: http://www.isna.org/faq/frequency.

sexuais e de gênero. Uma sociedade socialista deve ser uma em que as pessoas são sexualmente livres – ou seja, em que todos tenham a liberdade de escolher se, como, quando e com quem se envolver em qualquer atividade sexual que desejem, com a condição de que nenhuma outra pessoa seja prejudicada.

A família em mudança

As raízes da identidade homossexual e a sua consequente repressão podem ser encontradas no papel, em constante mudança, da família. A família – essa instituição supostamente sacrossanta, exaltada pela direita e representada de forma irreal em inúmeros comerciais de margarina – mudou radicalmente ao longo da história humana. Na verdade, a própria família nem sempre existiu.

O colaborador mais próximo de Karl Marx, Friedrich Engels, utilizou a pesquisa antropológica de Lewis Henry Morgan em seu revolucionário trabalho do século XIX, *A origem da família, da propriedade privada e do Estado*. A antropologia era então uma nova ciência; ainda assim, as conclusões teóricas de Engels foram confirmadas por pesquisas antropológicas mais recentes.[35]

Engels defendeu que, embora os seres humanos existam como espécie há mais de cem mil anos, as pessoas só começaram a viver em unidades familiares nos últimos mil anos – quando as sociedades anteriormente igualitárias foram divididas em classes. A organização social humana pré-classes era baseada em grandes clãs

---

[35] Ver, por exemplo, SACKS, Karen. "Engels Revisited: Women, the Organization of Production, and Private Property". In: REITER, Rayna R. (org.). *Toward an Anthropology of Women*. Nova York: Monthly Review Press, 1976. Ver também LEACOCK, Eleanor Burke. *Mitos da dominação masculina: uma coletânea de artigos sobre as mulheres numa perspectiva transcultural*. São Paulo: Instituto Lukács, 2019.

e a produção, a distribuição e a criação de filhos eram atividades coletivas. Uma divisão do trabalho frequentemente existia entre homens e mulheres em sociedades pré-classes, mas não há evidência para sugerir que as mulheres eram sistematicamente oprimidas – e em algumas sociedades, as mulheres tinham um *status* ainda mais alto do que o dos homens.[36]

A antropóloga Eleanor Burke Leacock forneceu estudos detalhados sobre sociedades primitivas, em particular os Montagnais-Naskapi da Península de Labrador, nos quais chegou à conclusão: "No que concerne à autonomia das mulheres, nada na estrutura das sociedades de bando igualitárias requeria que se prestasse qualquer deferência aos homens".[37] Mulheres tomavam decisões junto dos homens sobre onde e quando se mudar, se deveriam juntar-se a ou deixar um companheiro e sobre a distribuição de alimentos – tudo o que era central para a vida diária e para a sobrevivência. Mesmo a divisão sexual do trabalho é questionada por Leacock e outros antropólogos que examinaram sociedades nas quais as mulheres caçavam e os homens assumiam papéis como o da criação de crianças com a mesma frequência com que realizavam tarefas que a sociedade moderna concebe como apropriadas para os seus gêneros.

A opressão das mulheres corresponde à formação das primeiras divisões de classe na sociedade e à criação da unidade familiar monogâmica. Antes da capacidade humana de armazenar alimentos e outros bens como excedentes, não havia "riqueza" para ser acumulada, impossibilitando a desigualdade de classes entre diferentes grupos de pessoas. As classes surgiram quando os seres

---

[36] Para uma explicação mais aprofundada da teoria de Engels, ver SMITH, Sharon Smith. "Engels and the Origin of Women's Oppression". *International Socialist Review*, Outono de 1997, p. 37–46.

[37] LEACOCK, 2019, p. 181.

humanos encontraram novas formas de garantir a sobrevivência. Novos métodos de produção exigiam que algumas pessoas fossem necessárias para trabalhar, enquanto outras precisavam ser liberadas desse trabalho para coordenar a organização do grupo e garantir o armazenamento de um excedente para os momentos em que as safras eram perdidas ou que o grupo crescesse. Como o socialista Chris Harman descreve:

> Os "líderes" tinham condições de se transformar em "governantes", em pessoas que passaram a ver seu controle sobre os recursos como sendo o interesse da sociedade como um todo. [...] Pela primeira vez, o desenvolvimento social incentivou o desenvolvimento de um motivo para explorar e oprimir os outros.[38]

Como não havia riqueza excedente antes das classes, não havia nada a ser transmitido de uma geração para outra. Mas com o desenvolvimento de um excedente e das classes veio o ímpeto, naqueles que tinham controle sobre um excedente, de guardá-lo e passá-lo para seus filhos. Com o surgimento das classes sociais e a possibilidade de passar a riqueza em forma de herança, daqueles que a possuíam para a sua prole, surgiu o desejo da monogamia, no mínimo imposta às mulheres, para que os líderes masculinos pudessem garantir a legitimidade de suas próprias linhagens. O surgimento da família patriarcal foi uma consequência dessas mudanças.

O significado inicial da palavra "família" está muito longe das imagens de alegria doméstica retratadas por Norman Rockwell. Os romanos da Antiguidade usavam o termo *famulus* para descrever os escravos domésticos e *familia* para se referir ao "conjunto

---

[38] HARMAN, Chris. *A People's History of the World*. Londres: Bookmarks, 1999, p. 24–25.

de escravos que pertencem a um homem".[39] Para a aristocracia feudal, o casamento era uma relação econômica, não emocional – um meio para transferir terra ou para assegurar relações pacíficas entre territórios. Ao longo do tempo, os homens foram cada vez mais atraídos para a produção e as mulheres foram cada vez mais isoladas no papel da reprodução, ou criação dos filhos.

Até a ascensão do capitalismo, a família camponesa era ao mesmo tempo uma unidade de produção e reprodução. As mulheres camponesas não eram apenas responsáveis pela criação de crianças, por cozinhar e limpar, mas também se esperava que fizessem roupas, manteiga, ordenhassem as vacas, fizessem cerveja, tecessem etc.; ao contrário da família nuclear moderna, que é puramente uma unidade reprodutiva. As mulheres não eram consideradas iguais aos homens e tinham trabalhos definidos pelo gênero na família feudal, mas com o surgimento do mercado e da indústria que passaram a dominar as sociedades ocidentais no século XIX, o trabalho produtivo, como a fabricação de cerveja e a fabricação de têxteis, foi removido do âmbito familiar.

A mudança da estrutura econômica da sociedade alterou drasticamente o comportamento em relação às mulheres e à sexualidade. Impôr a monogamia – apenas para mulheres – proporcionava os meios através dos quais a propriedade dos homens ricos poderia ser herdada por crianças, as quais o pai poderia ter certeza que eram dele. O casamento monogâmico, em essência, desenvolveu-se como a agência através da qual os homens da classe dominante poderiam estabelecer uma paternidade indiscutível.[40] Como Engels escreveu:

---

[39] ENGELS, Friedrich. *A origem da família, da propriedade privada e do Estado*. São Paulo: Boitempo Editorial, 2019, p. 76.
[40] *Idem*, p. 64.

[...] o primeiro antagonismo de classes que apareceu na história coincide com o desenvolvimento do antagonismo entre homem e mulher no casamento monogâmico, e a primeira opressão de classe coincide com a do sexo feminino pelo sexo masculino. O casamento monogâmico foi um grande progresso histórico, mas, ao mesmo tempo, inaugura, ao lado da escravidão e da riqueza privada, a época que perdura até hoje, em que cada progresso constitui simultaneamente um retrocesso relativo, em que o bem-estar e o desenvolvimento de uns se impõem pela dor e pela opressão de outros.[41]

A família patriarcal foi a forma dominante de família entre as classes médias e os camponeses que possuíam terras sob o feudalismo europeu. Embora os camponeses sem terra não possuíssem riqueza própria, a instituição da família era legalmente estabelecida como a norma para todos os setores da sociedade. Comunidades feudais geralmente arranjavam casamentos entre camponeses pobres. A vida familiar era preenchida com trabalho inesgotável para todos os membros da família, e o parto frequentemente terminava na morte da mãe ou da criança, ou de ambas.

Nessas sociedades, a repressão sexual apresentava-se de uma forma diferente da que conhecemos hoje. Sanções severas eram impostas contra todos os comportamentos sexuais que fossem não-procriativos. Em 1533, por exemplo, o rei britânico Henrique VIII, cuja obsessão com ter um filho homem levou-o a seis casamentos, introduziu o Ato de Sodomia, que levaria homens à pena de morte por "sodomia", o termo genérico da época para sexo não-procriativo, que era considerado um crime contra a natureza.[42] O Ato coincidia com outras leis do mesmo período que puniam

---

[41] *Idem*, p. 68.
[42] WEEKS, Jeffrey Weeks. *Sex, Politics and Society: The Regulation of Sexuality Since 1800*. Londres: Longman Limited, 1989, p. 99.

"vagabundos", ou seja, camponeses arrancados de suas terras que não tinham para onde ir. A sodomia foi incluída nos Artigos de Guerra que começaram no século XVII na Grã-Bretanha e a punição dada era a mesma dos crimes de motim e deserção.

Os lares dos colonos europeus nos séculos XVII e XVIII eram unidades independentes de produção e de reprodução nas quais todos os membros da família trabalhavam juntos em um pedaço de terra para suprir praticamente todas as necessidades da família. Nas colônias da Nova Inglaterra, viver sozinho era proibido. Servos e aprendizes tinham que viver nas casas para as quais trabalhavam, mas, mesmo se não houvesse restrições legais, a sobrevivência econômica nos tempos coloniais era inconcebível fora da estrutura familiar.[43]

A necessidade de trabalho nas colônias impulsionava os esforços das igrejas e tribunais da Nova Inglaterra para marginalizar e punir o adultério, a sodomia, o incesto e o estupro. O sexo extraconjugal de mulheres, que eram consideradas incapazes de controlarem suas paixões, era punido mais severamente do que o sexo extraconjugal dos homens. A sodomia poderia significar tanto sexo entre duas pessoas do mesmo gênero quanto quaisquer outros atos "não-naturais", que não levam à procriação, como o sexo anal ou oral, mesmo quando feito entre cônjuges. Em uma sociedade que priorizava a produtividade, para os puritanos,[44] a sodomia era um desperdício de tempo. Embora oficialmente passível de pena de morte entre 1607 e 1740, a sodomia era mais frequentemente punida com chicotadas. Alguns casos "de compor-

---

[43] D'EMILIO, John; FREEDMAN, Estelle B. Freedman (orgs.). *Intimate Matters: A History of Sexuality in America.* Nova York: Harper and Row Publishers, 1988, p. 16.

[44] N.T: aqui, o termo "puritanos" (no original, *puritans*) refere-se exclusivamente ao ramo do protestantismo.

tamento lascivo" entre mulheres eram punidos com chicotadas, embora nenhuma tenha sido executada por sodomia nas colônias durante o século XVIII, provavelmente por causa da obrigatoriedade de haver prova da penetração e duas testemunhas oculares.[45] A hegemonia da igreja e a falta de meios para cuidar de crianças nascidas fora do casamento levou à atenção zelosa de vizinhos sobre os costumes sexuais de sua comunidade.

Como o historiador Jonathan Ned Katz explica,

> o contraste operante nessa sociedade era entre a fecundidade e a esterilidade, não entre o erotismo de sexos diferentes e iguais. [...] Nessas colônias, o desejo erótico por membros do mesmo sexo não era visto como um desvio, porque o desejo erótico por um sexo diferente não era visto como uma norma.[46]

Com a ascensão dos centros urbanos e dos métodos de produção industrial no final do século XIX, na Europa Ocidental e na América do Norte, o trabalho assalariado tornou-se muito mais comum. Comparando com a vida rural, houve uma crescente separação entre o trabalho e a casa, de modo que a família se tornou muito mais exclusivamente um núcleo para reprodução [social da vida]. Ao longo das décadas, o crescimento da indústria criou um novo ideal de família, o de um refúgio de um mundo em mudança e frequentemente hostil. Mas a relação entre a família e o capitalismo estava repleta de contradições desde o início. O inovador artigo de John D'Emilio, *O capitalismo e a identidade gay*,[47] usa o método materialista histórico desenvolvido por Marx e Engels para analisar essas contradições. Ele escreve:

---

[45] *Ibidem*, p. 30.
[46] KATZ, 1996, p. 49-50.
[47] N.T: no original, *Capitalism and Gay Identity*.

> De um lado, o capitalismo enfraqueceu continuamente a fundação material da vida em família, tornando possível para indivíduos viverem fora da família e para o desenvolvimento de uma identidade lésbica e gay. De outro, é preciso empurrar homens e mulheres para dentro das famílias, pelo menos por tempo suficiente para reproduzir a próxima geração de trabalhadores. A elevação da família à preeminência ideológica garante que a sociedade capitalista irá reproduzir não somente crianças, mas também o heterossexismo e a homofobia. No sentido mais profundo, o capitalismo é o problema.[48]

O modo de produção capitalista provocou o surgimento de uma classe empresarial – e com isso, das noções de realização pessoal e de individualidade como ideais sociais. Ao mesmo tempo, a prosperidade crescente de uma nova classe média e uma maior acumulação de riquezas pessoais e heranças transferíveis exigia uma estrita moralidade sexual, especialmente para mulheres. O historiador britânico Jeffrey Weeks descreve as contradições dessa nova estrutura familiar: [a família burguesa era] "a localização privilegiada da emotividade e do amor [...] e, simultaneamente, uma polícia eficaz do comportamento sexual".[49]

Em contraste com a próspera classe média, a vida industrial estava literalmente matando a classe trabalhadora em meados do século XIX na Inglaterra. Lá, na área rural de Rutland, homens de classe média viviam até os cinquenta e dois anos, enquanto os "adultos" da classe trabalhadora morriam, em média, aos dezessete

---

[48] D'EMILIO, John. "Capitalism and Gay Identity". In: _____. *Making Trouble: Essays on Gay History, Politics, and the University*. Nova York: Routledge, 1992a, p. 13. Tradução não publicada do texto: Gustavo Guimarães. Disponível em: https://lgbtcomunista.org/2021/06/07/o-capitalismo-e-a-identidade-gay/.

[49] WEEKS, 1989, p. 29.

anos em centros industriais como Manchester, dezesseis em Bethnal Green e quinze em Liverpool.[50] Os proprietários de fábricas têxteis empregavam principalmente mulheres e crianças, pagando muito menos do que aos homens por longas horas de trabalho árduo, o que levou a taxas de doença e mortalidade que ameaçavam diminuir o próprio lucro desses proprietários.

Friedrich Engels descreveu o quase colapso da vida da família de classe trabalhadora em *A situação da classe trabalhadora na Inglaterra*. Ele detalhou as condições de lotação e imundície nas casas da classe operária e citou um relatório do Ministério de Saúde: "Em Leeds, encontramos irmãos e irmãs e hóspedes de ambos os sexos que partilham o dormitório com os pais; as conseqüências que daí resultam fazem estremecer os sentimentos humanos."[51]

Uma reinvenção da família da classe trabalhadora era urgentemente necessária. Reformadores vitorianos fizeram campanhas por mudanças no trabalho fabril e na habitação, o que levou à criação do "salário familiar" para os homens, uma quantia destinada a sustentar uma família e permitir que as mulheres ficassem em casa para cuidar dos filhos e limpar suas casas. Esse salário raramente era suficiente e muitas mulheres da classe trabalhadora continuaram a fazer trabalhos de costura e outros "bicos". Embora a adaptação da família nuclear da classe média para a classe trabalhadora tenha tido a consequência de prender as mulheres da classe trabalhadora, também as livrou de horas exaustivas de trabalho fabril. As crianças foram enviadas para a escola, não só para serem educadas para empregos futuros, mas também para ser incutida nelas a disciplina de trabalho. Os costumes sexuais da

---

[50] WILSON, Colin. *Socialists and Gay Liberation*. Londres: Socialist Workers Party, 1994, p. 11.
[51] Extraído de ENGELS, Friedrich. *A situação da classe trabalhadora na Inglaterra*. São Paulo: Boitempo, 2010, p. 83.

classe média foram propagados amplamente dentre a classe trabalhadora para reduzir a taxa de prostituição e, por consequência, as doenças letais e os nascimentos fora do casamento.

Em *A construção da homossexualidade*,[52] David Greenberg tece um raciocínio convincente para explicar por que o surgimento da ordem capitalista agudizou os papéis de gênero e fortaleceu a ideologia da família.[53] As sociedades agrícolas do século XVII e XVIII da América do Norte colonial eram um mundo de trabalho rigoroso, que exigiam estrita obediência e onde havia pouca mobilidade social. As prioridades do mercado do século XIX, no entanto, impulsionaram mudanças no que a nova sociedade valorizava no homem – a competitividade e o desejo de realização pessoal. Nesse ambiente, a expressão de emoções, o comportamento afetuoso e a dependência de outros eram entendidos como fraqueza e vulnerabilidade. Em 1860, homens não mais abraçavam, choravam ou beijavam outros homens em público, por medo de parecerem afeminados.[54] À medida que os homens deixavam suas casas para trabalhar em fábricas e escritórios, o papel das mulheres de cuidar das crianças e administrar o lar moldaram o novo ideal de gênero das mulheres como cuidadoras e como dependentes dos homens para sustento material e social.

A sociedade capitalista continua a lidar com as contradições entre, por um lado, a privatização da criação de filhos e da manutenção do lar e, por outro, as forças contrárias que destroem a família. A família nuclear hoje fornece à classe dominante um meio barato para a alimentação e preservação da força de trabalho atual e para a criação e disciplinamento da próxima geração de trabalhadores.

---

[52] N.T: no original, *The construction of homosexuality*.
[53] GREENBERG, 1988, p. 356–358.
[54] *Ibidem*, p. 388.

A família também serve a uma função sociológica. Ao treinar jovens para aceitarem papéis sexuais tradicionais – os homens como os provedores inteligentes e fortes, enquanto as mulheres são as companheiras e criadoras de filhos –, as famílias são incubadoras ideais para normas sexuais rígidas. Comportamentos homossexuais e transexuais apresentam um desafio a essa norma ideológica. Afinal de contas, se as mulheres podem parecer e agir "como homens" e se os homens podem parecer e agir "como mulheres" e/ou se homens e mulheres podem viver relacionamentos com o mesmo sexo e cada um deles incorpora as características convencionalmente atribuídas exclusivamente a homens ou a mulheres, gênero e normas familiares são colocados em questão. O comportamento das minorias sexuais e das pessoas que desafiam as expectativas de gênero enfraquece e até desafia esses papéis de sexo e gênero, minando assim os comportamentos desejáveis para o bom funcionamento da sociedade capitalista.

Metade das crianças estadunidenses vive em uma família monoparental em algum momento de suas vidas e metade de todos os casamentos terminam em divórcio. À medida que as mulheres nas sociedades industrializadas tornaram-se completamente integradas à força de trabalho – embora pagas de forma desigual –, sua capacidade de dissolver casamentos e viver independente de homens aumentou. Isso criou tensões entre a ideologia da família e a realidade de vida das pessoas. Mesmo a batalha controversa do aborto é uma expressão dessa contradição: uma vez que as mulheres tornaram-se centrais para a força de trabalho, o aborto tornou-se economicamente necessário e socialmente desejável para muitos. Mas, apesar do capital necessitar que as mulheres trabalhadoras tenham menos crianças e controlem-se se e quando devem engravidar, a direita continua a se opor ao aborto legal e a reforçar a ideologia que fortalece a família nuclear e o ideal de mulheres como mães.

Hoje a classe dominante estadunidense está dividida a respeito da legalização do casamento entre pessoas do mesmo sexo porque, se por um lado, o casamento serve para legitimar ainda mais os valores familiares tradicionais, por outro, o casamento gay normalizaria a homossexualidade e romperia as divisões de gênero na classe trabalhadora. Assim, a direita cristã não vê nenhuma contradição em pregar os valores da família enquanto descreve o direito ao casamento entre pessoas do mesmo sexo como um precursor do fim de tudo o que é sagrado. A iniciativa de George W. Bush, de 1,5 bilhão de dólares, de incitar mulheres pobres (heterossexuais) a se casarem e permanecerem casadas também foi alimentada pelo desejo da classe dominante de livrar-se de qualquer responsabilidade de cuidar dos filhos de seus trabalhadores, que têm cinco vezes mais chance de viver na pobreza e duas vezes mais risco de abandonar a escola, se comparados às crianças com dois pais.[55]

A batalha pelo casamento igualitário – Massachusetts, Connecticut, Iowa, Vermont e Maine são os únicos estados dos EUA onde o casamento entre pessoas do mesmo sexo foi legalizado[56] – diz respeito a mais de 1.049 direitos e benefícios federais que existem para quem é casado. Os preconceituosos da classe dominante, que se opõem ao casamento igualitário, entendem que a batalha

---

[55] LERNER, Sharon Lerner. "Bush's Marriage Proposal". *Village Voice*. Publicado em: 1-7 de maio de 2002.

[56] A Suprema Corte da Califórnia derrubou a proibição do casamento gay. Mas, em novembro de 2008, eleitores aprovaram a Proposição 8, revertendo o direito e iniciando uma nova onda de ativismo pelo casamento igualitário em todo o país. No momento em que este livro foi escrito, em janeiro de 2009, a questão não tinha se resolvido.

por esses direitos civis poderia abrir a porta para o fim de toda a discriminação legal contra os gays e lésbicas, da mesma forma que a decisão do Suprema Corte da Califórnia, de 1947, de derrubar a proibição do casamento interracial no estado, abriu caminho para as lutas posteriores. O casamento gay também desafia a noção tradicional de como uma família deve ser. A sua legalização cria um confronto óbvio com a própria ideia de que existe algo de natural na família nuclear heterossexual.

A construção da homossexualidade

O capitalismo moderno criou o "espaço social" para uma identidade gay emergir.[57] Os centros industriais e financeiros concentraram um grande número de pessoas, criando assim o potencial de anonimato que nunca antes existiu nas sociedades humanas. Tendo criado a possibilidade de os indivíduos viverem separados de suas famílias e experimentarem práticas sexuais alternativas, longe da estreiteza da vida rural, a sociedade capitalista procurou então definir e reprimir esse novo "desvio" sexual. Como D'Emilio explica,

> [a]o passo que o trabalho assalariado se espalhava e a produção se tornava socializada, portanto, foi possível liberar a sexualidade do "imperativo" de procriação. [...] Ao alienar a família de sua independência econômica e promover a separação entre sexualidade e procriação, o capitalismo criou condições que permitiram que alguns homens e mulheres organizassem sua vida pessoal em torno de sua atração erótica/emocional por pessoas do mesmo sexo.[58]

---

[57] D'EMILIO, 1992a, p. 7.
[58] *Ibidem*.

A hostilidade do capitalismo industrial à homossexualidade é única em comparação com as leis de sociedades anteriores que puniam práticas sexuais alternativas. Considerando que as antigas leis condenavam os atos homossexuais que ameaçavam a procriação, novas proibições foram promulgadas contra um pequeno grupo de pessoas cujo comportamento os distinguia da maioria. Como o socialista britânico Noel Halifax coloca, "[s]ob o capitalismo, a sexualidade não é mais um 'assunto privado regulado por [...] tradições e preconceitos da comunidade', mas 'uma questão pública para o Estado'".[59]

A estigmatização de gays e lésbicas foi sistematizada no "tipo homossexual", na forma de uma pequena minoria de homens e mulheres cujos interesses eróticos em outros do mesmo sexo chamou a atenção das autoridades legais e médicas em grandes cidades na segunda metade do século XIX. Na Grã-Bretanha, leis começaram a distinguir entre bestialidade e homossexualidade e, pela primeira vez, a punir homens gays pegos procurando por outros homens gays em locais públicos. Em 1861, a pena de morte por sodomia foi abolida e uma sentença de dez anos de prisão, posteriormente alterada para dois anos de trabalhos forçados, foi promulgada, porque as autoridades entenderam que uma sentença menos dura do que a morte provavelmente seria aplicada com mais frequência.

Existem alguns historiadores que se opõem ao modelo construcionista social e, em vez disso, argumentam que a homossexualidade é parte da essência das pessoas e existiu ao longo da história. Esse ponto de vista "essencialista" afirma que "o desejo *queer* é congênito e, só depois, constituído como uma identidade

---

[59] HALIFAX, Noel. *Out Proud and Fighting: Gay Liberation and the Struggle for Socialism*. Londres: Socialist Workers Party, 1988, p. 11.

queer significativa durante a infância".[60] O capítulo 7 abordará as afirmações deterministas biológicas; no entanto, é importante aqui afirmar a centralidade das forças econômicas e sociais na formação da possibilidade de existência de identidades LGBT como as entendemos hoje. Uma coisa é argumentar que atos sexuais entre os indivíduos do mesmo sexo ocorreram desde que havia seres humanos e outra é assumir que a *identidade* homossexual é supra-histórica.

O construcionismo social, para os marxistas, é tanto materialista como dialético.[61] Em outras palavras, é baseado em um entendimento da história que vê os seres humanos como produtos do mundo natural e como capazes de interagir com seus arredores naturais; no curso de suas ações, os seres humanos mudam a si mesmos e ao mundo ao seu redor. Vários processos se desenvolveram ao longo do tempo para criar: 1) os espaços sociais para o florescimento do desejo pelo mesmo sexo; 2) a formação através da repressão, resistência e acomodação de homossexuais auto-identificados com subculturas próprias; e 3) a regulamentação legal desses espaços sociais que as autoridades definiram como "desviantes". Uma vez que o desenvolvimento da identidade sexual fez-se ao longo de muitos anos, na medida em que as mudanças sociais permitiram-lhe evoluir, havia elementos do que viria a ser a subcultura homossexual na era que precedeu a Revolução Industrial. Por exemplo, homens que faziam sexo com homens nos

---

[60] NORTON, Rictor. *The Myth of the Male Homosexual: Queer History and the Search for Cultural Unity*. Londres: Cassell, 1997, p. 14–15.

[61] Aqui, eu enfatizo que o construcionismo marxista é, ao mesmo tempo, materialista e dialético porque há outros construcionistas que são idealistas, para quem não há determinação material (biológica ou outra) para os comportamentos sexuais e de gênero. Um exemplo são os teóricos *queer* debatidos no capítulo 6.

lugares conhecidos como "casas de Molly" em Londres e Paris no início do século XVIII geralmente tinham esposas e filhos e abandonavam todas as afetações afeminadas e usavam maneirismos masculinizados quando saíam desses lugares e iam para o trabalho ou para casa. Quando a Sociedade para Reforma de Comportamentos[62] empenhou-se em acabar com essas "casas de Molly" em 1726, fechando mais de vinte, isso era parte da sua campanha contra os sodomitas, as prostitutas e aqueles que não honravam o *Shabat*[63] – e não contra os homossexuais.[64]

Quando essencialistas como Rictor Norton desafiam os construcionistas, eles argumentam que alguns artistas italianos renascentistas e monges eram homens gays, mas essa afirmação também serve para abalar seu próprio argumento. A organização econômica e social das vidas florentina e monástica tornou possível para alguns homens nessas porções do Velho Mundo expressarem seu desejo homossexual – precisamente o caso que os construcionistas usam como exemplo. As condições, no entanto, ainda não tinham amadurecido para muitos, fora das artes ou do mosteiro, expressarem esse desejo ou, para aqueles que o fizeram, para se verem ou serem vistos pelos outros como uma identidade sexual separada, distinta da heterossexualidade. Como um historiador explica, "o homossexual, no entanto, não é simplesmente

---

[62] N.T: no original, Society for the Reformation of Manners. Fundada em 1691, essa organização visava a reverter os aspectos que considerava imorais na sociedade britânica, em especial a existência dos bordéis e da prostituição.

[63] N.T: *shabat* ou *sabá* é um dia que, no judaísmo, é reservado à abstenção de qualquer atividade laboral e outras atividades. Acontece semanalmente entre o final da sexta-feira e o final do sábado.

[64] BRAY, Allan. *Homosexuality in Renaissance England*. Londres: Gay Men's Press, 1982, p. 81–114.

um 'sodomita' que acidentalmente tropeçou nas novas condições capitalistas".⁶⁵ O processo de desenvolvimento das identidades gay, lésbica ou bissexual ocorreu ao longo do tempo, com alguns elementos das novas relações sociais nas antigas e vice-versa. Sem a capacidade de viver autonomamente, sem os esforços da sociedade para limitar o potencial erótico de alguns seres humanos e sem o desenvolvimento de uma subcultura destas novas categorias sociais, aqueles que faziam o que a sociedade moderna chama de sexo gay provavelmente teriam continuado sendo sodomitas.

Em Paris e Berlim, na década de 1870, médicos e especialistas jurídicos examinaram um novo tipo de "degeneração" para determinar se essas pessoas deveriam ou não ser responsabilizadas por suas ações. A palavra "homossexualidade" foi cunhada pela primeira vez em 1869 por um médico teuto-húngaro chamado Karl Maria Benkert (ele adotou o sobrenome Kertbeny depois de 1847). Benkert escreveu uma carta aberta desafiando a crescente ilegalidade da homossexualidade em alguns estados alemães (a unificação da Alemanha não ocorreu até 1871). Benkert argumentou que a homossexualidade era "inata, não adquirida" e, portanto, não deveria ser punida pelo Estado.⁶⁶

A homossexualidade como um "tipo" moderno evoluiu nos círculos científicos, deixando de ser um "pecado contra a natureza" para se tornar uma doença mental. O primeiro famoso estudo da homossexualidade, *Inversão sexual*,⁶⁷ de Havelock Ellis, em 1897, apresentou a ideia de que a homossexualidade era uma doença congênita que não deve ser punida, mas tratada. Sexólogos do

---

⁶⁵ KINSMAN, Gary. *The Regulation of Desire: Homo and Hetero Sexualities*. Nova York: Black Rose Books, 1996, p. 49.

⁶⁶ LAURITSEN, John; THORSTAD, David. *The Early Homosexual Rights Movement (1864–1935)*. Ojai: Times Change Press, 1995, p. 3.

⁶⁷ N.T: no original, *Sexual Inversion*.

século XIX desenvolveram ideias sobre a homossexualidade como um forma de insanidade. Uma teoria famosa afirmava que a homossexualidade era o resultado de "uranismo" – uma mente feminina presa em um corpo masculino (ou vice-versa). Esta teoria da "inversão" sexual, feita por Karl Heinrich Ulrichs, colega e amigo de Benkert e amplamente disseminada, referia-se aos homossexuais como um terceiro sexo.[68] Ulrichs foi o primeiro homem abertamente "invertido" a falar favoravelmente a respeito da homossexualidade em fóruns públicos, a partir da década de 1860.

De fato, levou mais de duas décadas após a invenção do "homossexual" para que médicos começassem a escrever sobre o "heterossexual". A ideologia burguesa moderna presume que não precisamos traçar a genealogia da heterossexualidade porque ela deve ser um conceito e uma prática atemporais. Mas assim como a homossexualidade foi inventada, a heterossexualidade também foi.

O primeiro registro da palavra "heterossexual" remonta a revistas médicas do início dos anos 1890. A publicação inglesa do médico vienense Richard von Krafft-Ebing *Psychopathia Sexualis* de 1893, na verdade, introduz heterossexuais não como seres sexuais "normais", mas como aqueles com uma variedade de apetites sexuais, que incluíam relações sexuais não procriadoras, embora não com parceiros do mesmo sexo.[69] Em 1905, os termos "heterossexual" e "homossexual" estavam difundidos o bastante para Sigmund Freud empregá-los para referir-se a tipos de pessoas e de sentimentos, não apenas a atos sexuais. Suas sessões com vários pacientes da classe alta o levaram a concluir que os homossexuais devem ser tratados pela sua "fixação" no que ele considera um estágio "imaturo" de seu desenvolvimento sexual. Curiosamente, a primeira entrada para a homossexualidade no dicionário

---

[68] *Ibidem*, p. 7.
[69] *Ibidem*, p. 22.

Merriam-Webster, em 1909, descreve-a como uma "paixão sexual mórbida por alguém do mesmo sexo", enquanto a heterossexualidade não foi definida até 1923.[70]

Como materialistas históricos, que acreditam que o comportamento das pessoas e as atitudes são moldadas pelo seu ambiente material, segue-se que os socialistas são construcionistas quando se trata de questões de gênero e sexualidade. Em outras palavras, a sexualidade é um comportamento fluido e não fixo e suas várias expressões têm sido historicamente determinadas.

A sociedade capitalista depende da família nuclear e da ideologia que a justifica. Entre esses princípios ideológicos estão ideias sexuais reacionárias – incluindo normas de gênero – que não apenas reforçam a família, mas também são usadas para estimular as divisões entre os trabalhadores e os oprimidos, bem como para controlar nosso comportamento. A criação e a repressão das identidades sexuais, feitas pelo capitalismo, produziu divisões que se provaram frequentemente fatais. Em uma sociedade em que as pessoas não fossem oprimidas, ou mesmo definidas, por sua identidade sexual, as pessoas seriam capazes de desenvolver uma sexualidade totalmente livre.

---

[70] KATZ, 1996, p. 99-100.

CAPÍTULO DOIS
Repressão, resistência e guerra: o nascimento da identidade gay

Quando o famoso escritor irlandês Oscar Wilde foi condenado por sodomia em 1895 e sentenciado a dois anos de trabalhos forçados, jornais do mundo inteiro encheram-se de descrições chocantes sobre uma forma de sexualidade que poucos haviam reconhecido que existia. O julgamento definiu, no senso comum, homens gays como estetas afeminados, mas também levou ao conhecimento de homossexuais latentes a existência de outros como eles. Relatos nos jornais permitiram que os londrinos descobrissem aonde ir para encontrar homens que buscavam sexo com outros homens. Mas dificilmente foi uma "saída do armário" exuberante. Wilde, que era casado e pai de dois filhos, aceitou o pensamento médico em voga sobre sua "condição". Seus escritos da época refletem o debate sobre se a homossexualidade era uma forma de doença ou de insanidade, queixando-se sobre a sua "erotomania" na prisão.[71] Durante anos, Wilde permaneceu como o gay mais famoso do mundo.

Desde o início, mulheres que faziam sexo com outras mulheres tinham menos visibilidade que homens gays. A maior independência financeira e integração nas esferas públicas do trabalho e da comunidade garantiu a eles mais oportunidades para explorar

---

[71] Extraído de PEARCE, Joseph. *The Unmasking of Oscar Wilde*. São Francisco: Ignatius Press, 2004, p. 346.

estilos de vida sexual alternativos. Homens assalariados podiam viver em pensões na cidade, nas quais podiam convidar outros homens para os seus quartos, propiciando uma "escapada" para além dos controles familiares, o que era bem menos acessível para mulheres da classe trabalhadora. Além disso, apesar de as mulheres proletárias dos Estados Unidos durante o fim do século XIX e do começo do século XX serem alfabetizadas o suficiente para ler a Bíblia, poucas deixaram registros de suas vidas íntimas. Como a historiadora lésbica Lilian Faderman conclui, "[a] possibilidade de se viver como uma lésbica precisou ser socialmente construída a ponto de ser possível para as mulheres poderem escolher essa vida. Assim, foi apenas no nosso século [vinte] que essa escolha tornou-se possível para um número significativo de mulheres".[72]

Em meados do século XIX, chamou a atenção das autoridades o fato de algumas mulheres trabalhadoras se "passarem" por homens a fim de poderem tanto conseguir um emprego, como também, em alguns casos, buscarem relacionamentos com outras mulheres. Figuraram nos jornais histórias de mulheres lésbicas que "se passavam por homens" como a de "Bill" no Missouri, que virou o secretário-geral da Irmandade Internacional dos Caldeireiros.[73] Uma reportagem dizia: "Ela bebia [...] ela xingava, ela flertava com garotas, ela trabalhava tanto quanto seus companheiros, ela pescava e acampava, ela até mascava tabaco".[74] Como mulheres vestindo calças era algo praticamente desconhecido, especialmente nos ambientes urbanos, quase ninguém suspeitava da identidade de mulheres andróginas que se vestiam como homens.

---

[72] FADERMAN, Lillian. *Odd Girls and Twilight Lovers: A History of Lesbian Life in Twentieth-Century America*. Nova York: Penguin Books, 1991, p. 9.

[73] N.T: no original, *International Brotherhood of Boilermakers*.

[74] Extraído de D'EMILIO; FREEDMAN, 1988, p. 125.

Nem todas elas eram lésbicas; algumas buscavam igualdade com os homens e libertar-se da criação dos filhos. Realizar o trabalho de homens pelo salário dos homens, possuir propriedade, manter contas bancárias nos seus próprios nomes e votar eram alguns dos muitos benefícios que essas mulheres obtinham e que eram comumente restritos apenas aos homens. Porém, um número considerável dessas mulheres casavam-se com outras mulheres, ocasionalmente mais de uma vez, como as manchetes da época anunciavam: "Uma alegre farsante do gênero feminino", "Morte revela que 'homem casado' era mulher" e "Imperceptível, porta-se há 60 anos como um homem"[75].[76] Médicos do Exército da União[77] registraram que pelo menos quatrocentas mulheres serviram sub-repticiamente como homens durante a Guerra Civil.[78]

Foi a partir dos anos de 1880, quando as relações sexuais entre mulheres nos Estados Unidos tornaram-se mais abertamente reconhecidas, que elas passaram a ser reprimidas. Leis contra "perversão" e "inversão congênita" foram aplicadas tanto contra mulheres quanto contra homens pela primeira vez. Entretanto, na Grã-Bretanha, o lesbianismo foi tirado do código criminal porque o puritanismo vitoriano ditava que mulheres não tinham desejo sexual e autoridades legais temiam que incluir sanções contra mu-

---

[75] Extraído de DUBERMAN; VICINUS; CHAUNCEY, 1989, p. 184.

[76] N.T: as manchetes originais em inglês eram "*A Gay Deceiver of the Feminine Gender*","*Death Proves 'Married Man' a Woman*" e "*Poses, Undetected, 60 Years as a Man*".

[77] União foi o nome usado para se referir aos vinte e três estados que não faziam parte da Confederação, estados seccionistas, durante a Guerra Civil Americana. Uma das principais bandeiras da União na Guerra Civil era a abolição da escravidão, que ainda vigorava nos estados confederados.

[78] FADERMAN, 1991, p. 43.

lheres que faziam sexo com outras mulheres, na verdade, incentivaria a homossexualidade entre elas. Lord Desart, que era diretor da promotoria quando Oscar Wilde foi encarcerado por sodomia, disse o seguinte sobre incluir o lesbianismo no código criminal de 1921: "Você contará ao mundo inteiro que existe tal delito, levando-o ao conhecimento de mulheres que nunca ouviram falar disso, que nunca pensaram nisso. Acredito que isso é um grande prejuízo moral".[79]

Para as mulheres estadunidenses de classe média, o acesso à educação de ensino superior deu-lhes a primeira oportunidade de se libertarem de suas famílias e experimentarem a vida rodeadas por outras jovens solteiras, especialmente para aquelas que frequentaram instituições exclusivas para mulheres. Entre 1880 e 1900, 50% das mulheres nas faculdades permaneciam solteiras, contra 10% das mulheres da mesma idade que não estudavam.[80] Dentre as graduadas que buscaram carreiras profissionais, o que significava comumente evitar o casamento, desenvolveu-se o fenômeno das "solteironas" que viviam juntas ou dos casamentos de Boston.[81] Esses relacionamentos entre pessoas do mesmo sexo, muitas vezes referidos à época como "amizades românticas", não eram sempre sexuais. Mas cartas, romances e, ocasionalmente, camas compartilhadas indicavam que frequentemente eram. As estatísticas que o sexólogo Alfred Kinsey coletou entre mulheres nascidas no final do século XIX mostra que 12% delas tinham tido orgasmos a partir do contato sexual com outra mulher.[82]

---

[79] Extraído de WEEKS, 1989, p. 105.

[80] FADERMAN, 1991, p. 14.

[81] N.T: no original, *Boston marriages*; era um termo para mulheres solteiras que moravam juntas, independentes do suporte financeiro de um homem, e dividiam suas vidas.

[82] *Ibidem*, p. 32.

Contudo, algumas dessas mulheres, inclusive radicais como Emma Goldman, nem sempre compreendiam seus relacionamentos íntimos com outras mulheres como relacionamentos lésbicos. Apesar das correspondências eróticas entre Goldman e Almeda Sperry, a mulher com quem ela supostamente manteve um caso sexual, Goldman manifestou o senso comum de que lésbicas eram odiadoras de homens. Como ela não antagonizava os homens, ela não se classificou como tal. Em uma carta, Goldman expressou seu descontentamento com uma amiga que fugiu com outra mulher: "De verdade, as lésbicas são muito loucas. Seu antagonismo aos homens é quase como uma doença para elas. Eu simplesmente não suporto tamanha limitação".[83] O que impressiona é que essa visão negativa das lésbicas foi perpetuada por uma mulher que fazia campanha pelos gays e lésbicas e que denunciava toda punição legal contra a homossexualidade.

O número de mulheres que ingressaram na força de trabalho dos EUA entre 1870 e 1900 triplicou de 1,8 milhão para 5,3 milhões, o dobro do índice de aumento de mulheres na população em geral.[84] Para muitas delas, que deixaram suas famílias nas áreas rurais rumo aos centros urbanos e industriais, foi a primeira vez que elas tiveram a oportunidade de viver independentemente, e muitas vezes elas dividiam o aluguel para economizar os custos. Não foram todas e nem mesmo a maioria das mulheres que experimentaram sexo lésbico, mas relatos anedóticos de algumas delas somados a popularidade de romances e a proliferação de artigos sobre mulheres "invertidas" e seus "distúrbios", revelam que o lesbianismo estava em ascensão. Antes de 1895, havia apenas um artigo sobre lesbianismo no Índice da Biblioteca do Escritório do

---

[83] Extraído de *Ibidem*, p. 34.
[84] *Ibidem*, p. 38.

Cirurgião-Geral,[85] que cobria os 150 anos anteriores. Em 1916, havia mais de 100 livros e 566 artigos sobre as "perversões" sexuais das mulheres.[86] Com uma conduta social oscilando entre a contenção sexual da era vitoriana e o *lesbian chic* urbano dos vorazes anos 1920, as lésbicas do começo do século XX foram entendidas como desviantes de gênero e até mesmo hipersexualizadas. Segundo a explicação de Faderman, "Lesbianismo e masculinidade ficaram tão vinculados no senso comum, que se acreditou que somente uma mulher masculina seria o seu exemplo legítimo".[87]

Conforme a indústria cresceu, a distância entre a vida das classes abastadas e da empobrecida classe trabalhadora também o fez. No final do século XIX, os homens das classes altas e médias buscavam frequentemente encontros casuais com homens jovens da classe trabalhadora, com quem eles acreditavam ser indiferentes a uma conduta social anti-homossexual. Fora o preconceito burguês, essa crença também se baseava nas condições reais da classe trabalhadora, que viviam apinhadas em casas de apenas um cômodo e cortiços, nos quais as regras sociais da classe média contra a promiscuidade e as atividades sexuais alternativas frequentemente não se aplicavam.

A família burguesa e seus códigos morais de controle sexual e de trabalho duro mantiveram as classes mais altas sob regras de conduta severas – pelo menos nas aparências. Eles acreditavam que a pureza sexual entre as mulheres era essencial para que elas desempenhassem seus papéis domésticos como professoras e disciplinadoras de suas crianças, e que o controle sexual entre homens os permitia ser mais bem sucedidos nos negócios. Diferente das

---

[85] N.T: no original, *Index Catalogue of the Library of the Surgeon General's Office*.

[86] *Ibidem*, p. 49.

[87] *Ibidem*, p. 57.

mulheres, aos homens era permitido seus encontros ocasionais e discretos, mas se passassem da linha seriam severamente punidos. Oscar Wilde, cujos escritos eram lidos e respeitados amplamente pela classe média, talvez não fosse punido se não tivesse ostentado publicamente suas práticas sexuais com homens muito mais novos, em meio a graves protestos contra a corrupção de menores e pela importância da família para manutenção do Império Britânico. Luxúria e perversões sexuais eram citadas por defensores da "pureza social" como inimigas do império. "Roma caiu; outras nações caíram e; se a Inglaterra cair será devido a este pecado, e sua descrença em Deus, que terá sido sua ruína," escreveu um defensor da pureza social.[88]

Todavia, novos padrões de vida desafiavam os clamores puritanos de abster-se da homossexualidade. Gays e lésbicas inventaram maneiras de se encontrarem e, no começo do século XX, praticamente todas as grandes cidades estadunidenses e europeias – e algumas cidades pequenas – tinham bares ou lugares públicos onde os gays podiam se encontrar. Berlim era o centro global da subcultura gay, com centenas de bares e cafés que serviam a uma ampla clientela homossexual até o começo dos anos trinta, quando a ascensão do nazismo destruiu as vidas e a cultura gays. O legado revolucionário da França fez dela o único país industrializado sem leis contra a homossexualidade e Paris tornou-se um ímã para figuras literárias lésbicas estadunidenses expatriadas que fugiam da repressão. A avenida Riverside e a região da rua Bowery em Nova York, o Parque Lafayette em Washington, D.C., as Associações Cristãs de Moços (YMCA)[89] e saunas públicas em St. Louis e Chicago serviam como pontos de encontro e locais de "pegação". O poeta Walt Whitman, o mais famoso homossexual estadunidense

---

[88] Extraído de WEEKS, 1989, p. 107.
[89] N.T: no original, *Young Men's Christian Association*.

do século XIX, chamava Manhattan de "cidade das orgias, perambulação e prazeres" e gabava-se da "constante e rápida cruzada de olhares que me ofereciam amor"[90] em Nova York.

Canções populares entre os negros nas décadas de 1920 e 1930 com temas e títulos gays e lésbicos, como *Sissy Man Blues*[91] e *Fairey Blues*[92] fornecem evidência de uma comunidade gay afro-estadunidense.[93] Casais negros formados por lésbicas "masculinas" e "femininas" até se casaram em grandes cerimônias no Harlem durante a década de 1920. Ao alterar o primeiro nome da lésbica "masculina", esses casais obtiveram efetivamente certidões de casamento legais.[94] O escritor Sherwood Anderson popularizou estes casamentos do pós-Primeira Guerra Mundial na sua coletânea de contos *Winesburg, Ohio*. O baile anual no Hamilton Lodge do Harlem ou, como os negros da vizinhança chamavam, *O Baile das bichas*,[95] atraía milhares de homens e mulheres negros e brancos para assistir e participar do evento de *drag queens* mais celebrado e extravagante do país. Abram Will, morador do Harlem, descreveu o que deve ter sido o maior evento a transgredir as normas raciais e de gênero daquela época:

> Havia caipiras "afeminadas" vindas do extremo sul, que rompiam com os vínculos tradicionais e se misturavam independentemente da raça. Havia as "coisas" sofisticadas da *Park Avenue* e da *Broadway*. Havia as "queridas", negras grandes e robustas do coração do Harlem. O Continente [Europa], a África e até a Ásia tinham a sua

---

[90] Extraído de D'EMILIO; FREEDMAN, 1988, p. 123.
[91] N.T: em tradução livre, "o blues do afeminado".
[92] N.T: em tradução livre, "o blues da fadinha".
[93] D'EMILIO, 1992a, p. 9.
[94] FADERMAN, 1991, p. 73.
[95] N.T: no original, *The Faggots Ball*.

devida parcela de "embaixadores". O baile era um caldeirão cultural, diferente, exótico, e heterodoxo, mas acolhedor.[96]

O historiador gay George Chauncey apresenta um contraponto fascinante à hipótese de que no princípio todos os gays eram enrustidos, especialmente aqueles nas grandes cidades estadunidenses, como Nova York. Munido de relatórios policiais, matérias de jornais, romances, cartas e diários datados de 1890 a 1940, Chauncey se opõe ao "mito da invisibilidade" e concentra-se na próspera cena gay do Harlem, Greenwich Village, Lower East Side e da vizinhança da Times Square no livro *Nova York Gay*.[97] Mas apenas aqueles homens que assumiam o papel sexual, as roupas e os trejeitos afeminados das mulheres[98] consideravam-se gays, ou, como eram chamados na gíria da época: *fairy* [fada], *pansy* [florzinha] ou *queer*. Nesse sentido, a identidade de gênero era o que determinava a identidade sexual, inclusive para aqueles participavam do sexo homossexual. Como Chauncey argumenta, "O binarismo entre heteressoxual e homossexual que rege nosso pensamento sobre sexualidade hoje, e que, como nós veremos, já se tornava hegemônico na ideologia sexual da classe média, ainda não se configurava assim no senso comum da ideologia da classe trabalhadora".[99] Desse modo, a feminilidade exagerada daqueles que se identificavam como gays servia geralmente para reafirmar a masculinidade dos homens "normais" que faziam sexo com eles.

---

[96] Extraído de CHAUNCEY, George. *Gay New York: Gender, Urban Culture, and the Making of the Gay Male World* 1890–1940. Nova York: HarperCollins, 1994, p. 261.

[97] CHAUNCEY, 1994, p. 261.

[98] N.E: aqui, ao se referir ao "papel sexual (...) das mulheres", está se referindo ao papel sexual de passivo.

[99] *Ibidem*, p. 48.

Quando queriam atrair pretendentes, homens gays se vestiam e falavam de maneiras consideradas gays e frequentavam parques, saunas e *pubs*, onde sabiam que poderiam atrair outros como eles, ou ainda encontrar trabalhadores e marinheiros que procuravam por sexo nas suas folgas.

Nos bairros da classe trabalhadora, gays eram aceitos em alguns círculos como parte da vida urbana, embora nem sempre fossem respeitados ou bem-vindos. Eles eram alvos fáceis para aqueles que procuravam roubar ou espancar alguém cujo status de fora da lei dificilmente os faria ir à polícia, já que centenas de suspeitos de serem homossexuais eram presos todos os anos sob a acusação de "indecência". Apesar de ser difícil especular sobre como as pessoas que se atraíam pelo mesmo sexo se percebiam no período anterior à Segunda Guerra Mundial, evidências de diários e romances parecem indicar que "'Sair do armário' [...] era uma experiência solitária, difícil e, algumas vezes, extremamente dolorosa".[100] Até para os que conseguiam aproveitar a subcultura gay urbana no seu tempo livre, sair do armário para as famílias e para os colegas de trabalho significava quase sempre correr o risco do ostracismo, no mínimo, e da perda do emprego, na maioria das vezes. Não é à toa que algumas das mais ativas cenas culturais gays dos EUA ficavam em lugares onde homens viviam separados das famílias e das comunidades em que cresceram.

Com a exceção dos imigrantes judeus que fugiram dos *pogroms* no Leste Europeu, a maioria dos milhões de imigrantes que chegaram à Nova York, vindos da Irlanda, Itália e de qualquer outro lugar na virada para o século XX não vieram com as suas famílias. Por exemplo, 80% dos italianos que foram para os

---

[100] D'EMILIO, John. *Sexual Politics, Sexual Communities: The Making of a Homosexual Minority in the U.S. 1940–1970*. Chicago: University of Chicago Press, 1983, p. 20.

Estados Unidos entre 1880 e 1910 eram homens, em sua maior parte entre os catorze e quarenta anos. Por contraste, 42% dos imigrantes judeus eram mulheres e 25% tinham menos de catorze anos de idade.[101] O enorme afluxo de trabalhadores solteiros em geral alojou-se em cortiços e pensões, longe das esposas e da família, se é que as tinham. A *New York Times Magazine* atribuiu o título de "Cidade dos solteiros" à sua cidade-natal, onde, nos primeiros trinta anos do século XX, 40% da população masculina acima dos catorze anos não era casada.[102] A vida social, do trabalho e familiar dos homens da classe trabalhadora eram levadas em ambientes fortemente divididos por sexo. Mesmo a atividade de lazer mais popular após o trabalho, os *pubs*, eram masculinos, pois raramente as mulheres os frequentavam nessa época, com a exceção das prostitutas. A ausência de mulheres bem como o companheirismo dos locais de trabalho, das Forças Armadas e dos bares, levaram a alguns desses homens a experimentar o sexo com outros homens. Durante a Febre do Ouro, no final do século XIX, uma vasta onda migratória de mineiros e especuladores correu para São Francisco, já a maior cidade portuária da Califórnia, o que gerou uma enorme concentração de migrantes solteiros de passagem nas pensões da cidade. "Em 1890, havia um *saloon* a cada 96 residentes, a maior proporção nos Estados Unidos – o dobro de Nova York ou Chicago", explica uma historiadora.[103] Tanto em São Francisco como em Nova York, era menos provável que o grande contingente populacional transitório ficasse constrangido pelas normas e regras sociais.

---

[101] CHAUNCEY, 1994, p. 75.
[102] Extraído de *Ibidem*, p. 136.
[103] BOYD, Nan Alamilla. *Wide-Open Town: A History of Queer San Francisco to 1965*. Los Angeles; Berkeley: University of California Press, 2003, p. 26.

O medo de exposição pública e a convenção social de classe média levaram centenas de profissionais, muitas vezes casados e com filhos, a fazer sexo com trabalhadores em segredo, discretamente. Eles socializavam em regiões pobres, como os arredores da rua Bowery, nos cafés do Greenwich Village, no bairro de North Beach em São Francisco e nos imensos bailes do Harlem. Tragicamente, muitos deles culpavam os gays mais "espalhafatosos" e as lésbicas "masculinas" pela hostilidade e medo que a sociedade tradicional depositava-lhes. Na década de 1930, um homem gay resumiu o desprezo de muitos dos gays de classe média "assimilados": "Assim como os negros ou judeus cultos, distintos e conservadores odeiam e deploram seu estereótipo vulgar e não aceito socialmente [...] os seus equivalentes homossexuais também rejeitam sua caricatura de 'bichinha ardente'. [...] O público em geral [não faz distinção], e um é penalizado e ostracizado pela grosseria e pelos excessos do outro".[104]

A nova abertura da subcultura gay urbana deu lugar a novas teorias sobre o comportamento gay. Médicos e sexólogos postularam que a homossexualidade era inerente à pessoa e que ele ou ela não tinham como mudar a sua natureza. A concepção muito difundida dos homossexuais como mulheres masculinizadas e homens afeminados era tão oposta ao imaginário de masculino e feminino promovido na cultura popular que a ideologia da classe dominante adotou a conclusão, pouco científica, de que homossexuais sofriam de uma condição que os difere das pessoas "normais". Explicações biológicas baseadas no gênero só serviram para confirmar a inevitabilidade das normas de gênero burguesas e da família nuclear.

Muitos gays e lésbicas pensavam que seus impulsos e desejos eróticos os diferenciavam essencialmente da sociedade heterosse-

---

[104] Extraído de CHAUNCEY, 1994, p. 105–106.

xual. Escritoras como Radclyffe Hall, que em 1928 lutou com sucesso contra o banimento de seu romance lésbico *O poço da solidão* nos Estados Unidos (o livro foi banido da Grã-Bretanha ainda assim), popularizaram a definição média da homossexualidade como um desvio inescapável, natural e emocionalmente perturbador. Até hoje *O poço da solidão* permanece como uma das obras de ficção lésbica mais lidas, apesar de seu anacrônico retrato da inversão sexual. Durante anos, foi o único romance lésbico que exigia do mundo: "Dê-nos também o direito à nossa existência!".[105]

O desenvolvimento de uma visível e identificável minoria gay não levou apenas à opressão gay, mas também à possibilidade de uma resistência organizada a essa opressão. A socialista Eleanor Marx, filha de Karl Marx e amiga próxima do sexólogo Havelock Ellis, escreveu e discursou com frequência para grandes multidões sobre a libertação das mulheres e sobre os direitos dos homossexuais. Na Alemanha, Magnus Hirschfeld, membro do Partido Social-Democrata (SPD),[106] lançou a primeira organização gay, o Comitê Científico-Humanitário,[107] em 1897. Com apoio do SPD, Hirschfeld fez campanha contra uma lei que proibia homens de fazerem sexo consensual.[108] Durante a fracassada Revolução Alemã de 1918-1923, dezenas de organizações e publicações periódicas gays surgiram clamando pela libertação dos homossexuais. Seguindo a Revolução Russa de 1917, quando todas as leis contra gays foram revogadas, o Partido Comunista Alemão argumentou:

---

[105] Extraído de HALL, Radclyffe. The Well of Loneliness. Nova York: Covici Friede Publishers, 1932), 506.

[106] N.T: no original, *Sozialdemokratische Partei Deutschlands*; era o maior partido operário do mundo em fins do século XIX, sendo o principal impulsionador da Segunda Internacional (Internacional Socialista).

[107] N.T: no original, *Wissenschaftlich-humanitäres Komitee*.

[108] WILSON, 1994, p. 14.

"O proletariado com consciência de classe [...] aborda a questão da vida sexual e também o problema da homossexualidade sem preconceitos. [...] O proletariado [...] exige a mesma liberdade das restrições tanto para aqueles modos de vida sexual quanto para as relações sexuais entre homens e mulheres".[109] Em 1915, a anarquista Emma Goldman viajou pelos Estados Unidos para participar de um circuito de palestras, em que defendeu a homossexualidade. Goldman comentou com seus amigos sobre a quantidade de homens e mulheres que iam ao seu encontro após suas falas para lhe dizer que era a primeira vez que eles ouviam falar de outros como eles.[110]

Mas, para a maioria dos gays e lésbicas do começo do século XX, a vida era cheia de autoaversão e de condenação pública. Devido ao medo de perderem seus empregos ou ao risco de virarem párias sociais, poucos tinham o luxo de sair do armário. As restrições sociais e as hostilidades legal e religiosa dominantes fizeram com que muitos procurassem uma "cura" médica ou um alívio do desgaste emocional e da autoaversão internalizada no álcool e nas drogas. Em um padrão que se repetiria mais tarde no século XX, a vida gay nos Estados Unidos foi forçada a sair da esfera pública no final dos anos vinte, quando as autoridades e sua ideologia reafirmaram seu controle sobre a vida sexual dos trabalhadores e dos pobres. Como Chauncey defende, "o Estado construiu um armário na década de 1930 e forçou os gays a se esconderem dentro dele".[111]

---

[109] *Ibidem*, p. 15.
[110] D'EMILIO, 1983, p. 20.
[111] CHAUNCEY, 1994, p. 9.

"Você gosta de mulher?"

Dezesseis milhões de jovens estadunidenses, mulheres e homens, alistaram-se ou foram convocados durante a Segunda Guerra Mundial. Quase a mesma quantidade de pessoas – em sua maioria jovens mulheres – saíram de casa para as Forças Armadas ou para trabalhos na indústria em novas cidades, vivendo muitas vezes em pensões e dormitórios, como parte dos esforços de guerra. Nunca antes tantas pessoas foram mobilizadas para situações em que estariam divididas por sexo, frequentemente sob condições de vida ou morte, nas quais a ligação entre as pessoas pode tornar-se intensa e duradoura. O impacto na sexualidade em geral, e na homossexualidade em particular, foi surpreendente.

Entre os gays famosos que serviram nas Forças Armadas estavam os atores Tyrone Power e Rock Hudson e os escritores Gore Vidal e John Cheever. Mas várias evidências apontam que a guerra criou condições para experimentação sexual e o desenvolvimento de uma identidade gay entre centenas de milhares de pessoas, se não mais. Se os estudos do período da guerra feitos pelo pesquisador Alfred Kinsey são precisos e, se puderem ser aplicados à população militar dos EUA, então ao menos 650.000 soldados homens eram gays, com esse número podendo alcançar a marca de 1,6 milhão.[112] D'Emilio escreve:

> Ao liberar uma grande quantidade de estadunidenses de suas casas e vizinhanças, a Segunda Guerra Mundial criou substancialmente uma "situação erótica" que conduziu tanto à articulação de uma identidade homossexual quanto a uma mais rápida evolução da subcultura gay. Para alguns homens e mulheres gays, os anos de guerra

---

[112] BÉRUBÉ, Allan. *Coming Out Under Fire: The History of Gay Men and Women in World War Two*. Nova York: Plume, 1991, p. 3.

simplesmente fortaleceram uma maneira de viver que eles haviam escolhido previamente. [...] Ao mesmo tempo, aqueles que experienciavam uma forte atração por pessoas do mesmo sexo, mas se sentiam inibidos de satisfazê-la, de repente possuíam relativamente mais liberdade para ingressarem em relações homossexuais. A condição incomum de uma sociedade mobilizada permitiu que o desejo homossexual fosse expresso mais facilmente em combate. Para muitos gays estadunidenses, a Segunda Guerra Mundial criou algo como uma experiência de saída do armário em escala nacional."[113]

Em comparação, a Primeira Guerra Mundial mobilizou somente 4,7 milhões de estadunidenses por um período de dezenove meses.[114] Contudo, seu impacto catastrófico na vida europeia traduziu-se em um fenômeno parecido por lá. Livros sobre encontros sexuais nas trincheiras, relações homoeróticas entre companheiros de luta, trocas de poesia e longas noites de abraços induzidos pelo medo e desejo são compilados em coletâneas como *Rapazes: poesia de amor das trincheiras*.[115] Acerca da poesia trocada entre os soldados, matizada pela homossexualidade, um escritor explica: "Ninguém que vai da poesia da Segunda Guerra Mundial para aquela da Primeira Guerra pode deixar de notar nesta a sensibilidade física única, a prontidão para admirar abertamente a beleza do corpo de um rapaz e o reconhecimento, livre de culpa, de que

---

[113] D'EMILIO, 1983, p. 24.
[114] Ver SOMETHING ABOUT EVERYTHING MILITARY. "America at War". *Something About Everything Military*. Disponível em: http://www.jcs-group.com/military/war000.html [link indisponível na data de publicação da edição brasileira].
[115] TAYLOR, Martin (org.). *Lads: Love Poetry of the Trenches*. Londres: Duckbacks, 2002.

homens podem estar apaixonados uns pelos outros".[116] Nos anos vinte, em Londres, Paris e, em particular, em Berlim expandiu-se uma subcultura, em grande parte clandestina, de homens gays e mulheres lésbicas. O bem sucedido processo criminal britânico contra o livro de Radclyffe Hall, *O poço da solidão*, em 1928, foi uma evidência da contínua repressão do Estado a qualquer forma de expressão de amor entre o mesmo sexo, até mesmo na literatura popular.

Um grande impacto indireto da Primeira Guerra Mundial nos gays das Forças Armadas dos EUA foi o custo de um bilhão de dólares incorridos para o tratamento de baixas psiquiátricas – metade dos leitos dos hospitais de veteranos estavam ocupados por pacientes psiquiátricos internados até o início da Segunda Guerra Mundial.[117] Esse enorme gasto foi usado como um incentivo pela psiquiatria, uma profissão emergente, para promover a necessidade de triagens psiquiátricas dos milhões de recrutas em preparação para a nova guerra.

Um dos principais defensores das triagens psiquiátricas, Harry Stack Sullivan, foi um psicólogo que viveu discretamente com seu parceiro em Bethesda, Maryland. Sullivan não acreditava que gays deveriam ser banidos do serviço militar ou sofrer qualquer tipo de discriminação e não tinha nenhuma intenção de incluir qualquer alusão à homossexualidade nas triagens. Mas, em maio de 1941, o gabinete do Cirurgião Geral do Exército incluiu pela primeira vez "propensões homossexuais à lista de desvios desqualificadores".[118] Não havia, é claro, nenhum meio científico para determinar quem era gay; assim sendo, orientações grosseiras re-

---

[116] Extraído de MILLER, Neil. *Out of the Past: Gay and Lesbian History from 1869 to the Present*. Nova York: Alyson Books, 2006, p. 86.

[117] BÉRUBÉ, 1991, p. 10.

[118] *Ibidem*, p. 12.

queriam a exclusão de qualquer homem que demonstrasse "características corporais femininas", "feminilidade nas vestimentas e nos modos", ou tivesse "um ânus patuloso (expandido)". Como nota o historiador Allan Bérubé: "Todos esses três marcadores ligavam a homossexualidade à feminilidade ou à posição sexual 'passiva' no sexo anal e ignoravam os homens gays que eram masculinos ou 'ativos' no sexo anal".[119]

Na prática, isso era pouco científico. Milhões de rapazes eram forçados a ficar de pé e pelados diante de médicos, ou de seus assistentes, e a responder a pergunta "Você gosta de mulher?",[120] o que muitas vezes os constrangia enormemente. Devido a anos de propaganda de uma iminente guerra contra os nazistas, ao estigma de ser considerado inapto para o serviço militar e ao fato de que quase uma geração inteira foi mobilizada para lutar, existia um grande incentivo para os que sabiam que eram gays mentirem e irem para guerra com seus pares.

Saindo do armário nos quartéis

As Forças Armadas separavam os homens em alojamentos lotados ou em cabines próximas nos navios. Em uma guerra que matou mais de 400 mil estadunidenses, o medo da morte estava sempre presente e criava circunstâncias duras e extraordinárias, nas quais as normas da vida civil ficavam muitas vezes suspensas. Nas folgas, homens dançavam juntos nas cidades portuárias, uma transgressão que os levaria a prisão nos tempos de paz; soldados apresentavam-se em populares shows de *drags,* com temáticas homossexuais explícitas, sob aplausos arrebatadores na Europa e no Pacífico; e militares dividiam camas nas YCMA lotadas e dormiam nos braços

---

[119] *Ibidem*, p. 19.
[120] *Ibidem*, p. 22.

um do outro em parques públicos enquanto esperavam ser enviados para o exterior. Assim, intensos laços emocionais eram formados entre soldados que demonstravam frequentemente carinho, de um modo que a cultura masculina estadunidense condenava em tempos de paz.[121] Isso criou uma atmosfera na qual a homossexualidade era comumente ignorada ou aceita pelos colegas. Veteranos gays, como o nativo de Long Island Bob Ruffing, lembram como era fácil haver "pegação" entre homens nas Forças Armadas. Segundo ele:

> Quando eu entrei na marinha – na sala de recreação, por exemplo – havia contato visual. Muito em breve, você conheceria uma ou duas pessoas e a coisa continuaria se espalhando. De repente, você tinha uma vasta rede de amigos, feitos geralmente através de tais contatos visuais, e alguns diretamente através da pegação. Eles podiam se safar nessa atmosfera.[122]

Cerca de 250 mil mulheres serviram nas Forças Armadas, a maioria delas no Corpo de Mulheres do Exército (WAC)[123] e poucas, se é que houve alguma, foram rejeitadas por serem lésbicas. Trabalhando como mecânicas, instrutoras de treinamento e operadoras de veículos motorizados, as mulheres nas Forças Armadas foram recrutadas por meio de cartazes estampados com mulheres musculosas, de cabelos curtos e vestidas em uniformes justos, feitos sob medida. Manuais de treinamento exaltavam a camaradagem feminina e os laços próximos entre recrutas, das quais dois terços eram mulheres solteiras com menos de vinte e cinco anos. Há evidências que sugerem que um número desproporcional de mu-

---

[121] D'EMILIO, 1983, p. 25.
[122] *Ibidem*, p. 26.
[123] N.T: no original, *Women's Army Corps*.

lheres que ingressaram no WAC eram lésbicas que procuravam conhecer outras mulheres e que buscavam a oportunidade de fazer o "trabalho de homens".[124] Até um anúncio popular de fermento da Fleischmann retratava uma integrante uniformizada do WAC dirigindo uma moto sob a frase: "Não é hora de ser FRÁGIL".[125] Várias veteranas do WAC lembram-se de mulheres que se apresentaram para o alistamento usando roupas de homem e o cabelo penteado para trás, no clássico estilo "masculino" das lésbicas assumidas daquela época.

A realidade da guerra e a necessidade extrema por homens e mulheres servindo nas Forças Armadas superavam todas as outras preocupações do Departamento de Guerra. Apesar da hostilidade oficial contra homossexuais nas Forças Armadas, pouquíssimos gays foram rejeitados de fato. Dentre os 18 milhões de homens inspecionados para o serviço, apenas cerca de quatro a cinco mil foram oficialmente vetados por serem homossexuais.[126]

O mais famoso exemplo de como gays e lésbicas foram fundamentais para o esforço de guerra e o impacto que isso teve em forçar uma suspensão não oficial da "caça às bruxas" no período de guerra é recontado pelo historiador Randy Shilts. A partir de um boato, o General Dwight Eisenhower ordenou a uma membra de sua equipe, a Sargento do WAC Johnnie Phelps, que elaborasse uma lista de todas as lésbicas servindo no batalhão do WAC para que ele as dispensasse. Após informá-lo do serviço premiado do batalhão e do vasto número de lésbicas nele, Phelps disse: "Eu farei a sua lista, mas você deve saber que, quando você a pegar de volta, meu nome será o primeiro". Então, a secretária do batalhão a interrompeu para dizer: "General, se o senhor permitir, a Sar-

---

[124] BÉRUBÉ, 1991, p. 30.
[125] *Ibidem*, p. 4.
[126] *Ibidem*, p. 33.

gento Phelps terá de ser a segunda na lista. Eu vou digitá-la. Meu nome será o primeiro".[127] O General Eisenhower desfez prontamente a ordem.

Com milhões de homens fora da força de trabalho, empregos na construção de aeronaves e navios, bem como nos setores de consumo e administrativo, abriram vagas para mulheres pela primeira vez. Muitas mulheres tiveram que se mudar para assumir esses empregos, e encontraram alojamento em dormitórios só para mulheres, pensões e *trailers*. Além de trabalharem e viverem muito próximas de outras mulheres, muitas tiveram a chance de socializar em ambientes exclusivamente femininos. Apesar do preconceito constante contra homossexuais na sociedade, a mobilidade sem precedentes permitida a muitas mulheres da classe trabalhadora durante a guerra afrouxou as restrições sexuais que havia até então. Como D'Emilio argumenta:

> A guerra enfraqueceu temporariamente os padrões da vida cotidiana que canalizavam homens e mulheres à heteressexualidade e que inibiam a expressão homossexual. [...] Para homens e mulheres conscientes de que sentiam uma forte atração pelo próprio sexo, mas impedidos de satisfazê-la pelo meio social, os anos de guerra amenizaram o processo de saída do armário e facilitaram a entrada no mundo gay.[128]

A convulsão social criada pela Segunda Guerra Mundial teve um impacto duradouro na vida gay dos Estados Unidos. Alguns homens e mulheres que foram tirados cedo de suas vidas em cidades pequenas foram atraídos para cidades portuárias, como São Fran-

---

[127] Extraído de SHILTS, Randy. *Conduct Unbecoming: Gays and Lesbians in the U.S. Military*. Nova York: St. Martin's Press, 1994, p. 107–108.
[128] D'EMILIO, 1983, p. 31.

cisco, que lhes apresentaram a oportunidade de ser abertamente gays em uma comunidade de iguais. São Francisco em particular tornou-se a "Meca gay" no final da guerra, quando a luta era mais intensa no Pacífico e quando a política oficial das Forças Armadas inflamou-se contra os gays, dispensando-os às centenas na pitoresca cidade portuária. Denver, Kansas City, Buffalo e São José, na Califórnia, entre outras cidades, abriram seus primeiros bares gays depois da guerra e desenvolveram os primeiros guetos gays. Durante o pós-guerra, houve um afluxo de livros com temáticas gays e lésbicas, nos quais, diferentemente das obras anteriores, as personagens homossexuais aceitavam a sua sexualidade por mais que ainda retratassem personagens gays e lésbicas como figuras trágicas. Como muitos soldados negros que foram encorajados a combater a segregação racial em casa depois de lutarem numa guerra, que era supostamente por democracia, os gays voltaram da guerra com uma noção maior de que possuíam direitos e benefícios.

É revelador que, enquanto o Governo dos Estados Unidos atacava a barbárie dos nazistas, ele conseguiu evitar qualquer discussão sobre o tratamento dos homossexuais por Adolf Hitler. Enquanto gays eram criticados por saírem do armário nas Forças Armadas estadunidenses, os nazistas seguiam em uma campanha de terror contra os homossexuais na Alemanha. A partir de 1938, gays e lésbicas foram enviados para campos de concentração e forçados a usar triângulos rosas. Berlim, que havia sido lar para uma das maiores subculturas gays do mundo, tornou-se um pesadelo para eles. "Atividades indecentes" entre dois homens ou entre duas mulheres – um toque, um beijo ou dar as mãos – era suficiente para ser mandado para os campos. O comandante da ss[129] de Hitler, Heinrich Himmler, disse: "Nós devemos exterminar as raízes e ra-

---

[129] N.T: a *Schutzstaffel* (em português "Tropa de Proteção"), abreviada como "ss", foi uma organização paramilitar ligada ao Partido Nazista

mificações dessas pessoas [...] o homossexual precisa ser eliminado completamente".[130] Os nazistas alegavam fazer tudo isso em nome da santidade da família e da maternidade. Na Alemanha, um país arrasado pelo desemprego e pela miséria, e em preparação para a guerra, Hitler impôs um completo bloqueio a qualquer tipo de divergência, inclusive à dissidência implícita da homossexualidade.

Dentre os muitos crimes cometidos pelos Estados Unidos naquela guerra, um que permanece praticamente escondido na história foi a decisão das forças de ocupação dos EUA de manter em cárcere os gays e lésbicas encontrados nos campos de concentração de Hitler, mesmo após a guerra.[131] Dos estimados quinze mil gays enviados para os campos, um terço sobreviveu, e muitos deles foram forçados a continuarem na prisão durante a ocupação estadunidense da Alemanha Ocidental até os anos 1960, quando a lei nazista anti-homossexual, o Parágrafo 175, foi finalmente retirado da legislação.[132]

Embora o número de homossexuais jogados nos campos de Hitler seja bem menor do que o de outros grupos alvos, os relatos dos sobreviventes não deixam dúvidas quanto a universalidade da barbárie imposta a todas as vítimas do Terceiro Reich. Entre os prisioneiros nos campos que não eram judeus, os homossexuais

---

e a Adolf Hitler na Alemanha Nazista e mais tarde na Europa ocupada pelos alemães durante a Segunda Guerra Mundial.

[130] WILSON, 1994, p. 18.

[131] DUBERMAN; VICINUS; CHAUNCEY, 1989, p. 4.

[132] Ver DOTINGA, Randy; DRINKWATER, Gregg. "The U.S. Gives $500,000 to Nazis' Gay Victims". *PlanetOut.com*. Publicado em: 1 de junho de 2001. Ver também *Pink Triangle Coalition – Restitution for gay survivors*. Disponível em: http://www.xs4all.nl/~kmlink/07gayhistory/03linkstogayresources/pinktrianglecoalition.htm [link indisponível na data de publicação da edição brasileira].

tiveram as maiores taxas de mortalidade, de 53%, três quartos dos quais morriam em até um ano de prisão.¹³³ A autobiografia de Pierre Seel sobre suas experiências nos campos descreve vividamente as memórias que décadas depois ainda lhe despertavam aos gritos. Junto com outros de seu barracão, ele foi ordenado a assistir em um estado de horror indescritível ao seu parceiro de dezoito anos ser despido e rasgado em pedaços por pastores alemães, enquanto os seus últimos gritos ecoavam devido a um balde de metal colocado sobre sua cabeça.¹³⁴

A repressão da Guerra Fria

Nada abalou mais a consciência sexual da sociedade estadunidense do pós-guerra do que o lançamento, em 1948 e 1953, dos Estudos de Kinsey sobre o comportamento sexual masculino e feminino nos EUA. Dos dez mil homens pesquisados, 50% admitiram ter tido sentimentos eróticos por outros homens em um dado momento; 37% já haviam feito sexo com homens; 4% afirmaram ser gays. Das mulheres pesquisadas, 28% admitiram ter sentimentos eróticos por outras mulheres, enquanto 13% disseram que já tinham feito sexo com mulheres; e cerca de 2% disseram ser lésbicas.¹³⁵ À época, Alfred Kinsey comentou que, dada a preponderância da homofobia, os seus resultados indicavam que "tal atividade [a homossexualidade] apareceria nos registros de uma porção muito maior da população se não houvessem restrições

---

[133] TATCHELL, Peter. "Hidden from History – the Gay Holocaust". *Thud.* Publicado em: 30 de outubro de 1997.

[134] SEEL, Pierre. *Liberation Was for Others: Memoirs of a Gay Survivor of the Nazi Holocaust.* Nova York: Da Capo Press, 1997, p. 43.

[135] D'EMILIO, 1983, p. 35..

sociais".[136] Os estudos de Kinsey deram expressão pública ao real crescimento da minoria gay nos Estados Unidos. O que teria um profundo impacto na habilidade de gays em se mobilizar pelos seus direitos. No período imediato ao pós-guerra, os gays foram do isolamento completo para o desenvolvimento de uma consciência de si como um segmento de pessoas oprimidas.

Por mais inovadores que tais estudos tenham sido ao revelar a ampla presença de gays, lésbicas e bissexuais na sociedade estadunidense após a guerra, é importante não tomar os dados de Kinsey como permanentes e supra-históricos. Pelo contrário, o que sugerem os estudos de Kinsey, e de outros desde então, é que as LGBTs não são uma parcela fixa de nenhuma sociedade, mas sim que sua possibilidade de sair do armário ou de qualquer um em explorar possibilidades sexuais alternativas são moldadas amplamente por condições sociais e econômicas que variam. Novamente, D'Emilio resume bem as implicações desta perspectiva:

> Afirmei que a identidade lésbica e gay e as comunidades são produtos históricos, o resultado de um processo do desenvolvimento capitalista que já dura muitas gerações. O produto lógico dessa afirmação é que *não* somos uma minoria social fixa composta todo o tempo de uma certa porcentagem da população. *Há mais de nós hoje do que há cem anos, mais de nós que há quarenta anos. E possivelmente haverá mais lésbicas e homens gays no futuro.*[137]

Se a guerra abriu um amplo espaço para o desenvolvimento de uma comunidade gay, o período do pós-guerra testemunhou tentativas orquestradas de fechar esse espaço. As necessidades de

---

[136] *Ibidem*, p. 36.
[137] D'EMILIO, 1992a, p. 12.

mudança do Império estadunidense, que emergiu da guerra como uma superpotência, de fato, tanto criaram as condições para uma repressão intensa quanto lançaram as sementes da oposição.

Havia um forte incentivo econômico e social para um aumento considerável do assédio e da discriminação legal contra os gays depois da guerra. Com a indústria dos EUA produzindo mais de 60% de todos os bens manufaturados do mundo, a necessidade de uma maior taxa de natalidade para prover a força de trabalho e as Forças Armadas elevou a idealização da família nuclear a novos patamares. A nova façanha industrial estadunidense trouxe eletrodomésticos e uma forte campanha publicitária desconhecida para as gerações de trabalhadores anteriores.

As mulheres foram afastadas dos empregos na indústria que ocuparam durante a guerra. Às mulheres brancas foi dito para irem para casa, colocarem suas roupas de dona de casa e fazerem bebês; ao passo que as mulheres negras deveriam voltar para os seus empregos de antes da guerra como empregadas domésticas mal-remuneradas. A moda feminina prática, andrógina e com ombreiras, da década de 1940 foi embora e vieram os vestidos de babados com o busto exagerado e curvas hiper femininas da década de 1950.

Diferente da imagem anterior dos homens da classe trabalhadora – que se sindicalizavam, assumiam atitudes políticas e entravam em greves na década de trinta –, uma nova masculinidade doméstica foi encorajada. Sociólogos como C. Wright Mills dissecaram o afã do mundo empresarial estadunidense em criar o "homem corporativo", um homem obediente que trabalha em equipe, que segue assiduamente as regras da estrutura empresarial, curva-se à autoridade e busca a segurança doméstica enquanto evita confrontos e brigas. O novo meio de comunicação da TV foi usado para promover um homem de família suburbano e consumidor ávido em programas como *Papai sabe de tudo*, *Deixe para o Beaver* e *As aventuras de Ozzie e Harriet*.[138] Como disse um historiador, "o discurso político da Guerra Fria tendia a colocar os estadunidenses que protestavam contra o surgimento do 'homem corporativo' ou os que rejeitavam o 'sonho americano' do pós-guerra de possuir uma casa nos subúrbios como lésbicas e homossexuais que ameaçavam a segurança da nação".[139]

Essa ênfase intensa na família nuclear era parte integrante de uma era de reação política nos Estados Unidos. O início da Guerra Fria com a União Soviética trouxe consigo uma caça às bruxas anticomunista dentro do país, liderada pelo senador Joseph McCarthy. Gays estavam entre os muitos alvos do *macarthismo*. Ao reproduzir e promover a distorcida confluência da época, do comunismo com a homossexualidade, o historiador liberal Arthur Schlesinger comparou em seu trabalho de 1949, *O Centro Vital*,[140] a maneira como supostamente os membros secretos do Partido Comunista se reconheciam ao modo como homens gays procuravam parceiros em lugares públicos.

O Senado dos Estados Unidos instaurou em 1950 uma investigação a partir de denúncias de homossexuais "e outros pervertidos" ocupando cargos do governo federal. Segundo o relatório do Senado, aos gays "falta a estabilidade emocional das pessoas normais"; "a perversão sexual fragiliza o indivíduo"; e "espiões poderiam chantageá-los".[141] Isso culminou no decreto do presidente

---

[138] N.T: os nomes originais dos programas eram *Father Knows Best*, *Leave It to Beaver* e *The Adventures of Ozzie and Harriet*.

[139] CORBER, Robert J. *Homosexuality in Cold War America*. Durham, Carolina do Norte: Duke University Press, 1997, p. 2.

[140] SCHLESINGER, Arthur M. *The Vital Center: The Politics of Freedom*. Nova York: Westview Press, 1988, p. 127.

[141] D'EMILIO, 1983, p. 46.

Eisenhower que exigia a demissão de homossexuais do serviço público. A expulsão de gays, ou de suspeitos de serem gays, das Forças Armadas foi de alguns poucos a dois mil [militares] todos os anos durante a década de 1950, e até a três mil ou mais por ano até a década de 1960.[142] D'Emilio situa a repressão contra gays e lésbicas dentro de um contexto social mais amplo:

> As campanhas contra homossexuais da década de 1950 representavam apenas uma das frentes dentre um amplo esforço para reconstruir padrões de sexualidade e de relações de gênero abaladas pela depressão e pela guerra. O alvejamento de homossexuais e lésbicas comprovou a profundidade das mudanças que ocorreram desde a década de 1940; sem o crescimento de uma subcultura gay é difícil imaginar a questão homossexual tendo tanto peso. A rotulação dos desviantes sexuais ajudou a definir as normas para homens e mulheres. [...] Houve uma congruência entre o anticomunismo na esfera da política e a preocupação social sobre a homossexualidade. A tentativa de suprimir o desvio sexual correu em paralelo e reforçou as tentativas de esmagar a divergência política.[143]

Apesar de gays e membros do Partido Comunista (PC) serem ambos perseguidos pela caça às bruxas anticomunista, os gays não podiam procurar solidariedade no PC. Após Stálin assumir o poder na União Soviética, a partir do começo da década de 1930, ele passou a reverter todos os avanços conquistados pela Revolução de 1917, inclusive as leis que descriminalizavam a homossexuali-

---

[142] *Ibidem*.
[143] Extraído de D'EMILIO, 1992b, p. 68.

dade. Na década de 1950, o PC adotou a postura hostil de Stálin à homossexualidade, denunciando-a como um "desvio burguês".[144]

Todavia, o primeiro movimento dos Estados Unidos a se organizar contra a discriminação de gays no trabalho e o assédio policial nos bares e nos locais de "pegação" foi iniciado por antigos membros do PC. A crítica mais ampla à injustiça econômica e ao racismo que inicialmente atraiu muitas pessoas ao PC, apesar de suas muitas falhas, compeliu, como era esperado, esses comunistas a lutarem contra o preconceito anti-gay. Harry Hay abandonou o PC – e sua esposa – para ajudar a fundar a Sociedade Mattachine no sul da Califórnia, em 1950, nomeada em homenagem a uma antiga fraternidade secreta que "falava na cara" dos poderosos.[145] A "Declaração de propósito" da Sociedade alegava que seus objetivos eram de unificar, educar e liderar o movimento homófilo – que significava pró-homossexual. Moldada pela atmosfera reacionária e pelo isolamento que definia a vida da maioria das pessoas gays e lésbicas, a declaração defendia a criação de um sentimento de "pertencimento", para desenvolver "uma ética homossexual [...] disciplinada, moral e socialmente responsável", e "liderar toda a massa de desviantes sexuais".[146] Contudo, esses "pioneiros em uma sociedade hostil"[147] começaram a desenvolver uma compreensão teórica de sua opressão enraizada na estrutura da sociedade capitalista, solidarizaram-se com os latinos atacados

---

[144] O capítulo 3 discute detalhadamente o tratamento dado à homossexualidade antes, durante e depois da Revolução Russa.

[145] N.T: aspas nossas. "Speak truth to power" diz respeito a uma tática ou postura política de confrontamento dos detentores de poder. Trata-se de uma tática pacífica fundada no debate argumentativo.

[146] Extraído de GOSSE, Van. *The Movements of the New Left* 1950–1975. Nova York: St. Martin's Press, 2005, p. 40.

[147] D'EMILIO, 1992b, p. 37.

pela polícia e testemunharam um rápido crescimento nos esforços organizacionais após travarem uma campanha bem sucedida contra a prisão de um de seus membros em uma armadilha policial abusiva. Em 1953, eles estimaram que mais de dois mil homens e mulheres tinham participado das atividades da Mattachine.[148] Numa era de segregação racial, a Mattachine era aberta a todos. Guy Rousseau,[149] um homem negro membro da organização, deu o nome de *One*[150] para a revista mensal cujos membros do conselho editorial também eram da Mattachine. O título aludido ao jargão da Segunda Guerra Mundial, "Ele é um" [*He's one*], era reconhecível para os homens gays daquela época.[151]

Mas o movimento gay não estava imune à cruzada de McCarthy. Um artigo anticomunista que figurou no tabloide *Los Angeles Mirror* em 1953 atacava o sigilo do grupo e insinuava influências comunistas dentro da Mattachine, o que alimentou a desconfiança e a divisão dentro do grupo, afetando profundamente sua estrutura e sua organização política daí em diante. Com o Comitê de Atividades Antiamericanas (HUAC)[152] em pleno funcionamento contra comunistas e dissidentes de todo tipo, gays anticomunistas assumiram a liderança do grupo, baniram comunistas como Hay e deixaram de contestar a proibição aos gays de conseguirem

---

[148] *Ibidem*, p. 34.

[149] "Guy Rousseau" era o pseudônimo de Bailey Whitaker; ver WHITE, C. Todd. *Pre-Gay L.A.: A Social History of the Movement for Homosexual Rights*. Urbana; Chicago: University of Illinois Press, 2009, p. 231.

[150] N.T: em português, "Um".

[151] *Ibidem*, p. 34; 237.

[152] N.T: no original, *House Un-American Activities Committee*.

empregos públicos para se concentrarem em incitar os membros a "tentar se curar."[153]

Hay se manteve ativo na política gay por toda sua vida e permaneceu comprometido com a luta contra a opressão e a exploração. Quando o diretor Elia Kazan – que em 1952 cooperou com as audiências macarthistas da HUAC fornecendo nomes de comunistas – recebeu um Oscar Honorário em 1999, um já idoso Hay e seu parceiro, John Burnside, uniram-se às centenas de pessoas que protestavam contra a duplicidade de Kazan. Com oitenta e sete anos, Hay marchou orgulhosamente com sua longa cabeleira grisalha e usando sua marca registrada, seus colares de miçanga, e disse que era um comunista impenitente que não tinha nenhum arrependimento por ter ajudado a lançar um movimento que mudou a sua própria vida e afetou a de outros milhões.[154]

Em São Francisco, em 1955, as parceiras Del Martin e Phyllis Lyon fundaram a Filhas da Bilitis (DOB),[155] um grupo de defesa das lésbicas nomeado em homenagem a um poema erótico. Mais de cinquenta anos depois, esse casal foi o primeiro a se casar em São Francisco, depois da Suprema Corte da Califórnia julgar inconstitucional a ilegalidade do casamento igualitário, embora seja notável que a mídia corporativa quase não tenha feito nenhuma menção de sua contribuição histórica para os direitos das lésbicas.

Por causa da menor visibilidade e do menor número de lésbicas ativistas, o grupo, formado em sua maioria por trabalhadoras de escritório, concentrou-se no apoio mútuo e na tentativa de

---

[153] D'EMILIO, 1983, p. 108–110.

[154] A autora acompanhou Harry Hay e seu companheiro John Burnside no protesto de Los Angeles em 1999, três anos antes da morte de Hay e passou a tarde discutindo a história da Mattachine e as reflexões de Hay sobre o passado.

[155] N.T: no original, *Daughters of Bilitis*.

prover um espaço social fora do contexto dos bares, por mais limitado que fosse. Por volta de 1963, existiam cerca de trinta bares lésbicos em todo o país, enquanto havia essa mesma quantidade de bares gays apenas em São Francisco.

A atmosfera da Guerra Fria e o constante assédio da polícia ajudaram a empurrar tanto a Sociedade Mattachine quanto a DOB para uma direção política conservadora. Ambas as organizações buscaram "enfatizar a adequação ao padrão" no intuito de "dissipar a hostilidade social como um prelúdio para mudanças na lei e na política social".[156] A "Mensagem da presidente" da DOB, Del Martin, que apareceu na primeira edição da publicação da organização, a *Ladder*[157], e defendia "A associação é aberta para qualquer pessoa que se interesse pelos problemas da minoria dos desviantes sexuais [...] Por que não substituir a reclusão pelo legado que aguarda qualquer mulher estadunidense combativa que ouse reivindicá-lo?"[158] A grande vitória daquela época veio em 1958, quando a Suprema Corte julgou por unanimidade, em uma decisão não escrita[159], a permissão para circular a publicação gay *One* pelo correio.

---

[156] D'EMILIO, 1983, p. 109.

[157] N.T: em tradução livre, "A Escada".

[158] MARTIN, Del. "President's Message." Outubro de 1956. In: RIDINGER, Robert B. *Speaking for Our Lives: Historic Speeches and Rhetoric for Gay and Lesbian Rights (1892–2000)*. Nova York: Harrington Park Press, 2004, p. 52–53.

[159] N.T: no original, "unwritten decision". Isso remete ao princípio das decisões *per curiam* da Suprema Corte dos EUA, em que as posições diversas da questão são feitas oralmente, sem registro escrito, e uma decisão final é registrada em nome da Corte como um todo. A decisão do caso da revista *One* está disponível em: https://tile.loc.gov/storage-services/service/ll/usrep/usrep355/usrep355371/usrep355371.pdf.

A repressão permanente de gays e lésbicas na sociedade estadunidense servia para manter a maioria deles no armário. Os filmes hollywoodianos retratavam gays como figuras trágicas e suicidas. A revista *Time* publicou em 1966 uma história sobre a homossexualidade na qual o autor a caracterizou como "um substituto da realidade pequeno, patético e de segunda classe [...] sem nenhuma pretensão, trata-se de uma doença perniciosa".[160] A Associação Americana de Psiquiatria[161] manteve a homossexualidade como doença mental nas suas publicações até 1973, quando as lutas do final da década de 1960 e começo de 1970 forçaram uma mudança no pensamento médico.

A batalha por LGBTs nas Forças Armadas

Apesar do fato de que, em 2008, 75% de todos os estadunidenses apoiavam o direito das LGBTs poderem servir nas Forças Armadas sem esconder sua sexualidade – incluindo a maioria dos dois maiores partidos políticos e 50% dos militares –, a política do "Não Pergunte, Não Conte" decretada por Bill Clinton continua vigente.[162][163] Ao longo dos anos, houve um crescente apoio a membros assumidos das Forças Armadas, desde que a política

---

[160] "The Homosexual in America". *Time*. Publicado em: 21 de janeiro de 1966.

[161] N.T: no original, *American Psychiatric Association*.

[162] DROPP, Kyle; COHEN, Cohen. "Acceptance of Gays in Military Grows Dramatically". *Washington Post*. Publicado em: 19 de julho de 2008.

[163] N.T: referência a política "Não Pergunte, Não Conte, Não persiga" (no original, *Don't Ask, Don't Tell, Don't pursue*), que acabou com a aprovação de uma lei no Congresso dos EUA e sancionada pelo então presidente Barack Obama em 22 de dezembro de 2010.

foi promulgada em 1993, quando 44% da população em geral apoiava o direito de gays assumidos servirem as Forças Armadas.[164] Qualquer noção de que essa política teria derrubado a caça às bruxas contra os homossexuais é equivocada, apesar de ela tecnicamente permitir que lésbicas e gays sirvam desde que permaneçam no armário. De acordo com a Rede de Defesa Legal dos Servidores,[165] o Pentágono demite duas pessoas LGBT por dia, o que é na verdade menos do que o número de pessoas expulsas das Forças Armadas antes das guerras motivadas pelos eventos de 11 de setembro de 2001.[166]

No final de agosto de 2008, foi feito o primeiro estudo sobre pessoas trans nas Forças Armadas e como eram tratadas. Mais de um terço das 827 pessoas pesquisadas disseram que foram discriminadas e 10% foram recusadas pela Administração dos Veteranos[167] por causa de sua não-conformidade sexual.[168] Desafiando

---

[164] *Ibidem.*

[165] N.T: no original, *Servicemembers Legal Defense Network* (SLDN); foi fundada como uma organização sem fins lucrativos de serviços jurídicos, de vigilância e políticos fundada nos Estados Unidos em 1993. Ela se dedicava a acabar com a discriminação e o assédio de militares estadunidenses gays e lésbicas afetados negativamente pela política "Não pergunte, não conte" (DADT) que foi estabelecida no mesmo ano.

[166] Estudos, gráficos e pesquisas de opinião estão disponíveis no site da Servicemembers Legal Defense Network, http://www.sldn.org/templates/index.html [link indisponível na data de publicação da edição brasileira].

[167] N.T: no original, *Veterans Administration*. Nome antigo para o Departamento de Assuntos de Veteranos dos EUA (US Department of Veterans Affairs ou VA); agência do executivo federal estadunidense responsável pelos serviços de saúde de militares estadunidenses.

[168] BRYANT, Karl; SCHILT, Kristen. *Transgender Veterans Survey*. Conduzida de 13 de dezembro de 2007 a 1 de maio de 2008. The Palm

a política atual [de 2009], um a cada cinco militares transexuais foram questionados sobre sua sexualidade. E, em consonância com os costumes sociais militares que valorizam a masculinidade acima da feminilidade, mulheres transexuais antes da transição (homens que estão fisicamente se transicionando em mulheres) sofreram com discriminação mais do que homens trans antes da transição (mulheres que estão fisicamente se transicionando em homens).[169]

Qualquer insinuação de que suspender tal proibição corresponderia a uma louca experiência social é facilmente descartada pelos fatos. Vinte e quatro países, incluindo aqueles com histórico recente de regimes fascistas ou de *apartheid*, como a Espanha e a África do Sul, têm LGBTs assumidas servindo nas Forças Armadas sem nenhum relato de um grave conflito interno. Não se trata de um avanço recente. De volta a 1992, quando a proibição aos gays nas Forças Armadas era debatida durante o ano eleitoral, a revista *Washington Monthly* interveio decisivamente sobre o tema:

> Porém, com a nossa política baseada em hipóteses, o argumento mais forte a favor dos gays nas Forças Armadas é feito discretamente em outros lugares – em países como a Holanda, Dinamarca, Suécia, Israel e, em menor medida, na França, onde os gays já foram integrados às Forças Armadas. Enquanto o Pentágono busca uma política que todos os anos expulsa do serviço 1000 homens e mulheres fisicamente aptos – desperdiçando anualmente 27 milhões de dólares em treinamento –, outros países demonstraram que, com a

---

Center. Disponível em: http://www.tavausa.org/PressRelease/TAVA-SurveyPressRelease.html.

[169] *Ibidem*.

combinação certa de educação e persuasão, um Exército com gays pode funcionar.[170]

Por que então uma política que institucionaliza a discriminação e avança em normas de gênero reacionárias foi promulgada em primeiro lugar? Apesar das campanhas eleitorais de 1992 terem sido caracterizadas por uma homofobia fanática vinda dos palanques da Convenção Nacional Republicana, a liderança do partido não estava imune aos levantes sociais que tomavam conta das ruas. Como será discutido em maiores detalhes nos capítulos posteriores, a crise da AIDS[171] provocou um crescimento no ativismo LGBT de 1988 a 1992, que alcançou níveis vistos somente no começo da década de 1970. O então Secretário da Defesa, Dick Cheney, havia até discutido que excluir os gays das Forças Armadas por eles representarem um risco para a segurança era uma "velha história".[172] Quando ativistas revelaram que o porta-voz do Pentágono do governo de George H. W. Bush, Pete Williams é gay, Bush respondeu, "Quem se importa?"[173]

Porém, sob a ascensão do governador do Arkansas, Bill Clinton, a liderança do Partido Democrata adotou uma abordagem que se tornou familiar a milhões de estadunidenses desde então. Eles se

---

[170] KONIGSBERG, Eric. "Gays in Arms: Can Gays in the Military Work? In Countries Around the World, They Already Do". *Washington Monthly*. Publicado em: novembro de 1992.

[171] N.T: mantivemos a sigla original, que é consagrada em português brasileiro. A sigla significa *Acquired Immunodeficiency Syndrome*; em português, é Síndrome de Imunodeficiência Adquirida.

[172] D'EMILIO, John; TURNER, William B.; VAID, Urvashi (orgs.). *Creating Change: Sexuality, Public Policy, and Civil Rights*. Nova York: St. Martin's Press, 2000, p. 237.

[173] *Ibidem*.

"comprometeram" com a extrema direita enquanto relativizavam e insistiam que o acordo com eles era pragmático e justo. Clinton expressou simpatia e organizou uma reunião sem precedentes com lideranças gays e lésbicas na Casa Branca para lhes prometer que suspenderia a proibição de gays servirem nas Forças Armadas – bem como de aprovar a legislação dos direitos civis dos gays –; enquanto isso, traía sua base. Exatos quatro dias após a sua posse, o Governo de Bill Clinton "declarou derrota e se rendeu incondicionalmente à questão", no programa de entrevistas *Face the Nation*.[174] Em uma postura que se tornou o padrão de praticamente todas as políticas sociais e econômicas, o Governo Clinton – com o Senado e a Câmara Federal estadunidenses nas mãos dos democratas – insistiu que, se sua base não apoiasse um acordo ruim, um pior certamente seria aprovado. A política do mal menor, isto é, a suposição de que aceitar um acordo ruim é a melhor maneira de se evitar algo pior, tornou-se a justificativa para a maioria das políticas mais conservadoras e pró-empresariais de Clinton. Como um ativista gay do Partido Democrata falou à época, "nós elegemos um presidente e recebemos um barômetro".[175]

Alguma responsabilidade política pela legislação do "Não Pergunte, Não Conte" também deve ser imputada às lideranças de muitos grupos LGBT, em particular à Campanha de Direitos Humanos (HRC)[176]. Em 1993, cerca de um milhão de pessoas

---

[174] *Ibidem*, p. 242.

[175] Extraído de *Ibidem*, p. 249.

[176] N.T: no original, Human Rights Campaign é o maior grupo de defesa e de lobby dos direitos civis LGBT nos Estados Unidos. A organização concentra-se em proteger e expandir os direitos de pessoas LGBT, principalmente ao defender igualdade de casamento, legislação anti-discriminação e para crimes de ódio, além de advocacia para portadores de

protestaram em Washington pelos direitos LGBT, mas os líderes do movimento desviaram uma quantia estimada em 3 milhões de dólares para os cofres do Partido Democrata e esvaziaram as demandas dos ativistas ávidos por mudanças.[177] Urvashi Vaid, a antiga líder da Força Tarefa Nacional Gay e Lésbica (NGLTF),[178] é agradavelmente honesta e reflexiva sobre as decisões tomadas na época quando escreve que:

> A política eleitoral é extremamente sedutora a todos os movimentos que lutam por mudanças sociais; parece o caminho mais curto para a libertação. A teoria é tentadoramente simples: eleja as pessoas que te apoiam, que elas farão a coisa certa. Mas o fato é que quando movimentos de protesto que têm uma ampla base – como os movimentos dos direitos civis dos negros e da libertação das mulheres – mudam seu foco principal de organizar a comunidade para eleger os nossos, os movimentos perdem seu ímpeto até mesmo quando obtêm aceitação geral.[179]

Na preparação para eleição presidencial de 2008, todos os principais candidatos do Partido Democrata – inclusive Hillary Clinton e Barack Obama – exigiram a revogação do "Não Pergunte, Não

---

HIV/AIDS. A organização também tem uma série de iniciativas legislativas, bem como recursos de apoio para as pessoas LGBT.

[177] VAID, Urvashi. *Virtual Equality: The Mainstreaming of Gay and Lesbian Liberation*. Nova York: Anchor Books, 1995, p. 127.

[178] N.T: no original, National Gay and Lesbian Task Force. Atualmente, chama-se "National LGBTQ Task Force" e é uma entidade estadunidense sem fins lucrativos de defesa de justiça social que organiza o poder da comunidade LGBTQ. Apoia ações e ativismo em nome das LGBT e promove uma visão progressista da libertação.

[179] *Ibidem*, p. 128.

Conte" nas primárias. O antigo secretário de Estado e general aposentado Collin Powell, que ajudou a elaborar a política na gestão de Bill Clinton, pediu para "reavaliá-la" em dezembro de 2008, dadas as mudanças na postura pública desde a sua implementação.[180] Resta saber o que virá disso.[181] Porém, com guerras se espalhando e os problemas se aprofundando, é bem possível que esse aceno anacrônico ao preconceito talvez seja ignorado por puro desespero para "terem mais botas marchando." Mas se a história nos ensina algo, podemos supor que, sem ativistas pressionando os políticos, é possível que vejamos o fim da política do "Não Pergunte, Não Conte" e a criação de um outro "compromisso" para apaziguar os homofóbicos nas Forças Armadas e no governo. No entanto, se as LGBTs forem declaradas aptas para matar e morrer pelo império, outras restrições legais e sociais serão, então, apenas ampliadas.

Alguns progressistas que se opõem às operações militares dos EUA ao redor do mundo se perguntam se a esquerda deve apoiar o direito das minorias sexuais servirem nas Forças Armadas. Eles argumentam, qual é o ponto de desafiar restrições legais ao baluarte do imperialismo estadunidense se alguém não concorda com seus métodos e alvos? Enquanto a hostilidade aos militares é certamente compreensível, essa abordagem põe a questão de maneira muito limitada e ignora as implicações gerais das políticas sociais promovidas pelo governo federal em suas práticas de contratação. Em essência, permitir que o governo dos EUA continue a discriminação com base no comportamento sexual e de gênero de sua força de trabalho militar de quase três milhões de

---

[180] ADVOCATE. "Colin Powell Reiterates Support for Review of 'Don't Ask, Don't Tell'". *Advocate*. Publicado em: 12 de dezembro de 2008.
[181] Ver nota 97.

pessoas[182] dá um sinal verde para constantes restrições sociais e legais às LGBT e para a manutenção do preconceito. Não há nada de incompatível em exigir o fim de leis draconianas que barram as LGBT assumidas de servirem nas Forças Armadas e em se opor ao recrutamento para as Forças Armadas e às ações imperialistas dos EUA ao redor do mundo. A exigência de igualdade de acesso não só expõe a hipocrisia de uma instituição que alega expandir a democracia, ao passo que avança em sua antítese, mas também pode ter um impacto direto nas vidas e nas consciências de milhões de pessoas que são compelidas a recorrer às Forças Armadas para se empregarem por conta de sua circunstância econômica ou condição social. Ademais, isso ainda pode provocar outra rachadura na armadura ideológica do sistema. Quanto à guerra em si, exigências por igualdade, ainda que dentro de uma instituição reacionária, podem ter consequências inesperadas.

---

[182] O número comparado de serviço ativo e de pessoal na reserva militar está disponível em en.wikipedia.org/wiki/Military_of_the_United_States, acessado em Setembro de 2008.

CAPÍTULO TRÊS
O mito da homofobia marxista

A alegação de que o marxismo ignora ou relega para o segundo plano as questões de opressão porque "privilegia" a classe tornou-se generalizada nas últimas décadas. Essas ideias são disseminadas por aqueles que querem separar a classe da opressão e ver ambas percorrendo trajetos diferentes e paralelos. Foi criada uma mitologia de um suposto ponto cego do marxismo – ou mesmo de uma hostilidade – quando se trata de atitudes e práticas em relação à homossexualidade. Na melhor das hipóteses, nos é dito que os marxistas adiam a questão da libertação sexual até que o dilema do poder dos trabalhadores seja resolvido. Na pior, segue a alegação de que os marxistas são indiferentes ou antipáticos à opressão das minorias sexuais.

Uma crítica comum, retirada do *Jornal da Homossexualidade*,[183] aparece na amplamente lida enciclopédia online, a Wikipédia:

> [A s]exualidade e a problemática da feminilidade/masculinidade foram rejeitadas como questões legítimas à medida que o marxismo passou a dominar. Os métodos do socialismo utópico [...] foram reduzidos pelo marxismo à luta de classes; o objetivo do socialismo

---

[183] N.T: no original, *Journal of Homosexuality*; é uma revista acadêmica publicada pelo grupo Taylor&Francis, especializado em publicações do tipo. Incluindo diversas áreas das ciências humanas, se propõe a reunir textos sobre homossexualidade, papeis de gênero e assuntos correlatos.

utópico – novas relações sociais – restringiu-se a uma nova ordem econômica e à redistribuição de bens materiais.[184]

Lênin e o leninismo são especialmente criticados. "O leninismo, que dominava o discurso político da esquerda, 'rejeitava muitas das tradições feministas e de radicalização sexual' da esquerda do pré-guerra",[185] escreveram historiadores anarquistas sobre os bolcheviques após a Primeira Guerra Mundial. "O Partido Comunista foi – sobretudo quando comparado aos anarquistas pré-guerra – um reduto de atitudes heteronormativas".[186] Assim como em historiografias similares, a história da homossexualidade nos Estados Unidos escrita pelos anarquistas na obra *Camaradas Livres*,[187] onde aparece essa citação, ignora completamente os radicais avanços na questão sexual da revolução na qual Lênin desempenhou um papel de liderança (sobre o qual falaremos mais abaixo), enquanto repete boatos desgastados e confunde o legado stalinista com o do marxismo.

O tratamento dado às LGBTs nos estados stalinista e maoísta no século XX serviu para mascarar o histórico anterior do movi-

---

[184] N.E: escolheu-se respeitar a citação apresentada por Sherry Wolf, ainda que as páginas da Wikipédia tenham dinâmica mutável e a nota não esteja mais disponível. Na página, "Socialism and LGBT Rights," a Wikipedia cita POLDERVAART, Saskia. "Theories about Sex and Sexuality in Utopian Socialism". *Journal of Homosexuality*, 29, nºs 2 e 3. Publicado em: 30 setembro de 1995, p. 40, disponível em: http://en.wikipedia.org/wiki/Socialism_and_LGBT_rights#_note-4.

[185] Citado em KISSACK, Terence. *Free Comrades: Anarchism and Homosexuality in the United States, 1895–1917*. Oakland, Califórnia: AK Press, 2008, p. 168–169.

[186] *Ibidem*, p. 169.

[187] N.T: no original, *Free Comrades*.

mento socialista em relação à liberdade sexual. As minorias sexuais sob Stálin e, mais tarde, Mao e Castro, foram aprisionadas, atormentadas e geralmente alvo de abusos em Estados que alegavam falsamente estarem sob a égide do socialismo. Tragicamente, muitos ocidentais de extrema-esquerda – embora não todos – defenderam tais abusos ou racionalizaram atitudes e comportamentos que são opostos ao compromisso com a libertação humana que está no coração do marxismo. Além disso, o legado do anticomunismo macarthista nos Estados Unidos em particular, combinado com a perspectiva de classe média, que em geral domina a academia e os movimentos gays modernos, operam para difamar, descartar e distorcer as contribuições dos socialistas e do potencial libertador da tradição marxista sobre esta questão. Vamos elucidar esse histórico.

Marxismo e opressão

Uma vez que a classe dominante no capitalismo é uma pequena minoria da população, ela precisa usar as ferramentas institucionais e ideológicas que tem à sua disposição para dividir a massa da população contra si mesma, a fim de impedir que a maioria dos povos explorados do mundo una-se e ascenda em uníssono para retomar o que é deles por direito. Divisões homofóbicas, sexistas, racistas, nacionalistas, entre outras, que se expressam na sociedade moderna, refletem as necessidades da classe que detém e controla o capital. O ex-escravizado e abolicionista Frederick Douglass acertou ao dizer que os senhores de escravos "dividiram ambos para conquistar cada um".[188]

Ao contrário do mito dominante sobre o socialismo, que prevalece na academia, os marxistas não reduzem a opressão das

---

[188] Extraído de DUBOIS, 1999, p. 299.

minorias sexuais – ou qualquer outra – à questão da classe. Na verdade, o que os marxistas fazem é localizar a fonte das opressões – raciais, de gênero, sexuais e todas as outras – nos marcos das relações de classe capitalistas. Como a discussão anterior sobre a família nuclear mostrou-nos, a opressão das mulheres deriva da estrutura familiar, na qual a reprodução e a manutenção social da vida (cuidado das crianças, trabalho doméstico, cozinha etc.) das gerações atuais e futuras dos trabalhadores são forçadas a cada família em vez de serem responsabilidade da sociedade. O capitalismo precisa que a reprodução social seja privatizada para gerar a próxima geração de trabalhadores com pouca despesa para a classe dominante. Da mesma forma, a opressão das LGBTs decorre da contestação implícita que as minorias sexuais representam para a família nuclear e suas normas de gênero.

Longe de subordinar a questão da luta contra a homofobia e a transfobia à luta de classes, os marxistas não podem conceber a libertação dos explorados sem a libertação dos oprimidos. Basta um olhar superficial à classe trabalhadora contemporânea para atestar que a unidade de classe será inconcebível enquanto forem mantidas as divisões dentro dela, que é composta por pessoas negras, transexuais, imigrantes e membros de qualquer grupo oprimido. Sob o capitalismo, mesmo os trabalhadores heterossexuais, brancos e homens experienciam a opressão na falta de acesso à saúde, à moradia, à boa educação e ao tempo de lazer adequado e em qualquer tipo de condição deploráveis que lhes é imposta pela classe que possui e controla os meios de produção – isto é, a classe dominante.

As LGBTs – assim como mulheres e negros – sofrem uma opressão particular, pois lhes podem ser negados empregos e moradia (muitas vezes de maneira legal), estão sujeitas a assédio físico e verbal e são tratadas como cidadãos de segunda classe quando se trata do acesso ao casamento e à saúde. Elas sofrem humilhações diárias, como a de serem abordadas em banheiros públicos por parecerem ser do gênero "errado".

Os socialistas opõem-se à opressão de todo tipo, não importa quem seja afetado. Como o líder revolucionário russo Lênin escreveu em *Que fazer?*:

> A consciência da classe operária não pode ser uma verdadeira consciência política se os operários não estão acostumados a reagir contra *todo e qualquer* caso de arbitrariedade e opressão, de violências e abusos de toda a espécie, *quaisquer que sejam as classes afetadas*; [...]
>
> [...] o ideal do social-democrata não deve ser o secretário de *trade-union*, mas o *tribuno do povo* que sabe reagir contra toda manifestação de arbitrariedade e de opressão, onde quer que se produza e qualquer que seja a camada ou a classe social atingida [...].[189]

É por isso que os socialistas foram encontrados na vanguarda das lutas pela libertação sexual desde o século XIX até os dias atuais. A ausência de liberdades para as LGBTs em países como a antiga União Soviética, Cuba e China não são, como será mostrado, um exemplo do ponto cego do socialismo para a opressão dos gays, mas uma indicação da distância que separa essas experiências do socialismo genuíno.

Se o marxismo tem alguma razão de ser, essa razão é exatamente que o oprimido e o explorado tomem o controle da sociedade e usem-na para seus próprios interesses. Assim, é uma acusação muito séria afirmar que aqueles que são sexualmente oprimidos são, na teoria e na organização política, deixados de fora da visão socialista para uma nova sociedade, como fazem alguns acadêmi-

---

[189] LÊNIN, Vladímir Ilitch. *O que fazer? Questões candentes de nosso movimento*. São Paulo: Boitempo, 2020, p. 86-97.

cos, anarquistas e alguns setores da esquerda. Os fatos, no entanto, contam uma história diferente.

"O *queer* que Marx amava odiar"

Há quem afirme que o pecado original do socialismo está nos próprios autores do *Manifesto Comunista*, Karl Marx e Friedrich Engels. A evidência mais citada para isso vem de uma breve troca de cartas entre Marx e Engels em 1869. As cartas se referem a um texto do sexólogo Karl Heinrich Ulrichs, que Marx enviou a Engels para comentar sobre os direitos dos uranistas (o suposto "terceiro sexo"). Essas cartas popularizaram-se na internet[190] e trechos aparecem em textos atuais da teoria *queer*. Em 22 de junho de 1869, Engels escreveu para Marx:

> O *Uranista*[191] que você me enviou é uma coisa muito curiosa. Essas são revelações extremamente antinaturais. Os pederastas [pedófilos homossexuais] estão começando a dar-se conta uns dos outros e a descobrir que possuem certa influência. Estava faltando apenas organização, mas de acordo com essa fonte, ela aparentemente já existe em segredo. Como eles têm homens muito importantes em todos os partidos antigos e até nos novos, de Rosing a Schweitzer,

---

[190] N.E: mais uma vez, escolheu-se respeitar a referência a Wikipedia apresentada por Sherry Wolf. WIKIPEDIA. Socialism and LGBT Rights. *Wikipedia.com*. Disponível em: http://en.wikipedia.org/wiki/Socialism_and_LGBT_rights#_note-8.

[191] N.T: referência ao *Argonauticus. Zastrow und die Urninge des pietistischen, ultramontanen und freidenkenden Lagers* (literalmente *Argonáutico, Zastrow e os Uranistas dos campos pietistas, ultramontanos e livre--pensantes*), título da obra de Ulrichs e seu termo para "uma psique feminina em um corpo masculino", cuja atração é por outros homens.

eles certamente triunfarão. *Guerre aux cons, paix aus trous-de-cul* [*Guerra às bocetas, paz entre os cus*]¹⁹² será a nova palavra de ordem. Pessoalmente, somos um pouco sortudos por sermos velhos demais para temer que, quando tal partido vencer, tenhamos que pagar algum tributo físico aos vencedores. Mas e a geração mais nova! Aliás, é somente na Alemanha que um sujeito como esse pode se apresentar, converter essa obscenidade em teoria e oferecer o convite: *introite* [entrem], etc.¹⁹³

Marx respondeu a respeito do já mencionado von Schweitzer: "Você deve providenciar algumas piadas sobre ele para chegar a Siebel, para ele espalhar nos vários jornais".¹⁹⁴

Não faz sentido tentar amenizar o que é dito nesses trechos. Não há nada de politicamente esclarecido ou progressista sobre esses comentários entre as duas principais figuras da Associação Internacional de Trabalhadores. Embora se possa afirmar que nenhum dos dois homens pretendeu que suas cartas pessoais se tornassem uma questão de conhecimento público – a maioria de nós se arrepiaria com a exposição do equivalente atual de nossa correspondência, e-mails e iChats –, vale a pena considerar tanto o contexto histórico quanto o real comportamento desses dois arquitetos do socialismo revolucionário.

---

[192] N.T: a frase usada é "*Guerre aux contres, paix au trous-de-cul*", em citação à palavra de ordem cristalizada no Hino da Internacional Comunista em francês: "Paix entre nous, guerre aux tyrans!", que foi traduzida na versão brasileira como "Paz entre nós, guerra aos senhores."

[193] MARX, Karl; ENGELS, Friedrich. *Marx & Engels Collected Works*. Londres: Lawrence & Wishart, 2010b, vol. 43, p. 295.

[194] MARX, Karl; ENGELS, Friedrich. *Marx & Engels Collected Works*. Londres: Lawrence & Wishart, 2010a, vol. 42, p. 120.

É insuficiente, no entanto, argumentar que Marx e Engels eram meros prisioneiros da era em que viviam, embora fossem sem dúvida influenciados pela moral vitoriana dominante da antiga Revolução Industrial. Esses dois homens rejeitaram os estereótipos raciais, de gênero e étnicos de sua época para defender a libertação das mulheres e dos negros e passaram a vida denunciando abertamente e se organizando contra a opressão e a exploração.

Durante a Guerra de Secessão, Marx e Engels posicionaram-se inequivocamente com o Norte e contra o Sul escravista, sustentando que: "O trabalho de pele branca não pode se emancipar onde o trabalho de pele negra é marcado a ferro".[195] Na obra de Marx sobre economia política, *O Capital*, ele critica o capitalismo por criar os horrores da escravidão e do racismo:

> A descoberta das terras auríferas e argentíferas na América, o extermínio, a escravização e o soterramento da população nativa nas minas, o começo da conquista e saqueio das Índias Orientais, a transformação da África numa reserva para a caça comercial de peles-negras caracterizam a aurora da era da produção capitalista. [...] o capital nasce escorrendo sangue e lama por todos os poros, da cabeça aos pés.[196]

Até mesmo o racismo contra os irlandeses, central para o Império Britânico do século XIX, sofreu um forte ataque de Marx e Engels, que defendiam que os trabalhadores britânicos deveriam apoiar a independência irlandesa como precondição para a unificação da luta de classes contra a divisão étnica da força de trabalho. A

---

[195] MARX, Karl. *O capital: crítica da economia política*. Livro I: o processo de produção do capital. São Paulo: Boitempo, 2013, p. 372.
[196] MARX, 2013, p. 821; 830.

obra *A origem da família, da propriedade privada e do Estado*, de Engels, lançou as bases essenciais para uma compreensão marxista das raízes da opressão das mulheres. Ao aplicar uma análise materialista à família, Marx e Engels mostraram como a opressão das mulheres decorre de fenômenos historicamente específicos – a mudança das sociedades comunais sem classes e sem Estados para o surgimento de complexas divisões do trabalho e Estados para garantir a acumulação de riqueza por uma classe dominante recém-desenvolvida. *A origem da família* explica como o trabalho doméstico e não remunerado das mulheres tornou-se central com a ascensão do capitalismo e, com isso, o trabalho delas fora de casa tornou-se desvalorizado. Como observa a professora de comunicação marxista Dana Cloud: "A ideologia da vida doméstica não apenas onera as mulheres com as tarefas de reprodução social e cuidado, mas também justifica diferenças salariais na economia produtiva, segundo as quais as mulheres podem receber menos que os homens".[197]

Tudo isso refuta definitivamente o argumento de que o marxismo está interessado apenas em questões de classe. O conjunto de escritos de Marx e Engels influenciaram várias gerações de revolucionários que lutaram por um mundo melhor, incluindo um mundo sexualmente livre. Porém, não há razão para defender cada declaração e agir como se fossem deuses infalíveis em vez de homens vivos, com verrugas e tudo mais. Ainda assim, convém questionar: por que Marx e Engels eram essencialmente não-marxistas em sua aproximação à situação dos homossexuais?

---

[197] CLOUD, Dana. "Queer Theory and 'Family Values': Capitalism's Utopias of Self-Invention". In: ZAVARZADEH, Mas'ud; EBERT, Teresa L.; MORTON, Donald. *Marxism, Queer Theory, Gender*. Nova York: The Red Factory, 2001, p. 78.

O ano dessa troca de cartas é digno de nota, já que é em 1869 que a palavra "homossexual" foi cunhada pelo escritor austro-húngaro Karl-Maria Kertbeny, no início de sua campanha contra a lei prussiana que criminalizava aqueles que tinham – em suas palavras – "gostos anormais". Estamos falando da era vitoriana, quando os textos médicos dominantes ainda afirmavam que a masturbação causava estupidez e até morte e ainda faltavam mais de 25 anos para o julgamento de Oscar Wilde, evento que trouxe o conceito de homossexualidade às notícias internacionais pela primeira vez na história. Neste período, nos países industrializados, criou-se um espaço social que permitia uma vida autônoma fora da família nuclear, condição para o desenvolvimento de uma comunidade gay auto-identificada. Além disso, há o fato incômodo da forma como os gays pensavam e se referiam à sua própria sexualidade, bem como o histórico do alvo das cartas [de Marx e Engels], o político e poeta alemão Johann Baptiste von Schweitzer.

Os historiadores e ativistas modernos que atacam a linguagem utilizada por Marx e Engels na carta aplicam sensibilidades contemporâneas a uma época que antecede em um século a explosão do movimento gay. Por exemplo, o extravagante Wilde se descreveu como "doente" e "anormal". Foi ele quem popularizou a homossexualidade como "o amor que não ousa dizer seu nome".[198] Mesmo na França, onde o Código Napoleônico de 1810 retirou todas as leis contra a sodomia, os gays chamavam-se pelos termos franceses para "bicha" ou "*queer*", enquanto as lésbicas se referiam

---

[198] Essa frase é tirada do último verso de um poema, *Two Loves*, escrito pelo suposto amante de Wilde, Lord Alfred Douglas, e publicado na revista *The Chameleon* em 1894. "O amor que não ousa dizer seu nome" tem sido um eufemismo para a homossexualidade desde o julgamento de Wilde.

a si mesmas como "amazona", "sapatão" ou "tríbade" nas raras situações em que falavam de suas propensões sexuais.[199]

Embora von Schweitzer seja descrito pelo historiador Hubert Kennedy como "o *queer* que Marx amava odiar"[200], os fatos desse caso demonstram outra coisa. Por um lado, von Schweitzer era, na verdade, um pederasta sentenciado, como Engels o chamou – isto é, um homem que seduz meninos. Mais de uma vez, ele foi preso por tentar pagar por sexo com meninos menores de 14 anos. Quaisquer que sejam os erros que ainda carregamos da legislação sobre a idade de consentimento, deveria ser um princípio socialista básico de que o sexo entre duas pessoas deve ser consensual. É incompatível um consentimento genuíno entre uma criança e um homem de trinta anos, porque existe uma desigualdade de poder.

O aspecto mais evidente da caracterização da inimizade de Marx em relação a von Schweitzer é a confusão da hostilidade política de Marx com o desprezo pessoal. Von Schweitzer era um social-democrata de direita que se identificava com a corrente lassaleana da social-democracia. Essa corrente visava reformar o Estado e não derrubá-lo, diferente do que Marx e seus adeptos defendiam. Apesar dessas diferenças, Marx ficou feliz em colaborar com von Schweitzer após a morte de Lassalle. A respeito de uma resenha de *O Capital*, escrita por von Schweitzer, Marx disse a Engels em 1868: "Ele é inquestionavelmente o mais inteligente e mais enérgico de todos os atuais líderes de trabalhadores na Alemanha." Em seguida, diz que levará a von Schweitzer

---

[199] TAMAGNE, Florence. *A History of Homosexuality in Europe: Berlin, London, Paris 1919–1939*. Vol. 1 e 2. Nova York: Algora Publishing, 2006, p. 29.

[200] Hubert Kennedy caracteriza von Schweitzer assim em *Johann Baptiste von Schweitzer: The Queer Marx Loved to Hate*. Essa obra é colocada como a principal fonte da homofobia marxista na Wikipédia.

seu posicionamento de que "ele deve escolher entre uma 'seita' e uma 'classe'".[201] Na época da troca epistolar reacionária entre Marx e Engels, von Schweitzer estava defendendo abertamente a colaboração com o aristocrata primeiro-ministro da Prússia, que se tornou o primeiro chanceler da Alemanha, Otto von Bismarck, conhecido como o "chanceler de ferro". Em 1870, de acordo com Kennedy, von Schweitzer desviou-se decisivamente de qualquer reivindicação política a favor da classe trabalhadora, votando a favor da guerra contra a França. Em 1878, Bismarck proibiu toda a atividade socialista na Alemanha.

Nenhuma dessas evidências é trazida aqui para perdoar os insultos, indubitavelmente atrasados, de Marx e Engels a respeito de von Schweitzer. Afinal de contas, os socialistas devem se opor à opressão, não importando que classe ela afete e não importando qual seja a inclinação política do afetado. Mas reduzir a disputa entre eles a uma cínica troca pessoal de fanatismo homofóbico ignora o histórico de colaboração política com von Schweitzer, que terminou com uma ruptura ideológica. Quaisquer que sejam as concepções vitorianas que Marx e Engels possam ter mantido em relação à homossexualidade, os historiadores não apresentam evidências de que isso tenha afetado sua prática política.

De fato, é impressionante como os acadêmicos modernos da teoria *queer* são frequentemente os primeiros a tentar teorizar as relações históricas de sexualidade e classe, apresentadas em 1884 em *A origem da família, da propriedade privada e do Estado*. Em uma passagem muito citada, Engels refere-se à "atividade repulsiva da pederastia"[202], da qual o historiador gay Jeffrey Weeks supôs com precisão: "Teria sido extraordinário para o início da

---

[201] *Ibidem*.
[202] ENGELS, Friedrich. *A origem da família, da propriedade privada e do Estado*. São Paulo: Boitempo, 2019, p. 67.

década de 1880 se Engels tivesse pensado o contrário".²⁰³ Mas em outra citação, que geralmente é ignorada, Engels especula sobre como seriam as relações sexuais humanas em uma futura sociedade socialista:

> Portanto o que podemos supor hoje sobre a ordem das relações sexuais depois que a produção capitalista for varrida do mapa possui um caráter preponderantemente negativo, limitando-se ao que será subtraído. Mas o que será acrescentado? Isso se decidirá quando uma nova geração tiver crescido: uma geração de homens que nunca na vida estiveram na situação de comprar a entrega de uma mulher por dinheiro ou outros recursos sociais de poder, e uma geração de mulheres que nunca estiveram na situação de entregar-se a um homem por considerações outras que não o verdadeiro amor, ou de negar a entrega ao amado por medo das consequências econômicas. Quando essas pessoas existirem, mandarão ao diabo as ideias que hoje se tem a respeito do que elas deveriam fazer; elas mesmas constituirão sua práxis e, em consonância com ela, a opinião pública que julgará a práxis de cada indivíduo. Ponto final.²⁰⁴

Embora nesse trecho Engels seja explícito sobre como as relações heterossexuais seriam, sem dúvida, transformadas por uma revolução socialista, seu argumento central é que, removendo os obstáculos materiais à liberdade sexual, as barreiras ideológicas podem cair. Isso aumenta as possibilidades de uma verdadeira revolução sexual em todas as frentes.

---

[203] WEEKS, Jeffrey. "Where Engels Feared to Tread". *Gay Left: A Socialist Journal Produced by Gay Men*, n.1, outono de 1975, p. 3, Gay Left Collective.
[204] ENGELS, 2019, p. 81-82.

Sexualidade e os primeiros socialistas

Algo que revela muito mais a respeito da atitude e prática dos marxistas em relação aos gays é a posição que os socialistas organizados tomaram quando os Estados industriais intensificaram seus ataques aos primeiros agrupamentos LGBT que alcançaram alguma visibilidade, nos centros urbanos. O primeiro político em todo o mundo a falar sobre os direitos dos gays, de que se há registro e dentro de uma casa legislativa, foi August Bebel, líder do SPD, que discursou no Reichstag alemão em 13 de janeiro de 1898.[205] Embora muitos socialistas tenham rompido com esse partido operário de massa 15 anos depois, quando eles votaram pela entrada da Alemanha na Primeira Guerra Mundial, não há como negar o significado político da atitude abertamente pró-gay de muitos membros do partido que, naquele momento, era o maior partido socialista do mundo. Os principais membros do SPD, como Karl Kautsky e o Ministro das Finanças, Rudolf Hilferding, não só assinaram uma petição exigindo a revogação da lei anti-sodomia alemã, o Parágrafo 175, como também ajudaram a circular a petição e encorajaram milhares de pessoas a assinarem. Bebel argumentou:

> O número destas pessoas é tão grande e atinge tão amplamente todas os estratos da sociedade que, se a polícia cumprisse escrupulosamente o seu dever nestes casos, o Estado prussiano seria imediatamente compelido à construir duas novas penitenciárias apenas para

---

[205] LAURITSEN; THORSTAD, 1995, p. 11.

assegurar a prisão daqueles que cometam ofensas ao Parágrafo 175, isto apenas em Berlim!²⁰⁶

Antes disso, o jornal socialista mais proeminente, *Die Neue Zeit*,²⁰⁷ já havia defendido o escritor irlandês Oscar Wilde em seu julgamento de 1895 por ter relações sexuais com o filho de um conhecido aristocrata. Eduard Bernstein escreveu no jornal que os ataques burgueses aos atos homossexuais, tidos como "não naturais", eram reacionários. Em vez disso, ele defendeu uma linguagem complacente como "fora da norma", já que "as atitudes morais são fenômenos históricos".²⁰⁸ O próprio Wilde foi atraído pelo socialismo e descreveu o potencial de libertação sexual [que este traria] em seu ensaio *A alma do homem sob o socialismo*.²⁰⁹

O jornal do SPD, *Vorwärts*²¹⁰, popularizou assuntos gays em suas páginas. Em preparação para um debate parlamentar de 1905 sobre o tema, o membro do SPD August Thiele fez uma pesquisa usando obras da biblioteca do primeiro movimento abertamente gay, o Comitê Científico-Humanitário. Entre as suas 34 páginas de discurso no Reichtag, encontra-se esta valiosa e perspicaz contribuição que muitos membros do Congresso dos EUA de hoje jamais admitiriam: a legislação anti-gay é o legado da "crueldade e intolerância sacerdotais" que "lembram o período da Idade Média, quando as bruxas eram queimadas, os hereges eram torturados e

---

²⁰⁶ *Ibidem*. [N.T: BEBEL, August. *Sobre a Homossexualidade e o Código Penal*. Discurso feito no Reichstag, 13 de janeiro de 1898. Tradução: Guilherme Nogueira. Disponível em: https://www.marxists.org/portugues/bebel/1898/01/13.htm.]

²⁰⁷ N.T: em tradução livre, "O Novo Tempo".

²⁰⁸ LAURITSEN; THORSTAD, 1995, p. 66.

²⁰⁹ *Ibidem*, p. 63.

²¹⁰ N.T: em tradução livre, "Avante!".

as ações contra os dissidentes eram conduzidas na roda de execução e na forca".[211]

Algumas figuras importantes do SPD, no entanto, usaram a tática imperdoável de tentar difamar os nazistas ao colocá-los como promotores da homossexualidade. Isso era, em parte, uma expressão do caráter heterogêneo do SPD – havia uma ala de direita que apoiava o imperialismo alemão e concentrava-se em ganhar eleições, o que torna o fato de seus membros defenderem os direitos homossexuais muito mais impressionante, dada a impopularidade da causa. O importante soldado das tropas de assalto nazistas, capitão Ernst Röhm, era um homem gay, assim como vários membros da SS nazista do início dos anos 1930. Antes da queda de Röhm, conduzida por Hitler na "Noite das Facas Longas",[212] algumas pessoas de esquerda expuseram a sexualidade dos membros do Partido Nazista. Essa estratégia retrógrada de expor os gays não assumidos que defendiam uma agenda de direita servia apenas para alimentar a atmosfera de caça às bruxas e difamação de lésbicas e gays. Em 1932, um militante enfrentou corajosamente seus companheiros ao se opor à perseguição aos gays: "Estamos lutando contra o infame Parágrafo 175 de todas as maneiras que podemos, mas não temos o direito de nos juntar ao coro dos que preferem criminalizar um homem simplesmente porque ele é homossexual".[213] Piadas e denúncias contra Röhm ajudaram a atiçar uma perigosa retaliação contra as mesmas mi-

---

[211] *Ibidem*, p. 68.

[212] N.T: a Noite das Facas Longas (em alemão, *Nacht der langen Messer*) ou Noite dos Longos Punhais foi um expurgo que aconteceu na Alemanha Nazista na noite do dia 30 de junho para 1 de julho de 1934, quando a facção de Adolf Hitler do Partido Nazista realizou uma série de execuções políticas extrajudiciais.

[213] Extraído de LAURITSEN; THORSTAD, 1995, p. 70.

norias sexuais que eram alvo dos nazistas e que seriam jogadas aos milhares nos campos de concentração durante a Segunda Guerra Mundial. Uma coisa é expor a hipocrisia dos direitistas por agirem a despeito de seus próprios códigos, mas a esquerda nunca deve se defender usando as ideias reacionárias da direita.

Edward Carpenter, um dos primeiros homens abertamente gays, viveu na Inglaterra com seu parceiro George Merrill e foi um influente socialista desde a década de 1870 até a sua morte em 1928. Ele talvez tenha sido o primeiro socialista *hippie* do mundo – um socialista boêmio (e um entusiasta do uso de sandálias), influenciado tanto por Walt Whitman quanto por Karl Marx. Sua rejeição radical ao capitalismo vitoriano, ao sexismo e à repressão sexual levou-o a uma vida de escrita e organização política ao lado de William Morris, Eleanor Marx (filha de Karl) e outros importantes socialistas britânicos de sua época.[214]

A partir da ideia de que a "civilização" era opressiva e desalmada, a política de Carpenter desviou-se às vezes para as alas utópicas ou anarquistas do antigo socialismo britânico. Seu vegetarianismo e defesa da nudez o teriam colocado em boa companhia com os *hippies* modernos, embora suas atividades políticas de organização dos desempregados e os textos em que defendia a libertação das mulheres através do desmantelamento da sociedade de classes o mantivessem no campo socialista durante grande parte de sua vida.

No auge de sua popularidade, no início do século XX, Carpenter discursava para milhares de pessoas. Escrevendo e falando em uma sociedade onde não apenas a homossexualidade era ilegítima, mas na qual o julgamento de Oscar Wilde na década de 1890

---

[214] ROWBOTHAM, Sheila; WEEKS, Jeffrey Weeks "Edward Carpenter: Prophet of the New Life." In: _____. *Socialism and the New Life: The Personal and Sexual Politics of Edward Carpenter and Havelock Ellis*. Parte I. Londres: Pluto Press, 1977, p. 25–138.

provocara reações contra o amor entre pessoas do mesmo sexo, Carpenter traçava descaradamente as conexões entre um sistema baseado na competição econômica e a criação de uma cultura de repressão sexual. Ele defendeu que um espírito de sexo intermediário – ou, como ele disse, um espírito "uranista" – era possível em qualquer um e que a vanguarda socialista poderia ser encabeçada por um movimento gay.[215]

Alfred Kinsey, sexólogo estadunidense de meados do século XX, reconheceu Carpenter e seu contemporâneo e aliado social-democrata Havelock Ellis como pioneiros na teorização da variedade natural da sexualidade humana. Ellis foi um dos primeiros defensores do controle de natalidade, do aborto legal e da libertação sexual das mulheres. Ele se casou com uma lésbica que era tão livre quanto ele para se envolver em romances abertos com mulheres.[216]

O fato de a publicação de material explícito sobre a homossexualidade ser ilegal na Grã-Bretanha forçou Ellis a publicar seus sete volumes de *Estudos em Psicologia do Sexo*[217] (o primeiro volume sobre a homossexualidade, foi intitulado *Inversão Sexual*) nos Estados Unidos. Seu objetivo ao estudar a variação sexual e as "anomalias" não era apenas provar que toda a sexualidade humana é natural, sendo encontrada em outros lugares da natureza, mas também enfraquecer os pretextos científicos usados para perseguir legalmente os que, de alguma maneira, desviavam da norma sexual. Embora ele rejeitasse a afirmação de Carpenter da homossexualidade como um "terceiro sexo", ele alegava que a "inversão sexual" era uma "peculiaridade da natureza".[218]

---

[215] *Ibidem*, p. 110.
[216] *Ibidem*, p. 151.
[217] N.T: no original, *Studies in the Psychology of Sex*.
[218] *Ibidem*, p. 159.

Apesar de defender fervorosamente a naturalidade da variação sexual humana e de discutir abertamente em defesa do lesbianismo e da masturbação sob o código moral tirânico da Inglaterra vitoriana, alguns dos argumentos de Ellis eram frágeis e até levavam a conclusões reacionárias. Por exemplo, ele defendeu a eugenia, a ciência da engenharia biológica, embora Ellis tenha morrido antes que os nazistas transformassem a seleção artificial em uma prática horrenda. Como um reformista de classe média que permaneceu fora do movimento socialista – embora tenha influenciado uma série de ativistas desde o socialista Carpenter à anarquista Emma Goldman –, o radicalismo sexual de Ellis era limitado por seu determinismo biológico. Como o historiador Jeffrey Weeks argumenta, a fraqueza ideológica de Ellis "era sua incapacidade de perguntar *por que* as sociedades continuaram a controlar a sexualidade e perseguir as minorias sexuais ao longo das eras; e, como resultado, sua absorção pelas estruturas de valor capitalistas".[219]

Essa investigação teórica foi amplamente inexplorada até que os trabalhadores assumiram o controle pela primeira vez na história, em 1917.

A revolução sexual na Rússia

A Revolução Russa de Outubro de 1917 foi uma luta de massas entre pessoas comuns lideradas por trabalhadores em uma sociedade majoritariamente camponesa. O jornalista estadunidense John Reed cobriu a revolução direto da Rússia:

> Esta é a revolução, a luta de classes, com o proletariado, os soldados e camponeses alinhados contra a burguesia. O último fevereiro foi

---

[219] *Ibidem*, p. 181.

apenas a revolução preliminar. [...] O poder extraordinário e imenso dos bolcheviques reside no fato de que o governo de Kerenski ignorou absolutamente os desejos das massas como foram expressos no programa bolchevique de paz, terra e o controle dos trabalhadores sobre a indústria.[220]

Os camponeses russos estavam mergulhados na superstição religiosa e a sociedade era uma mistura de relações de produção semifeudais com a expansão da industrialização. Mesmo assim, a revolução alcançou mudanças pelas quais a maioria das LGBTs ainda lutam. A Revolução Russa abalou todas as estruturas anteriores da sociedade, incluindo as relações mais íntimas entre as pessoas. Quando essa revolução foi derrubada pelo isolamento econômico, pela guerra e pela reação, esses ganhos foram descartados.

Há alguns que tentam diminuir os enormes avanços das LGBTs como consequência da Revolução Russa.[221] O historiador russo Igor Kon, por exemplo, escreve: "O bolchevismo aboliu, por um lado, Deus, o casamento religioso e valores morais absolutos e, de outro, o direito do indivíduo à autodeterminação pessoal e ao amor que pode estar acima de todos os deveres sociais".[222] Mas os fatos são coisas obstinadas. Em 1917, todas as leis contra a homossexualidade foram derrubadas pelo novo governo revolucionário, juntamente com o resto do código penal czarista. O sexo

---

[220] Extraído de FONER, Phillip. *The Bolshevik Revolution: Its Impact on American Radicals, Liberals and Labor*. Nova York: International Publishers, 1967, p. 20.

[221] Para mais exemplos de mais alguns dos fortes ataques às conquistas, ver KON, Igor S. *The Sexual Revolution in Russia*. New York: The Free Press, 1995 e CARLETON, Gregory. *Sexual Revolution in Bolshevik Russia*. Pittsburgh: University of Pittsburgh Press, 2005.

[222] *Ibidem*, p. 59.

consensual era considerado um assunto privado. Não só os gays eram livres para viver como queriam sem intervenção do Estado, mas também os tribunais soviéticos aprovavam o casamento entre homossexuais e, extraordinariamente, há casos registrados de operações de redesignação sexual na década de 1920. Em outras palavras, a revolução realizou esse grandioso salto social-sexual três anos antes de as mulheres estadunidenses alcançarem o direito de votar e quase noventa anos antes da Suprema Corte dos Estados Unidos finalmente revogar todas as leis sobre sodomia.[223]

Ao defender o histórico de melhorias extraordinárias para as minorias sexuais no início da União Soviética, é importante compreender o contexto em que esses ganhos foram alcançados. A Rússia era uma sociedade semifeudal, culturalmente atrasada e predominantemente rural, na qual a indústria capitalista era enxertada em alguns centros industriais como São Petersburgo. Apenas os marxistas vulgares ousam afirmar que sob tais condições uma sociedade poderia saltar em uma linha ininterrupta e inabalável da repressão para a libertação. O progresso social é mais complicado e dialético do que a evolução linear sugere. O líder revolucionário russo Leon Trótski resumiu com precisão o estado da Rússia pré-revolucionária:

> O desenvolvimento da Rússia é, acima de tudo, notável por seu atraso. Mas o atraso histórico não significa uma simples retomada do curso dos países avançados cem ou duzentos anos depois. Pelo contrário, ele dá origem a uma formação social "combinada" com-

---

[223] As mulheres nos Estados Unidos conquistaram o direito ao voto, na 19ª Emenda Constitucional em 1920, após décadas de luta. A Suprema Corte dos Estados Unidos da América derrubou todas as leis sobre sodomia por uma votação de 6 a 3, na ação "Lawrence et al. v. Texas" em 26 de Junho de 2003.

pletamente diferente, na qual as conquistas mais desenvolvidas da técnica e estrutura capitalistas são integradas nas relações sociais da barbárie feudal e pré-feudal, transformando-as e dominando-as, formando uma relação única de classes.[224]

Esse caráter de "desenvolvimento desigual e combinado" que Trótski afirma existir na Rússia exigia o apelo dos bolcheviques para disseminar a revolução internacionalmente, para as nações mais avançadas industrial e culturalmente. O caráter internacional de uma revolução bem-sucedida era fundamental para a compreensão de Lênin e Trótski de como os avanços iniciais poderiam ser expandidos, para que os primeiros passos de uma nova ordem não fossem destruídos pela guerra civil, pelo isolamento e pela privação. No final, não foi a má condução política dos bolcheviques que levou ao impasse e à ascensão de Stálin, mas o estrangulamento da revolução pelo imperialismo.

Uma história inovadora, por Dan Healey, sobre sexo e sexualidade na Rússia antes, durante e depois do período revolucionário fornece novas evidências das enormes mudanças sociais que a revolução engendrou nas questões de sexualidade.[225] Registros legais, políticos e médicos dessa época derrubam a imagem antissexualidade do bolchevismo, popularizada por filmes hollywoodianos como o clássico de 1939, *Ninotchka*, em que a *apparatchik*[226] sisuda e sem senso de humor interpretada por Greta

---

[224] Trótski, Leon. *Stalin*. São Paulo: Editora Marxista e Editora Movimento, 2017.

[225] HEALEY, Dan. *Homosexual Desire in Revolutionary Russia: The Regulation of Sexual and Gender Dissent.* Chicago: University of Chicago Press, 2001.

[226] N.T: *apparatchik* é um termo que se popularizou para denominar um funcionário do Partido Comunista em tempo integral.

Garbo é cortejada pelo charme e a sagacidade de um atraente estadunidense. Dada a profundidade da distorção histórica e das mentiras, vale a pena citar longamente o panfleto de 1923, *A revolução sexual na Rússia*, escrito pelo Dr. Grigóri Batkis, diretor do Instituto de Higiene Social de Moscou:

> A legislação sexual atual na União Soviética é obra da Revolução de Outubro. Esse grande evento é de primeira importância, não apenas de um ponto de vista político, na medida em que o proletariado conquistou sua ditadura política, mas também porque a revolução teve um impacto em todas as esferas da vida. [...]
>
> A legislação social da revolução comunista russa, por outro lado, não pretende simplesmente reproduzir um conhecimento puramente acadêmico, mas ser uma expressão da própria vida. Só depois da bem sucedida derrocada da velha ordem – o triunfo vitorioso da prática sobre a teoria – fez-se necessária uma nova e firme legislação. E assim novas normas de vida familiar e relações sexuais foram moldadas de acordo com as necessidades e demandas naturais das pessoas. [...]
>
> A guerra pôs em movimento as grandes massas. 100 milhões de camponeses se confrontaram com novas condições e começaram a desenvolver uma nova percepção da vida. Nas fábricas e no campo, mulheres conquistaram sua independência econômica durante o primeiro período da guerra. No entanto, só a Revolução de Outubro pôde quebrar as correntes – e não apenas de maneira formal. A legislação foi revolucionada. Nenhuma das velhas, despóticas e infinitamente anticientíficas leis ficou de pé. Isso era completamente diferente da legislação burguesa reformista, em que sutilezas legais são usadas para salvaguardar a noção de propriedade na esfera sexual e que, em última análise, servia para entricheirar padrões du-

plos na vida social. Todas essas leis foram escritas com um desprezo ativo pela ciência.

A legislação soviética seguiu um caminho novo e totalmente diferente, com o objetivo de satisfazer as necessidades e tarefas da revolução social. [...]

Nesse período de transição, a legislação soviética leva em consideração cada aspecto da vida e constrói a nova sociedade nos seguintes princípios:

– Não-interferência do Estado e da sociedade nas relações sexuais, desde que não fira ou viole o interesse de ninguém.

Atos de homossexualidade, sodomia e qualquer outra forma de prazer sexual têm o mesmo status legal do supracitado. Enquanto a legislação europeia define tudo isso como uma quebra da moralidade pública, a legislação soviética não diferencia entre a homossexualidade e a relação sexual assim chamada "natural". Todas as formas de relação sexual são tratadas como uma questão pessoal. O processo criminal só será implementado em casos de violência, abuso ou violação do interesse de outros.[227]

Essa é uma declaração de princípios extraordinária para qualquer sociedade, não menos extraordinária para uma que, no meio de uma conflagração global, empreendeu a revolução e enfrentou uma guerra civil na qual milhões morreram, a fome era desenfreada e a industrialização foi catapultada de volta ao nível do século XVIII.

Antes da revolução, uma burguesia fraca, que possuía e administrava a indústria sob o czarismo, em grande parte proibiu, ao

---

[227] Extraído por Sherry Wolf de LAURITSEN; THORSTAD, 1995, p. 71–73. Traduzido a partir da versão em inglês pela Corrente Marxista Internacional. Disponível em: https://www.marxist.com/the-sexual-revolution-in-russia.htm

mesmo tempo que tolerou, um comércio sexual diverso nas casas de banho e bordéis das grandes cidades, de acordo com Healey.[228] Uma subcultura gay ilegal surgiu nos últimos anos do século XIX, em São Petersburgo e Moscou, depois que a emancipação dos servos em 1861 trouxe um grande número de homens jovens para trabalhar na indústria dessas cidades, onde viviam em habitações só para homens, longe da família e em grande parte segregados das mulheres.[229] A maioria dos casos registrados de lesbianismo ocorria nos bordéis russos, entre mulheres que serviam à população masculina da cidade, embora haja ocorrência de um pequeno número de mulheres ricas que também compravam sexo de outras mulheres.[230] Mas, com exceção das raras uniões entre homens de classe alta que viviam juntos, a homossexualidade na Rússia pré-revolucionária era geralmente um caso escondido e o sexo era mais frequentemente comprado por homens mais velhos ou mais ricos de homens mais jovens e pobres. No entanto, até mesmo a sodomia consensual entre homens era punida com exílio na Sibéria, incluindo o trabalho forçado se um menor estivesse envolvido. As concepções misóginas da sexualidade feminina deixaram o lesbianismo não-legislado, assim como na Europa; as restrições da vida da família nuclear o tornavam quase inconcebível.

A revolução mudou tudo isso. O panfleto do Dr. Batkis não era simplesmente uma desinteressada declaração de intenções: mudanças reais nas atitudes e nos comportamentos sexuais – além da eliminação do código penal – ocorreram como resultado da Revolução Bolchevique de 1917. Um indício disso foi a escolha de indivíduos para representar a revolução internacionalmente.

---

[228] HEALEY, Dan. "Same-Sex Eros in Modernizing Russia." In: HEALEY, 2001, p. 21-76.
[229] *Ibidem*, p. 29.
[230] *Ibidem*, p. 54.

Gueórgui Tchitchérin, um homem assumidamente gay, foi Comissário de Assuntos Públicos[231] de 1918 até 1930, quando uma doença o forçou a se aposentar.[232] Não se tratava de um cargo desimportante, mas de um homem que trabalhava ao lado do líder do Exército Vermelho, Leon Trótski, na negociação da paz com a Alemanha em Brest-Litovsk e a quem foi confiado ser uma face proeminente da revolução no exterior. Tchitchérin era um diplomata de origem aristocrática e amigo de longa data do mais proeminente poeta gay russo, Mikhail Aleksêievitch Kúzmin, o extravagante autor do primeiro romance pró-gay conhecido em qualquer língua, *Asas*[233].[234]

Muito se fala do suposto debate sobre a importância do sexo e da liberdade sexual entre o líder revolucionário Lênin e a Comissária do Povo para Assuntos do Bem-Estar Social Alexandra Kollontai, que defendia o "amor livre". Mesmo Healey junta-se ao opróbrio em suas observações: "A implicação de suas observações [de Lênin] por uma política de emancipação homossexual sob o socialismo era que essa 'liberdade de amor' específica deveria esperar (assim como toda sexualidade) até que uma revolução

---

[231] N.T: no original em inglês, Wolf chama Tchitchérin de "*commissar of public affairs*", mas o título correto seria "Comissário do Povo para Assuntos Estrangeiros da URSS" (no original em russo: *Народный комиссариат иностранных дел СССР*).

[232] "Capitalism and Homophobia: Marxism and the Struggle for Gay/Lesbian Rights". In: MORTON, Donald (org.). *The Material Queer*. Boulder, Colorado: Westview Press, 1996, p. 369–379.

[233] KUZMIN, Mikhail. *Asas*. São Paulo: Editora Z, 2003. Foi o primeiro romance russo de temática homossexual e causou grande consternação no meio literário conservador da Rússia czarista.

[234] Extraído de HEALEY, 2001, p. 101.

proletária reconstruísse a ordem material".²³⁵ Essa parece ser uma leitura enviesada dos pensamentos de Lênin, que está de acordo com a caricatura feita pela Guerra Fria – e pelo stalinismo – de Lênin como um ascético abstêmio, que não bebe álcool e nem fuma, apesar de gozar do vinho, do esporte e, sim, até mesmo da companhia íntima de mulheres. Nas cartas de Lênin de 1915 à mulher com quem estava tendo um caso, Inessa Armand, ele escreveu que a revolução libertaria o amor das "restrições do preconceito religioso, das restrições patriarcais e sociais, da lei, da polícia e dos tribunais".²³⁶ Quando ele argumenta contra privilegiar a organização de prostitutas acima de outras mulheres, sua crítica pressupõe uma rigidez vitoriana de sua parte.

O socialista Duncan Hallas descreve as condições nos anos seguintes à revolução:

> Em maio de 1919, a indústria russa foi reduzida a 10% de seu suprimento normal de combustível. No final daquele ano, 79% da quilometragem total da linha férrea estava desativada – e isso em um país enorme onde o transporte motor era praticamente inexistente. No final de 1920, a produção de todos os bens manufaturados caíra para 12,9% do nível de 1913.
>
> O efeito sobre a classe trabalhadora foi catastrófico. Já em dezembro de 1918, o número de trabalhadores em Petrogrado caíra para metade do nível de dois anos antes. Em dezembro de 1920, a cidade perdera 57,5% de sua população *total*. Nos mesmos três anos, Moscou perdeu 44,5%. [...] Guerra, fome, tifo, requisição forçada de insumos pelos [exércitos] brancos e vermelhos, o desaparecimento de bens manufaturados como fósforos, parafina e linha – essa era

---

²³⁵ *Ibidem*, p. 112.
²³⁶ *Ibidem*.

a realidade na Rússia de 1920-21. Segundo Trótski, até mesmo o canibalismo foi relatado em várias províncias.[237]

No contexto, os sentimentos de Lênin parecem razoáveis. A infame carta de 1920 de Lênin à líder revolucionária Clara Zetkin denuncia um pouco do caos da vida sexual adolescente sob a revolução. Ele escreveu que a gratificação sexual não deve ser "tão simples e inconsequente quanto beber um copo de água".[238] Lênin defende que os marxistas deveriam se empenhar, ao contrário, na responsabilidade social e honestidade nas relações íntimas. Repreendendo seus detratores, Lênin comentou: "O comunismo não deve trazer ascetismo, mas alegria de viver e força vital também por meio de vida amorosa satisfeita".[239] Wilhelm Reich, um psicanalista do início do século XX foi um defensor da libertação sexual e do marxismo no começo de sua carreira. Ele se contrapôs à ideia de que as concepções de Lênin eram puritanas. Reich descreveu a ascensão dos debates sobre questões relativas à sexualidade sob os bolcheviques e escreveu sobre as frustrações expressas pelos trabalhadores e líderes bolcheviques por não serem capazes de colocar questões teóricas da revolução sexual à prova, devido a limitações materiais impostas pelo isolamento e pobreza da Rússia.[240]

Mesmo se os críticos de Lênin estiverem certos sobre suas opiniões pessoais, e eu acredito que eles não estão, isso não apaga o enorme avanço que a revolução trouxe. De fato, se as acusações estão corretas, elas apenas dão crédito adicional à realidade de que

---

[237] HALLAS, Duncan. "Toward a Revolutionary Socialist Party". *International Socialist Review*, julho-agosto de 2002, p. 68–69.
[238] Trecho extraído de REICH, Wilhelm. *A revolução sexual*. Rio de Janeiro: Zahar Editores, 1982, p. 124.
[239] Extraído de *ibidem*.
[240] *Idem*, p. 127-129.

a revolução não foi um golpe de Lênin e de uma pequena cúpula – como se costuma afirmar –, mas um fenômeno de massa, em que debates e desentendimentos sobre como construir uma nova sociedade dominou toda a vida política.

Quando um novo código criminal foi escrito em 1922, as leis de sodomia, incesto e idade de consentimento foram deixadas de fora por completo. A "maturidade sexual" deveria ser determinada caso a caso, de acordo com a opinião médica.[241] A prostituição tornou-se uma questão de saúde pública, não um crime, e uma comissão de saúde foi criada para combater doenças sexualmente transmissíveis; políticas de assistência social foram promulgadas para fornecer às mulheres e aos homens jovens alternativas ao comércio sexual em termos de emprego e moradia.

Compare o tratamento de Lênin e dos bolcheviques com o da anarquista Emma Goldman, que é frequentemente considerada como a intransigente feminista *sex-radical*[242] de sua época. Em uma carta a Havelock Ellis, em 1924, Goldman atacou a "limitação" de algumas das lésbicas que encontrou, a quem chamou de "'muito loucas', cuja fixação nas condições de sua própria opressão, excluindo todos os outros assuntos, a incomodava."[243] Aqueles que rapidamente condenam cada enunciado crítico de Lênin – muitas vezes retirados de seu contexto histórico – prontamente fornecem justificativa para o que pode ter sido a crítica perfeitamente razoável de Goldman no contexto de forças mais amplas envolvidas em levantes revolucionários em sua época.

---

[241] HEALEY, 2001, p. 122.
[242] N.T: *sex-radical* ou *sex-positive* é uma corrente feminista que coloca a sexualidade como uma importante frente da libertação feminina.
[243] KISSACK, 2008, p. 187.

O comentário de Aileen Kelly ilustra bem o suposto ideal ascético dos líderes revolucionários, que domina o trabalho da maioria dos historiadores:

> O revolucionário deveria transformar-se em um monólito perfeito reprimindo todas as emoções, interesses e aspirações particulares. [...] Não apenas a arte, a literatura e as relações pessoais, mas toda investigação intelectual, quando não diretamente relevante à causa, eram proibidas como passatempos fúteis de homens supérfluos.[244]

Como isso se encaixa no fato de o líder do Exército Vermelho, Leon Trótski, colaborador mais próximo de Lênin durante a revolução, escrever ensaios sobre arte e literatura publicados pelo governo soviético em 1924 e mais tarde divulgados como o livro *Literatura e revolução*? Nesse trabalho, Trótski, um revolucionário em tempo integral, expressa uma familiaridade surpreendente com a poesia, com a literatura e com todo tipo de expressão artística. Trótski avalia os escritos de poetas abertamente gays, como Nicolái Klíuev, sem nunca comentar de uma forma ou de outra sobre a sexualidade dele. O direito de ser julgado pelo conteúdo de seu trabalho e não pela sua sexualidade não representa uma ruptura definitiva e positiva com a velha tradição burguesa?

A Rússia Revolucionária também procurou romper com a limitação de suas tradições feudais ao se envolver com estrangeiros que haviam estudado e defendido questões de liberdade sexual durante anos. Uma delegação de médicos e pesquisadores soviéticos viajou a Berlim em 1923 para uma visita ao sexólogo Dr. Magnus Hirschfeld em seu Instituto de Sexologia[245]. Lá, eles solicitaram a exibição de um documentário sobre o amor entre

---

[244] Extraído de DUBERMAN; VICINUS; CHAUNCEY, 1989, p. 352–353.
[245] N.T: no original, *Institut für Sexualwissenschaft*.

pessoas do mesmo sexo, que os russos ficaram surpresos ao descobrir que havia sido censurado. O diário de Hirschfeld registra as impressões do Comissário de Saúde Semashko: "[Ele] declarou estar satisfeito por saber que na nova Rússia a antiga penalidade contra os homossexuais fora completamente abolida."[246]

Mulheres que serviam no Exército Vermelho, passando-se muitas vezes por homens, receberam posições de autoridade. Na década de 1920, o diretor do Instituto de Profilaxia Neuro-psiquiátrica em Moscou, Liév Rozenstein, convidou "lésbicas, policiais e servidoras do Exército Vermelho" para lhe contar suas histórias de vida, e declarou que "as mulheres [na Rússia Soviética] podem legalmente assumir nomes masculinos e viver como homens".[247] Rozenstein achava que era parte de seu trabalho como psicólogo ajudar seus pacientes a aceitarem seu desejo pelo mesmo sexo, uma posição bem à frente de seus tempo. Em contraste, a Associação Americana de Psiquiatria considerou oficialmente a homossexualidade como transtorno mental até 1973.

As autoridades soviéticas parecem ter sido mais favoráveis às mulheres que se vestiam como homens e agiam de maneira estereotipicamente masculinizada do que aos homens que se vestiam como mulheres e imitavam o comportamento "feminino". Mesmo assim, o casamento entre pessoas do mesmo sexo era permitido pela justiça. A feminilidade masculina era vista como socialmente atrasada por alguns, mas a lei não intervinha no sentido de reprimir aqueles que se expressavam dessa maneira.[248] Os psicólogos clínicos discutiram abertamente as operações de "mudança[249]

---

[246] HEALEY, 2001, p. 132.
[247] *Ibidem*, p. 141.
[248] *Ibidem*, p. 168–169.
[249] N.T: atualmente, essas intervenções cirúrgicas são referidas como "redesignação/readequação genital".

de sexo" já praticadas por alguns médicos. Em 1928, o Departamento de Saúde de Moscou descobriu um "grande número de casos" de um médico que "realizava [operações de] mudança de sexo e transformava mulheres em homens e vice-versa, por meio de cirurgias bastante primitivas".[250] Eles parecem ter se preocupado mais com a ética e as consequências fisiológicas desta prática, mas não perseguiram a questão como um assunto legal.

A líder bolchevique Alexandra Kollontai descreveu as radicais mudanças nas relações sexuais em 1921:

> A história nunca viu tamanha variedade de relacionamentos pessoais – casamento indissolúvel e "família estável", "uniões livres", adultério secreto; uma menina vivendo abertamente com seu amante no chamado "casamento selvagem"; casamento em par, casamento em trios e até mesmo o complicado casamento de quatro pessoas – para não falar das várias formas de prostituição comercial.[251]

Algumas semanas depois de os bolcheviques tomarem o poder em 1917, eles revogaram o poder patriarcal na vida familiar por meio de decretos como "Do casamento civil, dos filhos e do registro do estado civil", que "privavam o marido do direito de chefia na família, davam à mulher autodeterminação integral material e também sexual, declaravam natural que uma mulher pudesse determinar livremente nome, domicílio e cidadania".[252] Abolir a família legalmente era relativamente simples, mas só seria possível avançar com uma luta mais ampla e de longo prazo para mudar a

---

[250] *Ibidem*, p. 169.
[251] KOLLONTAI, Alexandra. *As Relações entre os Sexos e a Luta de Classes*. Disponível em: https://www.marxists.org/portugues/kollontai/1911/mes/luta.htm.
[252] REICH, 1982, p. 111.

cultura e as condições materiais. Algumas cozinhas comunitárias e creches foram criadas pelo estado revolucionário para libertar as mulheres do lar, mas muitas mulheres, cujas vidas concentravam-se anteriormente em cuidar das crianças e da casa, ficaram inconsoláveis e sentindo-se sem propósito na vida.[253]

Wilhelm Reich argumentou que parte da revolução sexual na Rússia foi atrofiada pela falta de tempo e condições materiais necessários para a reestruturação da "psique de massa" porque o "estado psíquico das massas" não é apenas "um resultado de acontecimentos econômicos", mas também "sua força motriz".[254] Em outras palavras, há uma relação dinâmica entre ideias e realidade e não havia tempo nem condições para realizar plenamente as aspirações revolucionárias. As tentativas de refazer a vida familiar sob uma nova ordem econômica e social não foram limitadas pela visão marxista dos bolcheviques, mas por realidades materiais e sociais predominantes. Trótski refletiu sobre a família na Rússia revolucionária em *Questões do modo de vida*: "A família não pode ser 'abolida': é preciso substituí-la. A verdadeira emancipação da mulher é impossível no campo da 'miséria socializada'".[255] As alternativas à família tradicional eram inadequadas porque faltavam recursos para providenciar creches públicas, cozinhas, lavanderias e outros meios necessários para construir uma nova sociedade.

---

[253] *Ibidem*, p. 106-109.

[254] *Ibidem*, p. 113.

[255] TROTSKY, Leon. *Problems of Everyday Life*. Nova York: Pathfinder Press, 1994, p. 81. [N.E: na edição disponível em língua portuguesa de *Questões do Modo de Vida*, o texto em questão não está presente. No entanto, ele se encontra na edição brasileira de *A Revolução Traída* em TROTSKY, Leon. *A Revolução Traída*. São Paulo: Editora José Luís e Rosa Sundermann, 2005, p. 148]

A degeneração da revolução e o afastamento de seus objetivos originais – incluindo a libertação sexual – não se deveu a algum pecado original da ideologia leninista ou bolchevique, mas às condições impossíveis enfrentadas pelos revolucionários. Foi a combinação de anos de isolamento de qualquer outra revolução socialista bem sucedida em um país industrial avançado e o atraso da indústria soviética que deteriorou todos os ganhos da revolução na década de 1930. Todos os líderes bolcheviques originais foram mortos, executados, exilados ou presos, com a única exceção de Josef Stálin, que deu expressão política e liderança ao que era efetivamente uma contrarrevolução na URSS. A desindustrialização em massa devido à guerra, à fome, à falta de moradia e à privação marcou a vida cotidiana da maioria dos trabalhadores.

No mesmo processo da reafirmação da santidade da família nuclear e das normas convencionais de gênero, em 1934 a legislação anti-sodomia foi reintroduzida. Stálin procurou seu porta-voz cultural, Maxím Górki, para providenciar uma justificativa escrita para esse revés no jornal *Pravda*.[256] Justificando a volta da criminalização da homossexualidade, como "uma forma de degeneração burguesa", Górki alegou: "Destrua os homossexuais – o fascismo desaparecerá".[257]

A ascensão do stalinismo anunciava o fim do poder dos trabalhadores e, ao mesmo tempo, a reversão de ganhos materiais que permitiam às minorias sexuais e às mulheres levarem vidas livres. Como a URSS competia com o Ocidente militar e industrialmente, ela precisava de mais força de trabalho, o que exigia maiores taxas de natalidade e, portanto, um retorno à família nuclear. As mulheres recebiam medalhas por terem mais filhos e junto com isso veio a inevitável reversão das liberdades sexuais que desafia-

---

[256] N.T: em português, "Verdade".
[257] Extraído de HEALEY, 2001, p. 189.

vam a função sexual [meramente] procriativa, que implicava a heterossexualidade compulsória. A vida de todos os trabalhadores foi rebaixada e restringida e os gays foram enviados de volta para o armário.

Devido à degeneração interna do debate e da democracia dentro dos partidos comunistas (PCs), que cada vez mais se viam no papel de defender os interesses de Moscou e não os da classe trabalhadora, eles promoveram, em todo o mundo, inclusive nos Estados Unidos, as mesmas políticas restritivas e reacionárias que o regime soviético praticava. Opor-se às políticas antigay do Partido Comunista, a partir desse período, não era ir contra o marxismo, mas, sim, opor-se à sua antítese sangrenta, o capitalismo de estado – isto é, uma economia controlada pelo estado em que os trabalhadores não controlam o estado.

Stalinismo, maoísmo e homofobia

Enquanto a tradição marxista genuína tem se mantido totalmente a favor da libertação sexual, a maioria dos Estados que reivindicam a alcunha de socialistas no século XX, não conseguiu fornecer qualquer alternativa real à repressão sexual das sociedades capitalistas. Esses Estados – e as organizações políticas que os apoiaram – usaram a linguagem do socialismo para justificar práticas que eram o seu oposto.

No novo clima político da década de 1930, sob Stálin, as políticas sociais soviéticas promoveram "a maternidade compulsória, as famílias compulsórias [e] a heterossexualidade compulsória".[258] As mulheres eram necessárias nas fábricas e na terra para ajudar a industrializar a Rússia a competir mais efetivamente contra o Ocidente. Ao mesmo tempo em que a legislação soviética levou

---

[258] HEALEY, 2001, p. 196.

as mulheres à força de trabalho em números sem precedentes, ela proibia o aborto e restringia o acesso ao controle de natalidade. Os esforços de guerra do final dos anos trinta exigiram níveis mais altos de produção e a reversão das baixas taxas de natalidade. Como Healey relata, "foi celebrado um culto à maternidade sob proporções que analistas mais atentos acharam grotescas, já que a vida de mães de sete, oito ou dez crianças foram vangloriadas como exemplos de patriotismo", e as páginas do "*Pravda* condenavam o 'chamado amor livre e toda a vida sexual desordenada'".[259]

As políticas homofóbicas do PC estadunidense, assim como suas outras decisões políticas, seguiram a linha da autoridade central em Moscou. Houve expurgos oficiais de LGBTs no PC estadunidense, cujo impacto ideológico não pode ser subestimado. Era o maior partido de esquerda do país, que, no auge dos anos trinta, tinha dezenas de milhares de membros, muitos dos quais desempenhavam papéis fundamentais na organização de sindicatos e na luta contra a segregação racial. Mas, em lugar de expor os fundamentos políticos antissocialistas de um partido que defendia o pacto entre Stálin e Hitler; os campos de trabalho para dissidentes (*gulags*); o esmagamento das rebeliões operárias, mais notoriamente na Hungria, em 1956, e em Praga, em 1968; o apoio ao encarceramento de cidadãos estadunidenses de ascendência japonesa durante a Segunda Guerra Mundial; e que apoiou abertamente o Partido Democrata burguês, os expurgos de militantes LGBT foram identificados com a representação da perspectiva socialista sobre a sexualidade. Com exceção da aliança de 70 anos entre o PC estadunidense e os democratas, tanto a esquerda quanto a direita igualaram as práticas reacionárias do PC ao socialismo com o passar das décadas. Para os críticos à direita, a opressão e os padrões de vida da maioria dos trabalhadores da URSS e do seu império

---

[259] *Ibidem*, p. 197–198.

de satélites na Europa Oriental não eram invejáveis e expunham quão indesejável era a revolução; para os à esquerda, a ascensão do stalinismo levou à conclusão de que as revoluções inevitavelmente fracassam. De qualquer maneira, a experiência dos supostos Estados socialistas deu origem à noção de que a libertação dos trabalhadores – e a libertação sexual por extensão – não poderia ser conquistada por meio de revoluções, desacreditando o projeto do socialismo revolucionário para gerações de militantes de esquerda. A incapacidade de estados como China, Cuba e a antiga União Soviética de cumprirem suas promessas também levou uma geração de pessoas de esquerda a rejeitar a classe trabalhadora como agente de transformação social (o tópico do capítulo 6 sobre pós-modernismo, políticas de identidade e teoria *queer*).

Na edição de verão de 2008 da revista *New Politics*, Bettina Aptheker, lésbica e filha do ex-líder do PC estadunidense Herbert Aptheker, escreve sobre como, ao longo da Segunda Guerra Mundial e dos anos 1950 e 1960, gays e lésbicas foram expulsos do PC por serem considerados riscos à segurança, especialmente durante o auge do período McCarthy, nos anos cinquenta. Ela corrobora as suas próprias lembranças dos expurgos com um relato da socióloga Ellen Kay Trimberger:

> A liderança do Partido tomou a decisão de expulsar todos os homossexuais do Partido, por causa de sua suposta abertura à chantagem, à medida que a repressão estatal aumentava. Uma militante local foi solicitada a falar com várias mulheres que eram sabidamente lésbicas para solicitar suas saídas. Essas lésbicas eram suas amigas, embora nunca tenha discutido sua preferência sexual com elas. Quando elas se reuniram, todas choraram, mas as lésbicas "obedeceram" e saíram. Em retrospecto, essa militante diz que, embora algumas

possam ter questionado a decisão, nem ela nem as lésbicas jamais cogitaram se opor à orientação do Partido.[260]

Décadas mais tarde, o próprio documento em que Aptheker coloca a sua posição para a Comissão de Mulheres do Partido foi rejeitado por incluir [a participação de] mulheres lésbicas no relato histórico das mobilizações sindicais do Sindicato Internacional de Trabalhadoras de Vestuários Femininos[261] no início do século XX. Bettina Aptheker descreve uma velada política de "Não Pergunte, Não Conte" no Partido no final dos anos 1970 e afirma que a hostilidade generalizada à discussão aberta sobre a natureza da sexualidade sob o capitalismo continuou disfarçada sob a ideia de que isso seria um "desvio" da política de classe.[262]

Embora a China de Mao nunca tenha banido oficialmente a homossexualidade, não há dúvida de que a conformidade sexual e de gênero e a hostilidade e prisão de lésbicas e gays eram a norma. Como resultado, as minorias sexuais foram levadas à clandestinidade. Durante a Revolução Cultural (1966-1976), os homossexuais enfrentaram o que se estima ser o pior período de perseguição na história chinesa. A polícia regularmente enquadrava gays e lésbicas sob a acusação de perturbação da ordem pública e os jogavam em prisões, onde alguns eram torturados e desapareciam por anos. Até 2001, o PC chinês considerava a homossexualidade um transtorno mental – recentemente, ela foi atualizada para uma possível causa de depressão – e algumas autoridades chinesas continuam a negar a existência de gays em sua sociedade e, até

---

[260] APTHEKER, Bettina. "Keeping the Communist Party Straight, 1940s–1980s". *New Politics* 12, n.1, verão de 2008, p. 116.

[261] N.T: no original, *International Ladies Garment Workers Union*.

[262] *Ibidem*, p. 120.

mesmo, apesar de evidência científica óbvia, é negada a existência da AIDS.[263]

A integração ao mercado capitalista mundial nas últimas três décadas e o amplo acesso a comunicações internacionais e viagens levaram a possibilidade de centenas de milhões de chineses viverem independentemente das famílias e expressarem sua sexualidade abertamente. Hoje, os chineses de classe média têm locais de sociabilidade para gays e lésbicas nos principais centros urbanos.[264] Isso não ocorre porque abraçar o mercado capitalista seja sexualmente libertador, mas porque, na China, como nos Estados Unidos, gays e lésbicas de classe média são tratados como um nicho de mercado em que o lucro pode ser obtido. Assim como no caso do bloco soviético, o regime totalitário da China não tolera qualquer iniciativa política independente por parte dos trabalhadores gays ou heterossexuais – o que mina qualquer alegação de que ali se estabeleceu um "estado operário". O exemplo mais gritante de sua intolerância às demandas democráticas foi exibido nas televisões de todo o mundo com o massacre de trabalhadores e estudantes na Praça Tiananmen [Praça da Paz Celestial], em Pequim, em 1989.

---

[263] ASSOCIATED PRESS. "China Decides Homosexuality No Longer Mental Disorder." *Associated Press, South China Morning Post*. Publicado em: 8 de março de 2001.

[264] YALE LAW SCHOOL. "The China Law Center Holds Conference on Homosexuality in China." *Yale Law School*. Publicado em: 26 de janeiro de 2006. Disponível em: https://law.yale.edu/yls-today/news/china-law-center-holds-conference-homosexuality-china.

Cuba: ilha da liberdade?

Em Cuba, embora a revolução de 1959 tenha introduzido uma série de reformas educacionais e agrárias positivas, a homossexualidade foi proibida. A homossexualidade em Cuba não era ilegal antes da revolução, mas a partir dela as pessoas LGBT foram abertamente reprimidas e mesmo enviadas para campos de concentração, entre 1965 e 68, ou forçadas ao exílio com outros "criminosos" e a "escória" no êxodo no Barco Mariel, em 1980, quando 125.000 cubanos foram exilados. Estima-se que até 60.000 pessoas LGBT, homens gays em sua maioria, foram enviadas para as Unidades Militares de Ajuda à Produção (UMAPs). Lá, cercados por arame farpado, foram forçados a cortar cana-de-açúcar ou mármore sob o sol tropical em uma jornada de doze a dezesseis horas por dia, a fim de atender a níveis de produção irreais.[265] Enquanto as UMAPs eram um fenômeno temporário, as prisões e perseguições de artistas, como Reinaldo Arenas, autor de *Antes que Anoiteça*,[266] e outros resultaram no "medo sempre presente de que a qualquer momento pudesse haver batidas na sua porta para te levar a um interrogatório ou simplesmente para ser levado na carga de um caminhão até a área rural".[267]

Sob o ditador Fulgencio Batista, que tinha apoio dos EUA, Havana foi transformada em um *playground* sexual para cubanos ricos e turistas estadunidenses. Isso foi usado pelo líder revolucionário Fidel Castro para justificar a repressão de qualquer pessoa que não se conformasse às normas de gênero no modo de se vestir e portar ou que praticasse sexo com pessoas do mesmo sexo, tan-

---

[265] LUMSDEN, Ian. *Machos, Maricones, and Gays: Cuba and Homosexuality*. Filadélfia: Temple University Press, 1996. Cap. 3.
[266] N.T: no original, *Antes que Anochezca*.
[267] *Ibidem*, p. 70.

to em público como privadamente. Em uma entrevista gravada com o jornalista estadunidense Lee Lockwood em 1965, Castro defende proibir homossexuais "desviantes" de terem cargos onde eles poderiam influenciar os jovens. Ele alegava: "Nós não podemos acreditar, de nenhuma maneira, que um homossexual possa incorporar as condições e exigências de conduta que nos permitem considerá-lo um verdadeiro revolucionário, um verdadeiro militante comunista".[268] Em 1971, o Primeiro Congresso Nacional de Educação e Cultura reiterou a posição do Estado sobre "o caráter de patologia social dos desvios homossexuais" e resolveu "que todas as manifestações de desvios homossexuais devem ser firmemente rejeitadas e impedidas de se espalharem".[269]

As políticas sexuais de Cuba, mais do que qualquer um dos outros estados chamados de socialistas, tiveram um impacto enorme na esquerda estadunidense e nas LGBTs de esquerda dos Estados Unidos. Pelo embargo de cinco décadas feito pelo Império estadunidense e suas tentativas de derrubar e desacreditar o regime de Castro, temendo a nacionalização das antigas propriedades dos EUA em Cuba, e o fato de Cuba jamais abaixar a cabeça para a arrogância imperial, deram ao país o apoio e o respeito dos anti-imperialistas. No entanto, uma coisa é se opor à agressão imperialista sobre Cuba – como qualquer pessoa de esquerda deve fazer – e outra bem diferente é pintar suas políticas econômicas e sociais como socialistas. Cuba é um estado de partido único, no qual a atividade política independente – até mesmo quando feita pelos

---

[268] Extraído de YOUNG, Allen. *Gays Under the Cuban Revolution*. São Francisco: Grey Fox Press, 1981, p. 8.

[269] Extraído de LEKUS, Ian. "Queer Harvests: Homosexuality, the U.S. New Left, and the Venceremos Brigades to Cuba". *Radical History Review*, n.89, primavera de 2004, p. 77. Originalmente publicado na *Revista Semanal do Granma*, em 9 de Maio de 1971.

defensores da revolução – bem como sindicatos independentes e greves são barrados e o partido governante afirma governar *em nome* da classe trabalhadora.

Organizações de esquerda nos Estados Unidos que adoravam a Revolução Cubana como socialista, apesar da falta de controle dos trabalhadores e de políticas sociais que eles teriam denunciado nos EUA, defendiam o histórico de abusos contra as minorias sexuais ou simplesmente o ignoravam. Da mesma forma, em relação aos países do bloco oriental, essa esquerda deu as costas não apenas à luta pela libertação gay, mas à essência do marxismo – a autoemancipação da classe trabalhadora. Do maoísta Partido Comunista Revolucionário (RCP),[270] que até 2001 considerava os gays contra-revolucionários por natureza, ao Partido Socialista dos Trabalhadores (SWP),[271] que por algum tempo proibiu não apenas gays, mas também travestis entre seus membros, muitas organizações de esquerda descartaram o cerne libertador do socialismo e se engajaram em posicionamentos verbais tortuosos para defender a repressão em nome do marxismo. Para argumentar que Cuba, China ou o bloco oriental eram, de alguma forma, socialistas, eles tinham que negar a repressão aos gays ou defendê-la, e muitos grupos vacilaram entre essas duas práticas.

O Partido Mundial dos Trabalhadores (WWP)[272] – de onde surgiu o atual o Partido pelo Socialismo e a Libertação (PSL)[273] – tem sido bastante ativo nas lutas LGBT desde os anos 1970 até o hoje. O premiado romancista e ativista transexual Leslie Feinberg é um dos membros mais proeminentes do WWP. Mas a defesa intransigente de praticamente todos os países que alegam ser so-

---

[270] N.T: no original, Revolutionary Communist Party.
[271] N.T: no original, Socialist Workers Party.
[272] N.T: no original, Workers World Party.
[273] N.T: no original, Party for Socialism and Liberation.

cialistas – do Iraque de Saddam Hussein e da Coréia do Norte de Kim Il-Sung à moderna China (incluindo a defesa do massacre da Praça Tiananmen)[274] e à Cuba de Castro – leva o WWP/PSL a uma avaliação enganosa e simplista das políticas e posicionamentos dessas sociedades em relação à sexualidade. Levantar críticas de qualquer forma a esses regimes burocráticos e muitas vezes tirânicos, na visão filosófica dualista do WWP/PSL, é se colocar a serviço do império. Isso os deixou na curiosa posição de considerar como estados operários países que prenderiam ou perseguiriam alguns dos próprios membros que se organizam nos Estados Unidos para defendê-los! Como explica o jornal do WWP:

> Hoje, não há um país no mundo que tenha uma posição adequada a respeito do fim da opressão contra homossexuais. Mas ressaltar qualquer um dos países socialistas para criticar mais ferozmente, como fizeram alguns líderes do movimento gay nos EUA, é omitir o que é mais essencial e, além disso, permite que passem ilesos os imperialistas dos EUA, aqueles que têm um verdadeiro interesse na manutenção do racismo, do sexismo e das atitudes anti-homossexuais.[275]

Após três anos de fortes debates internos sobre a questão da homossexualidade, um panfleto sobre a libertação gay, lançado em 1975 pelo SWP, primeiro defende os direitos dos homossexuais com base nas liberdades civis, mas depois argumenta que seria "imperialismo cultural" impor essas expectativas em relação a

---

[274] GRISWOLD, Deirdre. "One-Fourth of Humanity Is Freed". *Workers World*.
[275] Extraído de HEKMA, Gert; STEAKLEY, James; OOSTERHUIS, Harry (orgs.). *Gay Men and the Sexual History of the Political Left*. Filadélfia: Haworth Press, 1995, p. 330.

Cuba,[276] como se a libertação sexual fosse de algum modo um valor imperialista e que não deveria ser imposto aos chamados "machos latinos". Além de seu óbvio truque analítico, há um racismo sutil em esperar que os latinos sejam heterossexuais que abraçam inerentemente os estereótipos de gênero burgueses. A documentação, inclusive filmes populares como o indicado ao Oscar de 1994, *Morango e chocolate*, que explora as relações entre pessoas do mesmo sexo em Cuba, fornece ampla evidência da diversidade sexual na sociedade cubana, tão rica quanto em qualquer outro lugar.

O historiador e ativista David Thorstad foi membro do SWP durante seis anos, antes de se afastar por causa da política em relação à sexualidade e ao movimento gay. Ele coletou os documentos internos do debate que durou de 1970 a 1973. Na época, o SWP era a maior organização trotskista dos EUA, embora sua adesão à ideia de que o Bloco Oriental era formado por "estados operários degenerados" e seu entusiasmo pelo "socialismo" cubano [aspas da autora] expressasse uma confusão entre propriedade estatal e marxismo, semelhante às perspectivas do stalinismo. Surpreendentemente, logo após a Revolta de Stonewall, em 1969, no Greenwich Village, ter sido a primeira cena do moderno movimento de libertação gay, eles baniram "extraoficialmente" os gays e lésbicas do partido, e de seu grupo de jovens, a Aliança da Juventude Socialista (YSA),[277] em agosto de 1970.[278] Apesar de a

---

[276] DAWSON, Kipp. *Gay Liberation: A Socialist Perspective*. Nova York: Pathfinder Press, 1975.

[277] N.T: no original, Young Socialist Alliance.

[278] FORGIONE, Steve; HILL, Kurt T. (orgs.). *Gay Liberation and Socialism: Documents from the Discussion on Gay Liberation Inside the Socialist Workers Party (1970–1973)*. 2ª ed., s/d. Publicação informal e não-autorizada de documentos internos. A cópia referida (de um total

proibição ter acabado logo depois – o líder do partido Jack Barnes insistiu que a proibição era "inexequível"[279] e que os afastava de radicalizar a juventude – o debate em torno da natureza da homossexualidade foi arquivado pela liderança e uma espécie de política de "não vamos falar sobre isso" foi proposta. O medo de afastar os trabalhadores ao projetar uma imagem "exótica" ou "bizarra"[280] através do travestismo ou de carinhos entre pessoas do mesmo sexo nos encontros do partido tomou conta, o que conduziu a medidas internas de policiamento do comportamento dos membros. Ao mesmo tempo, as críticas internas afirmavam que, se um partido revolucionário avaliasse suas posições e comportamentos de acordo com o que pensavam os trabalhadores conservadores, combater o racismo ou até engajar-se em qualquer um dos comportamentos contraculturais da época seria desconsiderado também. Apesar da reação inicial do swp contra a mobilização e a política gay e lésbica, o grupo empreendeu um debate interno de três anos que expressava o envolvimento sistemático dos membros nas várias lutas do movimento gay.

Poucos grupos eram tão brutos na rejeição da homossexualidade quanto o precursor do RCP, a União Revolucionária, no final dos anos 1960. Sua publicação de 1969 sobre o assunto é desconcertante, ilógica e, para ser franca, insensivelmente estúpida. Enquanto se opunha à criminalização da homossexualidade, a União

---

de 20 impressões) foi emprestada à autora por David Whitehouse e traduzida aqui livremente.

[279] BARNES, Jack. "Report of Membership Policy Given to the Political Committee of the SWP". 13 de novembro de 1970. In: FORGIONE; HILL, s/d, p. 5-6.

[280] SHEPPARD, Barry. "Concerning the Discussion". 29 de agosto de 1972. In: FORGIONE; HILL, s/d, p. 67-71.

Revolucionária se posicionou contra o nascente movimento pelos direitos dos gays, com base no seguinte:

> 1) Como a homossexualidade se baseia no individualismo, é uma característica da ideologia pequeno-burguesa que propõe a ideia de que existem soluções individuais para os problemas sociais.
>
> 2) Como a homossexualidade se baseia na ideologia pequeno-burguesa e vira as costas para as contradições entre homens e mulheres (pelo menos nas relações pessoais íntimas), os homossexuais não podem ser comunistas, isto é, pertencerem a organizações comunistas, onde as pessoas estão empenhadas em lutar contra *todas* as formas de individualismo, em *todos* os aspectos de suas vidas.
>
> 3) Ao apresentar a homossexualidade como uma estratégia para a revolução neste país, a libertação gay é uma ideologia reacionária e pode nos levar apenas pelo caminho da desmoralização e da derrota.[281]

O impacto de Cuba sobre as novas esquerdas do final dos anos 1960 e início dos anos 1970, no início da explosão do movimento LGBT moderno foi profundo. Apesar da proibição de viajar para Cuba, muitos revolucionários estadunidenses organizaram jovens para fazer missões de corte de cana e colheita de frutas na ilha para ajudar a cumprir as cotas de exportação de Cuba para a URSS. As Brigadas de Solidariedade Venceremos começaram em 1969 e contavam com centenas de ativistas da organização Estudantes por uma Sociedade Democrática (SDS)[282] e outros, inclusive os militantes homossexuais Allen Young e Leslie Cagan, uma figura proeminente no atual movimento progressista antiguerra. Histórias do

---

[281] REVOLUTIONARY UNION. *Position Paper of the Revolutionary Union on Homossexuality and Gay Liberation.* 1969.

[282] N.T: no original, Students for a Democratic Society.

tratamento homofóbico direcionado a muitas lésbicas e gays por outros *brigadistas*, assim como por alguns cubanos, entraram na emergente imprensa gay dos Estados Unidos. Os gays que protestaram contra a homofobia do governo cubano foram acusados de ter participado de uma "ofensiva imperialista cultural" contra a revolução, segundo Young.[283] Embora Cagan e a cantora lésbica Holly Near tenham sido proibidas de voltarem em futuras viagens, junto com outros LGBTs, muitos militantes continuaram a defender as políticas dos cubanos, argumentando que lá não havia "base material para a opressão dos homossexuais".[284]

Muita coisa mudou nos últimos anos em relação à sexualidade em Cuba, embora dificilmente o país seja um bastião da liberdade sexual. Em 2004, a filha de Raúl Castro, Mariela Castro Espín, que dirige o Centro Nacional de Educação Sexual de Cuba – CENESEX, disse: "Sim, eu acredito que as pessoas estão um pouco mais tranquilas com uma presença homossexual, tanto em público como na privacidade da família, mas apenas um pouco tranquilas, não mais tolerantes. Temos muito mais trabalho a fazer em nossa sociedade para que esse 'relaxamento' signifique o verdadeiro respeito à diversidade".[285] Em 1988, a homossexualidade foi descriminalizada, embora os testes de AIDS obrigatórios tenham levado à quarentena compulsória dos soropositivos, a maioria dos quais eram homens gays. Uma sociedade na qual as pessoas são livres para expressar suas preferências sexuais teria lidado com a crise com uma campanha massiva de educação e discussão aberta sobre como proceder, em vez de impor medidas coercitivas. Apesar de Havana ter celebrado o seu primeiro Dia Internacional

---

[283] YOUNG, 1981, p. 98–100.
[284] Extraído de LEKUS, 2004, p. 83.
[285] GARCÍA, Eduardo Jiménez. "Gay Rights in Cuba: How Much Has Changed?". *Green Left Weekly*. Publicado em: 29 de fevereiro de 2004.

Contra a Homofobia em maio de 2008, um mês depois a primeira Marcha do Orgulho Gay de Cuba foi cancelada minutos antes de começar e os organizadores foram presos por exigirem um pedido oficial de desculpas pela criminalização passada e mau tratamento aos desviantes sexuais e de gênero em Cuba. Isso é compatível com a repressão às organizações e iniciativas não-oficiais em Cuba. A campanha "A diversidade é natural" de 2009, lançada pelo CENESEX, é um avanço e um reconhecimento aberto de que a discriminação e a repressão persistem. Mariela Castro Espín diz que há esforços da campanha para incluir a identidade de gênero e os direitos das minorias sexuais no Código Familiar de Cuba, "O trabalho que estamos fazendo ajudará a amenizar os preconceitos por trás desses processos".[286]

Enquanto os cubanófilos da esquerda argumentam que o progresso que ocorreu é fruto de desenvolvimentos revolucionários, essa explicação é incompatível com os fatos. Cinquenta anos se passaram desde que a revolução iniciou a repressão aberta às LGBTs e, décadas depois, seus piores aspectos foram mitigados, mas a negação do Estado ao direito democrático de organizar qualquer movimento independente para a libertação sexual persiste. Como o socialista Paul D'Amato argumenta: "A opressão não é o produto de uma revolução inacabada; a opressão continua a existir em Cuba porque a exploração continua. [...] Uma sociedade que não libertou a classe trabalhadora é incapaz de alcançar a libertação plena dos oprimidos. A condição de um é a condição do outro".[287]

---

[286] Extraído de GROGG, Patricia. "Rights: Cuba Launches Anti-homophobia Campaign". *Inter Press Service*. Publicado em: 30 de março de 2009.

[287] D'AMATO, Paul. "Race and Sex in Cuba". *International Socialist Review*. Janeiro-fevereiro de 2007, p. 57.

A esquerda antistalinista e a libertação LGBT

Reduzir a esquerda marxista, abrangendo apenas os grupos que moldaram sua política a partir da política dos Estados stalinistas ou maoístas, é, contudo, negar a existência e os esforços organizativos dos revolucionários que se destacavam dessas tradições que distorciam e rebaixavam o marxismo. Na historiografia da esquerda e da libertação LGBT, essa prática serviu não apenas para apagar o núcleo radical e libertador do marxismo e suas antigas tradições alemã e bolchevique, mas também para negar a existência de uma grande parte da esquerda do pós-guerra que se aferrou ao compromisso marxista de combater a opressão gay e lésbica.

Christopher Phelps descobriu recentemente um documento muito antigo publicado por membros da antistalinista Liga Socialista dos Jovens (YPSL),[288] originalmente publicado na revista *Young Socialist*, intitulado "Socialismo e sexo".[289] Foi publicado no auge do período McCarthy, em 1952, época em que o escritor James Baldwin explicou: "As pessoas não estavam apenas no armário, estavam no porão. Debaixo do porão".[290] Em seu prefácio ao artigo, Phelps relata uma conversa com o presidente nacional da YPSL naquela época, a quem foi pedido que formulasse uma plataforma sobre os direitos das minorias sexuais. O autor de "Socialismo e sexo" o escreveu sob o pseudônimo de H.L. Small, porque ele ou ela teria certamente perdido seu emprego por, naquela época, escrever um texto pedindo "a liberdade da pessoa, maior de idade e de ambos os sexos, ter relações sexuais com

---

[288] N.T: no original, Young People's Socialist League.
[289] PHELPS, Christopher. "A Neglected Document on Socialism and Sex". *New Politics* 12, n.1, verão de 2008, p. 12–21.
[290] Extraído de *ibidem*, p.12.

quem ele ou ela deseja, do mesmo sexo ou do sexo oposto".[291] O autor toma o cuidado de colocar o termo pejorativo "desviante" entre aspas e explica que o socialismo pode ser uma "força construtiva na transformação dos Estados Unidos em um país verdadeiramente feliz, onde os direitos individuais de todas as pessoas (independente do seu afastamento da 'norma puritana') são considerados e respeitados".[292]

Os documentos do boletim interno do grupo revolucionário estadunidense Socialistas Internacionais[293], do início dos anos 1970, mostram uma evolução para além da postura básica e libertária de tolerância que eles tinham antes da rebelião de 1969. Esse grupo de centenas de socialistas revolucionários iniciou sua atuação nas batalhas contra a segregação da campanha *Freedom Summer*, do Movimento de Liberdade de Expressão[294] da Universidade de Berkeley, nos protestos contra a Guerra do Vietnã e nas lutas sindicais nos locais de trabalho da indústria daquela época. Os debates nesses documentos assumem a natureza da repressão sexual de heterossexuais e homossexuais sob o capitalismo: "A luta pela libertação homossexual é em parte uma crítica da socialização característica de nossa sociedade, com suas definições rígidas de papéis e prerrogativas sexuais, e sua vinculação rígida a estes papéis sociais – uma socialização que é tão limitante para todas as pessoas quanto opressiva para os homossexuais em particular".[295] Eles defendem estratégias que enfrentem tanto a

---

[291] Extraído de *ibidem*, p. 13.
[292] Extraído de *ibidem*.
[293] N.T: no original, International Socialists.
[294] N.T: no original, Free Speech Movement.
[295] IS BULLETIN. "The Nature of the Gay Struggle, Its Importance, and Its Place in Our Work". *IS Bulletin*, n. 15. Publicado em: 14 de ja-

homofobia na classe trabalhadora quanto confrontem um nascente separatismo gay – mais tarde conhecido como nacionalismo *queer* – dentro dos movimentos em que estavam envolvidos. Eles rejeitam explicitamente o argumento de que a política LGBT deveria ser colocada em segundo plano em detrimento da luta de classes: "A luta gay [...] não pode se dar ao luxo de 'esperar' pela nova sociedade e a sua promessa de libertação. Assim, somos a favor de um movimento gay independente, e do compromisso da organização revolucionária com a libertação homossexual".[296] Essas discussões contundentes refletem as experiências dos membros LGBT do grupo, que traçavam um caminho para um envolvimento mais profundo com os outros movimentos com os quais tinham proximidade.

Entre os círculos homossexuais marxistas mais proeminentes da língua inglesa estava o Coletivo de Esquerda Gay (GLC),[297] em Londres, cujo membro mais conhecido era o historiador Jeffrey Weeks. O jornal do coletivo, *Gay Left*, publicado de 1975 a 1980, tentou teorizar como os marxistas deveriam abordar questões e debates levantados pelo movimento, bem como corrigir as falhas dos grupos revolucionários nessas questões. Eles criticaram as tentativas das pessoas de esquerda de encobrir a homofobia cubana, ressuscitaram os escritos de Engels e de Edward Carpenter e enfrentam acertadamente o SWP britânico por seu atraso, ao estilo da década de 1950, em relação à sexualidade – "a homossexualidade desaparecerá naturalmente"[298] sob o socialismo, uma posi-

---

neiro de 1972, p. 3. A cópia usada foi mimeografada, emprestada à autora por Bill Roberts e traduzida aqui livremente.

[296] *Ibidem*.

[297] N.T: no original, Gay Left Collective.

[298] Extraído de CANT, Bob. "A Grim Tale: The IS Gay Group". *Gay Left* 3. Outono de 1976.

ção que o SWP logo rejeitou. Ao mesmo tempo, previam certos desdobramentos, como a tentativa de cooptar o movimento em um nicho de mercado: "De fato, as exigências atuais do capitalismo são de privatização do hedonismo para que se mantenha o consumismo extensivo sobre o qual o sistema se baseia, e aqui os homossexuais representam um mercado atraente em vez de uma ameaça social".[299] Embora alguns de seus escritos pareçam ceder ao desenvolvimento do separatismo gay e políticas de identidade que floresceram completamente em anos posteriores, o GLC foi inflexível em sua tentativa de casar a libertação gay com o marxismo tanto na teoria quanto na prática.

Ao avaliar a orientação política da esquerda a respeito da política LGBT, vale a pena afirmar que os radicais também são impactados pelos desenvolvimentos em seu meio, a menos, é claro, que eles operem como uma seita. "Não é a consciência que determina a vida", escreveu Marx notoriamente, "mas a vida que determina a consciência".[300] Com isso, Marx quis dizer que a sociedade humana não é moldada por algum sistema abstrato de moral nem pelas ideias de algumas grandes mulheres ou homens – mas, ao contrário, que as condições materiais moldam as ideias e concepções das pessoas. Os socialistas também são moldados pelas condições e lutas em torno deles e moldam sua compreensão do mundo e de como mudá-lo, envolvendo-se com forças em constante mudança e com novos fenômenos.

Por essa razão, não é estranho pensar que grupos de esquerda, enfrentando a eclosão de um novo movimento social, tenham que aprender com as lutas emergentes e pensar em novas possibilidades e formas de pensar e agir. Nenhum socialista, indepen-

---

[299] ALTMAN, Dennis. "The State, Repression and Sexuality". *Gay Left* 6. Outono de 1978.

[300] MARX; ENGELS, 2007, p. 94.

dentemente de quão brilhante ou perceptivo seja, pode pensar em todas as implicações de questões que, inevitavelmente, surgem à medida que a sociedade muda e as contradições se intensificam. No entanto, uma coisa é esses grupos reproduzirem aspectos conservadores antes do surgimento dessas lutas dos oprimidos, outra coisa é desconsiderar ou menosprezar esses movimentos políticos quando eles já surgiram – ou pior, atacar suas demandas legítimas, como fizeram muitos stalinistas e maoístas. Nas últimas décadas, no entanto, praticamente toda a esquerda organizada dos EUA abandonou suas antigas posições e assumiu a luta pelos direitos civis das LGBTs, independente de suas diferentes análises sobre sociedades pseudo-socialistas.

A explosão da AIDS e do ativismo *queer* no final dos anos 1980 e início dos 1990 foi um período de alto envolvimento de setores da esquerda revolucionária nos Estados Unidos, mais visivelmente a Organização Internacional Socialista (ISO).[301] Fundada em 1977, depois que grande parte da esquerda começou seu declínio, a ISO, desde a sua criação, colocou-se a favor da libertação de lésbicas e gays e continuou a crescer em tamanho e participação juvenil durante os anos 1980 e 1990 e até o presente período. Adotar uma visão de mundo de "Nem Washington nem Moscou. Pelo Poder dos Trabalhadores de Leste a Oeste" permitiu à ISO resistir às tempestades políticas que varreram grande parte da esquerda estadunidense – que se voltava para a Europa Oriental ou outros Estados socialistas autodeclarados – quando ocorreu a queda do Muro de Berlim e o colapso da URSS.

À medida que a crise econômica na sociedade estadunidense desdobra-se de maneira associada às antigas guerras culturais da direita contra as minorias sexuais, o socialismo está ressurgindo como uma referência política para muitos estudantes e trabalha-

---

[301] N.T: no original, International Socialist Organization.

dores. A história real do marxismo e seu potencial emancipatório podem desempenhar um papel não apenas no avanço dos direitos civis das LGBTs na era moderna, mas na defesa de uma visão mais ampla de libertação sexual para todos no futuro.

CAPÍTULO QUATRO
O nascimento do gay *power*

Os anos 1960 são frequentemente entendidos como um período de grande agitação social e de sexualidade à flor da pele. Mas para as LGBTs dos Estados Unidos, a formação de uma real expressão sexual só teve seu início nos últimos meses da década, no coração do bairro que era a maior região boêmia e gueto gay da época, o Greenwich Village, em Nova York. A Revolta de Stonewall, que começou nas primeiras horas do dia 28 de junho de 1969,[302] durou seis noites e catapultou a questão da libertação sexual para fora da Idade das Trevas e rumo a uma nova era histórica.

As relativas liberdades e a aceitação social experimentadas hoje por milhões de LGBTs estadunidenses, em particular por aquelas que vivem nas cidades, teriam parecido tão surreais para essa geração quanto a perspectiva de eleger um presidente afro-estadunidense. Logo após o expurgo de gays das Forças Armadas dos EUA no pós-guerra, o presidente Eisenhower assinou, em 1953, uma ordem executiva que estabeleceu a "perversão sexual" como motivo para ser demitido de empregos do funcionalismo público. Considerando que os registros de emprego eram compartilhados com a indústria privada, a exposição ou a suspeita de homossexualidade poderiam tornar impossível para alguém conseguir um emprego. "Vadiagem em banheiro público" era uma ofensa que

---

[302] Às vezes, é mencionada a data de sexta-feira, 27 de junho de 1969, embora a rebelião tenha acontecido após a meia-noite.

poderia ostracizar um homem em suas relações de trabalho e redes de contato, já que as listas de presos eram impressas em jornais e em outros registros públicos. A maioria dos estados tinha leis que proibiam os homossexuais de receberem licenças profissionais, podendo também as revogar caso sua sexualidade fosse "descoberta" depois. O sexo consentido entre adultos do mesmo gênero, mesmo em um ambiente privado, poderia levar a punições como a prisão perpétua, o confinamento em uma instituição psiquiátrica ou, em sete estados, a castração.[303]

A partir de 1917, as LGBTs de outros países foram impedidas de entrar legalmente nos Estados Unidos sob a alegação de que elas sofriam de "transtorno de personalidade psicótica".[304] Illinóis foi o único estado do país, desde 1961, onde a homossexualidade não era explicitamente proibida. O Código Penal de Nova York autorizava a prisão de pessoas que utilizassem menos de três itens de vestuário "apropriados" ao gênero. Na Califórnia, o Hospital Público Atascadero foi comparado com um campo de concentração nazista, ficando conhecido como "Dachau para *queers*" por realizar eletrochoque e outras "terapias" draconianas em gays e lésbicas. Um especialista em direito argumenta que, na década de 1960, "O homossexual [...] era sufocado pela lei".[305]

Toda essa repressão existia ao lado de um crescente reconhecimento da existência de lésbicas e gays na literatura, no teatro, nos filmes e nos jornais. Estabelecimentos culturais apresentavam o "mundo gay" para as pessoas que não conheciam sua existência, incluindo aquelas que finalmente viriam a descobrir o orgulho e um nome para seus desejos. Em uma entrevista a Terry Gross, da

---

[303] CARTER, David. *Stonewall: The Riots That Sparked the Gay Revolution*. Nova York: St. Martin's Press, 2004, p. 15.
[304] D'EMILIO; TURNER; VAID, 2000, p. 11.
[305] CARTER, 2004, p. 14–15.

rádio NPR, Phyllis Lyon, cofundadora da Filhas de Bilitis (DOB), conta que quando conheceu sua companheira e cofundadora do grupo, Del Martin, em 1949, ela nem sequer sabia que o lesbianismo era uma possibilidade.[306] Na década de 1960, isso não seria mais possível para uma mulher adulta nas áreas urbanas dos Estados Unidos. Livros que alcançaram grande público, como *Terra estranha*, de James Baldwin, e *O grupo*, de Mary McCarthy, incluíam personagens lésbicas em suas tramas. E o *New York Times* publicou uma reportagem de primeira página sobre a cena gay masculina da cidade, descrevendo-a como "o segredo mais sensível", levando a uma avalanche de artigos sobre o tema – que variavam do hostil ao simpático – nas revistas *Life*, *Look*, *Newsweek* e *Time*.[307]

Os grupos que se formaram para a organização política de gays e lésbicas nos anos 50 permaneceram pequenos, em grande parte desconectados um do outro, e suas agendas políticas entraram em conflito até a década de 1960. Sete anos após a sua fundação, na cidade de Nova York, a Sociedade Mattachine tinha menos de 100 membros em 1963, enquanto a DOB de Nova York tinha 22 membros votantes em 1965.[308] A insistência contínua de referir-se a seu movimento como "homófilo", para evitar qualquer conotação sexual, denunciou o conservadorismo desses grupos. O que mais explicitava esse conservadorismo, no entanto, era a homofobia internalizada que dominava a liderança do movimento homófilo, expressa na referência que tinham em médicos que consideravam sua

---

[306] Del Martin e Phyllis Lyon, entrevistadas por Terry Gross para a *Fresh Air*, NPR, em 29 de dezembro de 1992. Del Martin morreu em 27 de agosto de 2008, dois meses após ela e Phyllis se casarem, tendo vivido 25 anos como companheiras.

[307] Extraído de D'EMILIO, 1983, p. 138.

[308] *Ibidem*, p. 173.

sexualidade como "desviante" e que buscavam uma "cura". Além disso, a publicação do DOB, a *Ladder*, insistia que seus membros deveriam "parar de afrontar a sociedade" e aparentar "normalidade".[309] Donald Webster Cory, pseudônimo de um importante ativista da Mattachine, opôs-se a um grupo de jovens militantes que defendiam os protestos públicos e rejeitavam a patologização médica dos homossexuais, o que, segundo ele, "afastava [o movimento] do pensamento científico (...), por sua negação incessante, defensiva, neurótica e perturbada" de que os homossexuais estavam doentes.[310] Foi um marco, portanto, quando militantes como Frank Kameny saíram vencedores no comitê de Washington D.C da Mattachine, em 1965, ao aprovarem uma resolução que afirmava que "a homossexualidade não é uma doença, mas apenas uma preferência, uma orientação ou propensão, no mesmo nível da e indiferente à heterossexualidade".[311] Outro marco foi em 1967, quando estudantes da Universidade de Columbia, em Nova York, fundaram a primeira organização homossexual licenciada pela universidade, a Liga Estudantil Homófila,[312] declarando igualdade entre todas as orientações sexuais.[313] Imaginemos o movimento pelos direitos civis dos negros daquela época tendo que desafiar ideias de supremacia branca dentro de suas fileiras e poderemos começar a entender os enormes obstáculos ideológicos que permeavam o pensamento de muitas pessoas LGBT.

Mas o envolvimento de muitos gays e lésbicas, em sua maioria não assumidos, nos movimentos pelos direitos civis, nos movi-

---

[309] Extraído de *ibidem*, p. 186.
[310] Extraído de *ibidem*, p. 167.
[311] Extraído de *ibidem*, p. 164.
[312] N.T: no original, Student Homophile League.
[313] TEAL, Donn. *Gay Militants: How Gay Liberation Began in America*, 1969–1971. Nova York: St. Martin's Press, 1971, p. 37.

mentos feministas e nos movimentos contra a guerra do Vietnã moldaram uma nova geração de militantes promissores que se incomodavam com sua própria opressão. Influenciado pelos defensores do *Black Power* [Poder Negro] que tinham feito de seus slogans verdadeiros jargões do movimento – frases como "black is beautiful" ["negro é lindo"] e "black power" –, em 1968 o movimento homófilo adotou "gay is good" ["gay é bom"] e "gay power" ["poder gay"] como seus gritos de guerra. Uma pista do que estava por vir era perceptível na formação das Organizações Homófilas da Costa Leste (ECHO),[314] em 1963, nas quais os militantes fizeram planos para o enfrentamento à legislação que impedia que gays ocupassem cargos no funcionalismo público federal. Vestindo ternos e gravatas, vestidos e saltos, em 4 de julho de 1965, grupos de "piqueteiros" começaram uma tradição anual de protestos em frente ao Independence Hall, na Filadélfia, para lembrar a nação de que ainda existia um grupo de estadunidenses a quem faltava garantir dignidade humana e direitos humanos. Na cidade de São Francisco, Distrito de Tenderloin, houve um ensaio geral de Stonewall no verão de 1966, quando a abordagem de um policial sobre uma travesti, em um restaurante frequentado por drag queens e jovens gays de rua, levou o lugar ao "caos geral", incluindo janelas quebradas e a queima de uma banca de jornal.[315] Esse evento, conhecido como a Revolta da Lanchonete Compton,[316] não só forçou a polícia e a gerência do restaurante a parar de perseguir travestis e outras pessoas LGBT, como também levou à formação da Vanguard, a primeira organização de pessoas trans

---

[314] N.T: no original, East Coast Homophile Organizations.
[315] CARTER, 2004, p. 109.
[316] N.T: no original, Compton's Cafeteria Riot.

e garotos de programa gays.[317] Mas nada tão intenso e impactante surgiu daquela expressão feroz de revolta quanto o que aconteceu em Nova York em 1969.

Saindo dos bares, tomando as ruas!

Em uma sociedade cheia de ódio, medo e ignorância em relação à homossexualidade, havia pelo menos um local público de sociabilidade em cada grande cidade onde gays e lésbicas podiam sentir-se à vontade – os bares. Mas como em qualquer expressão pública da vida LGBT, os bares também criavam um ambiente no qual a polícia e as autoridades locais podiam assediar e humilhar suas vítimas. Das ordens de prisão, feitas em locais públicos de sociabilidade, aos ataques dentro de bares por "desordem" de conduta, as aberturas culturais e o nascente ativismo de gays e lésbicas foram barrados pela repressão, que ia desde a Califórnia até Nova York. Apesar de não haver leis explícitas contra servir gays, muitos bares se recusaram a fazê-lo, e não havia recursos legais que impedissem tais práticas, uma vez que dançar com alguém do mesmo sexo e vestir-se em desacordo com este era considerado perturbação social. Foi nesse contexto que a máfia passou a administrar muitos dos estabelecimentos de bebidas que atendiam gays, lésbicas, travestis e pessoas transexuais em Nova York. O Stonewall Inn não foi exceção.

Localizado no cruzamento da Christopher Street e da Seventh Avenue South, perto de uma importante estação de metrô, o Bar Stonewall Inn era escuro, com duas barras metálicas, uma jukebox e uma multidão eclética de drag queens, jovens gays de rua, homens gays a procura de sexo e um punhado de lésbicas. Não

---

[317] STRYKER, Susan. *Transgender History*. Berkeley, Califórnia: Seal Press, 2008, p. 70.

havia água corrente para lavar os copos usados para bebidas baratas e cerveja, que, então, eram lavados em uma cuba turva atrás do bar principal, o que chegou a causar um surto de hepatite entre os clientes.[318] LGBTs negras, latinas e brancas misturavam-se ali, um dos poucos locais da região para dançar. O historiador do cinema e autor de *O outro lado de Hollywood* Vito Russo descreveu o local como "um bar para pessoas que eram muito jovens, muito pobres ou muito qualquer coisa que as impedisse de entrar em algum outro lugar. O Stonewall era um ponto de encontro das queens de rua no coração do gueto".[319]

Assim como na maioria dos estabelecimentos de bebidas que atendiam gays, o chefe da máfia Fat Tony pagava aos policiais para evitar que o local fosse fechado por violações do código da cidade. Para um bar que lucrava de 5000 a 6000 dólares em uma sexta-feira, Fat Tony não tinha problema em desembolsar 1200 mensais para persuadir os policiais da 6ª Delegacia de Nova York.[320] Apesar disso, a violência policial ainda era comum em bares como o Stonewall, tendo acontecido outro caso poucos dias antes da revolta. Mas uma verdadeira coreografia foi estabelecida entre os mafiosos e os policiais, onde cada um interpretava papéis para manter as aparências, sem nunca ameaçar seus métodos de acesso a dinheiro fácil às custas da clientela LGBT. Os bares geralmente voltavam a abrir na noite seguinte a um ataque, como aconteceu no Stonewall na última semana de junho de 1969. Até hoje, há rumores e especulações em torno do motivo da reação das pessoas ao ataque policial na noite de 28 de junho. A polícia afirmou que corretores gays de Wall Street, que não podiam ser legalmente vinculados a corretoras por causa de sua homossexua-

---

[318] CARTER, 2004, p. 80.
[319] Extraído de *ibidem*, p. 74.
[320] *Ibidem*, p. 77; 79.

lidade, estavam sendo chantageados lá, enfrentando a possibilidade de uma exposição que destruiria suas vidas. Outros sugerem que o que exacerbou a raiva naquela noite foi a morte chocante de Judy Garland, ícone gay, morta naquela mesma semana com apenas 47 anos de idade.

Qualquer que tenha sido o catalisador da reação sem precedentes ao ataque, o fato é que a vida de vergonha e sigilo não poderiam ter permanecido intocadas por muito tempo em um mundo abalado pela agitação social. Afinal, deve-se considerar que a revolta aconteceu em 1969.

Sob o pretexto do Stonewall Inn funcionar sem licença para venda de bebidas alcoólicas, um grupo de policiais, liderados pelo vice-inspetor Seymour Pine, pensou que seria um trabalho fácil fechar o bar e cercar seus donos naquela noite. Estereótipos sexistas e homofóbicos a respeito de gays e lésbicas tranquilizavam os policiais, que consideravam que a resistência era, na melhor das hipóteses, improvável e, na pior das hipóteses, irrelevante. Inicialmente, quando os policiais forçaram os homens e mulheres a fazerem uma fila e mostrarem os documentos de identidade, todos assim fizeram, apesar de alguns resmungos desbocados. Mas à medida que o número de pessoas do lado de fora crescia e o assédio aumentava, os ânimos tranquilos e até mesmo festivos foram se transformando em revolta. O trecho do artigo do *Daily News*, "Ninho homossexual atacado, as abelhas-rainhas estão ferroando enlouquecidas!" [*Homo Nest Raided, Queen Bees Are Stinging Mad*], fornece um angustiante vislumbre do desprezo que se tinha na época em relação às pessoas LGBT. O artigo começa: "Ela ficou sentada com as pernas cruzadas, os cílios cobertos de rímel batendo como as asas de um beija-flor. Ela estava com raiva. Ela estava tão chateada que ela não tinha se dado ao trabalho de fazer a barba. A barba de um dia por fazer começava a aparecer sob a maquiagem. Ela era um ele. Uma rainha da rua Christopher".[321]

O jornal *The Village Voice* fez a cobertura dos eventos da primeira noite de revoltas, captando não só o espírito da luta, mas também o aberto desdém que até os escritores progressistas tinham em relação aos gays. É importante ter em mente que este relato foi escrito por dois jornalistas vinte anos antes de alguém pensar em reivindicar abertamente palavras como *fag* [bicha] e *dyke* [sapatão] como ironicamente "empoderadas". Em 1969, essas palavras eram insultos horríveis.

> Enquanto os fregueses presos eram soltos, um a um, uma multidão começou a se reunir na rua [...] no começo uma reunião festiva, composta principalmente por garotos de Stonewall, que esperavam amigos que ainda estavam lá dentro ou para ver o que ia acontecer. Os gritos aumentaram quando os favoritos saíam pela porta, faziam uma pose e passavam pelo detetive com um "e aí, cara". Era o momento de brilhar das estrelas. Os punhos se desmunhecavam, os cabelos eram arrumados e as reações aos aplausos eram típicas da situação [...].
>
> De repente, o camburão chegou e o clima da multidão mudou. Três das mais afetadas, em trajes de drag completos, foram colocadas lá dentro, junto com o garçom e o porteiro, sob os gritos e vaias da multidão. Surgiu um clamor para que a multidão virasse o camburão, mas ele foi embora antes que qualquer coisa pudesse acontecer. Com a sua saída, a ação diminuiu momentaneamente. A próxima pessoa a sair foi uma sapatão, que deu trabalho, resistindo a entrar no carro.

---

[321] LISKER, Jerry. "Homo Nest Raided, Queen Bees Are Stinging Mad". *Daily News*. Publicado em: 6 de julho de 1969.

Pine ordenou que os três carros e o camburão saíssem com os detidos antes que a multidão virasse um motim. "Voltem rápido", ele acrescentou, percebendo que ele e sua força de oito detetives, dentre os quais havia duas mulheres, seriam facilmente vencidos caso a situação ficasse mais tensa.

Foi nesse momento que a coisa explodiu. Os pulsos não desmunhecavam mais [...].

"Porcos!", "Policiais viados!". Moedas foram atiradas. Eu permaneci contra a porta. Os policiais abriram 3 metros de distância. As moedas eram cada vez maiores. Objetos passaram a ser arremessados em sua direção. Uma garrafa. Outra garrafa. Pine diz: "Vamos entrar. Nos trancar lá dentro é mais seguro."

A porta se abre, aumenta o número de latas de cerveja e garrafas arremessadas. Pine e sua tropa correm para fechá-la. Nesse ponto, o único policial uniformizado entre eles é atingido embaixo do olho. Ele grita e sua mão está ensanguentada. Parece muito mais sério do que realmente é. De repente, eles ficam furiosos. Três correm para frente para ver se conseguem afastar a multidão que está na porta. Uma chuva de moedas. Uma lata de cerveja passa raspando na cabeça do Inspetor Smyth. [...]

O policial que foi cortado se irrita e grita algo como "Então, foi você quem me acertou!". E com a ajuda dos outros policiais, ele bate no apreendido cinco ou seis vezes com muita força e termina recebendo um soco na boca. Os policiais algemam o rapaz, que quase desmaia. [...]

Os policiais não conseguiam chegar à rua e, de forma sincronizada, a multidão explodiu com paralelepípedos e garrafas. A reação foi intransigente: eles estavam muito irritados. A lata de lixo sobre a qual eu estava foi praticamente arrancada por um garoto que tentava usá-la contra uma janela. De repente, surge um parquímetro desenraizado, usado como um aríete para abrir a porta do Stonewall.

Naquele momento, ninguém se lembra do caráter daquele motim. Os sons que são ouvidos não indicam que há bichas dançando, mas são os sons de uma forte revolta por vingança.

Um detetive se arma com um taco de beisebol encontrado no local. Eu ouço: "Nós vamos atirar no primeiro filho da puta que entrar por aquela porta."

Pela janela, eu só consigo ver seu braço. Ele derrama um líquido no chão e um fósforo aceso segue. Pine está a menos de três metros. Ele aponta sua arma para as pessoas.

Ele não atira. Os sons de sirenes chegam ao mesmo tempo que o som das chamas onde o combustível foi derramado. Foi por muito pouco...[322]

Após esse confronto inicial, que durou quarenta e cinco minutos, a tropa de choque chegou, e por horas seguiu-se um jogo de gato e rato entre grupos de policiais e grupos de desordeiros, que juntos somavam cerca de duas mil pessoas. Em uma década marcada por revoltas na maioria das grandes cidades, essa foi uma rara vitória para os revoltosos. O fato de que foram *bichas, travestis, sapatonas* e meninos de rua que deram um golpe decisivo na polícia não foi esquecido por ninguém. As notícias da rebelião da primeira noite espalharam-se amplamente e, na noite seguinte, militantes de esquerda, gays, lésbicas, travestis e transexuais saíram em manifestação contra a polícia que os humilhou e os espancou por muitos anos. A violência foi a tônica de todas as noites até a quarta-feira, dia 2 de julho, com insultos dos jovens gays e palavras de ordem verbalizadas por ativistas experientes alimentando a violência policial por entre as ruas labirínticas do Greenwich Village. Inconformados por terem sido desonrados por um bando de "*queers*",

---

[322] Extraído de TEAL, 1971, p. 2–3.

os policiais retornavam todas as noites tentando recuperar a Rua Christopher. Nunca conseguiram.

A maioria dos relatos de testemunhas descrevem o papel de protagonismo desempenhado por pessoas dos grupos mais desprezados e oprimidos dentro da comunidade LGBT. Um grupo multirracial de adolescentes gays pobres, muitos vivendo nas ruas porque foram expulsos de casa ou porque tinham fugido do abuso, insultava os policiais sem nenhum receio. As travestis zombavam dos policiais enquanto os golpeavam com saltos finos, mostrando que o desacato e o humor podiam ser complementares. E alguns dos relatos atribuiram a pelo menos uma lésbica "masculinizada" uma demonstração furiosa de resistência que constrangeu alguns dos homens presentes por sua passividade, incentivando-os a lutar naquela noite. O Delegado Pine, que tinha participado da Segunda Guerra Mundial, tendo sido ferido na Batalha do Bulge, em que morreram dezenove mil soldados estadunidenses, disse, a respeito da primeira noite de revoltas: "Nunca, em qualquer momento, me senti mais assustado do que naquela noite".[323] O poeta *beatnik* Allen Ginsberg passou pelo Village naquele fim de semana e resumiu, de maneira contundente, a atmosfera: "Vocês sabem, os caras lá eram tão bonitos – eles perderam aquele olhar derrotado que todas as bichas costumavam ter há 10 anos".[324]

Da revolta ao movimento

O que fez com que a revolta de Stonewall fosse diferente de todo o ativismo gay até aquele momento não foi apenas a inesperada duração do conflito nas ruas, que ocupou várias noites, mas a mobilização consciente de ativistas novos e experientes que expressa-

---

[323] Extraído de CARTER, 2004, p. 160.
[324] Extraído de TEAL, 1971, p. 7.

ram esse clima mais militante. Como em uma represa, Stonewall foi a explosão gestada por vinte anos de avanços lentos, gota a gota, fruto do esforço realizado por homens e mulheres cuja organização consciente criou condições para a onda espontânea de fúria. Os levantes, por si só, não seriam lembrados hoje por seu papel de transformadores da política e da vida gay se não tivessem sido seguidos por organizações que transformaram a indignação em força social crescente.

Um confronto entre os antigos organizadores do movimento e os novos militantes emergiu no domingo daquela semana, quando os ativistas do Mattachine, que haviam se reunido com o gabinete do prefeito e a polícia, colocaram uma placa na frente do Stonewall, em que se lia: "Nós, homossexuais, pedimos ao nosso povo que, por favor, ajudem a manter uma conduta pacífica e sossegada nas ruas do Village – Mattachine".[325] Seus pedidos foram ignorados. Todas as noites, até quarta-feira, mais e mais gays e militantes de esquerda heterossexuais, de socialistas e Panteras Negras a Yippies[326] e Jovens Senhores portorriquenhos,[327] iam ao local para participar dos confrontos com a polícia.

---

[325] Extraído de CARTER, 2004, p. 196.

[326] O Partido Internacional da Juventude (Yippies) [Youth International Party] foi uma organização hippie criada no final da década de 60 que aderiu a métodos antiautoritários e usou atos de guerrilha como modo de avançar na sua plataforma contracultural.

[327] N.T: o Partido dos Jovens Senhores (no original, Young Lords Party) era uma organização revolucionária de corte étnico portorriquenho nos EUA. Surgida em 1968, tinha como pontos fundamentais de seu programa a independência de Porto Rico e o socialismo. Textos fundamentais da organização podem ser encontrados em MANOEL, Jones; LANDI, Gabriel (orgs.). *Raça, classe e revolução: a luta pelo poder popular nos Estados Unidos*. São Paulo: Autonomia Literária, 2020.

Quando as revoltas abrandaram, os ativistas começaram a distribuir panfletos que diziam: "Você acha que os homossexuais são revoltantes? Eu diria que somos revoltosos!",[328] e anunciavam uma reunião em um ponto de encontro da esquerda, no próprio Village, conhecido como Alternativa U. O que começou como um comitê da Mattachine de Nova York montado exclusivamente para organizar uma marcha em comemoração aos levantes, acabou evoluindo para o surgimento da Frente de Libertação Gay (GLF). Em uma homenagem aberta à Frente de Libertação Nacional do Vietnã do Sul, que naquele momento lutava contra o governo dos EUA no Sudeste Asiático, esses ativistas queriam confrontar não apenas a sufocante homofobia da sociedade estadunidense, mas também toda a estrutura de exploração e opressão. Desde o primeiro encontro da GLF, disputas sobre a perspectiva política do movimento aconteceram, em termos de se o movimento deveria se concentrar exclusivamente em questões LGBT e conscientização ou abraçar uma agenda revolucionária mais ampla em solidariedade com outras minorias oprimidas.

Mas quase todos os ativistas recentes concordaram que a abordagem da velha guarda precisava ser enterrada. Jim Fouratt, um importante militante, ao revisitar os debates entre as lideranças do DOB, do Mattachine e dos novos radicais, resumiu as tensões da época: "Queríamos acabar com o movimento homófilo. Nós queríamos que eles se juntassem a nós na revolução gay. Nós éramos um pesadelo para eles. Eles estavam comprometidos em ser bons

---

[328] Extraído de TEAL, 1971, p. 19. [N.T: Na língua inglesa, o termo "revolting" pode significar tanto "revoltante, ultrajante, ofensivo" quanto "revoltando", gerúndio do verbo "revoltar". A frase original se aproveita deste duplo sentido: "Do You Think Homosexuals Are Revolting? You Bet Your Sweet Ass We Are" ou "Vocês acham que os homossexuais são revoltantes/estão se revoltando? Pode apostar que sim!"]

e aceitáveis para o *status quo* estadunidense e nós não estávamos; não tínhamos nenhum interesse em ser aceitáveis".[329]

Uma pauta central para todos os novos ativistas era o ato de se assumir publicamente, uma vez que a maioria dos gays permanecia "no armário". Como D'Emilio observa, esse ato catártico de se assumir publicamente – para a família e os amigos, no trabalho e nas ruas – "expressava essencialmente a fusão do pessoal e do político que o radicalismo do final dos anos 1960 exaltou".[330] A rejeição de sua homofobia internalizada pode ter tornado gays e lésbicas alvos de ataques ocasionais, mas também os permitiu reivindicar um senso de autorrespeito que era incompatível com a vida no armário. "A saída do armário", explica D'Emilio, "proporcionou à luta pela liberação gay um exército de alistados permanentes".[331] Ironicamente, o medo da direita de que a visibilidade gay encorajasse outras pessoas a experimentarem a homossexualidade ou, pelo menos, a serem tolerantes com ela, mostrou-se justificado. Mesmo que a direita possa estremecer com este fato, o crescimento da visibilidade e a confiança do movimento gay criaram condições para que outros se assumissem, o que vem transformando a consciência da sociedade desde aquela época. As pesquisas do Gallup sobre questões relativas à homossexualidade, realizadas ao longo de trinta anos, mostram avanços enormes. Desde 1977, o apoio público à legalização das "relações homossexuais entre adultos com mútuo consentimento" aumentou de 43% para um recorde de 59% em 2007. Na mesma pesquisa, 89% dos estadunidenses acreditavam que "os homossexuais devem ter

---

[329] Extraído de DUBERMAN, Martin. *Stonewall*. Nova York: Plume, 1994, p. 229.
[330] D'EMILIO, 1983, p. 235.
[331] *Ibidem*, p. 236.

direitos iguais em termos de emprego e oportunidades".[332] A revolta de Stonewall criou as condições para esse avanço na consciência social.

A influência de pequenos grupos radicais no GLF foi evidente em sua declaração ao jornal clandestino *Rat*:

> Somos um grupo homossexual revolucionário de homens e mulheres, baseado na percepção de que a liberação sexual completa para todas as pessoas não pode acontecer sem que as instituições sociais existentes sejam abolidas. Rejeitamos a tentativa da sociedade de impor papéis sexuais e definições da nossa natureza. Estamos saindo desses papéis e mitos simplistas. Nós vamos ser quem somos. Ao mesmo tempo, estamos criando novas formas sociais e relações, isto é, relações baseadas na fraternidade, na cooperação, no amor humano e na sexualidade desinibida. A Babilônia nos obrigou a nos comprometer com uma coisa... a revolução.[333]

Em resposta à pergunta do *Rat*, "O que faz de vocês revolucionários?", os membros da GLF escreveram: "Nós nos identificamos com todos os oprimidos: a luta vietnamita, o terceiro mundo, os negros, os trabalhadores... todos aqueles que são oprimidos por essa conspiração capitalista podre, suja, vil e fodida".[334]

Um dos primeiros protestos lançados pelo GLF foi contra o *Village Voice*, o mesmo jornal cujo relato das Revoltas de Stonewall (mencionado acima) circulou e foi citado em periódicos de todo o mundo. Para arrecadar dinheiro através de festas beneficentes

---

[332] SAAD, Lydia. "Tolerance for Gay Rights at High-Water Mark". *Gallup*. Publicado em: 19 de maio de 2007. Disponível em: http://www.gallup.com/poll/27694/Tolerance-Gay-Rights-HighWater-Mark.aspx.
[333] Extraído de CARTER, 2004, p. 219.
[334] *Ibidem*, p. 220.

e para divulgar suas atividades, a GLF tentou anunciar no *Voice*, que se recusou a imprimir a palavra "gay", considerando a palavra ofensiva e "equivalente a 'foder' [*fuck*] e outras palavras de quatro letras".[335] Os escritórios do *Voice* logo foram inundados com petições que carregavam milhares de assinaturas e exigiam que eles alterassem sua política, forçando-os a ceder. Como havia seções da GLF espalhadas por todo o país, até na Grã-Bretanha, protestos semelhantes foram direcionados aos jornais, exigindo respeito e representatividade. O *Los Angeles Times* havia até se recusado a imprimir a palavra "homossexual" em sua propaganda, apesar de referências menos lisonjeiras aos gays em revistas culturais no "jornal da família".[336] O *San Francisco Examiner* foi piquetado naquele outono por referir-se a gays e lésbicas como "semimachos" e "mulheres que não são exatamente mulheres".[337] Até o direito de colocar panfletos e distribuir jornais gays nos bares que atendem pessoas LGBT teve que ser disputado e vencido por meio de protestos. A GLF lançou seu próprio jornal, o *Come Out!* [Saia do armário!] no outono de 1969, que se tornou um meio popular de disseminar ideias e informações do movimento. As revistas *Gay Power* e *Gay* também estrearam naquele ano, cada uma vendendo vinte e cinco mil cópias por edição, expressando a sede por uma imprensa LGBT independente.[338]

Mais tarde, naquele mesmo ano, um grupo de ativistas separou-se do GLF e formou um novo grupo, a Aliança Ativista Gay (GAA),[339] com um estatuto que definia sua agenda como "exclusi-

---

[335] *Ibidem*, p. 226.
[336] TEAL, 1971, p. 57.
[337] Extraído de *ibidem*, p. 54.
[338] CARTER, 2004, p. 242.
[339] N.T: no original, *Gay Activist Alliance*; era uma organização LGBT, fundada na cidade de Nova York em 21 de dezembro de 1969, quase

vamente dedicada à libertação de homossexuais e evita o envolvimento em qualquer programa de ação que não seja obviamente relevante para os homossexuais".[340] Desde o início, eles procuraram livrar-se da discriminação contra pessoas LGBT no local de trabalho e pressionar os políticos locais para mudar as leis discriminatórias. O GLF e o GAA juntaram esforços muitas vezes, como nos protestos contra outros ataques policiais e na marcha anual de comemorações do Stonewall.

Talvez uma das maiores vitórias do movimento naquela época tenha saído dos protestos contra a designação da homossexualidade como doença mental pela Associação Americana de Psiquiatria (APA). Enquanto as pessoas LGBT fossem patologizadas como doentes, restrições sociais e legais permaneceriam. Protestos furiosos interromperam as reuniões habitualmente calmas da APA no início dos anos 70. Os militantes Barbara Gittings e Frank Kameny colocaram suas exigências e sentaram-se à mesa para discutir os danos que as "terapias" dos psiquiatras estavam fazendo na vida de gays e lésbicas. Um psiquiatra gay apareceu em um painel da APA usando uma máscara e disfarçando sua voz para pedir por mudanças naquela política do corpo. Em 1973, o conselho de administração da APA removeu a homossexualidade de sua lista de doenças mentais.[341] Cinco anos depois, psiquiatras gays e lésbicas fizeram uma convenção dentro da APA – nunca mais um

---

seis meses após os distúrbios de Stonewall, por membros dissidentes da Frente de Libertação Gay (GLF). Em contraste com a Frente de Libertação, a Aliança de Ativistas única e especificamente serviu para os direitos de gays e lésbicas, declarou-se politicamente neutra e queria trabalhar dentro do sistema político.

[340] Extraído de TEAL, 1971, p. 110.
[341] MARCUS, Eric. *Making History: The Struggle for Gay and Lesbian Equal Rights,* 1945–1990. Nova York: Harper Collins, 1992, p. 253.

psiquiatra gay teria que se esconder de seus colegas por trás de uma máscara grotesca.

Foi um grande avanço quando, em 21 de agosto de 1970, o cofundador do Partido dos Panteras Negras, Huey Newton, escreveu a primeira declaração abertamente pró-gay de um movimento ativista de maioria heterossexual, que foi impressa nas páginas do *Black Panther*, o jornal do partido. Em "Uma Carta de Huey aos Irmãos e Irmãs Revolucionários Sobre os Movimentos de Libertação das Mulheres e de Libertação de Gays", Newton admitiu que o Partido dos Panteras Negras foi insensível em relação a gays e lésbicas. Ele argumentou: "Os homossexuais não recebem liberdade de ninguém na sociedade. Talvez eles possam ser as pessoas mais oprimidas da sociedade". Newton também aceitou as críticas de ativistas gays: "Os termos '*faggot*' [bicha] e '*punk*'[342] devem ser excluídos do nosso vocabulário e, especialmente, não devemos anexar nomes normalmente destinados a homossexuais para os homens que são inimigos do povo".[343] A transformação radical que estava ocorrendo nas mentes de muitos ativistas gays foi refletida no seguinte trecho do panfleto da publicação *Gay Flames*, escrito pela seção de Chicago da GLF:

> Por causa da opressão desenfreada que vemos – de negros, pessoas do terceiro mundo, mulheres, trabalhadores – além da nossa; por causa dos valores corruptos, por causa das injustiças, não queremos mais "vencer na vida" nos EUA [...]
>
> Nossa luta é especialmente pela autodeterminação sexual, a abolição dos estereótipos dos papéis sexuais e o direito humano ao uso

---

[342] N.T: a palavra "*punk*" em inglês pode ter tanto o significado de "delinquente" como de "prostituta", carregando ambas cargas semânticas na carta de Newton.

[343] Extraído de TEAL, 1971, p. 151.

do corpo sem a interferência das instituições legais e sociais do Estado. Muitos de nós entendemos que nossa luta não pode ser bem-sucedida sem uma mudança fundamental na sociedade que colocará a fonte de poder (os meios de produção) nas mãos das pessoas que hoje não têm nada [...].

Mas à medida que a nossa luta cresce, ficará claro pela mudança das condições objetivas que a nossa libertação está ligada à libertação de todos os povos oprimidos.[344]

Rachas no movimento

Mas, como acontece com qualquer novo movimento que englobe uma ampla gama de pessoas e perspectivas, as reuniões do GLF foram frequentemente cheias de debates tumultuados e acalorados. A participação de alguns maoístas e stalinistas, cuja política era abertamente hostil à homossexualidade, como discutido no capítulo anterior, complicou ainda mais as coisas. Além de independentes recém-radicalizados, o grupo atraiu muitos radicais de organizações de extrema esquerda, que trouxeram consigo a bagagem – tanto a boa quanto a ruim – das perspectivas de suas tendências políticas sobre gays e lésbicas. Essas ideias variavam desde noções que compreendiam a homossexualidade como um "desvio burguês" até conceitos libertadores sobre como a sexualidade é moldada pela sociedade de classes. A influência predominante da esquerda no GLF, como no resto da extrema esquerda, era a maoísta – frequentemente chamando-se de "marxista-leninista" – que formalmente impedia gays e lésbicas de se organizarem. A ideologia oficial do Partido Comunista stalinista ensinava

---

[344] CHICAGO GAY LIBERATION. "Working Paper for the Revolutionary Peoples' Constitutional Convention". *Gay Flames*. Brochura n. 13, setembro de 1970.

que "a homossexualidade é parte do problema de uma sociedade decadente".[345] Membros do maior grupo trotskista, o Partido Socialista dos Trabalhadores (SWP), eram frequentemente vistos como "notórios puritanos",[346] embora defendessem direitos civis para gays e lésbicas, permanecendo às vezes reticentes em relação ao movimento. Essa postura deu início a um debate interno de três anos sobre a natureza da opressão gay e o posicionamento da organização em relação a esse movimento.[347] O quadro analítico dos maoístas e stalinistas, portanto, fez deles aliados e participantes questionáveis no movimento, enquanto a abordagem de liberdade civil da maioria dos socialistas de tradições trotskistas e social-democratas os colocou em solidariedade inequívoca com os objetivos da maioria dos ativistas LGBT e abriu a porta à evolução teórica sobre questões de sexualidade.

Para complicar esse coquetel político, estava o fato de que os países que se autodeclaravam socialistas, como a China e Cuba, eram defendidos pelos maoístas, muitas vezes sem críticas. Naquela época a Revolução Cultural de Mao[348] estava em curso na China e levou a castrações de "degenerados sexuais", o que confundia os

---

[345] Extraído de TEAL, 1971, p. 77.
[346] *Ibidem*, p. 80.
[347] FORGIONE; HILL, s/d.
[348] O historiador Simon Leys descreve a Revolução Cultural assim: "A Revolução Cultural não tinha nada de revolucionária exceto pelo seu nome e nada de cultural exceto pelo pretexto tático inicial. Foi uma luta pelo poder travada pelos de cima entre alguns homens e por trás da cortina de fumaça de um movimento de massas fictício. À medida que as coisas se desenvolveram, a desordem criada por essa disputa de poder criou um acontecimento de massas revolucionário, que se desenvolveu espontaneamente entre o povo na forma rebeliões armadas em grande escala. Isso não estava no programa e eles foram

ativistas gays que ouviam líderes do movimento citando as frases de *O livro vermelho* de Mao. Militantes de esquerda como Allen Young no GLF, que clamavam para que o movimento se juntasse às Brigadas Venceremos, para cortar cana em Cuba – onde gays eram enviados para campos de concentração –, foram barrados na ilha devido a alegações de que tentavam influenciar gays cubanos, mesmo que Young e outros defendessem a revolução.

Os maoístas também fizeram a análise de que os mais oprimidos da sociedade, os afro-estadunidenses mais pobres, em particular, deveriam liderar todas as lutas. Como resultado, os debates no GLF sobre doar dinheiro para o fundo de fiança dos Panteras Negras acabaram em acusações de racismo contra aqueles que se ofendiam com atos de sexismo e homofobia evidentes do grupo. O best-seller de 1968, *Alma no Exílio*,[349] do líder dos Panteras, Eldridge Cleaver, tem frases como "a homossexualidade é uma doença, assim como estupros de bebês ou como o desejo de se tornar o chefe da General Motors".[350] O poeta e dramaturgo radical negro Leroi Jones (que depois mudou seu nome para Amiri Baraka) fez um alerta aos negros no *New York Times* contra "a pouco integrada e falsa 'rEVolUÇãO' homossexual".[351] O uso generalizado da palavra "*faggot*" [bicha] pelos Panteras e Yippies para atacar a imagem de seus oponentes foi racionalizado por líderes do movimento como Fouratt, cujo entusiasmo pelas lutas negras e contraculturais, ele admitiu mais tarde, o cegou para to-

---

impiedosamente derrotados.", em tradução livre de trecho de LEYS, Simon. *The Chairman's New Clothes: Mao and the Cultural Revolution*. Nova York: Palgrave Macmillan, 1977, p. 13.

[349] N.T: no original, *Soul on Ice*.

[350] CLEAVER, Eldridge. *Soul on Ice*. Nova York: Delta, 1968, p. 102.

[351] JONES, Leroi. "To Survive 'the Reign of the Beasts'". *New York Times*. Publicado em: 16 de novembro de 1969.

das as críticas daqueles com quem ele queria lutar ao lado.[352] A prática maoísta de atos públicos de autocrítica para extirpar os indivíduos "contra-revolucionários" representava, às vezes, um ato de forte difamação do membro.[353] Nessa atmosfera, os desentendimentos frequentemente terminavam na acusação de que a pessoa em questão não era suficientemente radical. Esse tipo de moralismo foi misturado com os impulsos anarquistas de muitos ativistas, desconfiados de qualquer tipo de autoridade, incluindo aquela dos líderes eleitos pelo movimento. Como resultado, a GLF não tinha estrutura formal e as decisões eram geralmente tomadas por consenso, o que significa que qualquer indivíduo ou pequena minoria presente poderia atrapalhar toda a tomada de decisões ou fazer uma discussão alongar-se por horas, e que decisões tomadas em uma semana às vezes eram derrubadas na semana seguinte. Em nome da autonomia, a tomada de decisão democrática foi subvertida. Por exemplo, apesar de uma decisão tomada em uma reunião da GLF de não imprimir um artigo criticando o jornal *Underground Gay Power*, membros foram lá e o imprimiram de qualquer maneira.[354] Na prática, aqueles com mais autoconfiança e mais tempo disponível, o que muitas vezes estava relacionado a um maior nível de educação e mais recursos financeiros, acabaram dominando o grupo. A ativista feminista Jo Freeman expôs suas críticas a esse método comum nos movimentos sociais em seu ensaio *A tirania das organizações sem estrutura*, escrito em 1971:

> Ao contrário do que gostaríamos de acreditar, não existe algo como um grupo "sem estrutura". Qualquer grupo de pessoas, de qualquer

---

[352] DUBERMAN, 1994, p. 258.
[353] CARTER, 2004, p. 231.
[354] *Ibidem*.

natureza, reunindo-se por qualquer período de tempo, para qualquer propósito, inevitavelmente se estruturará de alguma forma. [...]

[...] Assim, a "ausência de estrutura" torna-se uma forma de mascarar o poder e no movimento feminista é normalmente defendida com mais vigor pelas mais poderosas (estejam elas conscientes de seu poder ou não). Na medida em que a estrutura do grupo permanece informal, as regras sobre como as decisões são tomadas são conhecidas apenas por poucas e a consciência do poder é limitada àquelas que conhecem as regras.[355]

Apenas quatro meses após seu início, o movimento encontrou seu primeiro obstáculo em questões relacionadas à perspectiva política e aos métodos de organização. Em uma reunião do GLF em Nova York, nos meados de novembro de 1969, essa falta de estrutura e a "política acusatória" chegaram ao auge, levando vários membros a formar o GAA, já descrito aqui. Como Carter explica: "Dado o estilo livre das reuniões do GLF, pode levar muito tempo para chegar a um consenso sobre qualquer assunto. Ver assuntos que haviam sido meticulosamente discutidos e decididos serem reconsiderados várias vezes reunião após reunião acabou, compreensivelmente, esgotando a paciência de muitos".[356] Foi o debate sobre a contribuição para a fiança do Partido dos Panteras Negras o que finalmente levou ao racha e ao lançamento do GAA. A primeira votação terminou com a decisão de não fazer a doação, sob a justificativa do uso frequente de linguagem homofóbica por alguns membros dos Panteras. Quando membros da GLF reapre-

---

[355] FREEMAN, Jo. "A tirania das organizações sem estrutura". *Jacobin Brasil*. Publicado em: 12 de março de 2020. Disponível em: https://jacobin.com.br/2020/03/a-tirania-das-organizacoes-sem-estrutura/.

[356] CARTER, 2004, p. 232.

sentaram a questão para votação na semana seguinte, várias pessoas saíram frustradas e fundaram o novo grupo.

No mesmo contexto, acontecia, em setembro de 1970 na Filadélfia, uma Convenção Constitucional dos Povos Revolucionários.[357] Treze mil militantes participaram.[358] A conferência em si expressou muitos dos pontos fortes e fracos de um movimento em evolução com uma liderança política repleta de contradições. Os principais Yippies que compareceram, como Jerry Rubin e Abbie Hoffman, rebaixavam seus inimigos usando o termo "bicha". Muitos dos Panteras riram dos homens gays e desprezaram as exigências dos grupos de mulheres, particularmente das ativistas lésbicas que pediram, mas nunca receberam, um espaço para discutir sua opressão. Alguns militantes LGBTs brancos estavam confusos sobre como lidar com um movimento negro exigindo a liderança da revolução, enquanto o FBI e a polícia continuavam a prender, enquadrar e até mesmo matar membros do Partido dos Panteras Negras. Os antirracistas brancos muitas vezes permitiam que a autoridade moral dos militantes negros silenciasse qualquer crítica. O desejo ávido de unir todos os grupos oprimidos contra uma sociedade racista e repressiva encontrou a dificuldade de como desenvolver essa unidade em bases honestas e genuínas. Uma organizadora transsexual da Organização Ação Travesti-Transexual[359] explicou por que seu grupo não deu mais apoio à convenção e que, lá, ela "se sentiu uma completa idiota diante de 100 policiais táticos armados com magnums, depois de ouvir uma mulher do Pantera ler um poema que incluía declarações depreciativas sobre 'bichas brancas'".[360]

---

[357] N.T: no original, Revolutionary Peoples' Constitutional Convention.
[358] TEAL, 1971, p. 155.
[359] N.T: no original, Transvestite-Transsexual Action Organization.
[360] Extraído de *ibidem*, p. 160.

Muitos grupos liberais e indivíduos foram pegos de surpresa diante do nascimento do movimento LGBT. Lésbicas no movimento depararam-se com uma resposta muitas vezes hostil de organizações de mulheres, homens gays e aliados heterossexuais. A presidente da Organização Nacional para as Mulheres (NOW),[361] Betty Friedan, abertamente atacou as lésbicas "masculinizadas" por mancharem o movimento feminista e se referiu a elas, em 1969, como uma "ameaça lilás".[362] A NOW procurou se distanciar das lésbicas, que elas consideravam que poderiam prejudicar o avanço do movimento, apesar de que muitas lésbicas, como a autora Rita Mae Brown, tinham sido ativas no movimento de mulheres durante anos e de que, naquele momento, assim como hoje, mulheres heterossexuais que expressavam rebeldia eram regularmente xingadas de *dyke* [sapatonas] por machistas. Algumas lésbicas formaram organizações separadas, como a Ameaça Lilás[363] – uma petulância atrevida contra o insulto de Friedan – e as Radicalesbians em Nova York, o Furies Collective em Washington, e a Gay Women's Liberation em São Francisco.

Elas desenvolveram uma teoria do separatismo lésbico – "Uma lésbica é a fúria de todas as mulheres condensada até estar prestes a explodir",[364] escreveram as Radicalesbians em *A mulher que se identifica com mulheres* – e defendiam a separação de suas vidas políticas e pessoais de todos os homens, coletivamente percebidos como opressores. Elas entendiam o sexo entre mulheres como um

---

[361] N.T: no original, National Organization for Women.

[362] POLLITT, Katha. "Betty Friedan, 1921–2006". *Nation*. Publicado em: 9 de fevereiro de 2006.

[363] N.T: no original, *Lavender Menace*.

[364] RADICALESBIANS. "The Woman-Identified Woman". *Women's Liberation Movement*. Publicado em: 1970. Disponível em: http://scriptorium.lib.duke.edu/wlm/womid/.

princípio político e como um meio de rejeitar o "*status* de segunda classe" das mulheres.³⁶⁵

Um grupo de gays maoístas separou-se do GLF para formar a célula Red Butterfly [Borboleta Vermelha], "uma associação de homens e mulheres gays que, como socialistas revolucionários, enxergavam a sua libertação ligada à luta de classes".³⁶⁶ As travestis latinas e negras Sylvia Rivera e Marsha P. Johnson, que sobreviviam como prostitutas e tinham participado das revoltas, permaneceram ativas no GLF e no GAA e iniciaram um novo grupo para ajudar jovens gays e travestis que viviam à margem. No entanto, a precariedade de suas próprias vidas representou um sério obstáculo para que a Ação das Travestis de Rua Revolucionárias³⁶⁷ se tornasse uma organização estável. A Convenção das Lésbicas Negras³⁶⁸ foi fundada para enfrentar o racismo dentro do movimento gay. Alguns membros da GLF formaram um grupo de estudos que lia e discutia clássicos marxistas como *A Origem da Família, da Propriedade Privada e do Estado*, de Engels. O historiador gay John D'Emilio, um estudante da Universidade de Columbia no fim da década de 1960, juntou-se a outros estudantes para organizar a União Acadêmica Gay.³⁶⁹ Entre os membros, muitos vieram a ser importantes lideranças gays e lésbicas futuramente no âmbito da academia.

Embora grande parte da esquerda, influenciada pelo maoísmo e o stalinismo, tivesse uma posição ruim sobre a questão da libertação sexual, a trajetória real da radicalização nesse período

---

[365] *Ibidem.*
[366] THE RED BUTTERLFY. "Gay Liberation." Nova York. Publicado em: 1970.
[367] N.T: no original, Street Transvestite Action Revolutionaries.
[368] N.T: no original, Black Lesbian Caucus.
[369] N.T: no original, Gay Academic Union.

significava que muitos gays e lésbicas estavam chegando a conclusões de caráter revolucionário, conectando as questões de sua realidade e compreendendo a libertação como algo que não é possível sem a derrubada do capitalismo. Os rachas no movimento parecem ter sido a única maneira pela qual indivíduos com visões de mundo e experiências radicalmente diferentes poderiam continuar ativos. Muitos grupos não duraram muito tempo frente à ausência de uma luta de massas contínua sem um objetivo unificador e a maturidade política para diferenciar divergências táticas de discordâncias de princípios. Uma extrema esquerda fraturada, que, no caso dos Panteras, estava sendo dizimada pela violência estatal, e grupos revolucionários que frequentemente defendiam Estados pseudo-socialistas homofóbicos no exterior não tinham como tomar a liderança desse movimento. Alguns gays e lésbicas seguiram em direções diferentes – em direção ao separatismo, em direção à rejeição da revolução ou em direção à influência da política partidária burguesa.

CAPÍTULO CINCO
Onde foi parar a libertação gay?

A recessão de 1973 foi o começo do fim do período de grande expansão econômica do pós-Segunda Guerra Mundial. Esse processo teve grandes repercussões por toda a sociedade estadunidense. As greves de 1968 a 1974 ajudaram a diminuir a distância entre ricos e pobres e a expansão dos programas de bem-estar social durante o Governo de Lyndon Johnson, chamados de "Grande Sociedade", aliviaram parte da pobreza extrema nas áreas rurais e urbanas dos Estados Unidos.[370] Para reverter essas conquistas, os patrões iniciaram um grande ataque ao padrão de vida da classe trabalhadora, conhecido como "a ofensiva dos empregadores", acompanhado por uma ofensiva ideológica para justificar a privatização, a mitigação de greves e os cortes no orçamento. Como explica a autora socialista Sharon Smith, "[a] ofensiva dos empregadores não seria bem-sucedida nos seus objetivos sem um ataque ideológico aos movimentos sociais que haviam radicalizado à esquerda a configuração política no final da década de 1960 e início da década de 1970".[371] Desde cortes no financiamento de abortos para mulheres pobres até ataques às ações afirmativas sob a alegação de "racismo reverso", durante o governo do democrata Jimmy Carter diretores executivos de empresas (CEOs) e ideólogos

---

[370] SMITH, Sharon. *Subterranean Fire: A History of Working Class Radicalism in the United States*. Chicago: Haymarket Books, 2006, p. 228-230.

[371] *Ibidem*, p. 232.

da direita iniciaram uma campanha para forçar o retrocesso dos movimentos sociais, anos antes do republicano Ronald Reagan assumir a presidência em janeiro de 1981.

Grupos da Nova Direita, como a Moral Majority, do Reverendo Jerry Falwell, e Save Our Children, da garota-propaganda da Florida,[372] Anita Bryant, promoveram uma legislação racista e contrária ao aborto, às mulheres e aos gays em nome dos valores da família. A direita argumentou que o financiamento público dos programas sociais e leis para mulheres, negros e gays eram ameaças potenciais à família e à ordem social em geral. Em 1977, Bryant apresentou da seguinte maneira a sua bem-sucedida campanha de revogação do decreto de direitos humanos contra a discriminação de gays e lésbicas do Condado de Miami-Dade: "Como mãe, eu sei que homossexuais não podem se reproduzir biologicamente; portanto, eles precisam recrutar nossas crianças. Se forem garantidos direitos aos gays, logo teremos que dar direitos às prostitutas e às pessoas que dormem com [cachorros] São Bernardos e a roedores de unhas".[373]

Esses ataques tiveram um impacto enorme nos sindicatos e nos movimentos sociais. Com a Chrysler à beira da falência, o Congresso exigiu e recebeu centenas de milhões de dólares em cortes salariais dos trabalhadores automotivos em troca de um resgate para a empresa.[374] A Guerra do Vietnã terminou em 1975

---

[372] N.E: *Florida* é um tradicional suco de laranja, clássico da cultura estadunidense.

[373] "Anita Bryant," Wikipedia, http://en.wikipedia.org/wiki/Anita_Bryant. [N.E: A citação presente nessa fonte foi extraída da biografia de Anita Bryant, "At any Cost" (BRYANT; GREEN, 1978). Disponível em inglês no Internet Archive: https://archive.org/details/atanycostoooobrya/mode/2up. Acesso em: 23/01/2021.]

[374] SMITH, 2006, p. 232.

e os imensos e radicais movimentos de oposição gerados por ela já haviam acabado. Diante de um ataque ideológico da extrema direita e com uma esquerda dispersa e enfraquecida, muitos ativistas começaram a buscar apoio no Partido Democrata.

A relação entre ativistas LGBT e o Partido Democrata tem sido problemática: os Democratas buscam os votos e o dinheiro de gays e lésbicas, mas oferecem, em troca, poucas conquistas e uma boa dose de exploração. Para os ativistas LGBT atraídos pelos democratas, o preço a ser pago é o do abandono de uma estratégia mais militante – justo a que obteve a atenção deles em primeiro lugar – por uma de "não cutucar a onça com a vara curta".

O fato de a última marcha nacional de gays e lésbicas em Washington, em 1993,[375] ser marcada para *depois* da eleição presidencial de 1992, não a tornou uma demonstração de força para

---

[375] A controversa e apolítica Marcha do Milênio de Washington por Igualdade [*Millennium March on Washington for Equality*] aconteceu em 30 de Abril de 2000, com patrocínio da organização Campanha de Direitos Humanos (HRC). Esse show de música junto de feira de marketing foi boicotado pelas organizações Orgulho no Trabalho, Força-Tarefa Nacional Gay e Lésbica, Associação Nacional de Homens Brancos e Negros Juntos*, assim como literalmente qualquer outra organização e publicação progressista ou de esquerda. A crítica se orientava contra o evento ser "um empreendimento privado lucrativo disfarçado de luta pelos direitos civis das lésbicas/gays/bissexuais/transexuais." Sobre a "marcha", a diretora executiva do HRC, Elizabeth Birch, disse: "Para muitas pessoas que sonharam com um mundo diferente, a própria noção de que a Human Rights Campaign esteve envolvida na convocação dessa marcha era rechaçável." Extraído [e traduzido livremente] de GAMSON, Joshua, "Whose Millennium March?". Nation, 30 de março de 2000. [*n.t: no original, respectivamente, Pride at Work, National Gay and Lesbian Task Force e National Association of Black and White Men Together]

pressionar o candidato Bill Clinton, mas uma concessão à ideia de que ativistas LGBT não deveriam expor os democratas ao escrutínio ou forçá-los a aparecer em público com os gays para não manchar a sua imagem com o resto do eleitorado. Essa tática é derrotista, pois, quanto mais tempo o "apoio" de políticos aos gays for uma competência de advogados nos bastidores, mais tempo a homofobia será permitida oficialmente.

Trinta e cinco anos passaram-se desde que a lei de direitos civis dos gays foi proposta pela primeira vez no Congresso e ainda assim as LGBT continuam sendo um grupo de cidadãs desprotegido pela Constituição dos EUA. Enquanto, por exemplo, o veto ao direito de gays trabalharem no governo federal foi promulgado por um golpe de caneta do presidente no Decreto 10450, em 1953, essa rapidez não foi observada em nenhuma ação para reverter décadas de discriminação institucional. Foi depois de seis anos ocupando a cadeira presidencial que Bill Clinton assinou o Decreto 11478, que dá um alívio parcial a funcionários federais gays e lésbicas e não inclui os três milhões de militares. Mas o fato é que seu ato manteve intactas as leis de sodomia, a lei contrária ao casamento igualitário (assinada por ele) e a posição desigual das LGBTs no exército (que ele instituiu!), além de nunca mencionar direitos para as pessoas transexuais. Tudo isso expõe a falência da via eleitoral para conquista de direitos civis para as minorias sexuais.

Desde a Revolta de Stonewall em 1969, os democratas controlaram a Casa Branca por doze anos, com um mandato de [Jimmy] Carter e dois de Clinton. Na maior parte desse tempo, as duas casas do Congresso também foram controladas pelos democratas. Ainda assim, embora o chamado "partido do povo" tenha procurado muitas vezes as LGBTs para ganhar votos e doações, eles têm sido, na melhor das hipóteses, oportunistas; na pior, hostis.

Nos resultados das eleições de 2008, as expectativas para o Governo Obama são astronômicas. Não só porque os oito anos de George W. Bush foram marcados pela reação social, mas porque o novo presidente tem incluído abertamente as LGBTs nos seus discursos, apesar de sua oposição ao casamento gay. Mas os defensores da justiça social tem muito a aprender com a história de colaboração entre as pessoas LGBT e os democratas.[376] Vale a pena averiguar em detalhes como um movimento que teve um início explosivo a partir da revolta popular nas ruas, acaba despendendo sua energia, seu dinheiro e suas esperanças no Partido Democrata.

Saindo das ruas, entrando no partido![377]

O Partido Democrata tem sido, na melhor das hipóteses, um amigo vacilante das LGBTs e, na pior, um obstáculo para seu avanço. Até mesmo os defensores do partido têm sido ambíguos em sua disposição de implementar uma legislação favorável às LGBTs. Os representantes do estado de Nova York na Câmara, Bella Abzug e Ed Koch (que mais tarde virou prefeito da cidade), apresentaram a Lei da Igualdade[378] de 1974 para expandir os direitos civis das

---

[376] Para um relato detalhado desse processo nos movimentos sindicais, negros e feministas, ver SELFA, Lance. *The Democrats: A Critical History*. Chicago: Haymarket Books, 2008.

[377] N.T: no original, *Out of the streets and into the party*. Trocadilho da autora em referência a um dos gritos da Revolta de Stonewall, *out of the bars, into the streets*, que clamava às LGBTs para saírem às ruas contra a batida policial.

[378] N.T: no original, *Equality Act*; é um projeto de lei no Congresso dos Estados Unidos que, se aprovado, alteraria a Lei dos Direitos Civis de 1964 para proibir a discriminação com base no sexo, orientação sexual e identidade de gênero no emprego, habitação, acomodações

mulheres, junto com gays, lésbicas e solteiros.[379] O projeto tornaria ilegal a discriminação com base no gênero, na orientação sexual e estado civil na obtenção de moradia, em estabelecimentos públicos e por programas federais de assistência social. Mas ele nunca saiu do comitê. Depois disso, Koch ou Abzug – uma impetuosa feminista, fundamental para as políticas progressistas de Nova York durante os anos 1970 e 1980 – apresentavam a cada ano alguma legislação de direitos civis gay que conquistava um pequeno número de apoiadores, mas, na maioria das vezes, definhava nas páginas das Atas do Congresso.[380] A forma atual desse projeto, que vem sendo reduzido e modificado desde sua versão original nos anos 1990, é a Lei de Não-Discriminação no Emprego (ENDA),[381] a qual chegaremos conforme a história se desenrola.

É notável que até mesmo esses dois congressistas e históricos "aliados" gay, Abzug e Koch, não tenham sido amigos confiáveis das pessoas LGBT desde o começo. O relato da tentativa de uma advogada lésbica, Jean O'Leary, se tornar delegada na Convenção

---

públicas, educação, programas financiados pelo governo federal, crédito e serviço de júri.

[379] D'EMILIO; TURNER; VAID, 2000, p. 152.

[380] N.T: no original, *Congressional Record*; é o registro oficial dos procedimentos e debates do Congresso dos Estados Unidos, publicado pelo Escritório de Publicações do Governo dos Estados Unidos e emitido durante a sessão do Congresso. Os índices são emitidos aproximadamente a cada duas semanas. No final de uma sessão do Congresso, as edições diárias são compiladas em volumes encadernados que constituem a edição permanente.

[381] N.T: no original, *Employment Non-Discrimination Act*; é uma lei proposta no Congresso dos Estados Unidos que proíbe a discriminação na contratação e emprego com base na orientação sexual ou, dependendo da versão do projeto, identidade de gênero, por empregadores com pelo menos 15 anos funcionários.

Nacional do Partido Democrata, em 1976, seria cômico se não fosse trágico. Ela conta que Abzug tentou forçá-la fisicamente a sair para prevenir que fosse aprovado um tema central de interesse dos gays ou que uma delegada abertamente lésbica chegasse ao plenário na convenção daquele ano.[382]

No começo dos anos 1960, Ed Koch concorreu ao gabinete local da cidade de Nova York prometendo legalizar a sodomia. Porém, quando esse legislador do Greenwich Village chegou ao gabinete anos depois, ele lançou uma campanha contra os bares gays e se reuniu com o chefe de polícia para "livrar a área" de homossexuais "e outros indesejáveis".[383] Esses eram os primeiros sinais de que, para políticos que representam bairros com números expressivos e visíveis de LGBTs, é politicamente pragmático fazer o possível para obter os seus votos numa campanha, prometendo apoio, mas que, quando o bicho pega, os democratas estão dispostos a nos oferecer como comida.

Muitos da geração anterior de ativistas LGBT engajados e atuantes do Partido Democrata vieram da Aliança Ativista Gay (GAA), apesar de o grupo ter como orientação formal a independência dos dois principais partidos. Visto que as divergências políticas no movimento levaram aos rachas, muitos daqueles que já haviam jogado fora uma estratégia libertadora, julgando-a impraticável e incapaz de vencer, foram atraídos para a política eleitoral mais do que todos. O'Leary (a democrata lésbica da celeuma com Abzug) começou no GAA, mas se desligou para fundar o grupo separatista Libertação Lésbica-Feminista (LFF)[384] e, apesar de sua preocupa-

---

[382] O'LEARY, Jean. "From Agitator to Insider: Fighting for Inclusion in the Democratic Party." In: *Ibidem*, p. 89.

[383] Extraído de CARTER, 2004, p. 41.

[384] N.T: no original, Lesbian Feminist Liberation; foi uma organização de defesa dos direitos das lésbicas na cidade de Nova York, formada

ção com a cooptação da luta, terminou como presidente da convenção gay e lésbica do Comitê Nacional do Partido Democrata.[385] Como ela mesma explica, "Harvey Milk foi assassinado e houve um levante nas ruas de São Francisco após o julgamento de Dan White [o assassino]. Mas muitos também perceberam que já era hora de levarmos nossas batalhas das ruas para os corredores do poder".[386] A autora socialista Lance Selfa explica esta dinâmica:

> Surgidos durante um período de agitação social generalizada, esses novos movimentos sociais depararam-se com muitas das mesmas escolhas que os movimentos de direitos civis e os contrários à Guerra do Vietnã enfrentaram. Essas escolhas manifestavam-se pelas divisões internas desses movimentos, entre militantes de trabalho de base e aqueles mais voltados ao *lobby* e às atividades eleitorais. O último grupo encontrou-se, inevitavelmente, atraído pela força gravitacional do Partido Democrata.[387]

O foco de alguns ativistas no começo da década de 1970 em derrubar leis de sodomia da maioria dos estados levou muitos ao lobby com congressistas e à disputa por partidos políticos que tratassem da questão dos direitos civis gay em suas plataformas políticas. Isso ocorreu num período em que a maioria das plataformas dos partidos eram de fato disputadas nas suas convenções, em oposição às extremamente coreografadas e publicizadas performances de hoje. Junto com um ponto central sobre o direito ao aborto (um ano antes da disputa *Roe versus Wade* conquistar

---

em 1972.
[385] Ver O'LEARY. "From Agitator to Insider". In: D'EMILIO; TURNER; VAID, 2000.
[386] *Ibidem*, p. 93.
[387] SELFA, 2008, p. 116.

o direito de escolha das mulheres), o ponto sobre gays e lésbicas foi derrotado depois do candidato à presidência George McGovern ter mudado o seu apoio inicial.[388] Na verdade, após o feito inédito de um delegado gay dirigir-se à convenção – às duas da manhã – a campanha garantiu que ele fosse sucedido por um delegado homofóbico que associou o movimento gay com o "abuso de crianças, escravidão branca e prostituição".[389]

O que se destaca nos relatos dos participantes da Convenção Nacional do Partido Democrata de 1972 é o quão rápido as reivindicações radicais fizeram concessões até serem mais ou menos ouvidas pelos que estavam no poder. Alguns ativistas literalmente começaram reivindicando a libertação e terminaram se conformando com "um lugar à mesa" cerca de um ano depois – ainda que a mesa tenha sido o equivalente, na política, à mesa das crianças, longe da sala de jantar ornada com cristal e prata. A relutância em se organizar de maneira independente aos democratas levou bons ativistas ao caminho sem fim da conciliação e da capitulação. Embora o número de antigos militantes que foram para o Partido Democrata fosse pequeno, aqueles que buscaram o poder pelas vias eleitorais terminaram em posições de grande visibilidade e influência num movimento que se enfraquecia. Por exemplo, David Mixner passou por campanhas de solidariedade à sindicalização de coletores de lixo no Arizona nos anos 1960 e mobilizações contra a Guerra do Vietnã até entrar na Casa Branca em 1993 como conselheiro de Bill Clinton para a comunidade gay e lésbica, depois de ajudar na organização da marcha daquele ano em Washington.[390]

---

[388] Extraído de D'EMILIO; TURNER; VAID, 2000, p. 87.
[389] *Ibidem*, p. 87.
[390] MIXNER, David. *Stranger Among Friends*. Nova York: Bantam Books, 1996.

Durante as primárias dos democratas para a eleição de 1976, Jimmy Carter, então Governador da Geórgia, declarou que se opunha "a todas as formas de discriminação contra indivíduos, inclusive a com base na orientação sexual".[391] Na hora em que ganhou a nomeação do Partido Democrata, ele já se mostrava mais resguardado. Foi o que demonstrou em uma entrevista para a revista gay *Advocate*, de distribuição nacional, ao dizer que não tinha certeza de "como poderia lidar com o problema das chantagens nos trabalhos de segurança federal".[392] De alguma forma, a ideia de acabar com todas as restrições legais contra as LGBTs, tornando a chantagem ineficaz ou irrelevante, nunca passou pela sua cabeça. Nem uma legislação sobre o assunto passou pela sua mesa. Aliás, no seu governo mais gays e lésbicas foram expulsos das Forças Armadas do que nos governos republicanos anteriores depois da Segunda Guerra.

A Suprema Corte deu um veredito revoltante acerca da lei de sodomia da Geórgia no caso de 1986, *Bowers versus Hardwick*, declarando que adultos não tinham nenhum direito constitucional de participar em sexo anal ou oral na privacidade de suas próprias casas. O caso foi levado à corte por Michael Hardwick após a polícia de Atlanta ter literalmente o puxado da cama e jogado na cadeia por ter feito sexo em seu quarto com outro homem. Sendo a sodomia punível por não menos de um ano de prisão e não mais do que vinte, essa decisão foi devastadora para os direitos civis.[393] Em um tempo em que a AIDS era registrada como a maior causa de morte de jovens do sexo masculino na cidade de Nova York,[394] é particularmente notável o quão patética foi a resposta da lide-

---

[391] Extraído de VAID, 1995, p. 111.
[392] *Ibidem*.
[393] D'EMILIO; TURNER; VAID, 2000, p. 60.
[394] *Ibidem*, p. 99.

rança dos democratas. Tirando Jesse Jackson, os democratas mais destacados permaneceram indiferentes aos problemas das LGBTs, incluindo o candidato do partido para as eleições de 1988, Michael Dukakis – que até mesmo se manifestou contrário ao direito de adoção por pais gays e se opôs a um espaço de discussão gay na convenção democrata.[395]

No entanto, nada se compara à falta de lealdade do Governo Clinton. Sendo um orador excepcional, digno de Oscar por suas demonstrações de empatia, Clinton podia "sentir a sua dor",[396] mas aparentemente era incapaz de aliviá-la minimamente. Como detalhado no capítulo 2, ele foi eleito prometendo dar um fim às leis draconianas contra os gays no exército, cedeu depois de quatro dias e assinou uma lei que talvez seja sabidamente o único decreto de um comandante-chefe para gays e lésbicas darem "meia-volta, volver" para dentro do armário. Vista inicialmente como uma forma mais amigável de discriminação, sua política oficialmente conhecida como "Não pergunte, não conte, não persiga",[397] possibilitou que a caça às bruxas às pessoas LGBT no exército continuasse. Como resume a Rede de Defesa Legal dos Servidores:

> Desde a implementação da lei de 1994, mais de 12.500 mulheres e homens foram dispensados. De acordo com o relatório do Government Accountability Office [Escritório de Prestação de Contas do Governo] de 2005, quase 800 dispensados eram especialistas indispensáveis – incluindo pilotos, analistas de inteligência, médicos e linguistas. Um relatório da Blue Ribbon Comission [Comissão de Peritos] descobriu que os custos de substituição dos agentes dispen-

---

[395] *Ibidem*, p. 100-101.
[396] N.E: Clinton disse isso a um ativista em 1992. Ver cap. 6.
[397] N.T: no original, *Don't Ask, Don't Tell, Don't Pursue*.

sados e treinamento de novos agentes entre os anos fiscais de 1994 até 2003 ultrapassou 363.8 milhões de dólares.[398]

Apesar de Clinton contratar gays para trabalhar no seu governo e de organizar a primeira reunião com lideranças gays da Casa Branca, além de garantir o enriquecimento de alguns gays e lésbicas individualmente, as políticas públicas e as vidas de milhões de LGBTS não melhorou significativamente (na verdade, até mesmo a visita à Casa Branca assustou o pessoal do Serviço Secreto, que usou luvas ao revistar os convidados gays para não contrair AIDS, o que seria fisiologicamente impossível).[399] Com essa reunião extremamente publicizada, a Casa Branca certamente conquistou a boa vontade de várias dessas lideranças, como colocou Urvashi Vaid, antiga líder da Força Tarefa Nacional Gay e Lésbica (NGLTF), "[e]les cooptaram e silenciaram as lideranças no momento em que precisavam ser estridentes".[400]

Dentre aqueles que se reuniram com Clinton, líderes da Campanha de Direitos Humanos (HRC) desempenharam um papel importante em rebaixar o que antes fora um abrangente projeto de lei de direitos civis para gays e lésbicas (mas não para pessoas transexuais) em uma legislação limitada e menos eficaz que proibia a discriminação em (alguns) locais de trabalho – a ENDA. Argumentava-se à época, assim como hoje, que ceder no presente é necessário para fazer avanços graduais para o futuro. Instituições

---

[398] SERVICEMEMBERS LEGAL DEFENSE NETWORK. "About 'Don't Ask, Don't Tell'". *Servicemembers Legal Defense Network*. Disponível em: http://www.sldn.org/pages/about-dadt [link indisponível na data de publicação da edição brasileira].

[399] THE ASSOCIATED PRESS. "White House Apologizes for Rubber Gloves". *New York Times*. Publicado em: 15 de junho de 1995.

[400] VAID, 1995, p. 185.

religiosas (às quais o Estado confere isenção fiscal), pequenos comércios e as Forças Armadas estavam entre os locais de trabalho excluídos da versão da lei de 1994, que foi derrotada dois anos depois.[401] Desde então, houve diversas versões, incluindo uma em linguagem inclusiva, mas nenhuma chegou a ser aprovada nas duas casas do Congresso. Como vigora hoje, vinte estados e a capital, Washington, assim como várias cidades grandes e pequenas, proíbem a discriminação por orientação sexual. As leis de cada localidade dispõem de exceções a depender do tamanho e do tipo dos empregadores.[402]

Dois democratas progressistas, o congressista gay Barney Frank e o senador Ted Kennedy se uniram à HRC para defender a versão de 2007 da ENDA que passou na Câmara (e não no Senado) naquele ano, sem incluir pessoas transexuais, sob o argumento de que seria o acordo mais realista que conseguiriam. Foi por mérito deles que grupos como o NGLTF e o maior grupo de advocacia LGBT e trabalhista, Orgulho no Trabalho, juntaram-se a grupos transexuais e outros para se opor a qualquer legislação que excluísse pessoas transexuais. O problema aqui não é se é aceitável ou não fazer compromissos políticos, mas sim quais termos não são negociáveis e, principalmente, quais são inadmissíveis. Um estudo de 2006 do jornal *San Francisco Guardian* e do grupo Centro de Direito Transexual[403] constatou que 60% das pessoas transe-

---

[401] D'EMILIO; TURNER; VAID, 2000, p. 179.

[402] HERSZENHORN, David. "House Approves Ban on Anti-Gay Discrimination". *New York Times*. Publicado em: 7 de novembro de 2007.

[403] N.T: no original, Transgender Law Center; é a maior organização de direitos civis liderada por transexuais nos Estados Unidos. Eles foram originalmente a primeira "organização legal transgênero em todo o estado da Califórnia" e foram inicialmente um projeto patrocinado pelo National Center for Lesbian Rights.

xuais na cidade de São Francisco ganham menos que 15.300 dólares ao ano, só 25% têm trabalho em tempo integral e quase 9% não possuem qualquer tipo de renda.[404] Trezentos grupos LGBT de extensão nacional e estadual uniram-se na formação da coalizão Unidos pela ENDA[405] para forçar a inclusão de transexuais, argumentando que

> grande parte da discriminação contra gays, lésbicas e bissexuais que não são transexuais está enraizada em preconceitos de aparência e comportamentos baseados na normatividade de gênero – isto é, o homem gay muito afeminado ou a mulher muito masculinizada são os mais suscetíveis à discriminação no trabalho.[406]

Um exemplo típico de carta que esses políticos comumente recebiam é a que foi enviada por uma pessoa transexual, sob um pseudônimo, para o congressista Frank antes dele votar por uma ENDA que incluísse a todas as pessoas LGBT: "Por que nós não merecemos o seu apoio para proteger o nosso direito de ganhar a vida? [...] Algum dia eu espero poder sair do armário e dividir quem eu sou com o mundo. Porém, sem uma proteção mínima, como a que a ENDA estabelece, esse dia estará mais longe".[407]

---

[404] TRANSGENDER LAW CENTER "Good Jobs Now!". *San Francisco Bay Guardian*. 2006. Disponível em: http://www.transgenderlawcenter.org/pdf/Good%20Jobs%20NOW20%report.pdf [link indisponível na data de publicação da edição brasileira].
[405] N.T: no original, *United ENDA*.
[406] STRYKER, 2008, p. 151.
[407] SIMMONS, Valentina. "An Open Letter to Barney Frank About ENDA," *Tina's Views blog*. Publicado em: 9 de outubro de 2007. Disponível em: tinasviews.blogspot.com/2007/10/open-letter-to-barney-frank--about-enda.html. Ver Também CATHCART, Kevin M. *LAMBDA Legal*.

Ativistas transexuais estão certos ao defender que passados mais de trinta anos em tentativas de ganhar direitos civis para as minorias sexuais, elas não deveriam aceitar ser prejudicadas e, nas palavras de Frank, submeter-se ao último "acordo" sobre identidade de gênero, onde figuram como apenas mais uma "lacuna".[408] Ao invés de representar as demandas da comunidade LGBT nos ambientes de poder, esses "líderes" estão suprimindo as demandas dos ativistas, firmando acordos por debaixo dos panos e tentando convencer justamente os que serão afetados diretamente por essa legislação.

Isso não é nenhuma novidade. Em 1993, quando a Suprema Corte do Havaí decretou que negar certidões de casamento para casais do mesmo sexo era uma violação das leis daquele estado, que previam a proteção das pessoas contra a discriminação de gênero, ao invés de ser o impulso para ativistas do movimento obterem direitos matrimoniais, o caso virou um futebol político. Como já era esperado, os republicanos escolheram o período pré-eleições de 1996 para pressionar pela Lei de Defesa do Matrimônio (DOMA),[409] um projeto que permitia aos estados e ao governo federal não reconhecer o casamento igualitário realizado em outros estados e que definia o casamento como uma união entre

---

Disponível em: http://data.lambdalegal.org/pdf/ltr_enda_frank.pdf [link indisponível na data de publicação da edição brasileira].

[408] FRANK, Barney. "Statement of Barney Frank on ENDA, the Employment Non-Discrimination Act". Acesso em: 28 de setembro de 2007. Disponível em: http://www.house.gov/frank/ENDASeptember2007.html [link indisponível na data de publicação da edição brasileira].

[409] N.T: no original, *Defense of Marriage Act*; é uma lei federal dos Estados Unidos, cuja Seção 3 (antes de ser julgada inconstitucional) restringia a definição de casamento somente à união entre um homem e uma mulher.

um homem e uma mulher. Em vez de confrontar os preconceituosos, Clinton cedeu, junto com a maioria dos democratas, nas duas casas do Congresso. Segundo o relato de uma historiadora: "Na calada da noite, sem câmeras ou microfones para registrar sua desonra, o presidente Clinton assinou a DOMA".[410] Sete anos depois, o governador de Vermont, Howard Dean, assinou, também na calada da noite, uma legislação concedendo o direito à união civil a casais do mesmo sexo, em lugar do casamento. Assim como em 1972, quando o delegado gay se dirigiu ao público às duas da manhã, os democratas mostraram-se comprometidos com a estratégia de tratar dos direitos civis gays longe da vista das pessoas – talvez, "dentro do armário" seja uma metáfora mais adequada.

Nas semanas que antecederam as eleições de 1996, as lideranças LGBTs nacionais lutaram para convencer o seu eleitorado de que a recusa de Clinton à "Lei do Matrimônio" era positiva. Elas chegaram a gastar milhares de dólares em suborno de grupos locais.[411] Apesar da retórica dos inveterados apoiadores de Clinton, que afirmavam que ele voltaria atrás caso tivesse um segundo mandato, o próprio Clinton fez declarações contra o casamento gay: "Eu continuo contrário ao casamento entre pessoas do mesmo sexo. Eu acredito que o casamento é uma instituição para a união do homem e da mulher. Essa tem sido a minha opinião há muito tempo e não será revista ou reconsiderada".[412] Urvashi Vaid traçou um paralelo entre os governos Carter e Clinton: "A maior diferença em dezesseis anos parece ser que ascendemos de

---

[410] GOSS, Robert E.; STRONGHEART, Amy Adams Squire (orgs.). *Our Families, Our Values: Snapshots of Queer Kinship*. Nova York: Routledge, 1997, p. xviii.

[411] D'EMILIO; TURNER; VAID, 2000, p. 108-109.

[412] MOSS, J. Jennings. "Bill Clinton". *Advocate*. Publicado em: 25 de junho de 1996.

nos reunirmos com membros do alto escalão para nos reunirmos diretamente com o presidente. Porém, se for medida na prática, a diferença é insignificante".[413]

Durante as eleições de 2004, quando a batalha por plenos direitos ao casamento foi retomada em Massachusetts e na Califórnia, foram os progressistas do Partido Democrata que contiveram o movimento e, depois, culparam os ativistas pela sua derrota eleitoral que, segundo eles, deu à direita "um inimigo comum".[414] Mais uma vez, o congressista gay Barney Frank criticou aqueles que pediam reformas, como o prefeito de São Francisco, Gavin Newsom, por realizar "espetáculos de casamentos" antes das eleições presidenciais.[415] Além do óbvio oportunismo por trás dos ataques, os democratas presumiam que as LGBTs deveriam esperar até os conservadores decidirem compartilhar de seus desejos por direitos civis. No entanto, direitos não podem esperar pela aprovação de reacionários. De acordo com essa lógica, negros também deveriam ter esperado a opinião pública se atualizar quanto às suas demandas. Mas em 1968, um ano depois da Suprema Corte derrubar a proibição do casamento interracial por inconstitucionalidade, as pesquisas de opinião da empresa Gallup demonstraram que somente 20% dos estadunidenses aprovavam o casamento entre negros e brancos.[416]

[Na campanha de] 2008, havia algo profundamente perturbador em Barack Obama, o filho de um homem negro com uma

---

[413] VAID, 1995, p. 112.
[414] Extraído de MURPHY, Dean E. "Some Democrats Blame One of Their Own". *New York Times*. Publicado em: 5 de novembro de 2004.
[415] *Ibidem*.
[416] GALLUP. "Do You Approve or Disapprove of Marriage Between Whites and Non-whites?" *Gallup poll*. Realizada de 26 de junho a 1 de julho de 1968. Disponível em: pollingreport.com/race.htm.

mulher branca, defender que o direito ao casamento igualitário fosse decidido em cada estado. A relação entre as duas coisas se estabeleceu principalmente quando a corte da Califórnia citou como precedente para aprovação do casamento gay em 2008, a sexagenária decisão que permitiu que casais interraciais pudessem se casar legalmente, como os próprios pais de Obama. Ironicamente, pesquisas de opinião feitas na véspera das eleições de 2008 mostraram uma esmagadora oposição a qualquer proibição constitucional para o casamento entre pessoas do mesmo sexo, assim como mostravam 50% de apoio a plenos direitos matrimoniais e com as respostas às perguntas mais importantes orientadas claramente para aprovação do casamento igualitário.[417] Ativistas só podem especular como seria o quadro da opinião pública se houvesse realmente um apoio declarado por líderes políticos, como Obama.

Nenhum líder democrata foi diante do público no horário nobre da televisão ou nas páginas dos jornais da nação para discutir as ininterruptas injustiças, violências, discriminações e humilhações diárias que as LGBTs enfrentam e para defender o fim da discriminação institucionalizada. Em outras palavras, esses líderes não lideram; ao invés disso, eles ressoam as aspirações das elites e usam de seus prestígio, dinheiro e orientação sexual para fazer paliativos políticos parecerem vitórias. Contanto que seja possível aos advogados e membros do Partido Democrata – independentemente de suas orientações sexuais – dominar o debate, plenos direitos nunca serão conquistados para a grande maioria dos oprimidos. O legado das estratégias conduzidas por empresas e da dependência nos democratas para garantir direitos civis para as

---

[417] TIME. "Same-Sex Marriage, Gay Rights". *Time magazine poll*. Realizada de 31 de julho a 4 de agosto de 2008. Disponível em: pollingreport.com/civil.htm.

minorias sexuais é medíocre. Portanto, uma estratégia bem-sucedida para o movimento deverá começar com uma autonomia em relação ao Partido Democrata.

Do movimento ao mercado

Milhões de LGBTs e seus aliados comemoram anualmente a Revolta de Stonewall nas paradas do orgulho, que atraem um público extremamente diverso para as maiores cidades do mundo. Se a maioria dos participantes está ciente das origens dessas celebrações colossais é um mistério. Na maioria das vezes, esses eventos são extirpados de conteúdo histórico ou político e entregues a grandes bancos, empresas de bebidas e a outros negócios como uma maneira de vender suas mercadorias ao crescente mercado LGBT. As paradas têm um caráter, ao mesmo tempo, revigorante e desmobilizador. Revigorante porque é para muitos a oportunidade de sair do armário e ser parte de uma comunidade, de celebrar coletivamente e até mesmo conhecer novos amigos ou novos parceiros numa sociedade em que ainda é difícil fazê-lo. Desmobilizador porque instalações são cedidas às grandes empresas, como a [cervejaria] Miller Brewing Company e o Citibank, para poderem esconder sua exploração sob as cores do arco-íris.

Na maioria das grandes cidade com uma sociabilidade gay, como Nova York ou Chicago, as marchas que costumavam ter início em bairros onde as LGBTs se reuniam e dos quais saíam a fim de divulgar a palavra da libertação gay, hoje começam em áreas centrais e seguem para os bairros comumente chamados de "guetos gays" ou "vizinhanças gays", onde os participantes são motivados a dispersarem para bares e baladas. Pode-se pensar o que quiser sobre essa alteração no trajeto, mas ela não é acidental. Na verdade, foi o gerente do bar Stonewall Inn, Ed Murphy, o primeiro a notar o potencial de comercialização das paradas e, numa irônica reviravolta da história, fundou em 1972 o Comitê do Festival da Rua Christopher,[418] que, dois anos depois, conseguiu reverter o trajeto da marcha para prover dinheiro e esconderijo aos donos de negócios no gueto gay.[419]

O fato de uma minoria outrora universalmente desprezada ter sido parcialmente transformada num nicho de mercado chique aos olhos da opinião pública é a prova da habilidade do capitalismo em mercantilizar o sexo e recondicionar aqueles que ele marginaliza, tornando-os em ávidos consumidores e referências de estilo. Enquanto um segmento da classe dominante estadunidense continua a pressionar por políticas e ideias reacionárias, outro lucra com a criação de uma imagem das LGBTs como divertidas, esbanjadoras, capazes de ascender socialmente, excessivas, majoritariamente brancas e coadjuvantes sensuais (mas, frequentemente, sem sexualidade) de seus colegas héteros. Mas da mesma forma como a televisão e o cinema distorcem, na maior parte das vezes, a realidade e condições de vidas das pessoas héteros para um estilo de vida e uma visão de mundo de classe-média ou até de ricos, a mídia hegemônica também faz a mesma coisa ao pintar uma imagem completamente falsa de quem são as LGBTs e de como vivem. Essa ofensiva de marketing atingiu novos patamares no começo dos anos 1990 como resposta à maior visibilidade que as LGBTs conquistaram ao partir para cima demandando remédios e tratamento para AIDS, o que abriu uma porta cada vez maior para milhões de pessoas que no passado ficavam no armário. Essa abordagem contraditória, de rechaçar os gays num momento e apelar a eles no próximo, tem sido uma característica do capitalismo avançado em muitos países do Ocidente.

---

[418] N.T: no original, Christopher Street Festival Commitee.
[419] CARTER, 2004, p. 252.

Como a obra *Homo Economics* destaca:

> Em uma nítida ilustração da discrepância entre imagem e realidade, em 1993, no auge do "momento gay", dezenove iniciativas de revogação de legislações pró-gays ou de aplicação de medidas antigay foram aprovadas no país todo, ao mesmo tempo que foram perdidas todas as batalhas por leis municipais ou estaduais a favor das LGBTS.[420]

Isso ocorreu no mesmo ano em que o *"lesbian chic"* virou a última moda na mídia popular. Em agosto desse ano, a revista *Vanity Fair* – que vende um ilusório estilo de vida glamouroso e da alta-sociedade – lançou uma capa com a cantora lésbica k.d. lang sentada de terno numa cadeira de barbeiro, fingindo estar fazendo a barba e aproveitando a companhia da supermodelo Cindy Crawford. Enquanto isso, a revista *Newsweek* anunciou que as lésbicas – pelo menos, as brancas, ricas e dentro do padrão de beleza – tinham chegado finalmente em sua matéria de capa, onde se lia a pergunta "Lésbicas vindo com força total: quais são os limites da tolerância?".[421] Anúncios da vodka Absolut, da marca de roupas Benetton, da cerveja Miller e de dezenas de outros produtos começaram a aparecer nas revistas gays com foco no novo público, enquanto publicitários diziam: "O mercado gay: nada a

---

[420] GLUCKMAN, Amy; REED, Betsy (orgs.). *Homo Economics: Capitalism, Community, and Lesbian and Gay Life.* Nova York: Routledge, 1997, p. xvii.

[421] BENNETTS, Leslie. "k. d. lang's Edge". *Vanity Fair.* Publicado em: agosto de 1993; ROTHBLUM, Esther. "Lesbians Coming Out Strong: What Are the Limits of Tolerance?" *Newsweek.* Publicado em: 21 de junho de 1993. [N.T: no original, *Lesbians Coming Out Strong: What Are the Limits of Tolerance?*]

temer a não ser o próprio medo".[422] A ausência da propaganda voltada aos gays nos anos 1980, resultado da explosão da AIDS e da onda da militância gay, que os anunciantes rejeitavam, abriu caminho para um aumento significativo dos anúncios das grandes marcas com foco nesse mercado. Uma porta-voz da Miller explicou o motivo real para os anúncios constantes de sua empresa nos bairros e bares gays: "Estamos no mercado de gays e lésbicas pois são negócios, porque queremos vender o nosso produto para os consumidores. Simples assim".[423]

A revista *Dollars and Sense* publicou uma matéria fascinante sobre esse paradoxo intitulada de "O momento da propaganda gay".[424] Nela, foi exposto como os serviços de propaganda venderam para empresários estatísticas nada representativas acerca da renda e estilo de vida das LGBT a fim de criar o mito do gay rico, que existe até hoje. Chefiado por gays, o conglomerado de mídia *Strub* entrevistou leitores de determinadas revistas gays e lésbicas para chegar ao tão falado rendimento médio familiar dos gays: um impressionante total de 63.100 dólares anuais, comparado aos 36.500 dólares da população em geral.[425] A esse número, acrescentou-se a compreensão de que a maioria dos lares LGBT não tinha filhos (o que era ainda mais marcado do que hoje); logo, os empresários poderiam aproveitar prósperas oportunidades de focar no mercado dos recém-batizados DINKS (*double income, no kids*) [dois salários, zero filhos]. O *Wall Street Journal* afirmou que

---

[422] *Ibidem*, p. 4.
[423] Extraído de DAVIS, Riccardo A. "Marketers Game for Gay Events". *Advertising Age*. Publicado em: 30 de maio de 1994.
[424] GLUCKMAN, Amy; REED, Betsy. "The Gay Marketing Moment: Leaving Diversity in the Dust". *Dollars and Sense*. Publicado em: novembro-dezembro de 1993.
[425] GLUCKMAN; REED, 1997, p. 4.

os lares gays eram "Um mercado dos sonhos", cuja instrução e estilo de vida eram "visados por muitos anunciantes".[426]

No início de 1988, a Associação Nacional de Jornais Gays[427] realizou estudos sobre as LGBTs leitoras de jornais, em que verificaram que 59,6% delas tinham ensino superior, comparado aos 18% da população geral. Além disso, essa Associação – que representa os empresários gays donos de jornais e revistas e, portanto, tinha interesse em divulgar esses resultados para atrair anunciantes – também concluiu que 49% das leitoras LGBT eram profissionais de carreira, contra apenas 15,9% de toda população.[428]

No entanto, os números recolhidos por grupos como o *Overlooked Opinions* sobre as preferências, educação e renda dos consumidores, mostraram-se nada confiáveis para a população LGBT num geral, limitando-se àqueles que leem revistas de luxo ou que frequentam certos tipos de eventos gay a partir dos quais esses estudos são projetados. Assim como os leitores negros das revistas *Ebony, Essence* e *Jet*, que ganham entre 41 e 82% mais do que o afro-estadunidense médio, LGBTs leitoras desse tipo de revistas não representam uma comunidade homogênea e seus níveis de renda não podem ser generalizados para toda a população.[429] Na verdade, pesquisas científicas conduzidas em 1994 constataram que a maioria dos homens gays não eram profissionais de carreira urbanos com possibilidade de ascender socialmente e possuíam uma renda um pouco menor que os homens héteros (21.000 dólares anuais contra 22.500 dólares); e que lésbicas tinham rendimentos maiores que mulheres heterossexuais (13.300 dólares

---

[426] WALL STREET JOURNAL. "A Dream Market". *Wall Street Journal*. Publicado em: 18 de julho de 1991.
[427] N.T: no original, *National Gay Newspaper Guild*.
[428] GLUCKMAN; REED, 1997, p. 12.
[429] *Ibidem*, p. 67.

anuais contra 13.200 dólares).[430] Além dos dados cada vez mais demonstrarem que as LGBTs têm rendas similares ou inferiores às dos heterossexuais, não se pode descartar que uma população que é alvo de discriminação há muito tempo não seja completamente honesta quanto à sua sexualidade nas pesquisas. Além disso, aqueles com maior acesso a renda estável e redes de apoio têm mais facilidade em sair do armário – isto é, os estratos médios e altos – e podem continuar a distorcer até mesmo as estatísticas mais confiáveis.

A partir da diferença salarial permanente entre homens e mulheres, a pesquisadora Katherine Sender fez estimativas em relação aos rendimentos dos lares LGBT. "O estereótipo da opulência dos homens gays, do 'dois salários, zero filhos', corresponde à desigualdade salarial entre os gêneros [em uma família heterossexual], e não a uma renda de homens gays sendo maior que a média." Sender continua,

> A diferença salarial entre gêneros, em que a mulher recebe em média somente 74% da renda dos homens, é agravada quando compõe um rendimento familiar: casais de homens gays e de heterossexuais ganham aproximadamente o mesmo, enquanto casais de lésbicas ganham de 18 a 20% a menos.[431]

Embora anos de estudos como esse tenham tentado corrigir esses números falsos [mencionados nos parágrafos anteriores], até hoje uma simples busca no Google sobre a renda dos gays rapidamente leva aos dados de 2008 da [empresa de pesquisa de mercado] Community Marketing que mostram o rendimento familiar mé-

---

[430] SENDER, Katherine. *Business, Not Politics: The Making of the Gay Market*. Nova York: Columbia University Press, 2005, p. 151.
[431] *Ibidem*, p. 151-152.

dio tanto para homens gays quanto para lésbicas sendo de "aproximadamente 80.000 dólares anuais", muito acima das famílias heterossexuais.[432] Como no passado, esse dado de 2008 representa uma pequena parcela de lésbicas e gays do estrato médio-alto cujos hábitos de compra os colocam em contato com pesquisadores de mercado. Não é surpreendente que este estudo tenha sido copatrocinado pela vodka Absolut. Na verdade, de acordo com os dados mais recentes do Urban Institute, para o ano de 1999, a média dos rendimentos para lares com homens gays no auge de seus ganhos (de 25 a 54 anos de idade) é de 3.000 dólares a menos que os lares com um homem e uma mulher, independente do estado civil.[433]

Apesar dos fatos, qualquer telespectador ou leitor de revista é regularmente servido com uma dieta de imagens distorcidas das pessoas LGBT, que são sempre homens brancos e ricos – exceto em *The L Word*, onde as mulheres são majoritariamente brancas e ricas, com uma quantidade de tempo inacreditável para irem a festas e jantares. Programas de TV como *Will & Grace* (advogado gay rico e "coadjuvante cômico" e extravagante), *Queer Eye for the Straight Guy* (gurus da moda fúteis e consumistas) e *Queer as Folk* (profissionais de carreira masculinos, gays e brancos frequentando baladas) dão a entender que aquela vida de fantasia é a regra. Entre as notáveis exceções, inclui-se a inovadora série da HBO, *The Wire*, que retratou pela primeira vez um protagonista gângster, negro, abertamente gay e morador de um gueto. Contudo, essa série

---

[432] COMMUNITY MARKETING. "Gay and Lesbian Consumer Index". *Community Marketing, Inc.* Disponível em: http://gayconsumerindex.com/.

[433] GATES, Gary. "Income of Gay Men Lags Behind that of Men Partnered with Women". *The Urban Institute.* Disponível em: http://www.urban.org/url.cfm?ID=900631.

de canal pago teve menos de 1% de audiência nos EUA.⁴³⁴ A bem-sucedida série da HBO, *True Blood*, contava com um cozinheiro musculoso, orgulhosamente afeminado, negro, gay e irreverente, que roubou a cena – e que, em um episódio, transou com um político branco e de meia-idade. Sem dúvida, o primeiro sulista gay da TV.

Apesar do fracasso das tentativas dos conservadores de atacar corporações como a Miller e Levi's, que abertamente comercializam para gays ou garantem os mesmos benefícios aos seus funcionários LGBT,⁴³⁵ eles conseguiram aproveitar as estatísticas distorcidas sobre os rendimentos e estilo de vida de lésbicas e gays em suas batalhas para reverter conquistas de direitos civis. O primeiro grande êxito foi obtido em 1993 com a criação do vídeo antigay, Direitos Gay/ Direitos Especiais: Por Dentro da Agenda Gay,⁴³⁶ estrategicamente produzido para questionar a própria ideia de que pessoas LGBT são oprimidas. A partir da junção das filmagens das marchas em Washington de 1987 e 1993 no vídeo, grupos como a Coalizão Cristã⁴³⁷ e a Coalizão dos Valores Tradicionais (TVC)⁴³⁸ dirigiram seus ataques até mesmo à ideia de

---

[434] ZURAWIK, David. "Final Ratings Report on HBO's 'The Wire'". *Baltimore Sun*. Publicado em: 11 de março de 2008.

[435] GLUCKMAN; REED,1997, p. 19.

[436] N.T: no original, Gay Rights/ Special Rights: Inside the Gay Agenda.

[437] N.T: no original, Christian Coalition; hoje tendo o nome de Christian Coalition of America, é uma organização da sociedade civil estadunidense, criada em 1987 pela emissora religiosa e pelo ex-candidato presidencial Marion Gordon "Pat" Robertson.

[438] N.T: no original, Traditional Values Coalition; era uma organização cristã conservadora estadunidense. Foi fundada em Orange County, Califórnia, pelo Reverendo Louis P. Sheldon, para se opor aos direitos LGBT.

que gays deveriam receber proteção como uma "classe minoritária especial". Ao compararem os dados falsos sobre os rendimentos de gays e lésbicas com os do Censo dos EUA acerca dos rendimentos familiares do afro-estadunidense médio em 1990 (12.166 dólares anuais), eles defendiam a negação de "direitos especiais" para esse grupo "privilegiado". O vídeo foi enviado para todos os membros do Congresso, para igrejas de brancos e de negros e para muitos grupos comunitários. O sempre preconceituoso Senador Trent Lott (republicano do Estado do Mississípi) traçou a conclusão esperada: "Zombam de outros legítimos direitos civis pelos quais as pessoas trabalharam por muitos anos. [...] Dar esse tipo de reconhecimento vai minar todas as leis que já existem e prejudicar muitas pessoas que merecem esses tipos de proteção".[439]

A organização Colorado Pelos Valores da Família[440] usou o vídeo e as estatísticas para pressionar pela aprovação do projeto antigay da Emenda 2,[441] argumentando que "os gays não só não estão em desvantagem econômica, como são na verdade um dos

---

[439] Extraído de VAID, 1997, p. 251-252.

[440] N.T: no original, Colorado for Family Values; foi um grupo de defesa socialmente conservador no Colorado, Estados Unidos. Foi criado especificamente com o propósito de contrariar um objetivo da Comissão de Relações Humanas do Colorado, de introduzir legislação que efetivamente adicionasse o comportamento da homossexualidade à lista de status de classe protegida, criando assim o processo legal de escrutínio estrito para as denúncias de discriminação feitas por indivíduos homossexuais.

[441] N.T: no original, *Amendment* 2; foi um projeto de emenda à constituição do Colorado que impediria qualquer cidade, município ou condado do estado de tomar qualquer ação legislativa, executiva ou judicial para reconhecer homossexuais ou bissexuais como uma classe protegida.

grupos mais ricos da América!".⁴⁴² E, como os ativistas LGBT têm alegado por anos, esses ataques ideológicos podem ter consequências nefastas. Uma onda de assassinatos de gays no Texas naquele ano levou a *Vanity Fair* a entrevistar Donald Aldrich, um condenado por assassinato, para entender o que estava por trás dessas matanças. Aldrich explicou o seu raciocínio da seguinte forma:

> O melhor trabalho que eu consigo ter é num restaurante, recebendo salário mínimo ou só um pouco a mais, e tipo, eu não tenho folgas. [...] Ainda assim, aqui estão eles, fazendo algo que Deus condena totalmente na Bíblia. Mas olha tudo o que eles têm, eles têm várias coisas boas. Eles têm todos esses empregos bons, recostam em frente de uma mesa ou num prédio com ar-condicionado, sem ter que suar nem ralar o cu de trabalhar, e eles têm dinheiro. [...] Então, sim, eu tenho rancor disso.⁴⁴³

Parte da febre do marketing LGBT que deslanchou na década de 1990 fazia referência à suposição de que a marginalização dos gays pela sociedade poderia ser aliviada ao se tornarem um mercado desejável. Como crianças abandonadas esperando o socorro das empresas, gays e lésbicas são retratados como socialmente vulneráveis, e portanto, não só como um sonho dos empresários, mas também ávidos por eliminar leis repressivas e acabar com uma posição social inferiorizada. A revista *American Demographics* escreveu, "como esses consumidores são apartados da sociedade em geral, eles estão abertos às investidas do mercado".⁴⁴⁴ Na falta de quaisquer formas de organização para conquistar um verdadeiro

---

⁴⁴² *Ibidem*, p. 252.
⁴⁴³ *Ibidem*, p. 252-253.
⁴⁴⁴ Extraído de CHASIN, Alexandra. *Selling Out: The Gay and Lesbian Movement Goes to Market*. Nova York: Macmillan, 2001, p. 38.

poder político e social, às LGBTs é oferecido o substituto do poder na sociedade capitalista: o "poder" de consumo de nicho, isto é, a opção de gastar dinheiro em produtos que a publicidade vende como uma ideia de desejo da classe média. Como um analista explica, "O gay de classe alta [...] emprega uma retórica aberta de libertação e expressão pessoal através da força comercial e poder de consumo. Oferece uma versão de liberdade gay que é baseada na visibilidade e poder dos mercados gay".[445]

No mundo das técnicas de marketing capitalista, isso não acontece apenas com as LGBTs. Por exemplo, o engenhoso *slogan* de 1968 dos anúncios de cigarros Virginia Slims, "Você chegou longe, querida"[446] e que foi responsável por introduzir uma nova geração de jovens mulheres ao cigarro (e ao câncer de pulmão), uma tática efetiva para ganhar uma fatia de mercado. Isso também é uma expressão de como os gays e héteros donos de negócios foram capazes de transformar as políticas de identidade, que admitem implicitamente uma aliança entre LGBTs de diferentes classes, numa ideia de sucesso para todas. Empresários gays e marketeiros do nicho gay buscam convencer as LGBTs da classe trabalhadora de que seus próprios avanços estão vinculados à aquisição

---

[445] *Ibidem*, p. 39.

[446] N.T: no original, *You've come a long way, baby*; nas décadas de 1960 e 1970, os temas do feminismo e da libertação das mulheres, com o slogan "Você chegou longe, querida", eram frequentemente usados nos anúncios da Virginia Slims e muitas vezes apresentavam anedotas sobre mulheres no início do século XX que eram punidas por serem pegas fumando, geralmente por seus maridos ou outros homens, em comparação com a época dos anúncios quando mais mulheres tinham direitos iguais, geralmente comparando fumar a coisas como o direito de votar. Campanhas posteriores usaram os slogans: "É coisa de mulher" na década de 1990 e "Encontre sua voz" nos anos 2000.

de certos bens de consumo, a viagens a certos destinos gays e a compras em locais demarcados como gays. Esse mercado pintado de arco-íris não só encobre as reais divisões de classe entre pessoas LGBT, mas, como com a sociedade de consumo em geral, também equipara sucesso e realização com posse, moda e, nesse caso, com a obtenção de produtos que têm o valor da cultura gay agregado.

A proliferação da estética do físico do homem gay nas últimas duas décadas é também uma extensão disso. Com a saúde do homem gay, em particular, sob constante vigilância e tendo a sua masculinidade sempre questionada, um número crescente de homens gays estadunidenses buscam enfrentar estereótipos e problemas de saúde ao cultivar um estética masculina de abdômen definido e corpo musculoso que é supostamente a aspiração de todo homem, independentemente de sua sexualidade. Basta folhear qualquer revista gay – ou só olhar de relance para sua capa – e isso fica evidente. Uma dolorosa ironia da era moderna é como a obsessiva objetificação dos corpos das mulheres, que perdurou por muitas épocas, tornou-se um fenômeno de mais de um gênero. O marketing dos corpos de academia (e, deste modo, artificialmente sem pelos) arrastou homens gays e héteros ao mesmo nível de obsessão com a aparência que as mulheres já possuíam. Compartilharmos a ansiedade com a aparência pode ser um retrocesso social para os homens ou um progresso perverso para as mulheres. De qualquer maneira, é certamente benéfico para os donos de academia e para o mercado de produtos de emagrecimento de toda a nação. Essa dinâmica sela a transformação da luta por libertação no "mercado da libertação".[447]

---

[447] Extraído de *ibidem*, p. 30.

A ascensão dos gays conservadores

É possível que o gay conservador mais famoso do século XX tenha sido o repugnante promotor do período McCarthy, Roy Cohn, um político enrustido e judeu que odiava a si próprio. A sua trajetória de traição, que vai desde o começo da década de 1950, ao levar o casal Ethel e Julius Rosenberg[448] para a cadeira elétrica, até a batalha para esconder o vírus da AIDS que o matou em 1986, foi capturada de maneira cinematográfica na peça de Tony Kushner, *Anjos na América*.[449] Atualmente, os gays conservadores, ou "homocons", estão fora do armário, são publicados em grandes jornais e aparecem em programas televisivos de entrevistas como representantes da comunidade LGBT. Assim como temos hoje muitas executivas mulheres, muito bem pagas, com penteados caríssimos e *tailleurs*, as fileiras das classes altas estão também salpicadas com lésbicas e homens gays que exercem uma influência considerável como resultado das lutas engendradas pelas pessoas LGBT, que hoje são rejeitadas pela maioria dos "homocons". Numa bizarra expressão da lei das consequências imprevistas, eles também são produtos das lutas do passado, apesar de poucos admitirem essa ironia histórica.

---

[448] N.E: Ethel e Julius Rosenberg foram um casal de comunistas judeus nova-yorquinos julgados e assassinados pelo governo dos EUA em 1953, num processo forjado e cheio de falhas, sob a acusação de revelarem segredos da bomba atômica à URSS. Segundo um dos filhos do casal, Robert Meeropol, e relatos do próprio governo dos EUA (dos procuradores do processo e do ex-presidente Richard Nixon), Ethel não teve nenhum envolvimento com espionagem e sua condenação e execução foram usadas como forma de pressionar o marido.

[449] N.T: no original, Angels in America.

A organização gay de extrema-direita mais proeminente é a dos Republicanos da Cabana de Madeira,[450] cujo site explica orgulhosamente: "Nós acreditamos no Estado mínimo, numa forte defesa nacional, livre-mercado, impostos baixos, responsabilidade individual e liberdade individual".[451] Em outras palavras, eles são defensores descarados do imperialismo e do livre-mercado que por acaso são atraídos por pessoas do mesmo sexo. O que é mais notável nesse grupo, fora as talvez generosas doses de autoaversão, é como eles trabalharam duro por trinta anos dentro do Partido Republicano e, ainda assim, não obtiveram respeito de nenhuma liderança e da maioria dos membros de um partido pelo qual continuam fazendo campanha e apoiando. Apesar de candidatos presidenciais recusarem a se reunir com eles, de serem expulsos das conferências do partido, e de, em uma famosa ocasião, o ex-senador repubicano pelo estado do Kansas, Bob Dole, ter devolvido uma doação deles, os membros da Cabana de Madeira se recusam a aceitar o "não" como resposta. Se não lhes sobrar mais nada, ao menos eles são persistentes.

Pesquisas de boca-de-urna em 2000 e 2004, mostraram que 25% dos gays votaram em George W. Bush.[452] Confiando ou não na credibilidade desse tipo de pesquisa, vale notar que houve um abrandamento considerável da retórica de "guerra cultural" pela direita republicana desde o seu auge no começo dos anos 1990, quando os gays foram intensamente atacados nos discursos de Pat

---

[450] N.T: no original, Log Cabin Republicans.
[451] LOG CABIN REPUBLICANS. "About Log Cabin". Disponível em: http://online.logcabin.org/about/.
[452] WASHINGTON BLADE. "Bush Wins Same Portion of Gay Vote as '00". *Washington Blade*. Publicado em: 3 de novembro de 2004.

Buchanan[453] e outros paleoconservadores[454] na Convenção do Partido Republicano de 1992. Atualmente, o próprio Buchanan se senta diante de Rachel Maddow, para debater os acontecimentos mundiais no horário nobre da televisão.[455] Ela é a primeira âncora de jornal abertamente lésbica, e se descreve como "*butch dyke*" [sapatão]. Em 2008, a evangélica Governadora do Alaska, Sarah Palin, escolhida como candidata a vice-presidente na chapa de John McCain para escorar a base republicana, sentiu-se compelida a pedir por "tolerância" para gays e lésbicas no debate dos vices. Colocando de lado o fato de que "tolerância" é algo que se deve ter quanto a uma dor de dente e não a pessoas, isso também significou uma espécie de marco. Essa transformação deve-se primeiramente a dois fatores. O primeiro é que, mais do que nunca, há um número maior de gays assumidos entre os ricos e as fileiras dos poderosos. Republicanos podem não se importar com aquilo que os gays fazem na cama, mas negócios são negócios. O segundo é de que a opinião pública mudou consideravelmente quanto

---

[453] N.E: paleoconservador de posições homofóbicas e contrárias ao aborto e imigrantes. Foi conselheiro do Governo Nixon e Diretor de Comunicações do Governo Ronald Reagan. Ver uma declaração dele no cap. 6, subcap. "políticas de identidade em ação".

[454] N.E: vertente do conservadorismo estadunidense, surgida por volta dos anos 1980 (próximo de quando apareceram os neoconservadores). Além dos preceitos, e preconceitos, conservadores clássicos sobre economia e valores da família, os paleoconservadores também pregam um retorno a uma forma de vida anterior a sociedade complexa e "tecnológica" em que vivemos.

[455] Maddow é citada em WARN, Sarah. "Rachel Maddow to Host MSNBC News Show". *AfterEllen.com*. Publicado em: 20 de abril de 2008. Disponível em: http://www.afterellen.comV/2008/8/rachelmaddow [link indisponível na data de publicação da edição brasileira].

às LGBTs se assumirem, fazendo dos ataques de fanáticos algo inconveniente, até mesmo em encontros de reacionários – já que alguns deles, como Dick Cheney e Newt Gingrich, têm familiares lésbicas e gays.[456]

Isto *não* quer dizer que a homofobia está prestes a desaparecer. Enquanto a classe dominante tiver a necessidade de manter a família nuclear e de forjar divisões entre as pessoas, persistirão as ideias homofóbicas e as normas de gênero reacionárias. Em tempos de recessão econômica, quando afloram as tensões sociais, a classe no poder tem um interesse ainda maior em pressionar a sua ordem sexual e de gênero. Nada aterroriza mais os ricos e poderosos quanto a solidariedade das pessoas apesar das diferenças de raça, gênero e orientação sexual, em uma união que volte sua ira para aqueles que estão no topo. Fora o esmagador predomínio de homens, o que mais chama atenção nas atuais conservadoras lésbicas, gays e bissexuais (transexuais ainda não despontam com representantes dentre eles[457]) é como muitas se descrevem como rebeldes de um tipo social, com algumas tendo até mesmo um passado como ativistas.

Chamado de "Rush Limbaugh com peitoral enorme",[458] Andrew Sullivan é o mais proeminente homocon dos EUA nos últi-

---

[456] A filha do ex-vice presidente Dick Cheney, Mary, e a meia-irmã do Deputado Newt Gingrich, Candace, são ambas lésbicas assumidas.

[457] N.E: atualmente, há pessoas transexuais influentes nos EUA com posicionamentos públicos conservadores. Como a ex-atleta e personalidade da mídia, Caitlyn Jenner, republicana que apoiou a campanha de Trump à presidência em 2017.

[458] Extraído de ROBINSON, Paul. *Queer Wars: the New Gay Right and Its Critics*. Chicago: University of Chicago Press, 2005, p. 94. [N.E: Conservador e milionário da comunicação estadunidense, que expunha posicionamentos reacionários em seus programas de rádio. Foi

mos vinte anos. Outrora editor da revista *The New Republic*,⁴⁵⁹ os seus escritos foram publicados frequentemente no jornal *The New York Times*, na revista *Time* e no seu blog *The Daily Dish*, uma coluna de opinião online amplamente lida. Sua participação periódica em programas de notícias do horário nobre e a publicação de diversos livros promoveram-no a uma das principais vozes do mundo gay estadunidense. O jornalista Richard Goldstein, do periódico *The Village Voice,* descreve a presença constante de Sullivan na mídia liberal da seguinte maneira:

> Imagine Ward Connerly, o negro contra as ações afirmativas – ou uma mordaz antifeminista como Katie Roiphe – tendo uma coluna sobre racismo ou questões da mulher no [*New York*] *Times*. Porém, quando concerne às LGBTs, quanto mais "politicamente incorreto" se é – e mais se afasta da cultura *queer* – mais longe você chega na mídia liberal.⁴⁶⁰

Como Bruce Bawer⁴⁶¹ e outros do gênero, Sullivan ridiculariza a ligação da esquerda com o histórico do movimento LGBT, rechaça homens afeminados e mulheres masculinizadas por darem às

---

condecorado com a Medalha Presidencial da Liberdade por Donald Trump, em 2020].

⁴⁵⁹ N.E: tradicional revista estadunidense. Antes progressista, teve uma guinada conservadora a partir dos anos 1980 e 1990.

⁴⁶⁰ GOLDSTEIN, Richard. "The Real Andrew Sullivan Scandal". *Village Voice*. Publicado em: 19 de junho de 2001.

⁴⁶¹ N.E: controverso escritor homocon estadunidense, que escreve frequentemente sobre os direitos dos gays. Em seu site, ele rejeita os rótulos políticos que lhes são atribuídos, inclusive o de conservador, e diz que sempre se considerou alguém de centro ou liberal clássico, criticando tanto a esquerda quanto a direita.

LGBTs uma má fama, incentiva o pudor sexual contra a "patologia libidinosa"[462] da promiscuidade gay e defende o casamento gay como o último desafio para os gays, um direito que tornaria, para ele, qualquer movimento irrelevante. Suas inclinações ao conservadorismo libertário, sua engenhosa e apaixonada defesa do casamento igualitário e a atual oposição à Guerra do Iraque, costumam lhe colocar na companhia de LGBTs progressistas, apesar de seus posicionamentos políticos reacionários. No entanto, o determinismo biológico que Sullivan defende expõe a lógica conservadora no centro de sua visão de mundo. Ele explica que as diferenças entre os sexos são "baseadas em profundos fatos biológicos refletidos por todas as culturas e através de todos os tempos".[463] Essa noção essencialista de que a nossa sexualidade e o nosso comportamento de gênero são naturais e inatos está no centro do projeto dos homocons para "policiar a ordem sexual".[464]

O moralismo sexual dos homocons é mais perigoso quando aplicado à epidemia de HIV/AIDS. O livro de Gabriel Rotello, *Ecologia sexual: a aids e o Destino dos Homens Gays*, desempenhou um papel importante em dar ferramentas para preconceituosos e apologetas da *law-and-order*[465] que policiam o sexo gay em nome da saúde. Rotello não foi só um comentarista conservador qualquer. Como ele mesmo diz, ele não só "seguiu a linha do partido" na

---

[462] Extraído de *ibidem*.
[463] Extraído de ROBINSON, 2005, p. 97.
[464] GOLDSTEIN, Richard. *Homocons: The Rise of the Gay Right*. Nova York: Verso, 2002, p. 6.
[465] N.E: "Lei e ordem", em português, refere-se a uma política criminal que vigeu nos EUA a partir dos anos 1980, que significava um aumento constante do policiamento, sobretudo nas regiões urbanas, a fim de supostamente diminuir a criminalidade.

questão ativismo gay contra a AIDS, ele "ajudou a escrevê-las".[466] Ele foi um membro ativo da Coalizão de AIDS para Liberar o Poder (ACT UP)[467] e editor-fundador da revista *Outweek*. Assim como os escritores Larry Kramer, membro fundador da organização Crise de Saúde dos Homens Gays (GMHC),[468] e Michelangelo Signorille, que ficou conhecido por tirar do armário o bilionário Malcolm Forbes, Rotello culpa a promiscuidade dos homens gays pela alta propagação da AIDS. Ele escreveu que o vírus que causa a AIDS, o HIV (vírus da imunodeficiência humana), "não tinha como se tornar uma epidemia na maior parte do mundo até uma ampla libertação dos costumes se combinar ao vasto crescimento da tecnologia no meio do século XX".[469] Ele então argumenta "a revolução sexual gay dos anos 1970 foi profundamente antiecológica".[470]

Essas conclusões não são só politicamente reacionárias, mas também cientificamente falsas. Mais de 90% das 33 milhões de pessoas no mundo que têm AIDS ou o vírus que a causa vivem em países em desenvolvimento e somente 5 a 10% delas são homens que fazem sexo com homens, segundo dados das Nações Unidas sobre a AIDS.[471] Em outras palavras, a AIDS é, em grande parte,

---

[466] ROTELLO, Gabriel. *Sexual Ecology: AIDS and the Destiny of Gay Men*. Nova York: Dutton, 1997, p. 3.

[467] N.T: no original, *aids* Coalition to Unleash Power, cuja sigla, ACT UP, pode ser traduzida livremente como "Aja!".

[468] N.T: no original, Gay Men's Health Crisis; é uma organização sem fins lucrativos, apoiada por voluntários e baseada na comunidade, com sede na cidade de Nova York, cuja missão é "acabar com a epidemia de AIDS e melhorar a vida de todos os afetados".

[469] *Ibidem*, p. 36.

[470] *Ibidem*, p. 10.

[471] AVERT. "Worldwide HIV & AIDS Statistics Commentary". Disponível em: http://www.avert.org/worlstatinfo.htm.

uma doença da pobreza, do desenvolvimento econômico desigual e da negligência de governos em todo o globo. Sua disseminação coincidiu com enormes aumentos nos casos de tuberculose, outra doença da pobreza, e um desenfreado desenvolvimento industrial que não considera as necessidades ambientais ou humanas.

Nos Estados Unidos, onde quase 600 mil pessoas morreram da doença desde a sua descoberta em 1981,[472] a AIDS não é um resultado trágico da promiscuidade sexual entre os gays – presumindo ser possível mensurar a quantidade de parceiros que qualifica alguém como promíscuo. Atualmente, negros e latinos correspondem a 64% das pessoas com AIDS nos Estados Unidos, e o número de homens que fazem sexo com homens (independente de como classificam sua orientação sexual) está em queda desde os anos 1990.[473] A disseminação da AIDS afetou um número alarmante de pessoas nos Estados Unidos porque o governo e os presidentes de empresas farmacêuticas são racistas, homofóbicos e gananciosos. Ao nomearem o vírus recém-diagnosticado de Doença Infecciosa Relativa aos Gays (GRID)[474] em 1981, o Governo Reagan e o Congresso com maioria Democrata poderiam facilmente justificar não fazer nada para conter a doença que matava o que eles consideravam como uma população descartável, os gays e os usuários de drogas intravenosas. A sua recusa, até 1986, em gastar milhões de dólares para examinar o estoque de doação de sangue condenou quinze mil hemofílicos e milhares de outros receptores de transfusões a dolorosas e desnecessárias mortes. A pequena menção da ganância corporativa nos escritos de Rotello nem sequer reconhece que nenhuma outra doença na história

---

[472] _____. "United States Statistics Summary". Disponível em: http://www.avert.org/usa-statistics.htm.

[473] *Ibidem.*

[474] N.T: no original, *Gay Related Infectious Disease.*

fez os olhos de acionistas de companhias farmacêuticas brilharem tanto. A primeira droga milagrosa que falhou, o AZT, custava mais de 8.000 dólares por ano e fez disparar lucros da Burroughs Wellcome. Um componente crucial dos atuais tratamentos via coquetel de medicamentos, o Norvir, quintuplicou o seu preço para 7.800 dólares em 2004, o que levou a uma enxurrada de processos. Os remédios de combate a AIDS ainda são um dos mais lucrativos na história da indústria farmacêutica.[475]

O ataque de Rotello aos homens gays por serem promíscuos, e portanto "não-naturais", é típico da direita e da sua política de culpar a vítima. Sua recusa do "código da camisinha"[476] como uma "mera solução tecnológica", talvez seja seu argumento mais ilusório e anticientífico. O código da camisinha, ou "sexo seguro", é o nome dado à indicação de médicos e ativistas contra a AIDS, que afirmam que preservativos de látex devem ser usados para sexo anal, vaginal e até sexo oral quando há troca de fluídos corporais. Rotello argumenta que a taxa de 8 a 10% de ineficácia das camisinhas permite um risco inaceitável de contração de doenças mortais. Verdade. Porém, o problema não é o código da camisinha; mas sim, os preservativos mal produzidos e a pouca ou nenhuma instrução de como usá-los. Na maioria das escolas públicas, apenas a abstinência sexual é ensinada.

---

[475] HARRIS, Gardiner. "Price of AIDS Drug Intensifies Debate on Legal Imports". *New York Times*. Publicado em: 14 de abril de 2004

[476] N.E/N.T: no original, The Condom Code; regra social que determina a obrigatoriedade do uso da camisinha. Surgida e incentivada pelos homens gays a partir da descoberta da relação entre o sexo desprotegido com a propagação do vírus da AIDS, esse conjunto de normas informais foi designada de *condom code* por CHAMBERS, David. "Gay Men, AIDS, and the Code of the Condom". *Harvard Civil Rights-Civil Liberties Review*. Ed. 29, n. 2, 1994, p. 353-385.

Por que, num sistema que foi capaz de criar a ideia de que homens e mulheres suam de maneira diferente e exigem desodorantes diferentes, por exemplo, não existem preservativos para o sexo anal? O meio pelo qual a maioria dos homens gays contraem AIDS exige camisinhas mais firmes e resistentes, que as empresas se recusam a fabricar e comercializar explicitamente, porque podem ser consideradas como "apologia" do sexo gay. Apesar das tentativas de Rotello de manter sua carteirinha de progressista ao alertar seus leitores contra a homofobia, as implicações de seus escritos são impressionantemente evidentes. Ele desvia de culpar os políticos e as empresas e foca sua atenção na não-monogamia de muitos homens gays. Seus livros, vendidos como uma discussão sobre as causas da crise da AIDS, na verdade contribuem para sua continuidade.

Nem todos os homocons são ricos, é claro, mas a visão de mundo que eles promovem certamente age para reforçar uma legislação e uma ideologia reacionárias e sexualmente repressivas que só beneficiam os poderosos. Eles também nos lembram que a ideia de que todos os que sofrem uma opressão em comum devem ter um interesse em comum para lutar lado a lado é falsa.[477] Na verdade, a perspectiva e os interesses são bem diferentes detrás do volante de uma Mercedes ou de um Chevrolet. A maioria das LGBTs, assim como mostram os dados acima, são da classe trabalhadora e não possuem nenhum interesse em se unir à elite e em perpetuar os mitos retrógrados promovidos por ela – independentemente da preferência sexual da pessoa que apresenta suas concepções pessoais como se fossem a verdadeira "perspectiva gay".

---

[477] Ver capítulo 6, "Em defesa do Materialismo: Pós-modernismo, Políticas de identidade e Teoria *Queer* em perspectiva".

CAPÍTULO SEIS
Em defesa do materialismo: pós-modernismo, políticas de identidade e a teoria *queer* em perspectiva

Para os marxistas, a teoria é um guia para a ação, não um fim em si mesma. "Os filósofos apenas *interpretaram* o mundo de diferentes maneiras; o que importa é transformá-lo",[478] na famosa afirmação de Marx. Seu objetivo não era difamar a teoria ou os filósofos, mas sim desafiá-los a assumirem, na vida real, a luta para acabar com o estado de caráter explorador e opressivo que toda a classe trabalhadora enfrenta sob o capitalismo.

Esse não foi, infelizmente, o pensamento que dominou as discussões teóricas e políticas sobre a libertação LGBT nas últimas cinco décadas nos Estados Unidos. Políticas LGBT têm se concentrado na academia desde o declínio das lutas sociais no Ocidente industrializado nos anos 1970. Alguns dos que participaram ativamente dos movimentos do final dos anos 1960 e que seguiram carreiras acadêmicas perceberam o fracasso dessas lutas, assim como o fracasso dos estados pseudossocialistas em alcançarem liberdade, como indicadores de que as políticas marxistas e a estratégia de luta coletiva eram, na melhor das chances, anacrônicas ou, pior, inevitavelmente falhas. Na era de consumismo desenfreado e neoliberalismo que marcou os anos 1980 e todo o próximo período,

---

[478] MARX, Karl. "Ad Feuerbach". In: MARX, Karl; ENGELS, Friedrich. *A ideologia alemã*. São Paulo: Boitempo, 2007, p. 533-535.

muitos desses acadêmicos buscaram teorias alternativas ao marxismo para compreender o mundo, e para compreender a opressão contra as pessoas LGBT. Eles descobriram o pós-modernismo.

Apesar de muitos expoentes e adeptos do pós-modernismo e de suas ramificações – as políticas de identidade e a teoria *queer* – terem intenções e inclinações radicais, essas ideias não armam as pessoas com uma visão de mundo capaz de derrubar a opressão que as LGBTs enfrentam. Na verdade, elas significam um afastamento não apenas da política classista mas também da análise materialista de como o mundo funciona e de como transformá-lo. Ao mesmo tempo que ideias pós-modernistas aparentemente estão em declínio nessa recente era política que se desenrola, elas dominaram o pensamento do movimento LGBT por um bom tempo e não vão simplesmente desaparecer sem que militantes e teóricos se coloquem o desafio de substituí-las. O que vem a seguir é uma breve exposição sobre o pós-modernismo, as políticas de identidade e a teoria *queer*, além de uma crítica a elas, já que o nosso entendimento desses conceitos, que são normalmente abstratos, tem impacto nas estratégias que os militantes desenvolvem para desafiar o *status quo*. Afinal de contas, "Sem teoria revolucionária, não pode haver movimento revolucionário." como diz V. I. Lenin em *O que fazer*.[479]

Pós-modernismo e as políticas de identidade

O marxista e crítico literário Terry Eagleton define o pós-modernismo como:

---

[479] LENIN, Vladímir Ilitch. *O que fazer? Questões candentes de nosso movimento*. São Paulo: Boitempo, 2020, p. 39.

O movimento contemporâneo do pensamento que rejeita totalidades, valores universais, grandes narrativas históricas, fundamentos sólidos da existência humana e a possibilidade do conhecimento objetivo. O pós-modernismo é cético quanto a verdade, unidade e progresso, opõe-se ao que vê como elitismo na cultura, tende ao relativismo cultural e celebra o pluralismo, a descontinuidade e a heterogeneidade.[480]

Essas ideias, colocadas com uma roupagem de sofisticação – frequentemente escritas em contextos complexos e prosa ininteligível – mascaram uma profunda aversão ao materialismo e uma perspectiva pessimista sobre a possibilidade de mudança. Enquanto o modernismo era uma tendência intelectual marcada pela adesão ao pensamento racional e à investigação científica, o pós-modernismo é uma crítica filosófica do conhecimento objetivo. Pós-modernistas alegam que o conhecimento objetivo é uma ilusão, porque o que chamamos de "verdade" ou "conhecimento" diz respeito somente à nossa cultura e à língua ou ao "discurso" que chega até nós, vindos daqueles em posição de poder. Independentemente de estar criticando um sistema político, a literatura, ou as belas-artes, o pós-modernismo coloca todos os pressupostos teóricos em questionamento e considera todas as afirmações como contingentes e culturalmente relativas.

Muitos progressistas e revolucionários, incluindo alguns socialistas, acabaram por abraçar o pós-modernismo e o pós-estruturalismo[481] – uma variante do pós-modernismo – nos anos 1970,

---

[480] EAGLETON, Terry. *Depois da teoria: um olhar sobre os estudos culturais e o pós-modernismo*. Rio de Janeiro: Civilização Brasileira, 2005.

[481] O estruturalismo é uma teoria sobre a linguagem, associada a linguistas como Ferdinand de Saussure, e sobre a cultura, associada a antropólogos como Claude Lévi-Strauss, que examina esses fenôme-

após os aparentes fracassos dos estados e partidos stalinistas e maoístas em alcançar a transformação social que tanto reivindicavam. Muitos fundadores dessas vertentes, como Jean Baudrillard, Jacques Derrida e Michel Foucault, eram intelectuais franceses nascidos no começo do século XX que foram profundamente influenciados tanto pelos horrores do fascismo como pela traição do influente Partido Comunista Francês (PCF).

Um evento que moldou a visão de mundo desses autores foi a traição do PCF no meio da maior greve geral que já houve, em 1968, quando dez milhões de trabalhadores se juntaram à luta massificada de estudantes, que levantavam demandas radicais. O que começou com uma revolta estudantil contra a guerra no Vietnã em Nanterre, uma universidade nos subúrbios de Paris, tornou-se uma grande convulsão econômica e social, expressão do descontentamento da classe trabalhadora francesa com a repressão policial e do reflexo das ilusões de consumo no pós-guerra, que conviviam com a pobreza implícita de muitos.[482] Uma combinação de indignação antiautoritária e de concepções socialistas para transformações econômicas e sociais foram expressadas em pichações e cartazes com palavras de ordem como "Seja realista, exija o impossível"[483] e "O patrão precisa de você, você não pre-

---

nos como parte de sistemas complexos que se interrelacionam por meio de suas estruturas. O pós-estruturalismo busca desestabilizar, "descentralizar", e subverter premissas, trazendo ao debate os pontos de vista dos indivíduos na sociedade, e rejeitando ou "desconstruindo" alguns significados dos textos. Como o pós-modernismo, o pós-estruturalismo questiona a noção de universalidade e de verdade objetiva no terreno da teoria literária e cultural.

[482] Ver SINGER, Daniel. *Prelude to Revolution: France in May 1968*. Cambridge, MA: South End Press, 2002, p. xvi-xxvi.

[483] *Ibidem*, p. xv.

cisa dele".[484] No entanto, o PCF, orientado por Moscou, traiu os anseios de milhões de trabalhadores e estudantes ao fechar um acordo com o regime de Charles de Gaulle, assim impedindo a massiva revolta econômica e social, canalizando demandas mais amplas em reformas mínimas e acabando com greves e ocupações em fábricas que haviam durado semanas e ameaçavam o governo do general De Gaulle. Como o historiador socialista Daniel Singer resumiu: "A liderança comunista optou pela segurança das 'batalhas pequenas dentro do parlamento'. Ela escolheu o caminho da derrota eleitoral".[485]

Enquanto os primeiros pós-modernistas vincularam-se aos princípios marxistas para encontrar saídas para a crise – a princípio, sem rejeitar completamente a luta de classes –, no momento em que os foucaultianos e outros abandonaram qualquer crença na possibilidade de uma nova ordem social, o resultado foi o abandono da política classista. O próprio Foucault, que havia sido membro do PCF, passou o resto de sua vida se opondo tanto à ideologia ocidental-burguesa quanto à dos partidos comunistas orientados por Moscou, os quais ele identificava como marxistas. Como um homem gay que morreu de AIDS em 1984, Foucault tem um *status* quase icônico entre intelectuais LGBT por suas próprias contribuições teóricas para a compreensão da sexualidade. Os marxistas concordam com sua visão construcionista das identidades sexuais, como foi discutido no primeiro capítulo. Contudo, sua confusão entre stalinismo e socialismo, assim como suas excursões teóricas para longe das raízes materiais e sociais do poder e da opressão, discutidas abaixo, tornaram seu legado contraditório para a esquerda. "Foucault não expressou aptidão para explicar causalidades históricas", escreve William B. Turner. "A grande

---

[484] *Ibidem*, p. 69.
[485] *Ibidem*, p. 205.

maioria dos trabalhos de Foucault apresenta relações causais. No entanto, eles não contêm explicações causais para as grandes mudanças epistemológicas de um período para o outro",[486] Turner explica. Por consequência, sem uma compreensão materialista da origem da opressão sexual, Foucault pode oferecer poucas ideias para combatê-la. De acordo com o autor de *Saint Foucault*, "Foucault evitou reconhecer esforços de intelectuais gays de esquerda para associar seus escritos com contribuições para o movimento da libertação gay: 'Meu trabalho nada tem a ver com a libertação gay', disse ele a um admirador em 1975".[487]

A rejeição pós-modernista à luta de classes como um meio para libertar os oprimidos ancora-se não apenas em suas desilusões com os anos 1960, mas também nas avaliações que fazem das mudanças que ocorreram no capitalismo mundial. Avanços na globalização da produção em massa e o surgimento da era da informação criaram condições para a ideia de que os Estados Unidos e a Europa Ocidental haviam se tornado sociedades "pós-industriais". Como o jornal britânico *Marxism Today* disse:

> Nosso mundo está sendo reconstruído. Produção em massa, o consumidor em massa, a cidade grande, a vigilância estatal, as crescentes zonas habitacionais e o estado nacional estão em declínio; flexibilização, diversidade, diferenciação, mobilidade, comunicação, descentralização e internacionalismo estão em ascensão. Enquanto isso, nossas próprias identidades, nosso senso de si, nossas próprias

---

[486] TURNER, William B. *A Genealogy of Queer Theory*. Filadélfia: Temple University Press, 2000, p. 18.

[487] HALPERIN, David M. *Saint Foucault: Towards a Gay Hagiography*. Nova York: Oxford University Press, 1995, p. 31.

subjetividades estão sendo transformadas. Estamos transitando para uma nova era.[488]

Apesar de não haver dúvida de que o capitalismo passou por grandes mudanças na contemporaneidade, incluindo mudanças na maneira e no lugar em que a produção se dá, a produção de bens nunca deixou de ser um aspecto central do capitalismo, mesmo no Ocidente. Durante o período de triunfo do pós-modernismo, nos anos 1980 e 1990, o número de trabalhadores fabris dos EUA aumentou em cinco milhões, apesar do decréscimo relativo do número de trabalhadores da indústria estadunidense frente a força de trabalho em geral.[489] Além do mais, esses pensadores pós-industriais sugerem que o setor de serviços, em expansão dentro da economia ocidental, é feito por trabalhadores cujo poder é, de alguma forma, diminuído pelo caráter não-industrial do trabalho. Na realidade, professores, enfermeiras, baristas, processadores de dados, funcionários de *fast-food* e varejistas são trabalhadores explorados no sentido marxista clássico do termo – eles vendem a sua força de trabalho para os capitalistas, que lucram com a diferença entre o valor do serviço ou produto e o salário pago para os empregados. Apesar das transformações estruturais na força de trabalho, os trabalhadores, desde os de escritório e da indústria aos de serviços, ainda possuem o poder central que Marx e Engels atribuíram a eles no *Manifesto Comunista*. De maneira simplificada, sendo a classe que produz a riqueza na sociedade capitalista, os trabalhadores têm o potencial para transformá-la.

---

[488] MARXISM TODAY. "New Times". *Marxism Today*. Publicado em: outubro de 1988.

[489] FEINSTEIN, C. H. "Structural Change in the Developed Countries in the 20th Century". *Oxford Review of Economic Policy*, n. 4. Publicado em: inverno de 1999. Tabela A1.

As origens de classe média de muitos ex-radicais, que desenvolveram e promoveram ideias pós-modernistas, ajudam a explicar a formação de seu horizonte político. Criados durante o maior *boom* econômico da história do capitalismo, particularmente nos Estados Unidos, onde o ensino superior tornou-se mais acessível do que nunca e onde a luta de classes estava pouco acirrada, esses pensadores frequentemente viam os trabalhadores como atrasados. O fato de a Guerra do Vietnã, que radicalizou a geração dos anos 1960, ter sido apoiada por muitos trabalhadores brancos só alimentou a noção de que eles foram "cooptados".[490] Como o filósofo radical Herbert Marcuse disse certa vez: "Por que a derrubada da ordem vigente deveria ser de necessidade vital para aqueles que têm, ou esperam ganhar, boas roupas, uma despensa bem abastecida, aparelhos de TV, um carro, uma casa e assim por diante, dentro dessa ordem?".[491] Entretanto, o declínio dos padrões de vida da classe trabalhadora estadunidense durante os últimos 30 anos revela as limitações de uma fotografia congelada das condições e consciência de alguns trabalhadores em um certo momento da história. Uma ofensiva da classe dominante que durou décadas e que deixou centenas de milhões sem seguro de saúde e desempregos ou em empregos precários expõe como os trabalhadores, mesmo na nação mais rica do mundo, continuam sendo uma classe oprimida e explorada.

Considerando inexistente a força humana que os marxistas colocam no centro das lutas – ou seja, os trabalhadores – os pós-modernistas buscam outros agentes de transformação do mun-

---

[490] SMITH, Sharon. "Mistaken Identity – or Can Identity Politics Liberate the Oppressed?". *International Socialism*, n. 62. Publicado em: primavera de 1994, p. 7.

[491] MARCUSE, Herbert. "Socialism in the Developed Countries". *International Socialist Journal*, n. 8. Publicado em: abril de 1965, p. 150-151.

do, e alguns deles se questionam se mudanças fundamentais são mesmo possíveis ou desejáveis. Duas grandes referências pós-modernistas, Ernesto Laclau e Chantal Mouffe, em seu trabalho *Hegemonia e a estratégia socialista*, propuseram que os "novos movimentos sociais" poderiam substituir a classe trabalhadora "em desaparecimento".[492] De acordo com essa concepção, cada grupo oprimido poderia formar seu movimento separado ou "autônomo", o que passou a ser conhecido como "Política de identidade" nos anos 1980. Ativistas e estudiosos das políticas de identidade reivindicam autonomia, ou seja, a separação de cada movimento em lugar da unidade, sendo essa a base de seu princípio organizativo. "As políticas de identidade também devem ser políticas da *diferença*",[493] argumenta Jeffrey Escoffier. Em relação à classe trabalhadora, defensores das políticas de identidade afirmam que mulheres, negros, LGBTs e outras minorias oprimidas são os únicos capazes de compreender a sua opressão e de lutar contra ela. A intelectual lésbica Dana Cloud explica,

> O elemento central das políticas de identidade é a ideia de que uma pessoa pode explicar a opressão se referindo simplesmente à sua própria *experiência* de opressão. Nas políticas de identidade, não há uma tentativa de *explicar* as origens do machismo e do racismo e as estratégias para combatê-los, uma vez que esses fenômenos são teorizados como eventos psicológicos e experienciais e não como sistemas ideológicos baseados na realidade material.[494]

---

[492] LACLAU, Ernesto; MOUFFE, Chantal. *Hegemony and Socialist Strategy: Towards a Radical Democratic Politics*. Londres: Verso, 1985.
[493] Extraído de SMITH, 1994, p. 16.
[494] CLOUD, 2001, p. 90.

Não é preciso dizer que quem experiencia o racismo, o machismo e/ou a homofobia tem interesse em combatê-los – e devem e costumam ter papéis fundamentais nos movimentos que os combatem. Mas as políticas de identidade vão além. Elas exaltam a compreensão de que "o pessoal é político", afirmando que o estilo de vida, os relacionamentos pessoais e as escolhas de consumo são formas centrais de resistência política, o que frequentemente deságua em propostas moralistas e noções individualistas para a luta antissistêmica. "A política de identidade é uma tentativa de ganhar acesso ao poder por fora da esfera pública" (isto é, no privado, na cultura)",[495] explica Cindy Patton, pesquisadora da história da AIDS. Isso é feito "não apenas ao expressar a 'autêntica' experiência subjetiva de opressão – ao 'levantar a voz', 'assumir-se' e 'dizer como as coisas são' – mas também ao usar a comunidade construída sobre essa identidade como aquilo que fundamenta o poder de um bloco".[496] De acordo com Patton e os que pensam de forma similar, a meta não é a *libertação humana* ou mesmo o fim da opressão, mas sim a criação de espaços culturais onde os grupos oprimidos possam se expressar livremente.

A adesão de intelectuais e ativistas aos blocos de poder baseados nas identidades é equivalente à rejeição da noção de que a classe é a divisão fundamental da sociedade. Portanto, eles rompem a conexão entre exploração e opressão. Escoffier é franco a respeito de como seu pessimismo em relação à luta da classe trabalhadora levou-o a adotar a identidade como alternativa. "Nós estamos em um período de declínio e desânimo [...] A história recente da classe trabalhadora estadunidense mostrou-nos claramente que falta a ela capacidade política e organizacional para lutar de forma efe-

---

[495] PATTON, Cindy. *Inventing AIDS*. Nova York: Routledge, 1990, p. 124.
[496] *Ibidem*.

tiva pela transformação fundamental da sociedade".[497] Na medida em que a classe é reconhecida nesse esquema, o "classismo" ou o esnobismo são condenados em vez da divisão de classes em si. Quando os acadêmicos desenraizaram a opressão contra a população LGBT da sociedade de classes – isso se eles sequer chegaram a procurar a fonte de tal opressão – ela foi encontrada no campo das ideias, e não na realidade material. Para esses acadêmicos, o problema são as ideias reacionárias sustentadas pelos heterossexuais, popularizadas por uma mídia comandada por uma concepção heteronormativa e reforçadas por um estado dominado por pessoas heterossexuais. Como muitos outros, Patton argumenta que a homofobia é resultado de um "mau comportamento" ou do "estado de espírito" de alguns indivíduos e não resultado de uma estrutura desigual produzida pelo capitalismo.[498] Essa noção, que compõe o senso comum, ganha credibilidade a partir da experiência concreta de homofobia experienciada pelas LGBTs quando interagem individualmente com alguns heterossexuais, que foram considerados teoricamente como parte do problema e, em alguma medida, até mesmo como beneficiários da opressão sobre os outros.

A teoria de que a opressão sexual funda-se na ideologia, desenhada por escritores como Foucault, compartilha de muitas das mesmas conclusões da teoria do patriarcado. A teoria do patriarcado tornou-se praticamente hegemônica no movimento feminista e em suas expoentes. Uma delas, Heidi Hartmann, defende que a dominação masculina não é um produto da sociedade de classes, mas sim uma característica universal da sociedade humana. Sexo, e não classe, é a divisão fundamental da sociedade, de

---

[497] SMITH, 1994, p. 16.
[498] PATTON, Cindy. *Sex and Germs: the Politics of AIDS*. Cambridge, MA: South End Press, 1985, p. 153.

acordo com as teorias do patriarcado, e todos os homens se beneficiam da opressão sobre todas as mulheres. Hartmann define o patriarcado como "um conjunto de relações sociais entre homens, que tem base material e que, embora hierárquicas, estabelecem ou criam interdependência ou solidariedade entre homens que os permitem dominar as mulheres". Além disso, "[a] base material na qual o patriarcado reside mais fundamentalmente no controle que o homem tem sobre o trabalho da mulher [...]. Tal controle é mantido ao negar o acesso da mulher a recursos produtivos e econômicos necessários e ao restringir a sexualidade da mulher".[499] O principal problema dessa teoria é que ela desafia o fato histórico de que a dominação masculina não é uma característica universal de todas as sociedades humanas, mas surgiu lado a lado com a divisão de classes, como mostram as evidências antropológicas em "Mitos da dominação masculina" de Leacock.[500] Outro problema é que a teoria do patriarcado tenta agrupar todos os homens, inclusive os que são pobres e da classe trabalhadora, na mesma categoria. Em essência, conclui-se que homens sem teto oprimem mulheres como Hillary Clinton, por exemplo. Apesar do aceno de Hartmann à existência de uma base material, ela substitui, em sua teoria, a análise materialista da opressão das mulheres enraizada na família nuclear pela noção de que a ideologia é a base da opressão e da exploração.

A teoria do patriarcado encontrou um paralelo com as concepções das políticas de identidade de libertação gay na ideia de que heterossexuais beneficiam-se da opressão contra LGBTs. Essa ideia de que os heterossexuais são o problema é defendida de forma agressiva no manifesto "Eu odeio héteros" distribuído pela

---

[499] HARTMANN, Heidi. "The Unhappy Marriage of Marxism and Feminism". *Capital and Class*, no. 8. Publicado em: verão de 1979, p. 4.
[500] Ver Capítulo 1.

primeira vez e anonimamente pela Nação *Queer*[501] na Parada Gay de Nova York, celebrada em junho de 1990. Lê-se num trecho:

> Pessoas heterossexuais têm um privilégio que os permite fazer o que quiserem e transar sem medo [...]. Eu quero que haja uma *moratória* no casamento hétero, nos bebês, em demonstrações públicas de afeto entre pessoas do sexo oposto e nas imagens midiáticas que promovem a heterossexualidade. Até que eu possa desfrutar da mesma liberdade sexual e da mesma liberdade de ir e vir, como héteros, seus privilégios devem acabar e devem ser dados a mim e às minhas irmãs e irmãos *queer*. Os héteros não farão isso voluntariamente, portanto eles devem ser forçados a tal. Os héteros devem temer isso. Ser aterrorizados por isso [...].
> É mais fácil lutar quando você sabe quem é seu inimigo. Os héteros são nossos inimigos.[502]

Esse sectarismo hostil contra a maioria da população dificilmente poderia ser um modelo de luta coletiva em uma sociedade na qual LGBTS são, provavelmente, a minoria. A sua rejeição aos heterossexuais, que se apresenta com uma roupagem de rebeldia contra o *status quo,* soa como um grito de indignação primário, não como estratégia política de uma organização que quer combater a homofobia. Barbara Smith, uma militante histórica dos movimentos dos anos 1970, lésbica e negra, respondeu a esse manifesto em uma carta à revista *Outweek* "sugerindo que se pessoas *queer* não branca seguissem tal linha política, logo estaríamos emitindo uma declaração chamada, 'Eu Odeio Brancos', que incluiria *queers*

---

[501] N.T: no original, *Queer Nation*.
[502] O texto do panfleto original está disponível em http://www.qrd.org/qrd/misc/text/queers.read.this.

brancas de origem europeia".⁵⁰³ Para os marxistas, a consciência sob o capitalismo é mista, em alguns momentos contraditória, e capaz de ser deslocada pela experiência, pelo debate e pela luta. A positiva mudança de postura em relação às LGBTs na mídia e refletida nas pesquisas de opinião desde os anos 1980 mostra que a hostilidade às pessoas por conta de suas orientações sexuais – ou, a propósito, por sua raça e gênero – não é estática.⁵⁰⁴

Além do mais, como D'Emilio deduz, "movimentos baseados na identidade atuam provavelmente como uma barreira para solucionar injustiças de classe porque priorizam uma lealdade de grupo acima das classes sociais".⁵⁰⁵ Como em qualquer aliança entre classes, aqueles que possuem mais confiança, tempo e conexões – geralmente pessoas de classe média ou alta – guiam a agenda e o norte dos novos movimentos sociais de acordo com seus próprios interesses, em lugar dos interesses da classe trabalhadora e pobre. "Em todos os casos, os principais beneficiários têm sido os integrantes de classe média, aqueles que têm acesso a educação, capacitação e privilégios que os permitem tirar maior vantagem da igualdade de direitos e oportunidades",⁵⁰⁶ como explica D'Emilio. Aqui, sua crítica não se direciona a determinados ativistas e acadêmicos de classe média, mas se trata de uma análise precisa sobre a classe média como força social. A proliferação de departamentos de estudos *queer* e de gênero nas grandes universidades, a mídia voltada às LGBTs e outros nichos culturais resultam dos movimentos das políticas de identidade e são avanços bem-vindos. No entanto, eles não atendem às necessidades materiais da maior parte

---

⁵⁰³ Extraído de SMITH, 1994, p. 19.
⁵⁰⁴ Ver as pesquisas citadas no Capítulo 1.
⁵⁰⁵ D'EMILIO, John. *The World Turned: Essays on Gay History, Politics and Culture*. Durham, NC: Duke University Press, 2002, p. 143.
⁵⁰⁶ *Ibidem*.

das minorias sexuais nem enfrentam os problemas fundamentais que a maioria das LGBTs da classe trabalhadora enfrenta.

Discurso: enfrentando frases com frases

Um dos preceitos básicos do pós-modernismo, de onde as políticas de identidade e a teoria *queer* tiram inspiração, é o de que não existem verdades objetivas, pelo menos nenhuma sobre a qual possamos ter certeza. A verdade ou a realidade é uma questão de percepção para os pós-modernistas, uma vez que não podemos realmente conhecer a realidade porque ela é mediada pela linguagem. Essa é uma ideia notavelmente paradoxal, porque a própria afirmação de que não existe nenhuma verdade objetiva – ou, se existe, não podemos conhecê-la – é a afirmação de uma verdade que se coloca como antiverdade.

Os pós-modernistas desafiam a validade de toda e qualquer visão de mundo universalizante, referindo-se a elas, frequentemente, como "metanarrativas". Como Jean François Lyotard explica, "[e]u defino pós-moderno como a incredulidade em relação às metanarrativas",[507] ou seja, ceticismo em relação "à existência de qualquer padrão geral que fundamente nossa concepção de uma teoria verdadeira ou de uma sociedade justa".[508] Ao considerar o marxismo como "o deus que falhou", os acadêmicos não somente rejeitaram os modelos de "socialismo" existentes, mas tornaram questionáveis os interesses e a luta de classes e, junto com a classe trabalhadora, todos os agentes concretos de mudança. Alguns desses pensadores pós-modernistas, como Ernesto Laclau e Chantal Mouffe, referem-se a si próprios como "pós-marxistas".

---

[507] Extraído de CALLINICOS, Alex. *Against Postmodernism: A Marxist Critique*. Cambridge, MA: Polity Press, 1989, p. 3.
[508] *Ibidem*.

Embora isso esteja cronologicamente correto, a caracterização de "antimarxistas" seria mais precisa. Em seu livro, devidamente intitulado *Retreat from Class*,[509] Ellen Meiksins Wood explica que Laclau e Mouffe:

> se propuseram a minar os próprios fundamentos da visão marxista de que a classe trabalhadora será o agente da transformação socialista e a substituí-la por um projeto político cujo objetivo é uma "democracia radical" e cujo sujeito político é uma aliança popular constituída não por relações de classe, nem mesmo por quaisquer relações sociais determinadas, mas sim pelo discurso.[510]

Mas por que o "discurso"? Após a derrota da greve geral francesa em 1968, alguns foram em busca de teorias alternativas para explicar suas decepções. Foucault colocou o discurso como o meio pelo qual a interação humana é regulada e de onde deriva o pensamento. Para Foucault (e outros autores), o discurso seria "um conjunto de declarações que fornecem uma linguagem para falar sobre [...] um tópico particular em um momento histórico particular". "Nada", argumentou ele, "tem qualquer significado fora do discurso".[511] Foucault não estava negando a realidade material, mas principalmente postulando a noção de que o objeto só ganha sentido por meio do discurso, que governa o modo como a realidade pode, e não pode, ser discutida. "Através de tais discursos", escreveu ele, "multiplicaram-se as condenações judi-

---

[509] N.T.: em português, "Refúgio da Classe".
[510] WOOD, Ellen Meiksins. *The Retreat from Class: A New "True" Socialism*. Nova York: Verso, 1986, p. 54.
[511] HALL, Stuart. "The West and the Rest: Discourse and Power". In: HALL, Stuart Hall; GIEBEN, Bram (orgs.). *Formations of Modernity*. Open University/Polity Press, 1992, p. 275-330.

ciárias das perversões menores, anexou-se irregularidade sexual à doença mental; da infância à velhice foi definida uma norma do desenvolvimento sexual e cuidadosamente caracterizados todos os desvios possíveis".[512] Em vez de fazer parte da sociedade, Foucault acreditava que a linguagem constrói a sociedade, dando assim "à linguagem poderes de criação da realidade tão formidáveis quanto aqueles que podem ser encontrados nas alegações de que a linguagem está apartada da sociedade. [...] Para ele, o próprio discurso constituía e reproduzia as relações de poder na sociedade".[513]

Essa forma de idealismo linguístico em que a linguagem molda a realidade, em vez de ser um meio de intercâmbio social que é reflexo e produto da realidade, foi posteriormente refinada pelo filósofo Jacques Derrida. Ele escreveu: "Não há texto externo",[514] o que significa que não podemos realmente conhecer objetos fora do que pode ser falado ou escrito; não que não haja, exatamente, a realidade. Isso é imbuir aos conceitos e às palavras um poder muito grande; na verdade, equivale a virar a realidade de cabeça para baixo. A visão de mundo do pós-modernismo – além de todos os protestos contra metanarrativas – é de que a nossa consciência, expressa por meio do discurso, determina nosso mundo material. No entanto, nossa linguagem descreve o mundo exterior com maior ou menor precisão e nossas ideias e a linguagem que usamos para expressá-las são moldadas pelo mundo exterior e, por sua vez, ajudam a moldá-lo – o processo é dinâmico. Como Marx e Engels escreveram:

---

[512] FOUCAULT, Michel. *História da Sexualidade I:* A vontade de Saber. Rio de Janeiro/São Paulo, 2017, p. 40.

[513] HOLBOROW, Marnie. "Putting the Social Back into Language: Marx, Volosinov and Vygotsky Reexamined". *Studies in Language and Capitalism*, n. 1, 2006, p. 2.

[514] Extraído de CALLINICOS, 1989, p. 76.

> Totalmente ao contrário da filosofia alemã, que desce do céu à terra, aqui se eleva da terra ao céu. Quer dizer, não se parte daquilo que os homens dizem, imaginam ou representam, tampouco dos homens pensados, imaginados e representados para, a partir daí, chegar aos homens de carne e osso; parte-se dos homens realmente ativos e, a partir de seu processo de vida real, expõe-se também o desenvolvimento dos reflexos ideológicos e dos ecos desse processo de vida. [...] A moral, a religião, a metafísica e qualquer outra ideologia, bem como as formas de consciência a elas correspondentes, são privadas, aqui, da aparência de autonomia que até então possuíam. Não têm história, nem desenvolvimento; mas os homens, ao desenvolverem sua produção e seu intercâmbio materiais, transformam também, com esta sua realidade, seu pensar e os produtos de seu pensar. Não é a consciência que determina a vida, mas a vida que determina a consciência.[515]

A lógica pós-modernista levou alguns pensadores a conclusões reacionárias. Para Baudrillard e seus seguidores, imagens não representam o mundo. Em vez disso, "nós temos um mundo de imagens, de evocações alucinatórias de uma realidade inexistente".[516] Essa distopia pós-modernista leva a uma noção de fatalismo e passividade frente a um mundo em que nós não podemos entrever a realidade por detrás da aparência superficial das coisas. Se a verdade é simplesmente percepção, até mesmo a opressão contra LGBTs deve ser questionada e encarada como um mero bicho-papão de uma minoria sexual e não como uma força sistêmica, institucional e cultural que pode destruir a vida de muitas pessoas. Eagleton localiza o caráter de classe dessa postura teórica na academia: "Os que gozam do privilégio de não precisar saber, para quem politi-

---

[515] MARX; ENGELS, 2007, p. 94.
[516] CALLINICOS, 1989, p. 145.

camente nada está em jogo no conhecimento racional e preciso, pouco têm a perder ao exaltar as virtudes da insolubilidade".[517]

Para os marxistas, ideias do senso comum são formadas, em parte, pelas "ideias dominantes" da sociedade. Como Marx e Engels escreveram, "[a]s ideias da classe dominante são, em todas as épocas, as ideias dominantes, ou seja, a classe que é o poder material dominante da sociedade é, ao mesmo tempo, o seu poder espiritual dominante".[518] Para dar um exemplo, no final do século XIX, a mudança de certas práticas sexuais para o conceito de sexualidades fixas surgiu das necessidades materiais do capitalismo industrial. A necessidade dos capitalistas por trabalhadores, por obter a sua reprodução e manutenção de forma barata, transformou-se na defesa ideológica da família nuclear e, com ela, a defesa dos papéis de gênero "naturais" e do que pode e não pode ser feito sexualmente. Mudanças no mundo material moldam as necessidades ideológicas da classe dominante de alterar e limitar nossas vidas sexuais.

Entre as ideias do pós-modernismo que mais desorientam, há a compreensão do que é o poder e de como confrontá-lo. Os marxistas situam as relações estruturais de poder entre a vasta classe de trabalhadores que vendem sua força de trabalho e a pequena classe de empregadores que os exploram e que têm, a serviço de seus interesses, o Estado e sua polícia, cortes, exército etc. Os pós-modernistas, em contraste com essa concepção, localizam o poder em todo nosso arredor. Foucault explica que "O poder está em toda parte; não porque englobe tudo e sim porque provém de todos os lugares. [...] o poder não é uma instituição nem uma

---

[517] EAGLETON, Terry. *As ilusões do pós-modernismo*. Rio de Janeiro: Jorge Zahar Editor, 1998, p. 15.
[518] MARX; ENGELS, 2007, p. 47.

estrutura".⁵¹⁹ Ele ainda argumenta que "[o] indivíduo que o poder constituiu é ao mesmo tempo o veículo do poder".⁵²⁰ Apesar de fornecer elaborados exemplos de como o sistema penal e o *establishment* médico são usados como ferramentas de controle social, não há explicações que dêem conta de como e por que esses sistemas surgiram e a serviço de quem funcionam. Para Foucault,

> o poder não é uma substância, mas uma relação. Portanto, o poder não é *possuído*, mas *exercido*. Isso significa que o poder não deve ser concebido como propriedade de alguém que pode ser identificado e confrontado, nem deve ser pensado (pelo menos a princípio) como imbuído a determinados agentes ou instituições. O poder não é propriedade de um monarca, pai ou do Estado, e as pessoas não podem ser divididas entre aquelas que o "têm" e aquelas que não o têm. Em vez disso, o poder é que caracteriza as relações complexas entre as partes de uma sociedade – e as interações entre os indivíduos nessa sociedade – como relações de poder contínuo. [...] O poder, então, não deve ser entendido de acordo com o modelo de um vetor unidirecional de opressor para oprimido. Em vez disso, é um meio fluido e abrangente, que emana de todo tipo de relação social. [...]⁵²¹

Separado de sua base de classe, o poder torna-se uma noção desenraizada, onipresente e vaga. Se o poder está em todos os lugares (e em lugar nenhum), transformações fundamentais na sociedade são uma ilusão. Usando conceitos semelhantes, o popular livro de John Holloway de 2002 convocou o movimento por justiça social

---

⁵¹⁹ FOUCAULT, Michel. *História da Sexualidade I:* A vontade de Saber. Rio de Janeiro/São Paulo: Paz e Terra, 2017, p. 101.
⁵²⁰ FOUCAULT, History of Sexuality, p. 93.
⁵²¹ Extraído de GORDON, Colin (org.). *Power/Knowledge: Selected Interviews and Other Writings*. Nova York: Pantheon Press, 1980, p. 98.

de todo o globo a *"Mudar o mundo sem tomar o poder"*, por meio da dissolução do poder e da criação de um "antipoder" dentro de nós. Para os pós-modernistas, a revolução deixou de significar transformar o mundo; em vez disso, o mundo deve ser metafisicamente ajustado. Ou como é explicado em *Saint Foucault*, "[o] objetivo de uma política de oposição não é, portanto, a libertação, mas a resistência".[522] O objetivo da resistência se torna a sobrevivência, "encontrando a melhor maneira de lidar [com a opressão] [...] dentro dos arranjos sociais existentes",[523] não a vitória sobre o poder que oprime.

A partir dessa noção, a própria linguagem se torna o espaço da luta e não apenas uma ferramenta que as pessoas podem usar para enfrentar sua opressão. As palavras "*queer*", "sapatão" e "bicha"[524] – xingamentos que gerações de homens afeminados e mulheres masculinizadas encontraram rabiscadas em seus armários de colégio – tornam-se armas para contestar o poder. Em 1990, um novo grupo LGBT que se autodenomina Nação *Queer* foi fundado para combater a homofobia, muitas vezes por meio de pequenas ações diretas, chamadas de *"zaps"*, destinadas a chocar pessoas heterossexuais, como vestir-se com roupas femininas ou masculinas estereotipadas e organizar "beijaços" em shoppings de classe média. Os fundadores da Nação *Queer* explicaram o nome da organização da seguinte maneira:

> A ideia é reapropriar as palavras de nossos opressores e, de fato, ressignificar o termo *"queer"* e usá-lo de uma forma positiva para nos empoderarmos [...]. Agora, conseguimos realmente nos unir em

---

[522] HALPERIN, 1995, p. 16-17.
[523] *Ibidem*, p. 18.
[524] N.T: no original, respectivamente, *queer, dyke* e *fag*.

torno dessa palavra, e isso confunde nossos opressores. Isso nos faz sentir mais fortes.

Outro ativista ainda acrescentou, "Nós tiramos o poder deles ao usar esse termo".[525] Como afirma Sharon Smith, "[i]sso reflete a crença de que o uso de certa linguagem 'politicamente correta' pode alterar as condições da grande massa de gays e lésbicas na sociedade. Isso não acontece. Independentemente de os ativistas da Nação *Queer* se sentirem pessoalmente empoderados usando a palavra '*queer*', a grande maioria da população vai continuar considerando-a um termo ofensivo".[526]

Durante a reunião de lançamento da organização, na cidade de Nova York, uma disputa sobre o seu nome revelou a maneira de pensar dos muitos que defenderam o termo "*queer*" como uma celebração da marginalização e expressaram o desejo de usar o status de "excluído" de forma honrosa. Um defensor do termo explicou o significado de seu uso: "Não temos uma patologia, mas nem por isso queremos ser normais".[527] Embora a palavra *queer* tenha se transformado nos últimos anos em um termo mais amplo para rebeldia de gênero e sexualidade, ela refletia para muitos à época uma rejeição do poder e aceitação da marginalidade. Eve Sedgwick, importante teórica *queer*, parece afirmar a impossibilidade de a palavra "*queer*" ser transformada em uma coisa boa: "Se *queer* é um termo politicamente potente, o que de fato é, é porque, longe de estar separado da fonte de humilhação sofrida na infância, ele se une a essa cena como uma fonte quase inesgotável de energia

---

[525] Extraído de SMITH, 1994, p. 18.
[526] *Ibidem*.
[527] A autora esteve presente nas primeiras reuniões da Nação *Queer* em Nova York na primavera e verão de 1990.

transformacional".⁵²⁸ A marca de nascença da Nação *Queer* era, naquele momento, o derrotismo militante – a militância retórica substituiu a luta coletiva. O objetivo desses novos movimentos sociais pós-modernistas, como explica um defensor, era "menos 'o fim da dominação' ou a 'libertação humana' e mais a criação de espaços sociais que encorajam a proliferação de prazeres, desejos, vozes, interesses, modos de individualização e democratização".⁵²⁹

O fascínio pós-modernista com o discurso como elemento determinante da realidade social nos remete a uma geração de filósofos dos quais Marx e Engels se desvincularam, os Jovens Hegelianos. De forma similar, estes acreditavam que "o progresso humano é dificultado principalmente por ilusões, ideias equivocadas e falsa consciência".⁵³⁰ Em uma crítica que poderia ser aplicada mais de 150 anos depois, Marx e Engels argumentaram:

> Essa exigência de transformar a consciência resulta na exigência de interpretar o existente de outra maneira, quer dizer, de reconhecê-lo por meio de uma outra interpretação. Os ideólogos jovens-hegelianos, apesar de suas fraseologias que têm a pretensão de "abalar o mundo", são os maiores conservadores. Os mais jovens dentre eles encontraram a expressão certa para qualificar a sua atividade, quando afirmam que lutam apenas contra "fraseologias". Esquecem apenas que, a essas fraseologias, não opõem nada além de fraseologias, e que, ao combaterem as fraseologias deste mundo, não combatem de modo algum o mundo real existente.⁵³¹

---

⁵²⁸ SEDGWICK, Eve Kosofsky. *Tendencies*. Durham, NC: Duke University Press, 1993, p. 4.

⁵²⁹ Extraído de CLOUD, 2001, p. 90.

⁵³⁰ GASPER, Phil. "The German Ideology". *International Socialist Review*. Publicado em: janeiro-fevereiro de 2004, p. 84.

⁵³¹ MARX; ENGELS, 2007, p. 84.

A escritora e ativista transexual Riki Wilchins retrata o mesmo dilema por um viés mais contemporâneo: "se o discurso é tão onipotente, a liberdade é impossível. Não podemos escapar mais facilmente do poder discursivo do que de nossa própria subjetividade. [...] O discurso se torna o Borg em *Star Trek*: 'Resistir é inútil'".[532]

A ideia do discurso como elemento determinante está em nítido contraste com os movimentos anteriores pelo *Black Power* e pela libertação homossexual e da mulher. Nestes, termos como "de cor", "crioulo",[533] "mulherzinha" e "bicha" foram rechaçados e, no lugar deles, exigia-se apelidos combativos, o que combinava perfeitamente com o contexto de lutas. É revelador que essas lutas anteriores, que buscavam ampliar e expandir sua influência, nunca se nomearam usando termos raciais ou sexuais. Mas, se Marx e Engels criticaram os Jovens Hegelianos pela inaplicabilidade de suas ideias ao mundo exterior, um conjunto de circunstâncias no final do século XX colocou em atividade muitos dos que buscavam referenciar-se nas concepções desses neo-idealistas. O casamento do antimaterialismo com o ativismo nem sempre foi feliz.

A política de identidade em ação

"Silêncio = Morte" não foi apenas uma palavra de ordem pungente para o novo movimento contra a AIDS; era perfeitamente adequada à era política que o gerou. Esse mote, impresso em branco em cartazes pretos com um triângulo rosa invertido, lembrando os símbolos utilizados pelos nazistas para a identificação dos ho-

---

[532] WILCHINS, Riki. *Queer Theory, Gender Theory: An Instant Primer*. Los Angeles: Alyson Publications, 2004, p. 103.

[533] N.T: em inglês, o termo "*negro*" tem conotação pejorativa, como seria "crioulo" ou "neguinho" no Brasil.

mossexuais, apareceu pela primeira vez nos postes e nos muros do centro de Manhattan em 1986.[534] Foi só nos últimos dias do seu segundo mandato, em 1987, que o presidente Ronald Reagan deu-se ao trabalho de pronunciar a palavra "AIDS", uma doença que naquele momento havia matado mais de 20.000 estadunidenses e infectado mais de 50.000 pessoas em 113 países apenas nos seis anos desde que havia sido diagnosticada.[535] Naquele ano, três em cada quatro casos de AIDS na cidade de Nova York foram diagnosticados em homens gays, de acordo com o dramaturgo Larry Kramer, que ajudou a fundar tanto o grupo Crise de Saúde dos Homens Gays (GHMC) como a ACT UP.[536] A urgência em agir, para Kramer, apareceu pela primeira vez no jornal *New York Native*[537] no artigo de 1983, "1.112 e contando", que começava assim: "Se este artigo não te assusta pra caralho, então temos seríssimos problemas. Se este artigo não te deixar com raiva e enfurecido a ponto de ter que agir, os homens gays podem não ter mais futuro nesta terra. Nossa existência depende do quão enraivecidos vocês puderem ficar".[538]

---

[534] PATTON, 1990, p. 161.

[535] WHITE, Allen. "Reagan's AIDS Legacy: Silence Equals Death". *San Francisco Chronicle*. Publicado em: 8 de junho de 2004.

[536] KRAMER, Larry. "The Beginning of ACTing Up". 1987. In: BLASIUS, Mark; PHELAN, Shane (orgs.). *We Are Everywhere: A Historical Sourcebook of Gay and Lesbian Politics*. Nova York: Routledge, 1997, p. 609.

[537] N.E: O *New York Native* era um jornal gay quinzenal publicado por Charles Ortleb em Nova York no período de dezembro de 1980 até janeiro de 1997. Era o único jornal gay de Nova York no período inicial da epidemia de AIDS e foi pioneiro em fazer a cobertura da doença. Depois, o jornal ficou famoso por atacar a compreensão científica da AIDS e adotar uma visão negacionista da doença.

[538] KRAMER, Larry. "1,112 and Counting". In: BLASIUS; PHELAN, 1997, p. 578.

Tanto quanto a própria doença, foi o terrível clima político que alimentou o agravamento da crise [da AIDS], o que levou Kramer a fazer esse alerta. Pat Buchanan, diretor de comunicação de Reagan, disse que a AIDS era "uma vingança da natureza contra os homens gays", enquanto Jerry Falwell, preconceituoso cristão de direita, disse "AIDS é a ira de Deus contra os homossexuais".[539] A Maioria Moral,[540] um dos grupos mais fortes de extrema-direita na época, divulgou em massa um jornal que dizia "Por que os contribuintes deveriam gastar seu dinheiro para curar doenças que nem sequer deveriam existir? [...] Mas vamos deixar a comunidade homossexual fazer sua própria pesquisa. Por que o cidadão estadunidense que paga impostos deveria pagar para socorrer essa gente pervertida?".[541] Em 1983, leis antissodomia nos estados do Texas e da Geórgia foram justificadas com base na ideia de que a homossexualidade "causava" a doença.[542] Charles Krauthammer, da revista *New Republic*, afirmou naquele mesmo ano: "Justo quando a sociedade estava pronta para admitir que a homossexualidade não é uma doença, ela é tomada pela ideia de que a homossexualidade causa doenças".[543] Todos eles, por indiferença e/ou injúria, manifestaram essa cruel homofobia que dominou os meios de comunicação dos EUA na década de 1980.

Qualquer crítica que se faça aqui aos movimentos que surgiram para desafiar esse estado de coisas parte da solidariedade com seus objetivos políticos. Grupos como a ACT UP tiveram algumas

---

[539] WHITE, 2004.
[540] N.T: no original, *Moral Majority*.
[541] Extraído de ANDRIOTE, John-Manuel. *Victory Deferred: How AIDS Changed Gay Life in America*. Chicago: University of Chicago Press, 1999, p. 67-68.
[542] *Ibidem*, p. 69.
[543] Extraído de *Ibidem*.

vitórias importantes, como os pioneiros testes de medicamentos, o aumento de tratamentos experimentais e a conquista de atenção generalizada, empatia e aceitação às pessoas com AIDS. No entanto, as perspectivas políticas que orientaram muitos desses ativistas os levaram com frequência a rachas dolorosos e desnecessários e a rejeitarem aliados heterossexuais de todas as etnias, enquanto criavam um clima inóspito para militantes comprometidos com a esquerda organizada, inclusive aqueles que eram LGBT e portadores de HIV/AIDS.

Grupos como a ACT UP, que entrou em cena em março de 1987, e a Nação *Queer*, ramificação da ACT UP surgida em 1990 para enfrentar a homofobia, aderiram à ideia das políticas de identidade de que apenas aqueles que têm uma identidade comum e vivenciam diretamente uma opressão são capazes de lutar contra ela. Muitos dos fundadores da ACT UP que viviam com HIV eram bem-sucedidos publicitários, cineastas, produtores de televisão, dramaturgos ou outras profissões de carreira, que tinham recursos financeiros, educação e autoconfiança o bastante para construir uma grande rede de ativistas por todo o país na era pré-internet.[544] Um homem de 35 anos, consultor de negócios de Manhattan, que se juntou à ACT UP após seu parceiro morrer de AIDS, explicou como era sua vida antes do ativismo: "Eu vivia numa onda materialista típica de um *yuppie*"[545].[546] As reuniões começavam toda semana com uma homenagem a um membro, amigo ou namorado que havia morrido naquela semana, o que dava um

---

[544] ANDRIOTE, 1999, p. 161.

[545] N.T: *yuppie* é um termo que designa um jovem executivo, profissionalmente bem remunerado, e que gasta sua renda em artigos de luxo e atividades caras. Derivação da sigla de "Young Urban Professional".

[546] Extraído de DEPARLE, Jason. "Rude, Rash, Effective, Act Up Shifts AIDS Policy". *New York Times*. Publicado em: 3 de janeiro de 1990.

senso de urgência e sobriedade ao trabalho muitas vezes caótico, no qual várias ações eram debatidas e planejadas. Mas a militância superficial impulsionada pela letalidade da doença mascarou uma perspectiva política extremamente limitada e orientada por um viés de classe média. Como um jornalista com AIDS descreveu, a "ACT UP era parte grupo teatral e parte terapia de grupo".[547]

Em consonância com a desconfiança pós-modernista em relação à unidade e à luta coletiva, as "*zaps*" – pequenas ações diretas, locais e organizadas por grupos de afinidade muitas vezes formados por "panelinhas" de amigos – foram as propostas vencedoras em lugar de comícios e marchas mais amplas que poderiam atrair e mobilizar aliados. Um dos principais membros do Comitê de Análise de Dados da ACT UP de Nova York[548] descreve como as "*zaps*", apesar de bem intencionadas, podem ser contraproducentes:

> Algumas seções da ACT UP queriam se desobrigar das reuniões de pesquisa e não queriam trabalhar com outros ativistas e grupos da comunidade. Eles interromperam palestras com protestos contra dois estudos, o ACTG 076 e o ACTG 175 [AIDS *Clinical Trials Group*].[549] Em vez de propor melhorias para esses testes, eles bradavam "Parem o 076!" e "Parem o 175!". Se tivessem sido bem-sucedidos, duas das descobertas mais substanciais da década de 1990

---

[547] SCHMALZ, Jeffrey. "Whatever Happened to AIDS?". In: BLASIUS, Mark; PHELAN, Shane (orgs.). *We Are Everywhere: A Historical Sourcebook of Gay and Lesbian Politics*. Nova York: Routledge, 1997, p. 694.

[548] N.T: no original, ACT UP *New York's Treatment and Data Committee*.

[549] N.E: a rede do Grupo de Ensaios Clínicos da AIDS é uma das maiores organizações de ensaios clínicos de HIV do mundo, desempenhando um papel importante no estabelecimento de padrões de atendimento para a infecção pelo HIV e doenças relacionadas ao HIV e à AIDS nos Estados Unidos.

nunca teriam ocorrido. Os ativistas podem escolher impedir uma pesquisa ou melhorá-la.[550]

Um membro da equipe do GMHC sugere que algumas ações da ACT UP foram contraproducentes porque "O objetivo passou a ser mais sobre a expressão pessoal e menos sobre a mudança".[551] Exemplo disso, um pequeno grupo de membros da ACT UP de Washington, D.C. se algemou a lobistas[552] da AIDS em 1992 devido a um desentendimento por causa da reunião entre os lobistas e o Centro de Controle de Doenças (CDC).[553] A advogada e ativista lésbica Urvashi Vaid afirma que "[o] declínio da ACT UP e da ação direta começou, na minha opinião, no momento em que a cobertura midiática em tempo real deslocou o cálculo político do que é certo e errado".[554]

Enquanto funcionários do governo, de maneira mal intencionada, criavam uma hierarquia de pacientes e colocavam as "dignas" vítimas de câncer de mama em oposição aos "indignos" por-

---

[550] HARRINGTON, Mark. "From Therapeutic Utopianism to Pragmatic Praxis: Some Transitions in the History of AIDS Treatment Activism". Publicado em: maio de 1996. Excertos de seu discurso feito na conferência do "Acting on Aids" no Institute for Contemporary Art em Londres. *TheBody.com*. Disponível em: http://thebody.com/content/art1461.html [link indisponível na data de publicação da edição brasileira].

[551] Extraído de ANDRIOTE, 1999, p. 252.

[552] N.E: lobistas são indivíduos ou grupos que focam sua atuação política em pressionar "pessoas de influência", que ocupam cargos públicos, como vereadores, deputados e membros do poder executivo. Essa pressão pode vir na forma de pagamentos, vantagens ou manifestações. Nos EUA, a prática é legalizada.

[553] N.T: no original, Centers for Disease Control.

[554] *Ibidem*.

tadores de AIDS, a ACT UP, em seus primeiros anos, recusou-se a incorporar a demanda por um sistema de saúde universal, apesar de um número crescente de estadunidenses enfrentarem a falta de acesso à saúde.[555] (No entanto, na marcha pelo seu 20º aniversário, no centro de Manhattan, em 2007, a ACT UP anunciou o lançamento de uma campanha de dois anos, ao lado de aliados, pelo sistema de saúde universal de tipo "*single-payer*")[556].[557] Como Bob Nowlan corretamente supõe, quando o movimento gay aceitou o tratamento médico da AIDS como uma questão de saúde separada, que afetava apenas certas populações marginais da sociedade, acabou por fazer o jogo dos poderosos, que, por sua vez, ficaram muito contentes por não ter de investir recursos contra uma doença que, inicialmente, afetou principalmente homens gays e usuários de drogas intravenosas.[558] As estratégias do movimento foram determinadas com base na experiência pessoal e não a partir das lições dadas pela história ou pela colaboração com aqueles não afligidos pela AIDS. Militantes que traziam uma es-

---

[555] A autora foi uma ativa participante da seção de Nova York da ACT UP de 1988 ao início de 1990. Para documentos sobre a composição, alguns debates e o caráter das reuniões e ações da ACT UP. Ver DEPARLE, 1990 e ACT UP. "ACT UP Capsule History". *ACT UP*. Disponível em: http://www.actupny.org/documents/capsule-home.html.

[556] N.E: neste modelo, o governo dos EUA negocia os tratamentos diretamente com os prestadores de serviços médicos (hospitais, clínicas, laboratórios). Vem em oposição aos planos de saúde que dominam o sistema de saúde estadunidense, embora não uma oposição ao sistema privado – o que para o leitor brasileiro tem uma importância, pois não deve confundir com o hospital público que conhecemos.

[557] DOUGLAS, Emily. "ACT UP's New Urgency". *Nation*. Publicado em: 3 de abril de 2007.

[558] NOWLAN, Bob. "Post-Marxist Queer Theory and the 'Politics of AIDS'". In: ZAVARZADEH; EBERT; MORTON, 2001, p. 115-154.

tratégia política mais ampla, como os marxistas, eram vistos com suspeita por teóricos da AIDS como Cindy Patton e Simon Watney. Por exemplo, no livro *Policing Desire: Pornography, AIDS and the Media*,[559] Watney acusa os marxistas de "separatistas puritanos" e rejeita qualquer teoria unificada de como abordar a crise da AIDS, optando, em vez disso, por estratégias "pragmáticas" como a prática do *lobby* ou recorrendo à Princesa Diana, que ocasionalmente interrompia seus funções monárquicas para segurar bebês portadores de AIDS ou comparecer a algum show beneficente.[560]

Em consonância com o quadro das políticas de identidade, a ACT UP sempre incentivou a participação ativa de lésbicas, já que insistia que as mulheres que faziam sexo com outras mulheres eram tão propensas quanto os homens a contrair HIV/AIDS e que, portanto, tinham um interesse direto na luta.[561] Ainda assim, enquanto muitas ativistas proeminentes na época e hoje em dia são lésbicas, estudos não confirmam que mulheres que fazem sexo exclusivamente com mulheres têm grande probabilidade de contrair HIV/AIDS. Qualquer pessoa sexualmente ativa *pode* contrair HIV e há fatores de risco envolvendo profissionais do sexo – entre os quais, muitos, senão a maioria, são mulheres. Mas, de acordo com os últimos dados do CDC sobre os infectados com o vírus, "das 534 (em um total de 7.381 entrevistadas) mulheres que relataram ter relações sexuais apenas com mulheres, 91% também tinham outro fator de risco – normalmente, o uso de drogas

---

[559] N.T: em tradução livre, "Policiando o desejo: Pornografia, AIDS e a mídia".

[560] *Ibidem*, p. 130-32.

[561] Ver LEONARD, Zoe. "Lesbians in the AIDS Crisis". In: _____. *The ACT UP New York Women and AIDS Book Group, Women, AIDS and Activism*. Boston: South End Press, 1990.

injetáveis".[562] O objetivo aqui não é espalhar uma informação falsa sobre a imunidade das lésbicas à AIDS, mas sim questionar os limites de uma perspectiva política que parte da premissa de que as pessoas precisam acreditar que podem contrair AIDS para se envolverem em um movimento que luta pela cura e contra a negligência das instituições.

A predominância de conceitos pós-modernistas na Nação *Queer* e outros movimentos LGBT do final do século XX relaciona-se não apenas à formação educacional e origem de classe de muitos dos mais importantes ativistas, mas também a uma noção comum de que em uma sociedade pós-industrial a classe trabalhadora não poderia ser considerada um agente de transformação. E, mesmo se pudesse, o ressurgimento da hostilidade contra LGBTs logo no início da epidemia da AIDS nos Estados Unidos certamente traduziu-se na ideia de muitos ativistas de que heterossexuais da classe trabalhadora não eram aliados. Trabalhadores das grandes empresas de saúde e farmacêuticas (e seus sindicatos) que, frequentemente eram alvo de ações [diretas], não eram vistos como apoiadores em potencial a serem conquistados na luta por financiamento para pesquisa e desenvolvimento. Essa mentalidade de nós/eles ditou a ação de tais grupos. Uma das atividades frequentes da Nação *Queer* era reunir membros e ir aos shoppings de classe média, onde a *Queer* Shopping Network[563] vestia-se e agia com o objetivo de escandalizar as pessoas, organizando "beijaços" para chocar os clientes heterossexuais. A palavra de ordem mais presen-

---

[562] Centers for Disease Control and Prevention. "HIV/AIDS among Women Who Have Sex with Women". Publicado em: junho de 2006. Disponível em: http://www.cdc.gov/hiv/topics/women/resources/factsheets/wsw.htm [link indisponível na data de publicação da edição brasileira].

[563] N.T: em tradução livre, "Rede de Compradores *Queer*".

te nos protestos era "Estamos aqui, somos bichas, acostumem-se com isso!" – uma afirmação de identidade desafiadora que também pode afastar aqueles que não se identificam como *queer*.

As divisões em seções locais eram comuns nessa atmosfera fragmentária. As seções da ACT UP costumavam dividir-se em grupos menores por diferenças de enfoque ou se deveriam permitir ou não a associação de republicanos, policiais ou socialistas. Em 1990, por exemplo, a seção de São Francisco da ACT UP dividiu-se em dois grupos, um dedicado ao tratamento da AIDS.[564] Quatro anos mais tarde, uma das seções de São Francisco separou-se do resto do grupo quando alguns membros discordaram da estratégia de lutar por mais antirretrovirais e por seu barateamento, alegando que seriam letais. O grupo que se separou optou por gerir uma loja de maconha.[565] Alguns se engajaram na "perseguição de opressores", uma campanha para cuspir nos mórmons por seus ensinamentos religiosos homofóbicos.[566] De acordo com o jornal *Village Voice*, por volta de 1992, os debates internos na seção de Nova York sobre a eficácia da ação direta, que já duravam alguns anos, levaram alguns a se separarem e formar o Grupo de Ação para Tratamento (TAG).[567] A TAG, então, aceitou receber um milhão de dólares da gigante farmacêutica Burroughs Wellcome, a lucrativa empresa que havia sido alvo da ira da ACT UP desde a sua fundação.[568]

---

[564] ANDRIOTE, 1999, p. 250.
[565] HEREDIA, Christopher. "S.F.'s ACT UP Ordered to Back Off". *San Francisco Chronicle*. Publicado em: 11 de novembro de 2000.
[566] SHIOYA, Tara. "Men Behaving Viciously". *San Francisco Weekly*. Publicado em: 19 de março de 1997.
[567] N.T: no original, Treatment Action Group.
[568] RIMMERMAN, Craig A. "ACT UP". *TheBody.com*. Publicado em: 1998. Disponível em: http://www.thebody.com/content/art14001.html.

A Nação *Queer* começou como uma dissidência da ACT UP para lutar contra a homofobia; algumas lésbicas deixaram os homens gays para formar as Vingadoras Lésbicas;[569] debates sobre se deveriam ou não permitir a entrada de bissexuais e transexuais levou a novos rachas e a Organização de Ação pela Saúde das Mulheres (WHAM!)[570] formou-se para tratarem do direito ao aborto, e assim por diante. A Coalizão de Ações das Mulheres (WAC),[571] um grupo exclusivamente de mulheres que clamava pela "destruição do patriarcado", atraiu centenas de pessoas para reuniões semanais no início da década de 1990, mas sua seção em Nova York logo foi implodida em uma disputa inútil sobre a possibilidade de uma lésbica "masculinizada" representar apropriadamente o grupo na CNN.[572] Semelhante atrofiamento ocorreu em outros grupos, à medida que as reuniões semanais, que originalmente chegavam às centenas, diminuíram para dezenas e depois para algumas poucas participantes. Ironicamente, talvez, a maioria dos membros desses grupos apoiava entusiasticamente a campanha de Bill Clinton em 1992, mesmo que alguns negassem o apoio formal. A ACT UP não apoiou candidatos oficialmente e milhões de pessoas assistiram o momento em que um membro da seção de Nova York, Bob Rafsky, confrontou agressivamente o candidato Bill Clinton em abril de 1992. Em um vídeo transmitido no programa de notícias *Nightline*, Rafsky afirmou: "Não estamos morrendo de AIDS tanto quanto estamos morrendo pelos onze

---

[569] N.T: no original, Lesbian Avengers.
[570] N.T: no original, Women's Health Action Mobilization.
[571] N.T: no original, Women's Action Coalition.
[572] Documentos da Women's Action Coalition [Coalizão de Ações das Mulheres] de 1992 a 1997 podem ser encontrados na New York Public Library, disponível em: http://www.nypl.org/research/chss/spe/rbk/faids/wac.html. A autora frequentou as reuniões semanais da WAC.

anos de negligência do governo", ao que Clinton respondeu: "Eu sinto sua dor".⁵⁷³ No entanto, como mostra o site ACT UP *Capsule History* na seção sobre o ano de 1992, o famoso cartaz utilizado amplamente naquele ano dizia: "Campanha de 1992: Vote como se sua vida dependesse disso!".⁵⁷⁴ Isso era um sinal claro de que o voto em Bill Clinton (contra George H. W. Bush, pai) era uma escolha em prol da sobrevivência.

Apesar das limitações teóricas das políticas de identidade que fundamentaram as estratégias dos líderes do movimento, muitas ações tiveram um enorme sucesso em atrair aliados que não eram diretamente afetados pelas lutas individuais.

Algumas das ações mais bem-sucedidas e notáveis desafiaram os princípios separatistas. Milhares de LGBTs e heterossexuais apareceram na Catedral de Saint Patrick, em dezembro de 1989, para protestar contra a mensagem da Igreja Católica que se opunha ao sexo seguro. Números semelhantes verificaram-se em ações bem divulgadas a partir de março de 1987 e repetidas por muitos anos em todo mês de março, que protestavam contra o lucro ultrajante das empresas farmacêuticas e de Wall Street com os medicamentos contra a AIDS.⁵⁷⁵ Ações de massa para defender clínicas de aborto de fanáticos de direita eram frequentemente lideradas por jovens lésbicas da WHAM! e um grupo espalhafatoso e politicamente experiente de *drag queens* gays conhecidas como Beatas pelo Direito de Escolher,⁵⁷⁶ que apareciam usando vestidos de velhinhas, peru-

---

[573] ACT UP. "Historical Presidential Zap". ACT UP *New York*. Disponível em: http://www.actupny.org/campaign96/rafsky-clinton.html

[574] ACT UP. "ACT UP Capsule History for 1992". ACT UP. Disponível em: http://www.actupny.org/documents/cron-92.html.

[575] Ver "ACT UP Capsule History" e acessar a linha do tempo de todas as ações realizadas.

[576] N.T: no original, *Church Ladies for Choice*.

cas e sapatos, cantando "Esse útero é meu útero", ao som de "Essa terra é sua terra"[577] e outros clássicos estadunidenses.[578]

Mas, na maioria das vezes, as estratégias eram "*zaps*" orientadas por uma política contra autoridade no estilo "lacração" que ignorava os verdadeiros pilares do poder e não conseguia incluir negros, pardos e brancos da classe trabalhadora de todas as orientações sexuais que logo se tornariam cada vez mais o rosto da AIDS nos Estados Unidos e em todo o mundo. Em vez de construir alianças com líderes sindicais e de comunidades negras e latinas e de desafiar os democratas, que controlaram o Congresso até 1994, as "*zaps*" expressavam uma provocação sem oferecer um caminho para o avanço da luta. Hoje, a AIDS nos Estados Unidos está infectando cada vez mais os afro-estadunidenses. Os últimos números do CDC sobre HIV/AIDS nos Estados Unidos mostram que, apesar de os negros constituírem menos de 13% da população dos EUA, desde 2005 eles representam 49% de todos os diagnosticados com HIV/AIDS.[579] É por isso que as futuras organização de combate a AIDS devem voltar-se para todas as pessoas da classe trabalhadora – LGBTs, heterossexuais, negros e de todas as etnias.

---

[577] N.T: no original, respectivamente, "*This Womb Is My Womb*" e "*This Land Is Your Land*"; a canção "*This Land Is Your Land*", do artista *folk* Woody Guthrie, está ligada à cultura operária e de esquerda dos Estados Unidos.

[578] Church Ladies for Choice. *MySpace*. Disponível em: profile.myspace.com/index.cfm?fuseaction=user.viewprofile&friendID=110549818 [link indisponível na data de publicação da edição brasileira].

[579] Centers for Disease Control and Prevention. "HIV/AIDS and African Americans". Publicado em: 2005. Disponível em: http://www.cdc.gov/hiv/topics/aa/.

Tornando a identidade mais *queer*

Enquanto as políticas de identidade defendem a autonomia dos grupos oprimidos e as lutas isoladas, a teoria *queer* questiona as categorias identitárias como um todo. Pretensamente, trata-se de uma rejeição aberta da política de identidade, embora o teórico *queer* David Halperin admita que ainda é uma "espécie de política de identidade".[580] A teoria *queer* afirma ser capaz de incluir pessoas que não são apenas gays, lésbicas, bissexuais ou travestis, mulheres transexuais e homens trans, mas poder abarcar pessoas heterossexuais que se comportam ou pensam "de maneira *queer*", enquanto exclui alguns gays, especialmente os que são brancos e almejam ideais como a monogamia ou o casamento. Como Lisa Duggan coloca, "podemos começar a pensar sobre a diferença sexual não em termos de identidades naturalizadas, mas como uma forma de *dissidência*, entendida não simplesmente como discurso, mas como uma constelação de práticas, expressões e crenças que desviam do padrão".[581] A teoria *queer* é frequentemente evocada para fornecer um espaço para mulheres e pessoas não-brancas que foram excluídas da política LGBT convencional. É vista como um questionamento tanto do binarismo de gênero quanto do binarismo sexual, que são concebidos como construções que se modificam ao longo do tempo e do espaço.

Na década de 1990, a teoria *queer* surgiu do descontentamento de alguns acadêmicos de esquerda com a assimilação de gays e lésbicas de classe média pelo "senso comum" da sociedade estadunidense. Muitos dos principais teóricos *queer* e ativistas adeptos são pessoas de esquerda que rejeitam a política de identidade e a

---

[580] HALPERIN, 1995, p. 67.
[581] DUGGAN, Lisa. "Queering the State". *Social Text*, n. 39. Publicado em: verão de 1994, p. 11.

orientação conservadora que o movimento LGBT tomou, por decisão de vários dos seus líderes, que se voltaram para os gabinetes do poder político e empresarial. No entanto, eles fazem isso em termos que não desafiam a base do conservadorismo presente nas políticas de identidade – seu caráter policlassista. Uma das intelectuais mais proeminentes da teoria *queer*, Judith Butler, é inegavelmente uma pessoa de esquerda, que se opõe veementemente à guerra no Iraque, além de uma internacionalista autodeclarada.[582] Contudo, a teoria *queer* apresenta uma visão de mundo profundamente pessimista, e mesmo paralisante, na qual as pessoas são apenas seres atomizados para quem a identidade de grupo age como uma espécie de kriptonita social ou calcanhar de Aquiles, que, de certa maneira, enfraquece ou diminui cada um de nós. Portanto, partindo da política de identidade e levando a lógica do pós-modernismo ao seu extremo, ela se baseia na ideia, advinda da classe média, de que somos todos oprimidos, principalmente, como indivíduos e por outros indivíduos. Assim, qualquer resistência à opressão deve ser individual. A teoria *queer* afirma que "a resistência dá-se por meio da recusa em se identificar com o outro".[583] Na verdade, *queer* é uma (não) identidade que é supostamente única para cada indivíduo. Em *Uma genealogia da Teoria Queer*,[584] explica-se, "O trabalho dos teóricos *queer* [...] tende à seguinte suspeita: se nossos direitos dependem de nossa identidade comum como seres humanos, então todos nós temos que ser parecidos, agir da mesma forma, sermos iguais para ter direitos. Claro, não é assim que o sistema deve funcionar, mas as experiên-

---

[582] STAUFFER, Jill. "Judith Butler". *Believer*. Publicado em: maio de 2003.

[583] KIRSCH, Max H. *Queer Theory and Social Change*. Nova York: Routledge, 2000, P. 8.

[584] N.T: no original, *A Genealogy of Queer Theory*; TURNER, 2000.

cias de mulheres e minorias nos Estados Unidos indicam que ele, de fato, funciona dessa maneira".[585]

Enquanto a política de identidade tende a fortalecer as divisões entre grupos oprimidos, a teoria *queer* involuntariamente se presta a desautorizar completamente a validade da opressão ao negar os pontos comuns de identidade entre membros de grupos subjugados. Por exemplo, Halperin argumenta que "[a] reversão mais radical dos discursos homofóbicos consiste não em afirmar, junto à Frente de Libertação Gay, em 1968, que 'gay é bom' (em analogia com a frase 'preto é bonito'), mas em assumir e empoderar tal posição marginalizada [...]. Aqueles que conscientemente ocupam tal posição marginalizada, que assumem uma identidade não 'essencializada' que é puramente relacional, propriamente falando não são gays, mas sim *pessoas queer*".[586] Portanto, tornar algo "*queer*", *queerizar* inclusive a política de identidade, equivale a subvertê-la, como a teoria sugere. Em outras palavras, "a teoria *queer* é *oposicionista*".[587]

Ao definir a teoria *queer*, deparamos-nos imediatamente com um dilema teórico. Seus principais pensadores alertam: Judith Butler escreve, "normalizar o *queer* seria, afinal, seu triste final", Lauren Berlant e Michael Warner insistem, "como quase tudo que pode ser chamado de teoria *queer* foi radicalmente antecipatório, tentando levar um mundo a ser, qualquer tentativa de defini-la agora será violentamente parcial".[588] É a teoria que ousa não se definir.

---

[585] TURNER, 2000, p. 16.
[586] HALPERIN, 1995, p. 61-62.
[587] TURNER, 2000, p. 10.
[588] Extraído de JAGOSE, Annamarie. *Queer Theory, An Introduction*. Nova York: NYU Press, 1996, p. 1.

Judith Butler explica a aversão da teoria *queer* à identidade da seguinte maneira:

> A perspectiva de *ser* qualquer coisa, até mesmo em troca de um salário, sempre produziu em mim uma certa ansiedade, porque "ser" gay ou "ser" lésbica parece ser algo mais do que a simples prescrição para que eu me torne quem ou o que eu já sou.

Ela, portanto, não está

> à vontade com as teorias lésbicas e gays, pois, como defendi antes, as categorias de identidade tendem a ser instrumentos de regimes regulatórios, seja como categorias normalizadoras de estruturas opressivas ou como pontos de encontro para uma contestação libertadora dessa mesma opressão.[589]

O que significa afirmar que "categorias de identidade tendem a ser instrumentos de regimes regulatórios"? Só porque a identidade sexual é construída pelo capitalismo não significa que a categoria de lesbianidade, por exemplo, seja uma ferramenta de opressão ou de desigualdade, assim como não o é a classificação de pessoas que vivem em uma determinada região da América do Sul como venezuelanas (uma identidade que também é uma criação histórica). Definir ou rotular alguém não cria a opressão; da mesma forma, mudar a forma como chamamos alguém para *queer* não desafia minimamente a opressão. Mais uma vez, as palavras de Marx e Engels aos Jovens Hegelianos parecem apropriadas: com base nessa fé filosófica no poder que os conceitos têm de criar e destruir o mundo, eles conseguem, então, inclusive imaginar que

---

[589] SALIH, Sarah; BUTLER, Judith (orgs.). *The Judith Butler Reader*. Hoboken, NJ: Wiley-Blackwell, 2004, p. 120-21.

um indivíduo qualquer tenha aniquilado "a cisão da vida" mediante alguma "aniquilação" de conceitos.[590] Mesmo Wilchins, um dos fundadores dos grupos Hermafroditas com Atitude[591] e Ameaça transexual[592] – talvez a quintessência das categorias fora do padrão – defende que "grupos sociais não podem existir sem normas compartilhadas de estrutura e significado. [...] Assim, [o pós-modernismo] é incapaz de propor qualquer noção de ação em grupo que seja positiva ou profícua".[593]

Uma das objeções à identidade pelos teóricos *queer* é que a ênfase nela serve para excluir outros, o que é verdade. Se uma pessoa é lésbica, por definição não pode também ser homem. Mas, historicamente, classificar as pessoas pela identidade – e, no caso das LGBTs, sair do armário para abraçar a própria identidade – também fez com que pessoas sob a mesma opressão pudessem se encontrar, se organizar e se mobilizar por direitos civis. Em sua oposição às lutas pelos direitos civis que visam "normalizar" e "assimilar" as LGBTs na sociedade em geral, através da luta por reformas, como o casamento e direitos trabalhistas igualitários, fica exposto o conservadorismo que está na essência dos teóricos *queer*.

Sob um verniz de radicalismo, encontra-se uma agenda profundamente contrária à classe trabalhadora. Embora seja contrária aos ataques homofóbicos ao casamento gay, Butler opõe-se à atenção a essa pauta, porque supostamente desvia o foco da luta contra a AIDS; menospreza, de certa forma, os estilos de vida alternativos de LGBTs solteiras ou que têm múltiplos parceiros; e tenta promover uma imagem dos gays como "um conjunto de

---

[590] MARX; ENGELS, 2007, p. 450.
[591] N.T: no original, Hermaphrodites with Attitude.
[592] N.T: no original, Transsexual Menace.
[593] WILCHINS, 2004, p. 100.

íntegros casais sancionados pela religião ou pelo Estado".[594] Em outras palavras, os teóricos *queer* opõem-se a reformas, como o casamento gay, que proporcionariam benefícios materiais aos casais LGBT, com base no fato de que isso forçaria as minorias sexuais a adotarem estilos de vida "heteronormativos", o que significaria a assimilação na "sociedade heterossexual". A noção de que existe uma "sociedade heterossexual" leva a uma confusão. Significa que todas as pessoas heterossexuais, independentemente de classe, etnia, nacionalidade etc., compartilham perspectivas e estilos de vida comuns, o que é evidentemente falso. Se o que se entende por "heteronormativo" é o estilo de vida da classe média retratado na mídia, então Butler e outros estão confundindo o papo furado dos valores familiares, promovido por instituições poderosas e ideólogos de direita, com a realidade das pessoas heterossexuais da classe trabalhadora. Por exemplo, Martin Manalansan IV evoca a crítica de Lisa Duggan à "homonormatividade" e à luta pelo casamento gay da seguinte maneira:

> A homonormatividade é uma ideologia camaleônica que pretende fazer avançar causas progressistas, como direitos ao casamento gay e outros "ativismos", mas ao mesmo tempo, cria um efeito despolitizante nas comunidades *queer*, pois reelabora de maneira retórica a liberdade e a libertação nos termos da privacidade, da domesticidade e do consumo. Em outras palavras, a homonormatividade anestesia as comunidades *queer* para que aceitem passivamente formas

---

[594] INTERNATIONAL JOURNAL OF SEXUALITY AND GENDER STUDIES. "There Is a Person Here: Interview with Judith Butler". *International Journal of Sexuality and Gender Studies*, ed. 6, n. 1/2, 2001.

alternativas de desigualdade em troca da privacidade doméstica e da liberdade de consumo.[595]

Além da caricatura incorreta e moralista dos heterossexuais, essa concepção a respeito das LGBTs se parece muito com a imagem *hollywoodiana* de gays e lésbicas, e não com a imagem da classe trabalhadora, que é sua maioria. Qualquer política que seja verdadeiramente de oposição deve colocar-se abertamente a favor do direito ao casamento igualitário – como fez a esquerda sessenta anos atrás com os casamentos interraciais – apesar de suas críticas ao Estado, à religião e à monogamia. Contrapor a reestruturação radical da sociedade, na qual os benefícios não estão associados a relacionamentos, héteros ou gays, às reformas no aqui e agora é a receita certa para a passividade.

Em primeiro lugar, o casamento gay é uma reforma. Como *todas* as reformas sob o capitalismo, ele deixa a estrutura do sistema intacta enquanto apazigua a reivindicação – nesse caso, a negação dos benefícios materiais e o desejo de ter relacionamentos LGBT reconhecidos como iguais aos dos heterossexuais. Como a demanda por sindicalização, terreno em que os termos da exploração dos trabalhadores são renegociados – com os trabalhadores ganhando salários e benefícios mais altos, mas não eliminando o poder dos patrões – o casamento igualitário acabaria com alguma discriminação sem eliminar totalmente a opressão.

Em segundo lugar, questionar a demanda do casamento igualitário por não proporcionar a libertação sexual é um pouco como

---

[595] Extraído de MANALANSAN IV, Martin. "Queer Love in the Time of War and Shopping". In: HAGGERTY, George E.; MCGARRY, Molly. *A Companion to Lesbian, Gay, Bisexual, Transgender, and Queer Studies, Blackwell Companions in Cultural Studies*. Malden, MA: Blackwell, 2007, p. 82.

desmerecer os sentaços[596] pelos direitos civis que buscavam acabar com as lanchonetes segregadas no início dos anos 1960 por não eliminarem o racismo. É criada uma falsa expectativa sobre uma demanda reformista, a qual é, em seguida, atacada por não proporcionar uma transformação revolucionária.

Alguns teóricos *queer* conseguiram afogar até mesmo a rebelião de Stonewall nas águas turvas do relativismo histórico, nas quais supostamente não podemos ter certeza da importância de um evento central na história gay moderna. Em *Tornando os estudos gays e lésbicos mais queer,* Thomas Piontek desconstrói as rebeliões no bairro de Greenwich Village, em 1969, que deram origem ao movimento gay moderno, concluindo que Stonewall foi "um evento histórico bagunçado e ambíguo".[597] Em seu capítulo "Esqueça Stonewall", Piontek só consegue ver uma narrativa marcada pela continuidade entre o principiante movimento homófilo da era McCarthy, de caráter conservador, e a revolta em massa que deu origem à Frente de Libertação Gay. Para além de obviedades apresentadas como *insights* visionários sobre a continuidade histórica, esse argumento serve apenas para subestimar o protesto, a luta e a organização política. O leitor é levado a questionar se a tese é a de que nada do que fazemos realmente importa ou se qualquer coisa que fizermos, não importa o resultado, é igualmente importante.

Resistência às convenções e hostilidade à assimilação são duas marcas da teoria *queer*. Michael Warner explica em seu livro que o problema com o normal dá-se por ele ser "uma espécie de sui-

---

[596] N.T: no original, *sit-ins*; uma forma de protesto pacífico muito utilizada na época, em que os manifestantes sentavam-se no chão como forma de ocupar o espaço e evitar a repressão.

[597] PIONTEK, Thomas. *Queering Gay and Lesbian Studies.* Chicago: University of Illinois Press, 2006, p. 23.

cídio social".⁵⁹⁸ Trabalhar, pagar o aluguel, criar os filhos etc., são considerados simples atos inglórios de normalidade e o tipo de sexo e o quanto dele se faz tornam-se os parâmetros da resistência e da radicalidade. Os teóricos *queer* dão uma atenção exaustiva às práticas sexuais "não normativas", como sadomasoquismo e o *fisting*, porque são concebidas como formas de superar a "construção tradicional do prazer".⁵⁹⁹ Embora o teórico *queer* e homem trans Patrick Califia, ex-ativista lésbica pela prática de sadomasoquismo e que agora vive como homem,⁶⁰⁰ "não acredit[e] que podemos trilhar nosso caminho para a liberdade fodendo",⁶⁰¹ a condescendência que ele e outros escritores de teoria *queer* expressam contra o sexo convencional e contra quem é monogâmico cria uma hierarquia de atos sexuais e privilegia o poliamor, isto é, múltiplos parceiros sexuais. Além de ser moralista, o principal problema em estabelecer uma hierarquia de preferências sexuais, em que quanto mais bizarro melhor, é que isso não constitui um enfrentamento à opressão e simplesmente reflete as normas sexuais burguesas. Enquanto os propagadores da propriedade sexual burguesa promovem a posição "papai-e-mamãe", os teóricos *queer* a opõem ao *fisting*. Ainda assim, ambos tentam colocar padrões morais nas atividades íntimas, discordando apenas sobre quais padrões são os

---

[598] WARNER, Michael. *The Trouble with Normal: Sex, Politics and the Ethics of Queer Life*. Cambridge, MA: Harvard University Press, 2000, p. 59.

[599] Extraído de PIONTEK, 2006, p. 90.

[600] MARECH, Rona. "Radical Transformation: Writer Patrick CalifiaRice Has Long Explored the Fringes. Now the Former Lesbian S/M Activist Is Exploring Life as a Man". *San Francisco Chronicle*. Publicado em: 27 de outubro de 2005. Disponível em: http://www.sfgate.com/cgi-bin/article.cgi?file=/chronicle/archive/2000/10/27/WB78665.DTL.

[601] Extraído de PIONTEK, 2006, p. 84.

melhores. Califia explica que ele preferiria estar numa ilha deserta com um "macho masoquista" do que uma "lésbica careta".[602] O tédio que Califia manifesta em relação a lésbicas que preferem o sexo convencional (presumindo que exista um sexo lésbico convencional) é apresentado como uma contestação da ordem dominante, quando se trata apenas de uma preferência pessoal. Uma passeio por qualquer uma das zonas de prostituição dos Estados Unidos ou uma rápida olhada na espantosa variedade sexual disponível na Internet prova que o capitalismo é perfeitamente capaz de acomodar gostos sexuais não convencionais e que os empresários estão muito satisfeitos em ganhar bilhões com qualquer tipo de fetiche ou desejo sexual. As tentativas dos teóricos *queer* de apresentar o sexo como uma frente de oposição configura-se no que Cloud chama, corretamente, de "uma antipolítica da vida íntima".[603]

Assim, não é surpreendente que os teóricos *queer* ataquem o marxismo por recusar-se a colocar os atos sexuais em pé de igualdade com a classe na luta contra a opressão. Patton afirma que os marxistas têm "erotofobia",[604] o que significa dizer que marxistas têm aversão a sexo. Além de não fornecerem prova disso, permanece o fato de que o sexo é uma necessidade reconhecida pelos marxistas, embora não da mesma maneira que a alimentação, a atenção à saúde ou a moradia são necessidades. É o mundo real que impõe à sociedade a centralidade dessas necessidades econômicas em oposição às da vida íntima, não os marxistas. Essa afirmação não decorre de pudor; afinal, não há nada implicitamente radical sobre quanto ou que tipo de sexo alguém faz. A líder bolchevique Alexandra Kollontai resumiu a questão muito bem:

---

[602] CALIFIA, Pat. *Public Sex: The Culture of Radical Sex*. São Francisco, CA: Cleiss Press, 2000, p. 158.
[603] CLOUD, 2001, p. 87.
[604] Extraído de NOWLAN, 2001, p. 136.

Os elementos conservadores da sociedade concluem que é imprescindível voltar aos felizes tempos passados, restabelecer os velhos costumes familiares, dar novo impulso às normas tradicionais da moral sexual. "É preciso destruir todas as proibições hipócritas prescritas pelo código da moral sexual corrente. E chegado o momento de se abandonar esta velharia inútil e incômoda... A consciência individual, a vontade individual de cada ser é o único legislador em uma questão de caráter tão íntimo" – ouve-se esta afirmação nas fileiras do individualismo burguês. "A solução para os problemas sexuais só poderá ser encontrada com o estabelecimento de uma nova ordem social e econômica, com uma transformação fundamental de nossa atual sociedade" – afirmam os socialistas.[605]

O argumento de Kollontai é, basicamente, que a verdadeira liberdade no reino da moralidade sexual só pode ser alcançada por meio de uma luta mais ampla contra todas as formas de opressão e exploração. A política sexual da teoria *queer* é essencialmente a política do individualismo burguês. Como Califia admite, nós realmente não podemos "trilhar o caminho para a liberdade fodendo".

A oposição a todas as convenções sociais apresenta alguns outros problemas óbvios. Em primeiro lugar, existem diversos tipos de convenções sociais às quais aderimos, não porque sejamos compelidos pela força ou tradição, mas porque nos permitem viver em harmonia com outros seres humanos. Esperar a vez de alguém na fila e abrir a porta para a próxima pessoa são convenções sociais que a maioria das pessoas adota prontamente porque fazem sentido e nos permitem viver em um mundo mais cooperativo. Não há nada inerentemente ruim nas convenções. De fato, poucos

---

[605] KOLLONTAI, Alexandra. *As Relações entre os Sexos e a Luta de Classes.* Disponível em: https://www.marxists.org/portugues/kollontai/1911/mes/luta.htm.

de nós desejariam ou seriam capazes de viver em sociedade sem muitas delas. Diferenciar as convenções que servem para ampliar a opressão daquelas que nos permitem viver como seres sociais colaborativos pode dar origem a debates importantes, mas estes só podem ser resolvidos na prática, não no reino da abstração. A maior parte das investidas retóricas contra todas as convenções pouco têm a oferecer na esfera da prática.

O problema dos "problemas de gênero"[606]

O projeto dos teóricos *queer* de desconstruir verdades dadas e revelar como elas foram socialmente criadas também traduz-se na negação das categorias de gênero e sexualidade. Eles defendem que o gênero é "construído discursivamente" e, portanto, pode ser "discursivamente" desconstruído – definir significa "reificar" ou tornar algo concreto e, portanto, parte de nossa luta, dizem eles, é rejeitar as definições. Os marxistas, em contraste, entendem as categorias de gênero e sexualidade como socialmente construídas e, por consequência, concluem que só podem ser desconstruídas socialmente, com a linguagem vindo em seguida. Butler, uma das mais notórias teóricas *queer*, escreve que gênero é uma espécie de "ficção cultural, um efeito performativo de atos repetidos": "O gênero é a estilização repetida do corpo, um conjunto de atos repetidos no interior de uma estrutura reguladora altamente rígida, a qual se cristaliza no tempo para produzir a aparência de uma substância, de uma classe natural de ser".[607] Em seu livro *Problemas de*

---

[606] N.E: o título é uma citação ao livro de Judith Butler, publicado no Brasil com o nome "Problemas de gênero". O subcapítulo abordará a autora e a teoria *queer* como um todo.

[607] BUTLER, Judith. *Problemas de Gênero: feminismo e subversão da identidade*. Rio de Janeiro: Civilização Brasileira, 2003, p. 59.

Gênero, Butler afirma que "não há identidade de gênero por trás das expressões do gênero"[608] e, portanto, feministas e militantes LGBT que tomam essas "ficções culturais" como verdadeiras estão em uma emboscada. No entanto, parece que Butler e companhia é que se enredam em um enigma discursivo de sua própria criação.

Uma coisa é afirmar que a maneira como nos comportamos fisicamente, nos vestimos, arrumamos o cabelo etc. é, pelo menos em parte, uma performance involuntária moldada pela cultura na qual fomos criados. Sem dúvida, isso é verdade e o livro de Simone de Beauvoir, *O segundo sexo*, de 1949, defende essa ideia de maneira eloquente, como Butler reconhece. Outra coisa bem diferente é concluir que todo gênero é uma farsa que pode ser contestada por meio da paródia, como sugere Butler. Ela escreve: "Práticas de paródia podem servir para reengajar e reconsolidar a própria distinção entre uma configuração de gênero privilegiada e naturalizada e uma que aparece como derivada, fantasmática e mimética – uma cópia fracassada, por assim dizer".[609] Ela defende que uma mudança política positiva pode surgir da desestabilização dos pressupostos e da construção sociais de gênero por meio do *drag* e outras formas de paródia. Cloud adere ao utopismo de Butler ao substituir a luta por um "teatro do *eu* em que a intimidade é encenada e as palavras são separadas de seus referentes materiais. A teoria da performatividade localiza a agência na 'consciência' [...] dos indivíduos e não na apresentação de uma contestação coletiva ao capitalismo".[610] Sim, gênero e suas normas são tanto construídos socialmente quanto restritivos e algumas pessoas, como aquelas que são transexuais, consideram essas normas asfixiantes. Mas o problema é que vivemos em uma sociedade sexista na qual a

---

[608] *Ibidem*, p. 48
[609] *Ibidem*, p. 210.
[610] CLOUD, 2001, p. 92.

forma como alguém é tratado, quanto recebe, quão vulnerável é fisicamente e mais um zilhão de outras considerações são moldadas por seu gênero – não que cada um de nós tenha um gênero. Como pergunta a introdução ao artigo de Butler no livro *Transgender Studies Reader*, "se o gênero não for real, quão real pode ser sua opressão?".[611] Naturalmente, qualquer política libertadora deve abranger a multiplicidade de comportamentos sexuais, estilos de roupa e trejeitos físicos que os seres humanos desejam expressar. Deve rejeitar as normas legais que exigem que o sexo biológico de uma pessoa esteja em conformidade com sua identidade de gênero. No entanto, a alegação de que gênero é uma categoria sem sentido, e não uma categoria mais ambígua do que alguns cientistas sociais acreditam, embora levante questões filosóficas interessantes, leva-nos a um beco sem saída teórico e organizacional.

Se a mulher é uma ficção, surge uma dificuldade óbvia na luta por seus direitos. Butler defende, "a insistência prematura num sujeito estável do feminismo, compreendido como uma categoria una das mulheres, gera, inevitavelmente, múltiplas recusas a aceitar essa categoria".[612] Ela então chega à conclusão de que o próprio feminismo, ao lutar por essa categoria ficcional, "[tem consequências] 'coercitivas e reguladoras'".[613] Aqui, conceitos estáveis e clareza de significado são interpretados como "reguladores". Na verdade, são os poderes coercitivos da lei que impõem a noção de que a genitália de uma pessoa deve necessariamente estar em conformidade com sua identidade de gênero. Butler e Sedgwick acertam ao enfrentar feministas que usam argumentos

---

[611] BUTLER, Judith. "Doing Justice to Someone". In: STRYKER, Susan; WHITTLE, Stephen (orgs.). *The Transgender Studies Reader*. Nova York: Routledge, 2006, p. 183.

[612] BUTLER, 2003, p. 21-22.

[613] *Ibidem*.

essencialistas – de que as mulheres são acolhedoras e mais passivas como resultado de sua biologia, por exemplo – mas não abordam as questões do mundo real que confinam a maioria das mulheres, e homens a propósito, como a renda, o acesso à educação, à saúde e assim por diante. Na verdade, um defeito gritante da teoria *queer* é quão pouco ela busca se envolver com a realidade de vida da maioria das pessoas. Embora os "corpos" sejam analisados *ad nauseam* por esses teóricos, seus escritos assumem que o gênero e a sexualidade das pessoas são os aspectos mais definidores de suas vidas. Certamente, os corpos das pessoas são parcialmente construídos pela sociedade, mais especificamente pela classe em que nascem. É mais provável que alguém seja obeso, fume, morra jovem ou tenha mais estresse se trabalha muitas horas, fica parado em trânsitos horríveis, tem pouco tempo de lazer e todos os outros aspectos de nossa vida que são influenciados pela classe. A piada da historiadora Harriet Malinowitz sobre os teóricos *queer* soa verdadeira aqui: "A rede de teóricos *queer* muitas vezes se assemelha a um clube aberto aos moradores de um bairro pelo qual a maioria de nós não poderia pagar".[614]

Muitos dos que teorizaram sobre gênero e sexo conceberam uma distinção entre os dois, descrita por Butler da seguinte maneira, "'Sexo' está para a natureza ou a 'matéria-prima' assim como gênero está para a cultura ou o 'fabricado'".[615] Embora alguns possam concordar que a feminilidade e a masculinidade são construções sociais, costuma-se afirmar que o sexo biológico não o é – ou você nasce com um conjunto de cromossomos ou com outro. Em oposição, Butler e outros questionam devidamente

---

[614] MALINOWITZ, Harriet. *Textual Orientations: Lesbian and Gay Students and the Making of Discourse Communities*. Portsmouth, NH: Boynton/Cook Publishers, 1995, p. 12.

[615] BUTLER, 2003, p. 65.

a noção limitada de um binário sexual de masculino/feminino dada a existência de milhões de pessoas intersexo com genitália ambígua que não se encaixam completamente em nenhuma das categorias. A evidência científica de variação anatômica dentro de todo um espectro de possibilidades, entretanto, não exige que tiremos masculino e feminino de nossos vocabulários, já que essas palavras correspondem a bilhões de seres vivos reais no mundo. Em vez disso, traz a ideia de ambiguidade ao campo do sexo para uma minoria de pessoas que não estão traumatizadas pelos termos "masculino" e "feminino", mas por uma sociedade que não permite fluidez, indefinição e diferenças sexuais.

A Sociedade Intersexual da América do Norte[616] explica: "aprendemos que muitas pessoas intersexuais sentem-se perfeitamente à vontade em adotar uma identidade de gênero masculina ou feminina e não buscam uma sociedade sem gênero nem se definem como membros de uma terceira classificação de gênero".[617] Nas experiências reais daqueles cujos interesses são supostamente atendidos pelas ideias da teoria *queer*, não são os rótulos em si que são abominados pelas travestis, trans e intersexuais, mas sim o *establishment* médico e outras instituições que criam seus dilemas. Os rótulos servem apenas para descrever o que foi codificado pela lei e pela prática social. É interessante notar que, mesmo aqueles atraídos por essas ideias e que às vezes usam o vocabulário distorcido da teoria *queer*, precisam abandoná-lo quando a coisa aperta, para usar uma expressão. É isso que faz a ativista e escritora transexual Riki Wilchins em sua atuação política. Tragicamente, por causa do histórico de distorção do socialismo e de uma esquerda

---

[616] N.T: no original, *Intersex Society of North America*.
[617] HERNDON, April. "Why Doesn't ISNA Want to Eradicate Gender?". ISNA. Publicado em: 17 de fevereiro de 2006. Disponível em: http://www.isna.org/faq/not_eradicating_gender.

enfraquecida, a política de identidade e a teoria *queer* disputam espaço em alguns semestres acadêmicos, como em uma bolha hermeticamente fechada. No entanto, nenhum dos dois é capaz de proporcionar a libertação sexual e a desconfiança que as duas compartilham em relação à verdade objetiva e às possibilidades de mobilização coletiva levam ambas a um impasse interminável.

As ideias pós-modernistas desenvolveram-se e floresceram no período pós-1960, quando uma geração de estadunidenses cresceu sem testemunhar ou participar da luta de classes em escala massiva. Dezenas de milhões de pessoas já atingiram a maioridade em uma sociedade em que as políticas baseadas na diferença e no individualismo aparecem como senso comum, o que talvez explique a contínua aceitação generalizada da linguagem dessas teorias, mesmo quando sua relevância social diminui. Como o antropólogo Max Kirsch aponta astutamente,

> [o] destaque dado pela teoria *queer* à impossibilidade de identidade e à relatividade da experiência acompanha o desenvolvimento das atuais relações capitalistas de produção, em que o indivíduo contido em si mesmo é central para o objetivo econômico de criar lucro através da produção e de seu produto, consumindo. [...] Portanto, minha opinião é de que os princípios da teoria *queer* assemelham-se às características das relações sociais que ela afirma rejeitar. Em vez de construir resistência à produção capitalista da desigualdade, ela, paradoxalmente, a espelhou.[618]

Como afirma Kirsch, "não estamos sozinhos".[619] Os seres humanos são animais sociais que não podem existir ou prosperar uns sem os outros. Somos mais fracos como indivíduos. Embora a

---

[618] KIRSCH, 2000, p. 17-18.
[619] *Ibidem*, p. 4.

ideologia da classe dominante promova um forte individualismo e a ideia do desenvolvimento de atributos pessoais para atingir o sucesso, é como uma classe coletiva que as pessoas comuns têm o poder de fazer mudanças. Não porque somos todos iguais – obviamente não somos -, mas porque todos temos um inimigo em comum, o sistema e a minúscula classe de parasitas que o controla. Independente de nossas diferenças e de como as experiências de opressão se manifestam, os trabalhadores têm mais semelhanças do que diferenças. O que a sociedade de classes construiu, as forças organizadas em oposição podem destruir. No entanto, o pós-estruturalismo filosófico da teoria *queer* é um obstáculo à destruição desse sistema opressor.

A teoria *queer* parte de alguns dos problemas criados pela política de identidade, cujos ativistas frequentemente estabelecem barreiras entre grupos oprimidos, e tentam resolvê-los teorizando que não existem mais grupos nem barreiras. O que nenhum dos dois parece aceitar é que não poder se identificar *como* lésbica, não torna ninguém incapaz de se identificar *com* lésbicas. Ninguém pode refutar, é claro, que apenas um homem gay com AIDS, por exemplo, pode saber o que é passar por este mundo como uma minoria sexual acusada pela direita de ter causado uma doença potencialmente fatal. Da mesma forma, apenas uma mulher negra pode saber como é a vida em sua pele. No entanto, os teóricos *queer* transformam a existência das diferenças em obstáculos intransponíveis para chegar à identidade coletiva e, por extensão, a ação coletiva também é questionada.

As ideias que deram expressão teórica a um período de descenso da luta, com uma esquerda organizada pequena e políticas econômicas neoliberais que atropelam a vida das pessoas comuns não parecem mais ter a mesma vigência nos movimentos sociais. À medida que entramos em um período em que as demandas são feitas a um novo governo[620] e os primeiros sinais de luta estão surgindo na classe trabalhadora e entre as pessoas LGBT, ativistas oriundos das classes média e trabalhadora em decadência buscam estratégias práticas e políticas para conquistar uma mudança real. Grandes possibilidades residem na mudança de consciência da esquerda em relação à homossexualidade na sociedade estadunidense e na crescente sensação de que nossa força está na unidade.

---

[620] N.E: aqui, a autora refere-se ao governo Obama.

CAPÍTULO SETE
Biologia, ambiente, gênero e orientação sexual

Desde o início dos anos 1990, existem pesquisas consideráveis e uma enorme cobertura da mídia especulando sobre a existência de um "gene gay". De histórias de capa de revista como "Essa criança é gay? Nascido ou criado: as origens da homossexualidade"[621] até reportagens na televisão como "Se nasce gay?"[622] da ABC News, a ideia de uma origem biológica para a homossexualidade é agora amplamente aceita. Considerando que, há vinte anos, a maioria das lésbicas, gays e bissexuais teria se referido à sua sexualidade como uma "preferência", tornou-se cada vez mais comum que as pessoas considerem sua própria sexualidade e a dos outros como inata. D'Emilio resume a utilidade social desse ponto de vista:

> A ideia de que as pessoas nascem gays – ou lésbicas ou bissexuais – é atraente por muitos motivos. Muitos de nós percebem a direção de nossos desejos sexuais como algo sobre o qual não temos controle. Simplesmente somos assim, ao que parece, portanto é certo que nascemos gays. Os conservadores religiosos, que são os mais explícitos em seu ódio pelas pessoas *queer*, insistem que ser gay é algo que

---

[621] GELMAN, David. "Is This Child Gay? Born or Bred: The Origins of Homosexuality". *Newsweek*. Publicado em: 24 de fevereiro de 1992.
[622] ABC NEWS. "Are You Born Gay?." *ABC* News 20/20 Reports. Publicado em: 28 de março de 2008.

escolhemos e nós sabemos que não podemos concordar com eles. Conclui-se, mais uma vez, que se nasce gay. Os aliados heterossexuais liberais adoram a ideia. Se os gays nascem assim, é claro que não devem ser punidos por isso. "Nascer gay" também é um alívio para qualquer um de nós que tenha alguma dúvida sobre nossa sexualidade ou que se sinta afundando sob o peso da opressão. Se nascemos gays, então não é nossa culpa e certamente não estamos escolhendo ser oprimidos: simplesmente não podemos evitar, então nos deixem em paz. Ele também responde àqueles que se preocupam com o efeito de muitos gays e lésbicas fora do armário: se as pessoas nascem assim, os jovens não serão influenciados por nós.[623]

Alguém nasce gay?

Apesar de sua popularidade atual, o uso de evidências científicas para as causas biológicas da sexualidade e outros comportamentos humanos é inadequado, além de suas implicações políticas e sociais serem frequentemente reacionárias. Quaisquer que sejam as intenções dos cientistas que estudam as causas biológicas da sexualidade e dos ativistas que promovem suas descobertas, a busca por uma explicação estritamente biológica para nosso comportamento é equivocada.

Os principais estudos realizados são a pesquisa neuroanatômica de Simon LeVay, os estudos de herança sexual de Michael Bailey e Richard Pillard e a pesquisa de ligação gênica realizada por Dean Hamer e Peter Copeland.[624] Em 1991, o estudo do pesquisador Simon Levay foi majoritariamente interpretado como

---

[623] WOLF, Sherry. "John D'Emilio, interview by Sherry Wolf". *International Socialist Review*. Publicado em: maio-junho de 2009, p. 21-22.

[624] STEIN, Edward. *The Mismeasure of Desire: The Science, Theory, and Ethics of Sexual Orientation*. Nova York: Oxford University Press,

uma forte evidência de que os fatores biológicos influenciam diretamente o cérebro na questão da orientação sexual.[625] Mas muitas considerações apontam o contrário. Em primeiro lugar, o trabalho de LeVay nunca foi replicado em qualquer outro estudo, o que certamente deveria ser um requisito para considerar uma pesquisa potencialmente válida. Além disso, todos os cérebros de homens gays analisados em seu estudo eram de vítimas da AIDS. A inclusão de alguns cérebros de homens supostamente heterossexuais, também com AIDS, não levou em conta que, no momento da morte, todos os homens com AIDS têm seus níveis de testosterona diminuídos como resultado da própria doença ou dos efeitos colaterais de alguns tratamentos.

LeVay estudou 41 cérebros, 19 dos quais eram de homens que morreram em consequência da AIDS, o que representa uma amostra muito pequena e sub-representativa. Ele conclui que, uma vez que o hipotálamo, uma parte do cérebro ligeiramente menor do que uma bola de golfe, é menor nos cérebros dos homens gays estudados e tem tamanho similar aos das mulheres, o comportamento sexual dos homens gays também é similar ao das mulheres.[626] LeVay, um homem gay cujo parceiro morreu em consequência da AIDS, certamente tinha a melhor das intenções. Contudo, também teve que confiar nas informações médicas que estavam disponíveis sobre os cérebros estudados e pode, inclusive, ter pressuposto históricos sexuais infundados e não confirmáveis. Ele também

---

1999, p. 120.

[625] LEVAY, Simon. "A Difference in Hypothalamic Structure in Heterosexual and Homosexual Men". *Science*, n. 253. Publicado em: 30 de agosto de 1991, p. 1034-1037.

[626] BROOKEY, Robert Alan. *Reinventing the Male Homosexual: The Rhetoric and Power of the Gay Gene*. Bloomington, IN: Indiana University Press, 2002, p. 17.

tomou como certa a binariedade da sexualidade – que alguém é exclusivamente hétero ou gay – ignorando a possibilidade de que algum desses sujeitos fosse bissexual. Por último, LeVay ignorou a possibilidade da conclusão alternativa de que a estrutura cerebral pode ser consequência, e não causa, da homossexualidade. LeVay continua convencido de sua pesquisa e argumenta:

> Hirschfeld estava certo. Eu apoio a ideia de que nós somos um terceiro sexo – ou um terceiro e um quarto sexo, os homens gays e as lésbicas. Hoje, existe documentação científica que comprova isso.[627]

Os estudos de Bailey, Pillard e outros que partem da hipótese de que a orientação sexual é genética demonstram que irmãos homens de gays assumidos têm maior propensão a serem gays. No entanto, essa pesquisa levanta mais perguntas do que respostas. Irmãos criados na mesma casa não compartilham apenas genes, mas também um ambiente social, aumentando a perspectiva de influências sociais nas preferências sexuais dos irmãos. Além disso, homens gays foram recrutados para esses estudos por meio de revistas gays e homens com irmãos gays tinham maior probabilidade de participar do que aqueles com irmãos heterossexuais, o que distorceu a amostra.[628]

Alguns estudos sobre gêmeos separados no nascimento baseiam-se em amostras muito pequenas para conclusões certeiras.[629] Um registro de gêmeos de Minnesota tem "apenas seis casos registrados de gêmeos idênticos separados no nascimento dos quais

---

[627] FRANCE, David. "The Science of Gaydar". *New York Magazine*. Publicado em: 18 de junho de 2007.

[628] HUTHBARD, Ruth; WALD, Elijah. *Exploding the Gene Myth*. Boston: Beacon Press, 1993, p. 97.

[629] Extraído de STEIN, 1999, p. 148-153.

pelo menos um dos irmãos é homossexual".[630] Quatro pares de gêmeos eram mulheres; os outros dois eram homens. Em um desses dois pares ambos eram gays; um dos quatro pares femininos incluía uma lésbica e uma bissexual. Devido à pequena amostra, a partir da qual generalizações seriam cientificamente incorretas, essa pesquisa não mostra nenhuma correlação direta entre genes e sexualidade. No entanto, esse estudo foi amplamente divulgado por mostrar uma compatibilidade de orientação sexual de 25% e 50%, respectivamente, apesar de os próprios pesquisadores levantarem o problema de generalizar a partir dele, deixando margem para outras explicações. "Não se pode duvidar de que os gêmeos são altamente selecionados; eles não são representativos de gêmeos ou de homossexuais (...) Nossa conclusão, embora baseada em uma pequena amostra, indica fatores ambientais como os principais determinantes da homossexualidade feminina".[631]

Dean Hamer argumenta que a homossexualidade masculina é herdada dos cromossomos X da mãe (as mulheres têm um cromossomo X da mãe e um do pai, enquanto os homens têm um cromossomo X da mãe e um Y do pai). Ele estudou 114 famílias e recrutou indivíduos que se identificavam abertamente como gays, assim ignorando, nos resultados da pesquisa, a existência da bissexualidade, por exemplo. Na verdade, Hamer eliminou deliberadamente a bissexualidade de seu estudo, concluindo que ela não era significativa o suficiente para ser incluída.[632]

O estudo de Hamer com Peter Copeland em 1994 descobriu um padrão de taxas mais altas de homossexualidade entre paren-

---

[630] *Ibidem*, p. 149.
[631] Extraído de TAYLOR, Tim. "Twin Studies of Homosexuality". *Tim-Taylor.com*. Publicado em: 17 de dezembro de 1997. Disponível em: http://www.tim-taylor.com/papers/twin_studies/stud.
[632] BROOKEY, 2002, p. 65. Também citado em STEIN, 1999, p. 196.

tes homens de gays por parte da mãe e, portanto, concluiu que, como o daltonismo, a homossexualidade é transmitida através do cromossomo X, localizando a homossexualidade na linha genética materna, embora nunca tenham afirmado ter identificado qualquer sequência genética específica. Outros estudos que tentaram replicar as descobertas de Hamer e Copeland desde então foram incapazes de correlacionar a sexualidade gay com o cromossomo X. Edward Stein questiona as descobertas do estudo de Hamer e Copeland, afirmando: "Considerando sua totalidade, o estudo de Hamer enfrenta vários problemas metodológicos, seus resultados estão abertos a várias interpretações (várias das quais são mais plausíveis do que a existência de um gene gay), além do artigo não ter sido replicado".[633]

Os argumentos contra a origem genética da homossexualidade não pressupõem necessariamente que a orientação sexual de uma pessoa seja uma escolha no sentido em que, por exemplo, sua filiação política é. Afinal, em uma sociedade onde as pessoas LGBT são oprimidas, por que as pessoas escolheriam ser discriminadas? Ninguém acorda um dia e de repente decide sentir-se atraído por um sexo ou outro. No entanto, há um ato de vontade envolvido na decisão de reconhecer e perseguir o desejo de se envolver em um relacionamento com alguém do mesmo sexo ou de evitar totalmente a possibilidade. O socialista Phil Gasper argumenta contra a falsa dicotomia entre genes e escolha:

> Mesmo gêmeos idênticos apresentam diferenças no nascimento por causa de pequenas diferenças em seus ambientes pré-natais. Pequenas diferenças ambientais após o nascimento podem igualmente produzir diferenças perceptíveis no comportamento e na psique. Também é importante notar que o fato de que algo parece natural

---

[633] STEIN, 1999, p. 221.

para um indivíduo não é prova de que seja inato. Falar inglês parece perfeitamente natural para mim, enquanto falar chinês parece estranho e exótico, mas obviamente as línguas são aprendidas (mesmo que nenhuma escolha consciente esteja envolvida quando se trata da nossa primeira língua ou línguas). Acho que muitos gays cometem o erro de pensar que, por se sentirem atraídos por membros do mesmo sexo desde muito cedo e porque seus desejos não foram o resultado de uma escolha consciente, os desejos só podem ser inatos. Mas mesmo quando isso é verdade, a conclusão não é imediata.[634]

Nem determinismo biológico nem determinismo ambiental

Os escritos científicos de muitos pesquisadores, incluindo os da proeminente feminista, bióloga e historiadora da ciência, Anne Fausto-Sterling – cujas obras são felizmente acessíveis aos não--cientistas – apresentam argumentos convincentes para rejeitar tanto o determinismo biológico quanto o ambiental nas tentativas de compreender algo tão complexo quanto o comportamento humano. Ela explica: "Se a primeira lição para pensar sobre características humanas complexas é que as cadeias de explicações causais (...) estão simplesmente erradas, então a segunda é que a ideia alternativa de 'determinismo ambiental' também é uma simplificação exagerada".[635] Ao discutir a interação entre meio ambiente e biologia, Fausto-Sterling fornece um exemplo útil. Estudos com mulheres holandesas grávidas e com seus filhos durante a fome de 1945 mostraram que as crianças nascidas de mulheres que pas-

---

[634] Phil Gasper, correspondência de e-mail com a autora. Datado de: 23 de outubro de 2008.
[635] FAUSTO-STERLING, Anne. *Myths of Gender: Biological Theories About Women and Men*. Nova York: Basic Books, 1992, p. 75.

savam fome durante os primeiros seis meses de gravidez tendiam a ter uma maior incidência de obesidade mais tarde na vida, em grande parte devido à forma como se desenvolveu a parte dos seus cérebros relacionada ao apetite. As crianças nascidas de mulheres que passaram fome no último trimestre, no entanto, tendiam a se tornar adultas magras devido à inibição do crescimento de células de gordura na gestação. As causas aparentemente genéticas das taxas de obesidade dessas crianças também eram ambientais, resultados da fome no final da Segunda Guerra Mundial. Além do mais, os fatores ambientais operam "em diversas camadas" e "sem limites de tempo".[636] Embora as crianças nascidas com desnutrição grave nos Estados Unidos tenham sido consideradas com maior risco de deficiência intelectual, quando essas mesmas crianças são colocadas em um ambiente onde há uma boa nutrição, cuidados de saúde e outros benefícios econômicos e sociais, seu desenvolvimento mental pode ser perfeitamente normal.[637]

Essa interação entre meio ambiente e biologia e as complexidades envolvidas na discussão dos dois elementos têm profundas implicações no debate sobre a formação da sexualidade e do gênero. Algumas organizações LGBT, principalmente a Campanha dos Direitos Humanos – que divulgou um kit de imprensa sobre a pesquisa[638] – acreditam sinceramente que o avanço da teoria do gene gay ajudará a conquistar os direitos civis e derrotar a discriminação. Inclusive, a abordagem deles é semelhante àquela adotada por um dos primeiros defensores da eliminação das leis da sodomia, Karl Heinrich Ulrichs, que publicou uma série de panfletos na década de 1860 defendendo o caráter inato daquilo que ele chamou de "terceiro sexo", um conceito posteriormente

---

[636] *Ibidem*, p. 76.
[637] *Ibidem*, p. 74-76
[638] Extraído de BROOKEY, 2002, p. 5.

assumido pelo sexólogo alemão Magnus Hirschfeld (discutido no capítulo 1). Como Hirschfeld e os defensores dos homossexuais do passado, muitos hoje que acreditam que a homossexualidade é biologicamente determinada são atraídos por uma explicação que poderia contra-atacar a legislação opressora contra as pessoas LGBT. A ideia é a seguinte: se a orientação sexual das pessoas LGBT é simplesmente programada, negar-lhes direitos na era moderna seria amplamente visto como cruel, arbitrário e fanático. A *Newsweek* apresentou o argumento a favor de um gene gay da seguinte maneira: "Teoricamente, poderia dar a eles [pessoas LGBT] os direitos civis concedidos a qualquer minoria 'natural', em que o fundamento legal é a questão de a característica ser 'imutável'".[639]

Mas essa teoria não questiona a ideia de que o comportamento heterossexual é "normal", enquanto a homossexualidade é "anormal". Vincular os direitos civis à biologia evita o ponto central: que os seres humanos merecem tratamento humano e igualitário, independentemente do que os outros pensam sobre suas preferências sexuais. Além disso, a direita tem sido capaz de cooptar o argumento biológico, propondo ideias sobre como "curar" fisicamente a homossexualidade. Esses conservadores concluem que, se a homossexualidade é uma doença genética, como a anemia falciforme, então pode ser encontrada uma solução médica para o "problema". O presidente do Seminário Teológico Batista do Sul,[640] Dr. Albert Mohler Jr., afirma, por exemplo, que uma base biológica para a homossexualidade "não alteraria o veredito moral de Deus sobre o pecado homossexual". Para ele, os cristãos devem considerar a possibilidade de um "tratamento" genético ou hor-

---

[639] GELMAN, 1992.
[640] N.T: no original, *Southern Baptist Theological Seminary*.

monal administrado à mãe visando a alterar a orientação sexual de seu filho.[641]

Além da noção politicamente retrógrada de que a homossexualidade deve ser "curada", há também um equívoco implícito sobre o que são os genes e como funcionam. Como o exemplo acima, referente às mulheres holandesas grávidas, indica: os genes funcionam diferente de como são popularmente discutidos. Fausto-Sterling explica seu funcionamento:

> O histórico ambiental e de desenvolvimento de um indivíduo, em combinação com toda sua dotação genética (todas as informações genéticas codificadas no DNA), bem como o acaso, contribuem para o fenótipo final [apresentação externa]. Da mesma forma, os genes por si só não determinam o comportamento humano. Eles trabalham junto e sob a influência de um conjunto de ambientes.[642]

Mesmo que houvesse prova científica de uma causa genética para o comportamento sexual, isso não impediria a opressão das pessoas LGBT. Afinal, há uma explicação biológica para a cor da pele

---

[641] MOHLER JR., Albert. "Is Your Baby Gay? What If You Could Know? What If You Could Do Something About It?". *AlbertMohler.com*. Disponível em: http://almohler.com/blog_read.php?id=891.

[642] Nota de rodapé presente em FAUSTO-STERLING, 2002, p. 71: "Uma quantidade impressionante de informações está presente no desenvolvimento de um ser humano. Todos nós temos 23 pares de cromossomos (um conjunto de contribuição de cada genitor) e cada cromossomo contém uma molécula de DNA enormemente longa. As estimativas sugerem que existe DNA suficiente em cada uma de nossas células para conter informações de dez mil a cinquenta mil proteínas diferentes".

das pessoas, mas a discriminação generalizada contra as pessoas que têm a pele mais escura persiste.

Entre os muitos problemas científicos e políticos da busca por um gene gay, um me parece central. O que significa dizer que alguém é gay? Não podemos identificar pessoas LGBT em qualquer tempo e lugar, o que teria de acontecer caso a sexualidade fosse determinada biologicamente. Não é histórica nem culturalmente correto argumentar que a atividade sexual entre homens mais velhos (que também faziam sexo com mulheres) e meninos mais jovens na Grécia antiga, a atividade sexual com o mesmo sexo dentro das prisões (onde as opções são, por definição, limitadas) e o sexo consensual entre dois homens no Brooklyn no século XXI equivalem a comportamentos de um mesmo tipo sexual humano. Mesmo hoje, em algumas culturas latinas, homens que são casados com mulheres e periodicamente fazem sexo com penetração com outros homens nunca se considerariam gays ou mesmo bissexuais. Para esses homens (*machos* ou ativos), apenas os que são penetrados (*jotos*, termo em espanhol para passivo/bicha) são homossexuais.[643] Alguns estadunidenses podem insistir que eles estão simplesmente em negação e que devem admitir as definições de gay e hétero de nossa sociedade. Aliás, foi exatamente assim que um cientista descreveu a sua abordagem: "existem sociedades nas quais as pessoas não se consideram gays (...) mas elas certamente fazem coisas que consideraríamos gay".[644] No entanto, essa abordagem equivale a ver os outros através de lentes culturais tendenciosas. E quanto à bissexualidade? E quanto às travestis e transexuais, que não surgiram como um tipo separado de pessoa até o século XX? Vista dessa maneira, a busca por uma origem

---

[643] Extraído de STEIN, 1999, p. 210.
[644] *Ibidem*.

genética do comportamento sexual humano é, na melhor das hipóteses, um esforço quixotesco.

A preponderância de um binário sexual na maioria dos estudos sobre genes gays vai contra pesquisas empíricas de longa data e da experiência de vida de algumas LGBTs: grande parte da identidade sexual é fluida e não fixa. A equipe de Alfred Kinsey interrogou minuciosamente milhares de pessoas para seu livro inovador de 1948, *Comportamento sexual no Macho Humano*,[645] usando uma escala de zero a seis para refletir os desejos, fantasias e atividades sexuais dos homens. Eles atribuíram zero para aqueles que eram exclusivamente heterossexuais e seis para aqueles que eram exclusivamente homossexuais, enquanto os intermediários refletiam vários graus de bissexualidade. Além disso, a equipe de Kinsey questionou a ideia ainda dominante sobre a ligação entre afeminação e homossexualidade em homens. Como ele escreveu:

> Deve ser apontado que os julgamentos científicos sobre esse ponto [afeminação] têm se baseado em pouco mais do que o mesmo tipo de impressão que o público em geral tem tido a respeito de pessoas homossexuais. (...) Os homens não representam duas populações distintas, heterossexual e homossexual. O mundo não deve ser dividido em ovelhas e cabras. Nem todas as coisas são apenas pretas ou totalmente brancas. A taxonomia tem o fundamento de que a natureza raramente lida com categorias excludentes. É a mente humana que inventa categorias e tenta forçar os fatos em caixinhas separadas. O mundo vivo é um *continuum* em cada um de seus aspectos. Quanto mais cedo aprendermos isso com relação ao comportamen-

---

[645] N.T: no original, *Sexual Behavior in the Human Male*; KINSEY, POMEROY; MARTIN, 1998.

to sexual humano, mais cedo chegaremos a uma compreensão sólida das realidades do sexo.[646]

Muitas pesquisas recentes na área da biologia sobre comportamento sexual humano ignoraram os insights oferecidos por Kinsey seis décadas atrás. Como conclui o autor Robert Alan Brookey, "o discurso do gene gay imagina a homossexualidade masculina como um estado biológico de afeminação patológica. Logo, ele reintroduz as noções dualísticas de sexo e de orientação sexual que foram a base da psicanálise (...) até Kinsey".[647]

Dado o histórico misto de gays e do campo da psiquiatria, que, nos Estados Unidos, até 1973, categorizava a homossexualidade como uma doença mental, é recomendável suspeitar das ideias que patologizam o comportamento sexual humano. A tese majoritária da "Síndrome de *Sissy Boy*" (como é chamado o comportamento notavelmente afeminado em homens)[648] entre os pesquisadores de homens gays soa mais como conversa de mesa de bar do que investigação científica. No mesmo sentido, a pressuposição quase universal de que o comportamento de "moleca" e a aparência "masculina" nas mulheres são sinais de lesbianismo oferece-nos um vislumbre do sistema de crenças internalizado que alguns pesquisadores empregam. A quase total ausência de investigação sobre a sexualidade feminina na maioria desses estudos é surpreenden-

---

[646] KINSEY, Alfred C.; POMEROY, Wardell R.; MARTIN, Clyde E. *Sexual Behavior in the Human Male*. Bloomington, IN: University of Indiana Press, 1998, p. 638-639.

[647] BROOKEY, 2002, p. 45.

[648] GREEN, Richard. *The "Sissy Boy Syndrome" and the Development of Homosexuality*. New Haven, CO: Yale University Press, 1995. O título do livro de Green se tornou frequente na literatura sobre gênero para se referir a jovens que desviam dos padrões de gênero.

te. Assim como Sigmund Freud concebeu a sexualidade feminina como "um continente escuro",[649] esses estudos biológicos parecem perceber o lesbianismo como uma espécie de enigma.

O que podemos afirmar com certeza é que a sociedade de classes moderna criou as condições materiais para que uma multiplicidade de desejos sejam realizados – ou frustrados. Embora sejamos fisiologicamente adequados para uma ampla gama de opções sexuais, aquelas que os indivíduos decidem seguir dependem de uma grande rede de condições ambientais e sociais. Enquanto vivermos em uma sociedade onde as normas sociais limitam e suprimem nosso comportamento sexual, não poderemos de fato saber como os humanos se comportariam sexualmente se uma liberdade de escolha ilimitada existisse.

Maricas, molecas e travas

Desde livros populares como *Homens são de Marte, Mulheres são de Vênus* a *sitcoms* de TV e caricaturas de relacionamentos heterossexuais nos quadrinhos, somos bombardeados com "truísmos" sociais sobre as naturezas supostamente fixas de homens e mulheres. Homens e mulheres são intrinsecamente diferentes, nos dizem repetidamente. Basta ir à loja de produtos infantis *Baby Gap* mais próxima, com suas vastas vitrines em azul e rosa, para encontrar imagens, roupas e bugigangas infantis que promovem as noções de uma feminilidade acolhedora, passiva e suave e de uma masculinidade agressiva, confiante e forte. Esses diferentes papéis de gênero, cultivados desde o nascimento, fomentam a crença de que homens e mulheres são por natureza significativamente diferentes, até mesmo opostos polares. Mas, apesar de sua popularidade no

---

[649] Extraído de WEEKS, Jeffrey. *Sexuality*. Nova York: Routledge, 2003, p. 43.

senso comum, essa ideia não resiste à investigação científica. Os papéis e comportamentos de gênero rígidos não são essenciais para a nossa natureza biológica. Na verdade, eles são essenciais para a natureza de nossa sociedade.

A variedade global de expressões de gênero é a prova de que nossa natureza é, no mínimo, "incrivelmente maleável", como disse a antropóloga pioneira Margaret Mead.[650] Na Nova Guiné, em meados do século XX, Mead encontrou culturas que não possuíam ideias de naturezas sexuais diferentes entre homens e mulheres, onde ambos expressavam comportamento maternal. Na cultura Arapesh, Mead descobriu que homens e mulheres deveriam dividir as responsabilidades de criação dos filhos e criar filhos homens e mulheres para serem totalmente iguais. Em outro povo, os Mudugmor, ela encontrou extrema agressividade em ambos os sexos. Em um terceiro, os Tchambuli, Mead descobriu papéis de gênero completamente invertidos em relação à nossa tradição. As mulheres eram dominantes e os homens emocionalmente submissos.[651]

A grande diversidade de expressões de gênero em uma variedade de culturas, ao longo de vários períodos de tempo, desafiam a concepção ocidental moderna de papéis de gênero biologicamente fixos. Os nativos estadunidenses tinham a figura dos *berdaches*, também conhecidos como indivíduos de dois espíritos, que são pessoas com genitália masculina que podem se casar com homens e desempenhar funções que associaríamos aos papéis femininos tradicionais, embora sejam considerados homens em suas sociedades.[652] Os *hijras* da Índia, com uma história de 4 mil anos de

---

[650] Extraído de *Ibidem*, p. 53.
[651] MEAD, Margaret. *Sex and Temperament in Three Primitive Societies*. Nova York: Routledge, 1948.
[652] STEIN, 1999, p. 32.

idade, seriam classificados como eunucos, homens afeminados ou transexuais na sociedade norte-americana.[653]

A compreensão marxista dos papéis de gênero no capitalismo, conforme explicado no capítulo 1, é a de que eles são moldados pela necessidade que o sistema tem de obter trabalho reprodutivo não remunerado feito pelas mulheres dentro de casa. O comportamento homossexual é um desafio para essa função, mesmo quando lésbicas ou gays escolhem levar uma vida semelhante à dos heterossexuais e criar filhos, como milhões hoje costumam fazer. O comportamento das pessoas LGBT enfraquece e questiona os papéis sexuais tradicionais, minando assim as atitudes mais desejáveis para o bom funcionamento da sociedade capitalista. Como o historiador Jeffrey Weeks resume: "Se os papéis sociais são tão flexíveis, se não há conexão necessária entre reprodução, gênero e atributos sexuais, não está claro por que papéis sexuais rígidos deveriam ser tão cruciais – a menos que partamos da suposição prévia de sua inevitabilidade".[654]

No entanto, basta entrar em qualquer creche e é difícil ignorar o que muitos pais de crianças pequenas veem – meninos correndo para atirar coisas e meninas brincando mais silenciosamente. Sempre há casos excepcionais, mas eles só parecem confirmar a observação de diferenças de gênero que aparecem tão cedo na vida que só podem ser inatas. Mas os humanos são animais sociais – que requerem um tempo maior do que qualquer primata para amadurecer até a idade adulta. Literalmente, desde nossos primeiros momentos, aprendemos gênero. E mesmo que houvesse alguma base biológica para diferenças psicológicas e comportamentais entre homens e mulheres, não há razão para supor

---

[653] FAUSTO-STERLING, Anne. *Sexing the Body: Gender Politics and the Construction of Sexuality*. Nova York: Perseus Books, 2000, p. 109.
[654] WEEKS, 2003, p. 55.

que elas sejam imutáveis, dada a complexidade da psicologia e do comportamento humanos e a infinidade de fatores que moldam essas características.

Desde a década de 1980, psicólogos comportamentais têm realizado estudos em crianças pequenas para descobrir como e quando elas começam a discernir e entender gênero. Com dois anos de idade, as crianças não conseguiam diferenciar meninos de meninas ou mulheres de homens, mas, apenas seis meses depois, foram capazes de identificar corretamente todos eles. As crianças um pouco mais velhas, que conseguiam diferenciar meninos e meninas, frequentemente demonstravam comportamentos generificados, coisa que não aparecia nos mais jovens. Elas preferiam brincar com grupos com integrantes do mesmo sexo. Os meninos eram mais agressivos e as meninas eram mais passivas. Quando observados nas suas próprias casas, crianças com até 20 meses não conseguiam discernir meninos e meninas; aos 27 meses, metade das crianças conseguia. O que esses 50% tinham em comum eram pais que lhes davam feedbacks positivos ou negativos para "brincadeiras generificadas", isto é, meninos brincando com caminhões e meninas com bonecas. Essas, que haviam sido rotuladas desde cedo, ao ficarem mais velhas, continuaram demonstrando grande atenção aos papéis de gênero tradicionais. Ao serem mostradas imagens de meninas e meninos nus a crianças abaixo de três anos, elas não foram capazes de identificar o gênero até que essas mesmas figuras apareceram vestidas. Até 60% das crianças de quatro a cinco anos não conseguia identificar corretamente o sexo das figuras nuas, precisando que fossem adicionados cortes de cabelo e roupas para que eles acertassem. Mesmo após serem ensinados sobre a aparência das diferentes genitálias, essas crianças muitas vezes erravam se as roupas e o corte de cabelo estivessem ao contrário de sua atribuição tradicional. Para eles, o gênero ainda não estava completamente associado ao sexo.[655] Esses psicólogos comportamentais concluíram que "a construção, pela criança, de um esquema de gênero reflete as dimensões comportamentais, cognitivas e afetivas do ambiente familiar".[656] A má notícia para os pais que buscam uma educação livre de papéis de gênero é que a família não é a única instituição que socializa as crianças pequenas. Como todo pai e mãe percebem em algum momento, o mundo eventualmente acessa seus filhos – de um jeito, ou de outro.

Mesmo as difundidas noções de diferenças psicológicas entre meninos e meninas ignoram pesquisas relevantes que apontam que há muito mais similaridades entre eles. Um livro de 1974 que retomou 2000 estudos sobre personalidade, comportamento social e memória "desbancou uma grande quantidade de crenças populares infundadas (...), como a de que meninas são mais 'sociáveis' do que meninos; que meninas são mais manipuláveis; que meninas têm autoestima mais baixa (...) enquanto meninos são melhores em processamento cognitivo de alta complexidade; e que falta às meninas 'motivação para realizações'".[657] O que os pesquisadores, naquele momento e atualmente, descobriram é que, quando a puberdade inicia, os meninos e meninas já foram suficientemente socializados para expressar as diferenças que são pretensamente inerentes à nossa estrutura biológica. Esses mitos têm sérias consequências em diversos âmbitos, desde a baixa expectativa sobre as meninas nas aulas de matemática e pressão para que os meninos e homens reprimam suas emoções até o fato de as mulheres serem preteridas para vagas de emprego que exigem grandes habilidades técnicas.

---

[655] FAUSTO-STERLING, 2000, p. 243-55.
[656] Extraído de *Ibidem*, p. 247.
[657] HYDE, Janet Shibley."The Gender Similarities Hypothesis". *American Psychologist*, n. 60. Publicado em: setembro de 2005, p. 581.

Aqueles que não se encaixam nesses papéis determinados são, frequentemente, vítimas de preconceito, humilhação e até violência. Talvez ninguém sofra mais do que os homens afeminados. Em uma sociedade em que a masculinidade reina suprema, os homens que desafiam as normas de gênero são vistos como fracos e vulneráveis, ao mesmo tempo que são vistos como perigosos para a ordem social. Para qualquer pessoa que tenha brincado, trabalhado ou passado em frente a um pátio de escola e ouviu o eterno xingamento "bicha" ser lançado à criança que errou no jogo (ou para qualquer um que tenha sido essa criança), fica claro que nada é mais feito para machucar do que esse xingamento contra a masculinidade dos meninos.

No seu relatório sobre violência contra LGBTs, em 2007, a Coalizão Nacional de Programas Antiviolência[658] registrou duas vezes mais casos de violência contra homens que apresentam comportamento fora dos padrões de gênero do que contra as mulheres na mesma situação. O maior aumento de ataques violentos deu-se contra homens trans, que são aqueles que nasceram "biologicamente" mulheres e se identificam como homens.[659] O caso mais famoso dos últimos anos foi o de Brandon Teena, um homem trans que foi estuprado e assassinado e, então, lembrado por Hollywood no premiado filme *Meninos Não Choram*. Certamente, meninas e mulheres que escapam da ordem de gênero também são insultadas e tornam-se vítimas. Nos estudos mais recentes sobre assédio e ataques violentos em escolas de ensino fundamental e médio, adolescentes homens e mulheres que exibem comportamento de gênero desviante tinham pelo menos três vezes mais probabilidade de experienciar agressão física do que adolescentes

---

[658] N.T: no original, National Coalition of Anti-Violence Programs.
[659] NATIONAL COALITION OF ANTI-VIOLENCE PROGRAMS, 2008.

vítimas do preconceito racial e apenas um pouco menos do que os que eram vistos como LGBTs.[660]

A relação entre comportamento de gênero desviante e homossexualidade masculina remonta ao século XIX e segue firme até os dias de hoje. Apelidado de "Síndrome de *Sissy Boy*" pelo sexologista Richard Green em 1987, mas formalmente sob o nome de "Transtorno de Identidade de Gênero" (TIG), o comportamento de gênero desviante é considerado, por muitos psicólogos, uma condição que exige tratamento psicológico, embora o próprio Green tenha afirmado que terapia faria mais mal do que bem. A pesquisa de Green relacionando feminilidade e homossexualidade concluiu: "Brincou de Barbie aos cinco, vai transar com homens aos vinte cinco".[661] Como outros cientistas comportamentais, Green percebeu que meninos "afeminados" eram mais próximos de suas mães do que de seus pais, o que ele associou ao comportamento desviante de gênero. Não há evidências científicas, entretanto, se isso é causa ou consequência, ou mesmo se não tem relação nenhuma com a sexualidade masculina. Inclusive, se é verdade que os meninos que desviam do gênero são mais próximos de suas mães do que de seus pais, isso poderia vir a ser resultado da maneira homofóbica do pai tratar seu filho "bicha", de modo que o próprio comportamento do pai aproxima o filho

---

[660] GAY, LESBIAN, AND STRAIGHT EDUCATION NETWORK. "The 2007 National School Climate Survey: The Experiences of Lesbian, Gay, Bisexual, and Transgender Youth in Our Nation's Schools". *Gay, Lesbian, and Straight Education Network*. Publicado em: 2008. P. 30. Disponível em: http://www.issuelab.org/research/2007_national_school_climate_survey_the_experiences_of_lesbian_gay_bisexual_and_transgender_youth_in_our_nations_schools [link indisponível na data de publicação da edição brasileira].

[661] GREEN, 1995, p. 6.

da mãe, e não a homossexualidade ou outro comportamento atípico. GID foi, pela primeira vez, nomeado e catalogado em 1980 pela Associação Americana de Psiquiatria no *Manual Diagnóstico e Estatístico de Transtornos Mentais*.[662] As descobertas do estudo de Green também são fragilizadas pelo fato de que também existem homens que, apesar de mais próximos das mães do que dos pais, não se tornam gays. Pessoas trans que buscam readequação genital passam por um longo e caro processo para serem diagnosticadas e tratadas por essa "psicopatologia", embora a maioria dos planos de saúde considerem os cuidados de saúde das pessoas trans como "experimentais" ou "opcionais" e, assim, indignos de cobertura.[663]

Foi bastante estudado o fato de muitos gays e lésbicas adultas se lembrarem do comportamento desviante de gênero da infância. A análise de 48 desses estudos concluiu que 50% dos meninos que agiam como "menininhas" tornaram-se adultos gays, enquanto apenas 6% das mulheres que foram *tomboys* quando crianças tornaram-se adultas lésbicas.[664] Um fator que deve ser levado em conta é que os próprios comportamentos "de homem" e "de mulher" modificaram-se ao longo do tempo, o que fortalece a conclusão de que eles são socialmente construídos. Hoje, muito mais pais trocam fraldas, ficam em casa com as crianças e compartilham a criação com suas parceiras do que em qualquer momento da história moderna. O surgimento de lugares para troca de fralda nos banheiros públicos masculinos é uma indicação disso. E tudo hoje, dos cortes de cabelo masculinos e femininos à forma do corpo e estilo, permite uma aparência mais andrógina, o que reflete mudanças nas condições materiais e na moral. D'Emilio sugere até que o surgimento de uma identidade transexual no

---

[662] Extraído de STRYKER, 2008, p. 111.
[663] *Ibidem*, p. 112.
[664] STEIN, 1999, p. 237.

final do século XX está relacionado aos "cada vez mais permeáveis limites que caracterizam os papéis de gênero" no capitalismo tardio, tornando a transição de gênero mais fácil hoje do que em tempos anteriores.[665]

Além disso, o comportamento desviante de gênero pode ser uma maneira que as crianças pequenas encontram para se relacionar com pares com quem elas gostam de brincar, e não uma expressão de anseios sexuais internos. Na vida adulta, em uma sociedade em que é difícil conhecer possíveis parceiros sexuais, especialmente para as pessoas LGBTs, que constituem hoje uma pequena minoria, o comportamento, as roupas e os trejeitos são formas de identificação. A existência do movimento de libertação feminina moderno pode explicar o abismo entre "tomboys" que se tornam lésbicas e "bichinhas" que se tornam gays. Desde os anos 70, meninas que demonstram um talento e gosto por esportes e por "brincar de lutinha" têm bem menos chance de serem percebidas como doentes do que meninos que se vestem com as roupas da mãe ou brincam com boneca. É um reflexo do sexismo na nossa sociedade o fato de os aspectos do papel de gênero tradicionalmente feminino serem desvalorizados enquanto os aspectos do masculino são louvados, independente do sexo daquele que os está manifestando. Em suma, homens "afeminados" são ridicularizados por arrastar os homens à indesejável posição da mulher. A "masculinidade" em mulheres, por outro lado, recebe olhares de desaprovação de alguns, mas é frequentemente vista como autoconfiança, segurança e força – características que a nossa sociedade exalta. Os homens que se sentem mais ameaçados e que são mais hostis às mulheres "masculinizadas" parecem se ofender com a ideia de que aquelas criaturas secundárias ousem ficar no mesmo nível que eles.

---

[665] WOLF, 2009, p. 21.

Mas não são apenas os "reacionários" que se apegam a estereótipos de gênero. Muitos progressistas, incluindo algumas feministas, aderem a noções de normas comportamentais que são intrinsecamente conservadoras, mesmo quando o objetivo do ativista não é esse. Duas cientistas feministas, Susan Pinker e Louann Brizendine, apresentaram-se nos seus livros como "adeptas intransigentes da verdade". Elas argumentam que há diferenças psicológicas inatas entre homens e mulheres.[666] Em *O Cérebro Feminino*, Brizendine não só afirma que as mulheres têm "uma quase sobrenatural capacidade de ler fisionomias e tons de voz para entender emoções e estados de espírito",[667] mas também que mulheres são bem mais tagarelas em comparação com seus parceiros – mulheres utilizam 20.000 palavras por dia enquanto os homens utilizam meras 7.000. Acontece que, quando pesquisadores ligaram homens e mulheres a aparelhos de gravação para testar essa teoria, ambos ficaram próximos do mesmo número, aproximadamente 16.000 por dia.[668] Apesar de Brizendine ter conhecimento desse estudo, que foi publicado na *Science*, a reedição de seu livro repetiu a mesma conclusão. Em uma entrevista em vídeo, Amanda Schaffer do site *Slate.com* aborda algumas das alegações de Pinker e Brinzendine, uma das quais baseada em uma amostra de apenas nove pessoas, concluindo que elas baseiam seus argumentos em "ciência não fundamentada".[669]

---

[666] SCHAFFER, Amanda. "The Sex Difference Evangelists, Meet the Believers". *Slate.com*. Publicado em: 1 de julho de 2008. Disponível em: http://www.slate.com/id/2194486/entry/2194487.

[667] Extraído de *Ibidem*.

[668] SLATE.COM. "Mars vs. Venus." Entrevista. *Slate.com*. Publicada em: 1 de julho de 2008.

[669] *Ibidem*.

Algumas feministas defendem a ideia de que a violência doméstica é um traço predominantemente masculino, mas pesquisas científicas indicam o contrário. Janice Ristock inicia seu livro sobre violência em relacionamentos lésbicos partindo dos mitos feministas sobre a suposta natureza de mulheres e homens, opondo-se à ideia de que falar sobre violência doméstica entre lésbicas seja minimizar a violência heterossexual ou juntar-se à direita.[670] O trabalho de Ristock estima a taxa de violência doméstica entre lésbicas em uma faixa de 17 a 52% e seu livro relata histórias terríveis de violência doméstica entre mulheres.[671] Claramente, as mulheres demonstram uma capacidade similar à dos homens para a agressão e a violência em seus relacionamentos.

Pessoas intersexo e o binário masculino/feminino

Cinco vezes por dia, em hospitais dos Estados Unidos, médicos alteram cirurgicamente a genitália de um recém-nascido para propósitos cosméticos, muitas vezes chegando a uma mutilação que impede que, mais tarde, a pessoa possa ter orgasmos.[672] Desde a década de 50, médicos têm considerado uma "urgência médica" a adequação a apenas um dos sexos da genitália dos bebês que nascem com traços masculinos e femininos.[673] Às vezes, um bebê nasce com órgãos internos masculinos, mas genitália externa feminina, ou vice-versa. Outras vezes, há genitálias exteriores dos dois sexos. E, ainda, em outros casos, o bebê não é intersexo, mas nasceu com um clitóris "grande demais" ou um pênis visto como

---

[670] RISTOCK, Janice L. *No More Secrets: Violence in Lesbian Relationships*. Nova York: Routledge, 2002, p. x-xi.
[671] *Ibidem*, p. 10.
[672] Extraído de WILCHINS, 2004, p. 74.
[673] Extraído de FAUSTO-STERLING, 2000, p. 45-46.

"pequeno demais" (os pênis de recém-nascidos, obviamente, nunca são "grandes demais"). Essas crianças intersexo não são tão raras quanto poderíamos pensar. Nos Estados Unidos, há praticamente a mesma quantidade de pessoas intersexo e de judeus, mais de cinco milhões – muito mais do que albinos, para comparar, o que sugere que a maioria de nós já encontrou, e talvez alguns de nós mesmos sejamos, indivíduos intersexo.[674] Há uma grande confidencialidade e vergonha quando se trata desse assunto. Algumas pessoas nem sequer sabem que são intersexo, porque muitos pais são orientados a não contar para a criança e médicos são, muitas vezes, evasivos sobre os detalhes da cirúrgia mesmo com os pais, deixando-os também no escuro. A grande corredora das Olimpíadas de 1988, a espanhola Maria Patiño, descobriu sua intersexualidade durante um teste de gênero na própria competição daquele ano e foi inicialmente desclassificada.[675]

Os cientistas acreditam que as pessoas intersexo existiram desde que existem homens e mulheres, o que é evidenciado pelas antigas representações e histórias sobre hermafroditas, o nome popular para pessoas intersexo até poucos anos atrás. A escultura romana "Hermafrodita dormindo" do século II d.C. retrata o que parece ser uma mulher deitada de bruços, mas, ao vê-la de frente,

---

[674] *Ibidem*, p. 51.
[675] *Ibidem*, p. 1. A ideia de que as mulheres "masculinizadas" devem provar seu gênero nas Olimpíadas para que nenhum homem possa se passar por mulher, dando uma vantagem injusta a uma equipe, é cheia de problemas. Além do sexismo óbvio – não há nenhuma prova de masculinidade nos jogos – também presume que o gênero é uma vantagem mais significativa do que, digamos, quanto um país é capaz de gastar em treinamento, roupas e pagamento a um atleta, o que claramente conferem vantagens tremendas que todo país rico considera garantidas.

se revelam um pênis ereto e seios. Foucault escreveu uma introdução às memórias de Herculine Barbin, uma pessoa intersexo do século XIX que viveu como mulher, mas foi forçada a fazer uma cirurgia para se tornar homem.[676] A incidência de nascimento de bebês intersexo parece estar aumentando nas últimas décadas; alguns cientistas sugerem a possibilidade de fatores ambientais e outros.[677]

A luta LGBT recentemente tem aberto espaço para que as pessoas intersexo falem sobre o que foi feito com elas pelo *establishment* médico. Grupos como a Sociedade de Intersexos da América do Norte (ISNA)[678] e ativistas do grupo Hermafroditas com Atitude expõem os fortes danos psicológicos e físicos causados por essas cirurgias desnecessárias. Cheryl Chase, fundadora da ISNA, nasceu Charlie, mas, quando "ele" tinha um ano e meio, os médicos decidiram que seu "pequeno" pênis era um clitóris ("ele" também nasceu com ovários). Em vez de aceitar a intersexualidade de Charlie, o que os médicos consideraram que seria traumático, decidiram retirar seu pênis, assim impedindo que a Cheryl adulta pudesse ter a sensação erótica de um orgasmo.[679] A ISNA defende o fim dessas cirurgias até, pelo menos, o momento que a criança, uma vez madura, possa decidir por si mesma. Principalmente, afirma que as crianças intersexo devem ser criadas como homem ou como mulher. A ISNA também oferece informações sobre como discernir qual identidade de gênero a criança provavelmente ado-

---

[676] FOUCAULT, Michel. "Introduction". In: BARBIN, Herculine. *Herculine Barbin: Being the Recently Discovered Memoirs of a Nineteenth-century French Hermaphrodite*. Nova York: Pantheon, 1980.

[677] *Ibidem*, p. 45-54.

[678] N.T: no original, Intersex Society of North America.

[679] Extraído de WILCHINS, 2004, p. 73.

tará na sua vida adulta, a partir das próprias experiências do grupo e de estudos científicos.

> Na ISNA, aprendemos que muitas pessoas intersexo estão perfeitamente confortáveis adotando o gênero feminino ou masculino e não estão buscando uma sociedade sem gênero ou se rotulando como membros de uma terceira categoria. Embora seja verdade que a urgência em se fazer essas cirurgias na anatomia das crianças intersexo nasce da ideia de que as crianças precisam ter uma anatomia genital claramente masculina ou feminina para que possam crescer confortáveis no gênero masculino ou feminino (e essa é, claramente, uma ideia prejudicial que emerge de noções antiquadas sobre a identiddade de gênero corresponder diretamente à anatomia genital), a ideia de criar uma criança como menino ou menina não é o que a maioria das pessoas intersexo adultas colocam como seu maior problema.
> Na verdade, muitas das pessoas intersexo que nós conhecemos – tanto as que foram sujeitas a cirurgias desde cedo quanto as que escaparam – aceitaram satisfeitas a atribuição de gênero (seja aquela que lhes foi feita ao nascer ou a que escolheram mais tarde na vida). Para os adultos com condições de intersexualidade que foram submetidos a cirurgias genitais quando recém nascidos citam, como a fonte de seu sofrimento, as cirurgias, as mentiras e a vergonha que rondam esses processos. Quando adultos, como muitas pessoas com anatomias típicas, as pessoas intersexo se aventuram naquilo que alguns teóricos de gênero (como Judith Butler) chamam de criar o próprio gênero. Assim, as pessoas intersexo não colocam o próprio conceito de gênero como opressivo. Em vez disso, são as cirurgias realizadas na infância e as mentiras e vergonhas que acompanham esse processo que são problemáticas.[680]

---

[680] HERNDON, 2006.

Os corpos hereges das pessoas intersexuais trazem à tona a questão do binário sexual masculino/feminino e exigem um entendimento mais fluido do sexo físico. Apesar de nunca sermos encorajados a pensar o corpo dessa maneira, tanto as características sexuais primárias quanto as secundárias são extremamente semelhantes em função e, ocasionalmente, em aparência. O clitóris é estimulado como um pênis e pode ser de diversos tamanhos, assim como o pênis, e os seios se formam em uma grande variedade de tamanhos tanto nas mulheres como nos homens. O resto dos nossos corpos tem muito mais semelhanças do que diferenças. Por exemplo, é muito difícil diferenciar homens e mulheres entre alguns dos mais bem treinados nadadores olímpicos, quando estão usando aquelas roupas de natação de última geração. O impacto da *Title IX*, lei de 1972 que obriga financiamento igualitário para os esportes femininos e masculinos nas escolas e que foi resultado do movimento feminista, ajudou a alterar radicalmente não apenas o bem-estar físico e emocional das mulheres, mas seus corpos também.

Obviamente, há certas diferenças físicas entre homens e mulheres, mas é a nossa cultura e não a biologia que lhes dá significado. Mesmo a noção de que apenas mulheres podem dar à luz é questionada pela realidade de Thomas Beatie, popularmente conhecido como "o homem grávido", um homem trans que pariu sua filha em 2008. Os comentários sarcásticos da imprensa sobre ele não ser um "homem de verdade" por ter mantido a habilidade fisiológica de engravidar demonstra o desconforto da nossa sociedade com as escolhas não convencionais a respeito de seu corpo e de seu gênero.

É a sociedade, e não a biologia, que impõe que só a mulher possui a capacidade de criar os filhos como resultado da gravidez. Mesmo diferenças na musculatura e tamanho de mulheres e homens veio sendo moldada ao longo de anos por papéis sociais, dietas e diferentes preferências culturais generificadas. A antropóloga Eleanor Burke Leacock observa que os neandertais homens e mulheres tinham o mesmo desenvolvimento muscular e que, com a divisão social do trabalho nas sociedades humanas modernas milhares de anos atrás, as musculaturas dos homens e das mulheres passaram a se desenvolver diferentemente.[681] A situação continua avançando, já que as nossas vidas de trabalho e os longos trajetos entre casa e trabalho tendem a ditar uma vida mais sedentária para muitas pessoas. Hoje, homens e mulheres estadunidenses têm mais tendência a serem musculosos se exercem um trabalho manual ou se possuem tempo livre para atividades físicas, ambas as situações moldadas pela classe e não pela biologia.

A descoberta, no início do século XX na Índia, de duas "crianças selvagens" do sexo feminino, criadas por uma alcateia de lobos, desafia nossas convicções convencionais das capacidades físicas dos seres humanos. Essas duas crianças conseguiam ultrapassar facilmente outros humanos ao correr em quatro apoios, em vez de sobre as duas pernas. Como lobos, elas eram noturnas, comiam e digeriam carne crua facilmente, além de se comunicarem com latidos na hora de comer para estabelecer a hierarquia de quem come primeiro no bando.[682] Esse é um exemplo bastante exagerado da plasticidade que nós temos, mesmo em nossos sistemas nervosos e esqueletos.

Mesmo quando se trata de hormônios, nós fomos enganados. As investigações científicas sobre as secreções hormonais de testículos e ovários, que se iniciaram no século XIX, supuseram diferenças intrínsecas e a inferioridade feminina. A caracterização equivocada dos "hormônios sexuais", a testosterona e o estrógeno, é da era Vitoriana, quando esses dois hormônios, encontrados em

---

[681] LEACOCK, 2019, p. 233-234
[682] FAUSTO-STERLING, 2000, p. 239.

todos os seres humanos, foram estudos pela primeira vez e assumiram características antagônicas que ajudaram a inculcar noções políticas à fisiologia humana. Como explica Fausto-Sterling: "As funções fisiológicas se tornaram alegorias políticas, o que, ironicamente, as tornou mais ou menos plausíveis, já que pareciam compatíveis com o que as pessoas já 'sabiam' da natureza da diferença entre os sexos".[683] Apesar do fato de que esses hormônios afetam ossos, sangue, fígado, rins e coração, a testosterona e o estrógeno incorporaram características que são inteiramente sociais, não biológicas. Mesmo os nomes dados aos hormônios refletem os preconceitos sociais: *estrus* vem do Latim e significa "louco" ou "insano", tornando-se a raiz da palavra estrógeno, o hormônio feminino, no final da década de 30.[684] Há uma correlação entre a quantidade de testosterona e estrógeno e o sexo físico de alguém; esses hormônios são frequentemente prescritos para pessoas trans que estão transicionando de um sexo a outro. Mas a ideia corrente de que eles são hormônios exclusivamente sexuais não corresponde à ciência.

O determinismo biológico também parece difícil de manter com o desenvolvimento da consciência e da ciência. Embora um número pequeno de homens e mulheres tenha tido "passabilidade" como o gênero oposto durante séculos, é apenas com a ascensão da tecnologia médica e da consciência social, esta oriunda das conquistas do movimento LGBT no final do século XX, que a transexualidade se tornou possível e mais desejável. Transexuais são uma categoria relativamente nova, apesar da evidência, citada anteriormente, de cirurgias de readequação sexual na Rússia após a Revolução de 1917. A existência, hoje, de dezenas de milhares de pessoas que usaram hormônios e cirurgias para alterar as ge-

---

[683] *Ibidem*, p. 162.
[684] *Ibidem*, p. 188-189.

nitálias com as quais nasceram – embora nem todas as pessoas trans alterem seus corpos – aumenta a perspectiva de outros tipos sexuais se desenvolvendo no futuro.

As pessoas trans, aquelas cuja identidade de gênero não corresponde ao gênero assinalado no nascimento, não necessariamente buscam qualquer alteração em sua genitália. Elas buscam, no entanto, tratamento igualitário e respeito, começando com os direitos jurídicos plenos como colocados na Carta Internacional de Direitos de Gênero.[685]

Entre as muitas maneiras que a vida das pessoas trans é precarizada e invalidada, está a massiva e desnecessária necessidade de especificar o gênero em formulários legais, desde passaportes a carteiras de motorista. Elas ficam presas em um dilema legal e social. Se as pessoas trans marcam a resposta "errada", elas podem ser submetidas a assédio ou prisão caso se descubra que não estão em conformidade biológica com a caixinha do formulário. Como formulários que solicitam que anunciemos o nosso status de relacionamento como casados, solteiros ou divorciados, essas caixinhas nos formulários dizem mais a respeito da sociedade em que vivemos do que sobre nós como indivíduos. Afinal de contas, por que qualquer divorciado escolheria identificar-se o tempo todo por meio de um relacionamento que acabou? Além disso, por que em uma sociedade em que milhões de mulheres passam anos ou mesmo décadas sem usar um vestido, justamente um boneco de palitinho usando vestido é o símbolo universal de banheiros femininos? Esse é o reforço às normas de gênero mais perverso e generalizado que todos encontramos diariamente. É claro, mesmo o fato de que nós temos banheiros separados para homens e mulheres é consequência das normas sociais, não uma

---

[685] *Ibidem*, p. 111. [N.T: no original, International Bill of Gender Rights.]

necessidade biológica. Ser abordado ou ridicularizado por entrar no banheiro "errado" é uma das muitas humilhações que travestis, mulheres transexuais e homens sentem diariamente, por isso a demanda por banheiros de gênero neutro.

O fato de que os papéis de gênero tradicionais prevalecem até hoje na maior parte do mundo não prova sua relação com a biologia, mas prova a globalização do capitalismo e suas prerrogativas sociais. A necessidade que a sociedade de classes tem da família nuclear e seus papéis de gênero correspondentes permitiu que o gênero alcançasse o status de natureza humana – assim como a ganância, competição e o militarismo. A biologia impõe certos limites ao nosso comportamento, mas nada próximo do nível de que muitos cientistas gostariam de nos convencer. O biólogo evolucionista Stephen Jay Gould explica que "violência, sexismo e a maldade em geral são biológicos na medida em que representam um grupo de possíveis comportamentos. Mas a paz, a igualdade e a bondade são igualmente biológicos – e nós talvez venhamos a ver sua influência aumentar se conseguirmos criar estruturas sociais que permitam que elas floresçam".[686] Ou, como colocado por outro teórico, "Biologia é política por outros meios".[687] O socialista Phil Gasper sintetiza a busca por origens genéticas para o nosso comportamento de maneira eficiente:

> A tentativa de explicar importantes elementos da sociedade em termos evolucionistas ou genéticos – determinismo biológico – tem dois objetivos. Primeiro, busca nos convencer de que a ordem social é consequência da imutável biologia humana, de forma que a desigualdade e a injustiça não podem ser eliminadas. Em segundo

---

[686] GOULD, Stephen Jay. *Ever Since Darwin: Reflections in Natural History*. Nova York: Norton, 1977, p. 257.

[687] FAUSTO-STERLING, 2000, p. 255.

lugar, no caso de problemas que são impossíveis de ignorar, ela nos diz para buscar soluções no nível do indivíduo e não no nível das instituições sociais. O problema está não apenas na estrutura da sociedade, mas em alguns indivíduos que fazem a sociedade. A solução, então, é mudar – ou mesmo eliminar – os indivíduos, e não questionar as estruturas sociais.[688]

Em resumo, sexualidade e gênero são construídos socialmente e, para que os seres humanos possam alcançar a autodeterminação, nós devemos transformar a ordem social que limita e patologiza alguns tipos de comportamento humano.

---

[688] GASPER, Phil. "Is Biology Destiny?". *International Socialist Review*. Publicado em: novembro-dezembro de 2004, p. 64.

CAPÍTULO OITO
Mexeu com um, mexeu com todos[689]

A perspectiva da construção de solidariedade entre LGBTs e outros grupos oprimidos e explorados existe hoje num grau impensável para as gerações anteriores. Como resultado das lutas do passado e das decorrentes mudanças na consciência, um número cada vez maior de minorias sexuais não sente mais a necessidade de permanecer no armário. Segundo a mais recente pesquisa de opinião pública da *Harris Poll*, quase três quartos da população estadunidense conhece pessoalmente ou trabalha com alguém que é gay, lésbica, bissexual ou transexual,[690] o que teve um impacto notável na consciência dos heterossexuais. Cerca de 80% dos adultos dos EUA dizem que suas atitudes em relação às LGBTs são mais favoráveis hoje do que foram no passado.[691]

Os números do Censo mostram que há LGBTs em todas as metrópoles, subúrbios e em muitas cidades pequenas dos Estados Unidos, ainda que São Francisco, Nova York e Los Angeles continuem sendo "mecas" LGBT urbanas. A cidade de Wilton Manors, no estado da Flórida, é provavelmente desconhecida pela maioria

---

[689] N.T: no original, *An injury to one is an injury to all*.
[690] HARRIS INTERACTIVE. "Pulse of Equality: A Snapshot of U.S. Perspectives on Gay and Transgender People and Policies". Publicado em: 2 de dezembro de 2008, p. 8. Disponível em: http://www.sun-sentinel.com/media/acrobat/2008-12/43696052.pdf [link indisponível na data de publicação da edição brasileira].
[691] *Ibidem*, p. 31.

dos leitores destas páginas, mas é a terceira maior concentração de homens gays no país.[692] Os estados de Dakota do Norte, Dakota do Sul, Montana, Wyoming e Virgínia Ocidental têm o maior número de casais idosos do mesmo sexo. Cidades pequenas como Sumter, na Carolina do Sul, e Pine Bluff, no Arkansas, estão entre as comunidades do sul onde vivem muitos casais afroamericanos de gays e lésbicas.[693] Apesar do Departamento do Censo[694] não perguntar diretamente sobre a identidade sexual e não levantar informações de transexuais e bissexuais, a pesquisa mais recente, feita em 2000, questionou o sexo de cada pessoa na residência e os entrevistados podiam declarar-se como "marido/esposa" ou "em união estável". Especialistas do Instituto Williams, ligado à Faculdade de Direito da Universidade da Califórnia em Los Angeles (UCLA), a partir dos dados mencionados e dos retirados numa pesquisa menor feita em 2005, sugerem que, em 2007, havia aproximadamente 8 milhões e 800 mil gays, lésbicas e bissexuais no país.[695] Dado que alguns não se assumem ou que não se sentem confortáveis para responder sinceramente às pesquisas oficiais e que transexuais não são oficialmente contadas, é evidente que a

---

[692] GATES, Gary. "In Cities, Suburbs, and the Sticks". *The Urban Institute*. Publicado em: 4 de setembro de 2004. Disponível em: http://www.urban.org/publications/900734.html.

[693] *Ibidem*.

[694] N.T: no original, Census Bureau; é a principal agência governamental do sistema estatístico federal do país e responsável por produzir dados sobre a população e economia.

[695] ROMERO, Adam P.; BAUMLE, Amanda K.; BADGETT, M. V. Lee; GATES, Gary J. "U.S. Census Snapshot". *Williams Institute*. Publicado em: dezembro de 2007. Disponível em: http://www.law.edu/williamsinstitute/publications/USCensusSnapshot.pdf [link indisponível na data de publicação da edição brasileira].

população de minorias sexuais deve ser ainda maior. O fato das pessoas não precisarem mais se mudar para grandes centros urbanos para poderem viver abertamente suas vidas gays é um reflexo do avanço conquistado a partir das lutas do passado e impulsiona as batalhas pelos direitos civis para além dos espaços urbanos de sociabilidade LGBT.

Junto a esses avanços, persistem o preconceito, a discriminação institucional e a violência. Contudo, a unidade entre pessoas comuns que dividem as mesmas experiências de exploração e de opressão – independentemente de suas identidades de gênero e sexualidade – é possível. Heterossexuais da classe trabalhadora não se beneficiam da opressão contínua sofrida pelas LGBTs, mesmo que alguns acreditem que sim. Sob o capitalismo, a constante opressão das minorias sexuais serve aos interesses da classe dominante – aqueles que são donos e controlam a produção, a disseminação de ideias através da mídia e da educação e outros meios. A classe dominante precisa da família nuclear e das divisões entre os trabalhadores para continuar a gerar lucro e para manter seu controle sobre a maioria. Os patrões são liberados de pagar pelos serviços de criação das crianças, trabalho doméstico, preparo das refeições etc., que se tornam privados, papel da família nuclear. Devido a sua mera existência, as LGBTs desrespeitam as normas de gênero que as famílias deveriam encarnar. Se toda e qualquer disposição de gênero e sexualidade fosse permitida, a diferença salarial entre homens e mulheres e a passagem para a esfera privada dos encargos da vida familiar seriam questionados.

Embora alguns héteros da classe trabalhadora acreditem que se beneficiam dos estereótipos de gênero, da repressão sexual e da homofobia, eles estão, na verdade, prejudicando-se também. Se, individualmente, alguns héteros da classe trabalhadora falam ofensas horríveis ou cometem atos de violência contra LGBTs, não o fazem em seu interesse. Gritar "bicha" para um colega de trabalho não só o insulta, como também corroi a possibilidade de se solidarizarem contra o patrão que nega a ambos benefícios e salários decentes. Bater em um vizinho porque ele usa vestido não só é potencialmente letal, mas também impossibilita o agressor e a vítima de se engajarem numa luta em comum por um sistema de aquecimento e serviços contra o proprietário do imóvel. Uma minoria de heterossexuais perpetua atos de preconceito contra LGBTs porque, além da competição capitalista por lucros que existe entre os patrões, há também a competição entre trabalhadores, por trabalhos, moradia, educação etc. Dispostos dessa maneira, em competição, atomizados e isolados, os trabalhadores às vezes expressam sua raiva voltando-se uns contra os outros, em vez de irem contra o sistema e a classe que os explora e oprime. Afinal, é sempre mais fácil derrubar do que estender a mão. Visto assim, os ataques a gays e trans, em lugar de manifestar o poder dos héteros, são atos sem força alguma. Isso não exime ou, sob hipótese alguma, justifica a discriminação ou violência – longe disso. Mas se os ativistas propõem-se a desafiar seriamente o *status quo*, eles precisam saber explicar porque os heterossexuais da classe trabalhadora às vezes atacam as LGBTs.

Os marxistas afirmam que os trabalhadores só podem alterar essencialmente suas condições de opressão e exploração ao se organizarem como classe para transformar as condições materiais que alimentam o preconceito entre as pessoas comuns. É por isso que Marx afirmou que o capitalismo cria o seu próprio "coveiro" ao criar a classe trabalhadora. Como explica Sharon Smith:

> Quando Marx encontrou na classe trabalhadora o agente para a transformação revolucionária, ele estava descrevendo seu potencial histórico, não uma conclusão inevitável. Enquanto o capitalismo

direciona os trabalhadores em direção a formas coletivas de luta, ele também os força em competição. A incessante pressão advinda de uma camada de trabalhadores desempregados, que existe na maioria das economias, até mesmo em períodos de "pleno emprego", é um entrave para luta – uma lembrança constante de que trabalhadores competem por limitados trabalhos que proporcionam um padrão de vida decente.[696]

A solidariedade entre trabalhadores LGBT e héteros fica impedida enquanto alguns trabalhadores apegam-se a ideias reacionárias – sejam elas homofóbicas, machistas ou racistas. O socialista italiano Antonio Gramsci explicou como a maioria das pessoas levam sua vida com uma "consciência contraditória":

> O homem ativo de massa atua praticamente, mas não tem uma clara consciência teórica desta sua ação, a qual, não obstante, é um conhecimento do mundo na medida em que o transforma. Pode ocorrer, aliás, que sua consciência teórica esteja historicamente em contradição com o seu agir. É quase possível dizer que ele tem duas consciências teóricas (ou uma consciência contraditória): uma, implícita na sua ação, e que realmente o une a todos os seus colaboradores na transformação prática da realidade; e outra, superficialmente explícita ou verbal, que ele herdou do passado e acolheu sem crítica.[697]

Em outras palavras, as pessoas apegam-se a ideias que, simultaneamente, refletem as suas experiências de vida, que são geralmente interpretadas para nós por aqueles que detêm e controlam o poder,

---

[696] SMITH, 1994, p. 39.
[697] Tradução extraída de GRAMSCI, Antonio. *Cadernos do cárcere*. Vol. 1. Rio de Janeiro: Civilização Brasileira, 1999, p. 103.

e também as ideias do senso-comum herdadas do passado. Trabalhadores héteros que expressam ideias homofóbicas ou transfóbicas só o fazem porque vivem em uma sociedade voltada ao lucro, que requer o bombardeamento de ideologias para ajudá-la a se sustentar, através de meios educacionais, religiosos e populares. Uma contradição intrínseca ao capitalismo é a de que as mesmas forças que visam a esmagar os trabalhadores são as que também criam as condições para a sua união. Existem condições materiais que permitem à maioria das pessoas que são exploradas e oprimidas abandonar as ideias reacionárias e criar empatia e organizar-se com os outros. Por mais que as pessoas possam identificar-se a partir de suas preferências e desejos sexuais, todos os trabalhadores precisam trabalhar e esforçar-se para pagar suas contas. Já que os heterossexuais da classe trabalhadora não são nem os opressores das LGBTs e nem os beneficiários desta opressão, as condições para romperem com ideias homofóbicas e reacionárias existem. Só porque alguém não pode identificar-se *como* gay ou transexual, não significa que não possam identificar-se *com* gays ou transexuais. Trabalhadores que rejeitam ideias discriminatórias que servem como obstáculos à ação unificada devem contestar seus colegas de trabalho e de sala, amigos e familiares que as carregam.

O que a classe tem a ver com isso?

Ao contrário de uma comunidade com uma experiência e perspectiva comuns, as LGBTs – assim como os héteros – são substancialmente determinadas por sua classe social. Embora as minorias sexuais possam ser encontradas em todas as profissões e classes, é lógico presumir que devido à esmagadora maioria da população ser da classe trabalhadora, a maioria das LGBTs também são. Isto é, sejam elas profissionais de escritório ou trabalhadores de chão de fábrica, a maior parte das LGBTs precisam vender sua força de trabalho para um empregador a fim de viver, criando assim um interesse de classe em comum com outros que podem não partilhar de sua identidade sexual. Isso cria um potencial de solidariedade pela via da classe social.

Os estudos demográficos mais confiáveis sobre a população LGBT nos Estados Unidos são do Instituto Williams. Seus últimos resultados foram compilados dos dados de casais do mesmo sexo em 2005, somando 776.943 casais – mais de 20% desde 2000. Um drástico aumento como esse é provavelmente reflexo, em parte, da atenuação do estigma social que muitas LGBTs sentem em razão de sua sexualidade.[698] Apesar dos estereótipos sobre homens gays na cultura de massa, homens em casais do mesmo sexo nos Estados Unidos ganham em média significativamente menos que seus colegas héteros, 43.117 dólares anuais opostos a 49.777 dólares anuais; enquanto a mediana de renda de homens em casais do mesmo sexo é 15% menor do que os homens héteros casados, 32.500 dólares anuais contra 38 mil dólares anuais.[699] Ao passo que mulheres em casais do mesmo sexo ganham menos que homens, seus rendimentos são na verdade maiores do que os de mulheres casadas, por volta de 34.979 dólares anuais (com uma mediana de 28.600 dólares anuais) comparado ao rendimento médio de mulheres heterosexuais casadas de 26.265 dólares anuais (e mediana de 21.000 dólares anuais).[700] Essa discrepância deve-se provavelmente ao fato de que apenas 20% de todos os casais do mesmo sexo têm crianças com menos de dezoito anos em casa. Assim, é possível que mais mulheres heterosexuais do que lésbicas tenham que parar de trabalhar remuneradamente ou

---

[698] ROMERO et al., 2007.
[699] *Ibidem*.
[700] *Ibidem*.

atrasar sua entrada no mercado de trabalho para ter filhos, coisas que suprimem os ganhos.[701]

Um estudo etnográfico sobre trabalhadores fabris gays e bissexuais nos Estados Unidos descobriu que, na virada para o século XXI, a maioria desses homens eram assumidos para suas famílias, amigos e colegas de trabalho.[702] A grande pressão para "ser macho", presente nesse setor, faz com que homens gays da classe trabalhadora comumente desafiem estereótipos gays em sua maneira de vestir-se e em seus trejeitos, sendo entendidos como heterossexuais. Apesar de muitos relatarem situações de discriminação contra gays em algum momento de suas vidas e de terem ouvido ofensas no trabalho, a maioria sentia-se desprezado pelos gays de classe média e disse que seus maiores desafios eram econômicos. Comentários como esse a respeito de homens gays aburguesados aparecem aqui e ali por todas as suas entrevistas:

> Homens de classe média são todos iguais, gostam de brincar com a gente, mas, quando acabam, não gostam de estar com a gente de dia. Eles estão focados em identidade e decididos a superá-la. Eles tentam demais ser aceitos.

---

[701] N.E: não é tão usual no Brasil o uso da mediana de renda como dado econômico. No entanto, sendo ela o "valor do meio" de uma série (e não sendo a média, que é a soma dos valores de uma série dividida pela quantidade de valores dessa mesma série), ela auxilia a compreender a disparidade possível em um conjunto de dados numéricos. Quanto mais próxima a mediana for da média de uma série de valores, tanto mais linear será a disparidade entre os valores.

[702] APPLEBY, George A. *Working-Class Gay and Bisexual Men*. Binghamton, NY: Haworth Press, 2001, p. 51-62.

Eles estão menos dispostos a construir alianças políticas e se prendem a modelos de individualidade da direita.

Toda bicha de classe média quer pegar um médico. Homens da classe trabalhadora estão mais sujeitos a serem discriminados pelas bichas de classe média do que pelos héteros.[703]

Esses comentários são similares aos de lésbicas da classe trabalhadora entrevistadas em outro estudo.[704] Uma lésbica reclamou das alianças políticas que a maioria dos grupos LGBT procuram. "A defesa de alianças com os conselhos de empresa, e não com os sindicatos, me incomoda", disse Joanna Kadi.[705] Outras se irritam com as suposições de classe média de que haveria maiores índices de homofobia entre os trabalhadores, que têm menos tempo livre para se engajarem no movimento e, assim, não são bem representados em grupos como o Pais e Amigos de Lésbicas e Gays (P-FLAG)[706] – apesar de familiares de LGBTs da classe trabalhadora os apoiarem tanto quanto os da classe média. Esses estudos são inevitavelmente pouco substanciosos dadas as dificuldades de obter dados precisos acerca da sexualidade. No entanto, apontam para uma conclusão importante. Os pressupostos de classe média sobre "a comunidade LGBT" que nortearam a organização do movimento no passado, não são apenas ofensivos para muitos gays da classe trabalhadora, como também costumam estar errados.

---

[703] Citado em *Ibidem*, p. 60.

[704] RAFFO, Susan. *Queerly Classed: Gay Men and Lesbians Write About Class*. Cambridge, MA: South End Press, 1997.

[705] Extraído de DOUGLAS, Carol Anne. "Queerly Classed: Gay Men and Lesbians Write About Class". *off our backs*. Publicado em: julho de 1997.

[706] N.T: no original, Parents and Friends of Lesbians and Gays.

A articulação entre a organização de local de trabalho e a luta por direitos LGBT tem uma longa história. As pesquisas feitas pelo historiador Allan Bérubé sobre o Sindicato dos Cozinheiros e Camareiros de Navios (MCS) nas décadas de 1930 e 1940 mostram como, antes do surgimento de organizações pelos direitos gays nos Estados Unidos, um grupo formado em grande parte por trabalhadores gays e multirraciais e liderado por comunistas, em um navio de passageiros, transformou um sindicato reacionário em uma organização que defendia os direitos gays, questionava o racismo e obteve ganhos materiais para todos eles até a década de 1950, quando as táticas Macartistas atacaram e desmobilizaram o sindicato.

> Bérubé analisou as relações de classe, raça e sexualidade na vida desse sindicato. Antigos membros do MCS lhe contaram que homens gays compunham a maioria dos camareiros em muitas linhas de tráfego de passageiros. Décadas antes da primeira organização pelos direitos gays dos EUA, o MCS conquistou a primeira proteção laboral para trabalhadores gays. Haviam tantos homens gays naquele sindicato que os camareiros héteros eram comumente encarados como homossexuais e provocados por isso, e entendiam como esta provocação era uma tática para dividir os trabalhadores. Homens gays eram aceitos porque eles eram trabalhadores como qualquer outro.[707]

Não havia nada de natural acerca dos posicionamentos explicitamente antirracistas e a favor dos gays do MCS, que havia se formado em 1901 por trabalhadores brancos inicialmente tentando impedir trabalhadores imigrantes chineses de obterem trabalhos nas linhas de tráfego de passageiros.[708] Foi a combativa greve geral

---

[707] KINSMAN, 2008.
[708] STRYKER, s/d.

de São Francisco em 1934 e a ativa participação dos comunistas nos navios de passageiros na década de 1930 que deflagrou a luta pela integração racial nos sindicatos e o combate à homofobia num tempo onde nenhuma força organizada as fazia. Trabalhadores aprenderam de suas próprias experiências que caso eles não aceitassem os negros, gays e outros grupos oprimidos em suas fileiras, os patrões usariam o racismo e a homofobia para os dividir e acabar com os seus sindicatos. Revels Cayton, um líder negro e gay do MCS argumentou da seguinte maneira "Se você os permitir avançar contra o comunismo, eles vão avançar contra a raça. Se você os permitir avançar contra a raça, eles vão avançar contra os gays. Estão todos conectados – e é por isso que temos que ficar juntos".[709] O MCS se fortaleceu, reunindo vinte mil trabalhadores em seu auge, e foi lendário por sua liderança negra, gay e militante. Uma placa pendurada no saguão da sede do sindicato dizia: "Racismo, Anticomunismo e Homofobia é Anti-Sindicalismo".[710] Na histeria anticomunista da década de 1950, o sindicato foi esmagado com a ajuda do FBI.

Harry Hay, o fundador da primeira organização gay dos EUA, a Sociedade Mattachine, começou como líder sindical no Sindicato dos Trabalhadores de Lojas de Departamento de Nova York com a central Industrial Workers of the World, na década de 1930 e 1940. Hay e outros quatro da Sociedade Mattachine se aproveitaram da inestimável experiência que tiveram com suas atividades sindicais clandestinas.[711] Devido à necessidade de seus sindicatos ficarem escondidos desde cedo para evitar que os patrões soubessem de suas ações antes de terem estabelecido uma massa crucial de apoiadores, Hay e os outros aprenderam certas habilidades que

---

[709] Extraído de HUNT, 1999, p. 59.
[710] Extraído de STRYKER, s/d.
[711] HUNT, 1999, p. 60.

orientaram suas atividades posteriores. Ele explica: "Os cinco primeiros membros da Sociedade Mattachine eram todos sindicalistas com experiência em sindicatos clandestinos. Nós juramos que evocaríamos a Quinta Emenda[712] antes de divulgarmos qualquer informação sobre o grupo".[713] Obviamente, depois de Stonewall esse tipo de postura sigilosa não era mais necessária.

Harvey Milk e os trabalhadores *versus* os preconceituosos

Em 1977, mais de trinta cidades estadunidenses e condados tinham legislações proibindo a discriminação contra lésbicas e gays. Trinta anos depois, vinte estados, a capital Washington, D.C. e 140 condados e cidades possuem leis contra a discriminação de identidade sexual, enquanto o estado da Califórnia também proíbe a discriminação contra "identidade de gênero, aparência e comportamento".[714] Não foi fácil conquistar esses direitos civis.

---

[712] N.T: referência a Quinta Emenda da Constituição dos Estados Unidos, que legisla sobre o direito processual penal. Uma de suas cláusulas diz respeito à garantia de se manter calado durante um processo penal para que não sejam produzidas provas contra si próprio. Durante o período McCarthy e a cruzada contra os comunistas (ver cap. 2), era comum que os acusados utilizassem esse direito para não se incriminar, comprometer suas vidas profissionais e pessoais ou revelar segredos. Mesmo assim, muitos tiveram suas carreiras e vidas destruídas pelo anticomunismo.

[713] Extraído de *Ibidem*.

[714] O site da Campanha dos Direitos Humanos tem uma lista dos códigos legais de cada estado dos EUA a respeito de identidade sexual e de gênero, disponível em: http://www.hrc.org.

A ascensão da direita religiosa no final dos anos 1970 pegou de surpresa os ativistas gays quando a cantora pop e garota-propaganda da marca Florida, Anita Bryant, chamou para a briga, dando início à guerra cultural. Sua campanha *Salvem as nossas crianças* no Condado de Miami-Dade, no estado da Flórida foi uma resposta à legislação contra a discriminação, que, acompanhada de suas declarações, deram o tom belicoso: "O que estas pessoas realmente querem, escondido por trás de obscuras frases da lei, é o direito legal de proporem às nossas crianças que o estilo de vida alternativo deles é aceitável. [...] Para impedir isso, eu vou liderar uma cruzada como este país nunca viu antes".[715] "Salvem as nossas crianças" não foi apenas bem-sucedida ao ganhar a maioria dos votos para barrar a legislação a favor dos gays de Miami-Dade, mas também iniciou exitosas campanhas semelhantes nas cidades de St. Paul (Minnesota), Wichita (Kansas) e Eugene (Oregon).[716] Essa enxurrada de retrocessos foi contida pelos esforços de grupos LGBT recém-formados atuando junto aos sindicatos na Califórnia, tendo como porta-voz o primeiro gay assumido eleito para um cargo oficial do país, Harvey Milk, supervisor da cidade de São Francisco.

Milk foi um antigo fuzileiro naval e ex-corretor da bolsa de Nova York, cujo estilo e humor irreverentes e carismáticos foram captados no livro de Randy Shilts *The Mayor of Castro Street* e magnificamente retratados por Sean Pean no filme *Milk: A voz da igualdade*. Não se pode dizer que ele nasceu um radical, tendo feito campanha para o candidato à presidência, republicano e segregacionista, Barry Goldwater, e sido um apoiador da Guer-

---

[715] Extraído de CLENDINEN, Dudley. "Anita Bryant, b. 1940, Singer and Crusader". *St. Petersburg Times*. Publicado em: 28 de novembro de 1999.

[716] MARCUS, 1992, p. 258.

ra do Vietnã em seu início.⁷¹⁷ Porém, Milk deixou Nova York e seu conservadorismo para trás e adotou uma política populista e muitas vezes radical, quando se tornou um pequeno comerciante no crescente gueto gay da Rua Castro, em São Francisco. Lá, a marquise do cinema da região anunciava: "Dai-me os vossos fracos, [vossas] multidões, oprimidos e vossos excitados procurando por um pouco de diversão".⁷¹⁸ A região operária da Rua Castro se transformou rapidamente, nos anos 1970, em um bairro LGBT vibrante e popular.

Em 1974, Allen Baird, representante do Teamster, o sindicato dos caminhoneiros, deu um passo inédito ao se aproximar do sindicalista gay Howard Wallace e de Milk, considerado como um líder gay local, legitimado pela sua eleição de 1978, para ajudar os caminhoneiros a vencer um boicote contra a cerveja Coors, que se recusava a assinar uma convenção coletiva. Milk e Wallace não apenas conquistaram a adesão de bares de gays e lésbicas e seus clientes ao boicote, mas também conseguiram, em troca, empregos para os gays pelo Teamster, inclusive o de motorista de caminhão para Wallace.⁷¹⁹ Seus esforços organizativos foram tão exitosos que eles derrubaram as vendas da Coors na Califórnia de 43% para 14%, espalhando o boicote para outros treze estados e criando vínculos com trabalhadores latinos e organizações, como

---

[717] SHILTS, Randy. *The Mayor of Castro Street: The Life and Times of Harvey Milk*. Nova York: Macmillan, 1988, p. 171.

[718] *Ibidem*, p. 173. [N.T: No original, *Give me your weak, your huddled, your oppressed and your horny looking for a little action*; referência ao soneto "O novo colosso" da poetisa Emma Lazarus gravado na Estátua da Liberdade, que recebia os imigrantes que chegavam a Nova York].

[719] *Ibidem*, p. 83.

a Cruzada por Justiça,⁷²⁰ que perduraram em futuras batalhas.⁷²¹ Em resposta à política da Coors de negar a contratação de gays e lésbicas, os líderes trabalhistas argumentaram: "Qualquer um que pague sua contribuição para o sindicato, não deve ter sua vida privada como assunto do empregador. Defender os direitos de trabalhadores gays e lésbicas é simplesmente [defender os] direitos humanos".⁷²² Nascido e criado no bairro do Castro, o sindicalista do Teamster Allen Baird, que era casado e hétero, teve que aguentar assédios verbais e calúnias por se aliar aos gays e, ainda assim, ele argumentou com seus companheiros pela necessidade da união. A colaboração constante de Milk com os sindicatos levou ao apoio político oficial dos caminhoneiros, bombeiros e trabalhadores da construção civil da cidade, que lotavam sua loja de fotografia para imprimir folhetos da campanha, junto à improvável divulgação dos bombeiros, cujas jaquetas traziam a mensagem "Faça de Milk o meu representante"⁷²³.⁷²⁴

Em 1978, John Briggs, um legislador estadual conservador do Condado de Orange, na Califórnia, colocou para votação a Proposição 6, que exigia a demissão de qualquer professor do estado flagrado "defendendo, impondo, encorajando ou promovendo" a homossexualidade.⁷²⁵ Inicialmente, as tentativas de Briggs de

---

⁷²⁰ N.T: no original, Crusade for Justice.

⁷²¹ POLITICAL AFFAIRS. "On the Front Lines with Howard Wallace". *Political Affairs*. Publicado em: abril de 2004. Disponível em: http://www.political affairs.net/article/artview/113/ [link indisponível na data de publicação da edição brasileira].

⁷²² Extraído de *Ibidem*.

⁷²³ N.T: no original, *Make Mine Milk*.

⁷²⁴ SHILTS, 1988, p. 98.

⁷²⁵ FEJES, Fred. "The Briggs Initiative Goes National". *Gay and Lesbian Review Worldwide*. Publicado em: julho-agosto de 2008. Disponível

alimentar o preconceito foram bem-sucedidas, com mais de 60% dos votantes apoiando a medida.[726] Contudo, o boicote à cerveja Coors preparou o terreno para a mobilização contra a "Iniciativa Briggs".

O comitê do grupo de Howard Wallace, o Libertação Gay da Baía de São Francisco (BAGL),[727] formado em 1975 a partir do boicote à Coors, juntou-se a 21 sindicatos locais para apoiarem os direitos dos homossexuais e se oporem à Iniciativa Briggs.[728] Comícios de âmbito estadual, discursos públicos, apresentações musicais e uma agressiva campanha contra essa legislação homofóbica e anti-sindicato conquistaram a maioria dos californianos, que no referendo votaram contra a medida. Eles venceram por mais de um milhão de votos.[729] Milhares de gays e lésbicas, até então apolíticos e não engajados, uniram-se a sindicalistas héteros em uma mobilização que iniciou uma parceria. Esta apresentou novos aliados aos trabalhadores e permitiu que alguns trabalhadores LGBT se assumissem no trabalho e passassem a lutar por direitos civis em seus sindicatos. Em alguns locais de trabalho, comportamentos e expressões homofóbicas passaram a ser abertamente contestados e criticados como contrários à união sindical. O líder sindical do hospital dos trabalhadores declarou: "Não haverá mais falas ou referências depreciativas às pessoas gays e lésbicas na equipe do sindicato".[730] As táticas de organização de massa do BAGL, que se espelhavam conscientemente nos piquetes, manifestações e grandes panfletagens dos sindicalistas, sinalizavam um forte abandono da

---

em: https://glreview.org/article/article-634/.

[726] *Ibidem*.

[727] N.T: no original, Bay Area Gay Liberation.

[728] GLUCKMAN; REED, 1997, p. 223.

[729] FEJES, 2008.

[730] Extraído de "On the Front Lines with Howard Wallace".

política de alianças nos gabinetes, segundo o jornal *San Francisco Bay Guardian*.[731] Tais táticas ofensivas levaram a Associação de Professores da Califórnia[732] a enviar pelo correio 2,3 milhões de cartões de votação com os dizeres "Não à 6" por todo o estado.[733] Em uma entrevista, a sindicalista lésbica Susan Moir indicou que a batalha contra Briggs foi a pedra-de-toque para brigas futuras e explicou como muitos trabalhadores héteros passaram a perceber os direitos LGBT. "Muitos sindicalistas não compreendem isso [direitos gays] teoricamente e não compreenderão simplesmente pelo diálogo, mas eles reconhecem que nesta sociedade existem os vencedores e os vencidos e que os vencidos não têm a mínima chance se eles não se unirem contra os vencedores [...] Um ataque aos professores LGBT era um ataque aos professores, e professores são trabalhadores".[734]

Somente algumas semanas depois da Iniciativa Briggs ser derrotada, um ex-policial conservador, antigo bombeiro e supervisor da cidade, chamado Dan White entrou na Prefeitura[735] e assassinou o prefeito progressista George Moscone e o recém-eleito Supervisor Harvey Milk. Antecipando seu próprio assassinato em um ano, Milk havia gravado uma fita que seu amigos tocariam quando soubessem da notícia de sua morte. Em um ato de audácia política, ele se declarou em sua gravação um ativista do

---

[731] HUNT, 1999, p. 64.

[732] N.T: no original, California Teachers Association; sindicato local de professores, existente há mais de 150 anos.

[733] *Ibidem*, p. 66.

[734] GLUCKMAN; REED; 1997, p. 231-232.

[735] N.T: no original, *city hall*. Nas cidades estadunidenses, o executivo e legislativo operam no mesmo edifício, que serve como sede de governo. Por isso, não é estranho, "supervisores", membros do "conselho da cidade", e "vereadores" estarem na Prefeitura.

movimento gay comprometido até o fim, nomeou e ridicularizou políticos gays moderados que evitaram e reprimiram lutas ao invés de as liderarem e, depois, indicou aqueles que deveriam ser seus sucessores e os que não, conforme ele acreditava, no caso do seu assassinato. Por fim, ele reiterou um sentimento que havia expressado muitas vezes durante a campanha, "Que a bala que estourar o meu cérebro abra cada porta de armário na América".[736] Como se atendessem ao seu chamado, pelo menos quarenta mil LGBTs e héteros marcharam numa procissão fúnebre pelas ruas de São Francisco.[737] O assassino de Milk, White, foi tratado como um herói pela polícia local, que havia violentado a comunidade gay por anos. White foi sentenciado a sete anos de prisão por homicídio (dos quais cumpriu cinco) em vez de assassinato premeditado, e a punição leve do júri deflagrou a fúria por toda a cidade. Milhares saíram às ruas ao ouvirem o veredito, entoando "Queremos justiça" e "Lembrem de Harvey Milk". Eles viraram e incendiaram viaturas da polícia e estilhaçaram as lindas portas de vidro da Prefeitura.[738] A polícia respondeu violentamente, invadindo o bar gay Elephant Walk e espancando os clientes. Cem gays e lésbicas foram hospitalizados no que veio a ser conhecido como a "Revolta da Noite de White"[739].[740] A jovem de 21 anos Nina D'Amato escreveu o seguinte sobre a sua participação na revolta, em uma carta para seu irmão gêmeo, Paul:

---

[736] Extraído de CRUIKSHANK, Margaret. *The Gay and Lesbian Liberation Movement*. Nova York: Routledge, 1992, p. 73.
[737] SHILTS, 1988, p. 281.
[738] EPSTEIN, Rob. *The Times of Harvey Milk*. Documentário. São Francisco, CA: New Yorker Studios, 1984.
[739] N.T: no original, *White Night Riots*.
[740] CRUIKSHANK, 1997, p. 74.

Eu participei de uma revolta com cerca de 10 mil pessoas (10 mil pessoas, isto é, humanóides de quase todas as idades, raças e preferências sexuais, e não apenas 5 mil *gays*) que começou no Centro Cívico. Você provavelmente lerá que a revolta começou como resultado do veredito de Dan White, o que é verdade, mas se tornou muito mais do que isso. [...] Nós estamos MARAVILHADOS e HORRORIZADOS por nos encontrarmos no meio do que parece a DESTRUIÇÃO do JEITO AMERICANO CAPITALISTA DEMOCRÁTICO E CONSTITUCIONALMENTE SANTIFICADO... ou algo assim... As vidraças da prefeitura foram quebradas (são muitas vidraças), então a tropa de choque cercava o prédio. Eles ficaram ocupados sob muitas ameaças verbais e os estilhaços que jogaram neles, então [...] todos começaram a destruir tudo à vista e a pôr fogo em toda viatura que estava dentro de um quilômetro e meio de distância. Foi ótimo. Foi incrível como todo mundo trabalhou junto – a maioria dos prédios do Centro Cívico foi destruída (quebraram as vidraças em grande parte) mas todos concordaram em não tocar na biblioteca, e ela não foi tocada. Quando a polícia começou as perseguições, setores da multidão eram avisados e se ajudavam imediatamente (desta forma, muito poucos ficaram machucados). Foi tão estranho, as pessoas gritavam "Matem os Porcos" etc. enquanto corriam deles, mas caíam na risada ao encontrar um lugar seguro. [...] Eu acho que quase qualquer um que estava bravo com alguma coisa apareceu (Você sabia que aquele cuzão defendia a pena de morte??) [...] A minha agência do banco teve todas as suas vidraças quebradas.[741]

---

[741] Esse trecho da carta de Nina D'Amato é publicado aqui pela primeira vez, com a permissão de seu irmão, Paul D'Amato. Tragicamente, 15 anos após a rebelião, Nina D'Amato morreu em decorrência de complicações da AIDS, por causa de uma transfusão de sangue. Essa jovem, que demonstrou solidariedade com gays e lésbicas na sua ju-

Um aspecto fascinante do relato empolgante de Nina sobre a revolta é quão facilmente o que era uma explosão ostensivamente em resposta a um veredito antigay se tornou um conflito maior contra as forças políticas e econômicas que restringem a vida de todos da classe trabalhadora. A polícia, o centro do poder municipal e os bancos foram alvos enquanto a biblioteca não foi; e as pessoas na multidão se identificaram e ajudaram umas às outras. Em outras palavras, a explosão de fúria daquela noite não foi só contra um sistema que sentenciou punição mínima ao assassino de um popular líder gay, mas também um ataque aos símbolos de poder e riqueza.

Se organizando em tempos de retração

A longo prazo, o impacto do boicote à Coors, a batalha contra Briggs e a resposta ao assassinato de Harvey Milk continuaram a moldar a consciência das ativistas LGBT até mesmo durante a retração de manifestações das décadas de 1980 e 1990. Após a Revolta da Noite de White, a organização entre gays e sindicalistas cresceu, o que por vezes expressava as divisões de classe dentro da comunidade LGBT. Um setorial de gays e lésbicas do Sindicato Local 2 dos Empregados de Bares e Restaurantes de Hotel[742], sediado no bairro do Castro, publicou um boletim chamado Dishrag[743] para expressar o seu descontentamento com os constantes baixos salários pagos pelos donos de bares gays e o assédio homofóbico sofrido pelos funcionários do Sindicato Local 2. Nele, os trabalhadores afirmavam:

---

ventude, morreu de uma doença cuja infecção global foi possibilitada pela indiferença e pela homofobia governamentais.

[742] N.T: no original, Hotel Restaurant and Bar Employees Union Local 2.
[743] N.T: em português, "pano de prato".

Nós NÃO somos os mascotes gays da atual administração do sindicato, facilitando o caminho para uma política sindical que constrói a sua receita enquanto desrespeita pessoas e instituições dentro da comunidade gay. TAMBÉM NÃO somos nós que estamos em conluio com os donos de bar representados pelo Guilda dos Taberneiros[744], que promove uma falsa 'Unidade Gay' que garante lucros, mas não salários, benefícios ou condições decentes de trabalho para os funcionários gays. [...] Não escolheremos mais entre estabilidade de emprego e o simples respeito e apoio por ser gay – nós queremos tudo isso.[745]

A campanha do sindicato contra um café na Rua Castro, cujo dono era gay, despertou as tensões de classe entre trabalhadoras LGBT e patrões, que lutaram num piquete por seis meses. Como um grevista colocou, "Foi a primeira greve na parte gay da Castro. E não foi fácil. Ela deixou um gosto amargo na boca de muitos por um tempo".[746] Foi a primeira vez que as divisões entre as classes sociais estavam tão rigidamente demarcadas no coração do gueto gay, e que muitas das trabalhadoras LGBT classistas começaram a se unir aos sindicalistas.

O Departamento dos Sindicatos Industriais da Federação Americana do Trabalho e Congresso de Organizações Industriais (AFL-CIO),[747] que supervisiona a organização de trabalhadores da construção civil, posicionou-se contra a discriminação homofóbica em 1982, muitos antes da maioria das cidades e dos estados.

---

[744] N.T: no original, Tavern Guild; sindicato patronal dos donos de bar.
[745] Extraído de HUNT, 1999, p. 90.
[746] *Ibidem.*
[747] N.T: no original, AFL-CIO's Industrial Unions Department. A sigla em inglês corresponde a American Federation of Labor and Congress of Industrial Organizations.

Um ano depois, a convenção nacional da AFL-CIO votou unanimemente em favor dos direitos gays, o que tem sido reafirmado desde então.[748] Wallace e outros veteranos dessas primeiras brigas prosseguiram na fundação do comitê LGBT oficial do movimento sindical, Orgulho no Trabalho.

A marcha em Washington de 1987 deu uma oportunidade aos sindicalistas LGBT de esquerda, alguns dos quais eram socialistas organizados, de se conhecerem e começarem a coordenar atividades dentro do movimento sindical para expandir as iniciativas contra discriminação a mais locais de trabalho e sindicatos. Muitas vezes, tais grupos eram inicialmente pequenos e recebiam pouco ou nenhum financiamento sindical. Por exemplo, em 1989, somente 10 dos 135 mil membros do Conselho Distrital 37[749] de Nova York se reuniram para criar um setorial representando os funcionários da cidade e do estado.[750] A perspectiva deles de vincular direitos trabalhistas e gays, levou-os a parcerias próximas com outras organizações de minorias, como a Coalizão de Mulheres Sindicalistas[751] e Coalizão de Sindicalistas Negros,[752] para lutarem em disputas locais visando ganhos concretos. Howard Wallace foi nomeado por César Chávez, presidente da associação Trabalhadores Agrícolas Unidos (UFW),[753] composta em sua maioria por latinos, para ser o agente de articulação em tempo

---

[748] GLUCKMAN; REED, 1997, p. 224.

[749] N.T: no original, *District Council 37*; sindicato dos funcionários públicos de Nova York, vinculado à *American Federation of State, County and Municipal Employees* (AFSCME), federação sindical nacional dos funcionários públicos dos EUA.

[750] HUNT, 1999, p. 72.

[751] N.T: no original, Coalition of Labour Union Women.

[752] N.T: no original, Coalition of Black Trade Unionists.

[753] N.T: no original, United Farm Workers.

integral das LGBTs, com o objetivo de espalhar a informação sobre um boicote ao consumo de uvas, enquanto a UFW oferecia apoio às questões gays e lésbicas.[754] Organizações LGBT começaram a surgir em diferentes locais de trabalho para exigir benefícios de união estável, o que assumiu uma nova urgência, particularmente para homens gays, em uma sociedade sem um sistema de saúde universal e no meio da crise da AIDS. O caso de Nat Keitt, um bibliotecário negro e gay de Nova York, que lutou pela extensão de seu plano de saúde ao seu parceito vitimado pela AIDS foi registrado no documentário de 1996 *Out at Work*. Keitt e outros trabalhadores LGBT, inclusive o eletricista que não era assumido, Ron Wood, aproveitaram de suas lutas contra a discriminação no trabalho para promover o lançamento nacional do Orgulho no Trabalho, em 1994, grupo que foi reconhecido como parte da AFL-CIO em agosto de 1997.[755]

O coerente compromisso do Orgulho no Trabalho em lutar pelos direitos LGBT nos locais de trabalho estadunidenses coincidiu com o declínio contínuo da sindicalização, a ofensiva dos empregadores para ampliar os lucros à custa das vidas dos trabalhadores e o estrangulamento das lideranças sindicais e dos ativistas dos movimentos sociais progressistas promovido pelo Partido Democrata. Como analisado anteriormente, a estratégia de recorrer aos democratas sem mobilizar pressões de massa não foi eficaz. Embora a sindicalização tenha subido ligeiramente em 2008, para incluir 12,6% da força de trabalho estadunidense (mais de dezesseis milhões de trabalhadores), ela está num declínio constante desde 1979.[756] Isso deixa a imensa maioria dos trabalhadores fora

---

[754] *Ibidem*, p. 71-72.

[755] *Ibidem*, p. 77-80.

[756] SULLIVAN, Meg. "UCLA: U.S. Union Rates Up Substantially in 2008 for First Time Since 1970s, Study Shows". UCLA *news*. Publicado em:

da proteção sindical, na qual os salários e benefícios tendem a ser melhores. A predisposição dos líderes sindicais e dos movimentos sociais de acreditar nos democratas como o veículo principal para mudança tem significado que não houve nenhuma estratégia combativa para conquistar a lei contra a discriminação no trabalho, a ENDA, que segue definhando no Congresso por mais de três décadas. Como a socialista Lance Selfa escreve,

> Historicamente, o sistema bipartidário tem desempenhado o papel de amortecedor, tentando liderar ou cooptar o eleitorado impaciente. Visa controlar a mudança política para que esta ocorra num ritmo que o grande empresariado possa admitir. Pela maior parte do século passado, o Partido Democrata tem sido o mais bem-sucedido em desempenhar esse papel de amortecedor.[757]

Talvez, o que chama mais atenção para os trabalhadores LGBT seja o crescimento constante de empresas oferecendo benefícios de união estável. O jornal independente, semanal e sindicalizado de Nova York, o *Village Voice*, tornou-se em 1982 a primeira empresa a garantir direitos iguais para os parceiros não-casados de seus empregados independente da orientação sexual.[758] Hoje, milhares de empresas oferecem benefícios de união estável, independentemente de seus funcionários serem sindicalizados. Mas estes benefícios são vistos muitas vezes de maneira equivocada: como uma necessidade especial para casais do mesmo sexo, quando, na verdade, a maioria dos beneficiários são héteros. Na maioria dos

---

31 de agosto de 2008. Disponível em: http://newsroom.ucla.edu/portal/ucla/PRN-u-s-union-memberships-up-substantially-56265.aspx [link indisponível na data de publicação da edição brasileira].
[757] SELFA, 2008, p. 88.
[758] HUNT, 1999, p. 109.

trabalhos que os oferecem, 1 a 5% dos trabalhadores os requerem. Normalmente, 50 a 70% dos que aproveitam tais benefícios são casais heterossexuais não-casados.[759] As reclamações homofóbicas e não científicas das companhias de planos de saúde de que os gays são mais caros de manter por conta da AIDS, frequentemente as faz acrescentar uma sobretaxa às empresas e administrações públicas que oferecem tais benefícios aos seus empregados. Contudo, esta sobretaxa é muitas vezes restituída ao final do ano fiscal, provando que tais temores são infundados. Na verdade, a cidade de West Hollywood economizou efetivamente 65 mil dólares nos primeiros seis meses de oferta desses benefícios.[760]

O baixo custo dos benefícios de união estável para os empregadores é um motivo relevante do porquê milhares de empresas, universidades e cidades os oferecem hoje. Outro motivo é o elemento de falsa benevolência. Como há um grande númeors de LGBTs saindo do armário, e os casais héteros jovens abdicam ou adiam o casamento, a "América Corporativa" encontra nesses benefícios uma maneira de se apresentar como conservadores de mente aberta, com consciência social. Cerca de 90% das quinhentas maiores empresas de sociedade aberta, os *Fortune* 500,[761] proíbem a discriminação de gays e lésbicas no trabalho, enquanto mais de 50% concedem planos de saúde para parceiros em união estável.[762] Quanto mais lucrativa a empresa for, mais provável que os conceda. O fato de que os CEOs de alguns desses conglomerados tenham se comprometido com legislações a favor dos gays é,

---

[759] *Ibidem*.

[760] *Ibidem*, p. 110.

[761] N.E: Lista dos 500 mais ricos da revista *Fortune*.

[762] Ver HUMAN RIGHTS CAMPAIGN. "GLBT Equality at the Fortune 500". Disponível em: http://www.hrc.org/issues/6989.htm [link indisponível na data de publicação da edição brasileira].

contudo, na maioria das vezes uma expressão de suas inescrupulosas políticas de negócios. Em uma sociedade em que os gays e as lésbicas estão tanto nas salas de reunião do conselho empresarial quanto no chão de fábrica, as corporações competem umas com as outras por talento – independentemente da identidade sexual. Diante da proposta de uma lei contra as LGBTs em Indiana, por exemplo, a gigante farmacêutica Eli Lilly avaliou da seguinte maneira: "Dados os grandes esforços que a Lilly tem para atrair e manter os maiores talentos de todo o mundo, nós nos opomos a qualquer lei que possa prejudicar a nossa habilidade de oferecer benefícios trabalhistas competitivos ou impactar negativamente as nossas contratações e permanências".[763]

No entanto, a Exxon Mobil e o WalMart, que durante anos alternaram a primeira e segunda colocações na lista "Fortune 500", continuam a discriminar as LGBTs no trabalho, o que expõe o fato de que até mesmo esses direitos não vêm fácil. Organizações de LGBT em trabalhos de escritório e, muitas vezes, em empresas sem representação sindical têm sido fundamentais em pressionar por reformas. Não é coincidência que alguns dos mais rápidos crescimentos em regras e benefícios contra a discriminação no trabalho se deram nos momentos altos das lutas LGBT, durante o começo do movimento da AIDS da década de 1990, quando uma rede de empregados surgiu para organizar e defender as LGBTs.[764] Mas, com a desmobilização dos movimentos combativos, que conta-

---

[763] HUMAN RIGHTS CAMPAIGN. "The State of the Workplace for Gay, Lesbian, Bisexual and Transgender Americans 2006-2007". P. 4. Disponível em: http://www.hrc.org/documents/State_of_the_Workplace.pdf [link indisponível na data de publicação da edição brasileira].

[764] RAEBURN, Nicole. *Changing Corporate America from Inside Out: Lesbian and Gay Workplace Rights*. Minneapolis, MN: University of Minnesota Press, 2004, p. 24.

vam com o Governo Clinton para entregar uma reforma sem luta, muitos trabalhadores ativistas aderiram a uma linha de ação de "mobilização discreta" e de "profissionalismo" – em outras palavras, reuniões de bastidores ao invés de protestos.[765] Quando a emissora ABC exibiu o histórico episódio de TV no qual Ellen Degeneres se assume lésbica no seu seriado de comédia, *Ellen*, em 1997, 42% dos estadunidenses acreditavam que locais de trabalho igualitários para as LGBT já existiam.[766] Em resposta a esta visão equivocada, a Campanha dos Direitos Humanos (HRC) tentou transmitir um anúncio que explicava que 41 estados ainda discriminavam minorias sexuais no trabalho. Mas a ABC não os permitiu comprar um tempo de transmissão nacionalmente, limitando o alcance do anúncio a um público restrito. A direita conservadora protestou contra o programa e contra o anúncio. Eles alegavam que era uma defesa de "direitos especiais" para os gays e continuam até hoje a promover essa ficção.

Mitos sobre a homofobia negra

Uma parte da população dos EUA tem sido apontada na mídia como sendo particularmente homofóbica – a negra. Se isso fosse verdade, constituiria-se num obstáculo significativo para a união de classe em uma população onde quase 13% são afroamericanos. Contudo, pesquisas mostram uma diferença pequena entre as raças nos posicionamentos em relação às LGBTs e indicam que pessoas de todas as raças entre 18 e 34 anos têm opiniões mais favoráveis à questões que afetam diretamente as LGBTs do que aquelas com mais de 65 anos.[767] Na verdade, acerca da ampliação das leis

---

[765] *Ibidem*, p. 38.
[766] *Ibidem*, p. 61.
[767] HARRIS INTERACTIVE, 2008.

de crimes de ódio para incluírem LGBTs, 71% dos afroamericanos a aprovam, muito mais do que os outros grupos raciais entrevistados (em comparação, 61% de brancos e latinos a aprovam).[768] Em outras questões, como a dos direitos à adoção e à permissão para gays e lésbicas assumidos servirem no Exército, negros e brancos divergem por um ou dois pontos percentuais.[769]

Na sequência da histórica vitória presidencial de Barack Obama, em 2008, surgiu uma narrativa falsa e reacionária que culpava os eleitores negros pela proibição do casamento gay, a "Proposição 8", que passou na Califórnia com uma margem de 52 a 48% de aprovação. Enquanto a Flórida e o Arizona também não aprovaram o casamento igualitário, a votação na Proposição 8 no estado progressista da Califórnia foi largamente atribuída ao enorme aumento de eleitores negros, 70% dos quais estavam de acordo com a proibição, segundo as pesquisas de boca de urna, revertendo a decisão da Suprema Corte do estado, de maio de 2008, que permitia o casamento de gays e lésbicas. Os muito divulgados números da pesquisa de boca de urna são contestados por um estudo de janeiro de 2009 encomendado pela Força Tarefa Nacional Gay e Lésbica (NGLTF), que conduziu uma análise aprofundada dos resultados da votação em vários condados da Califórnia. Os pesquisadores descobriram que 57 a 59% dos afroamericanos votaram a favor da Proposição 8, e não 70%. Além disso, quatro pesquisas pré-eleitorais, sobre a opinião dos negros quanto a Proposição 8, mostravam um apoio de 41 a 58%.[770] As pesquisas de boca de urna apontavam que 53% dos latinos votaram pela proibição,

---

[768] *Ibidem*, p. 22.

[769] *Ibidem*.

[770] EGAN, Patrick; SHERRILL, Kenneth. "California's Prop 8: What Happened and What Does the Future Hold?". NGLTF. Publicado em: janeiro de 2009. Disponível em: http://haasjr.org/design/plain/down-

assim como cerca de 49% dos eleitores brancos.[771] A população negra do estado é de 6,2% e corresponde a 10% de todos os votos. Em outras palavras, culpar os afroamericanos pela aprovação do referendo é ignorar 90% dos votos.

Isso também ignora a história recente. A julgar pela pelas pesquisas, se tivesse havido uma campanha assumida a favor dos direitos civis, haveria a possibilidade de um resultado diferente. O estudo mais recente e abrangente da posição de negros quanto à homossexualidade, que reúne 31 pesquisas nacionais de 1973 a 2000, chegou a uma conclusão fascinante. Esta pesquisa, feita no estado da Geórgia, descobriu que "negros parecem ser mais propensos do que os brancos a *tanto* a ver a homossexualidade como algo negativo *quanto* a apoiarem leis de direitos dos gay",[772] indicando que a religiosidade dos afroamericanos faz com que muitos acreditem que a homossexualidade é um pecado, enquanto suas próprias experiências com a opressão os leva a se oporem à discriminação. Isso veio à tona nas eleições de 2004, quando em seis estados que votaram pela proibição do casamento igualitário e tinham uma população negra significativa, os negros eram um pouco *menos* propensos do que os brancos a votar nela.[773]

Nacionalmente, 55% dos estadunidenses aprovam as "parcerias ou uniões oficializadas de gays e lésbicas",[774] uma mudança

---

loads/Proposition8Study.pdf [link indisponível na data de publicação da edição brasileira].

[771] WOHLSEN, Marcus. "Exit Poll: Black Voters Back Calif. Marriage Ban". *Associated Press*. Publicado em: 5 de novembro de 2008.

[772] STEWART-WINTER, Timothy. "Gay Marriage and the Black Vote". *Los Angeles Times*. Publicado em: 14 de agosto de 2008.

[773] *Ibidem*.

[774] NEWSWEEK POLL. *PollingReport.com*. Publicado em: 3 e 4 de dezembro de 2008.

considerável em apenas alguns anos. Se os ativistas tivessem publicamente demonstrado a pertinência do casamento gay, uma maioria multiracional poderia ser conquistada nos próximos anos. Os dados da boca de urna da Califórnia não explicam a parte mais importante da história de como tantos cidadãos negros, pardos e brancos da Califória – que votaram majoritariamente no primeiro presidente afroamericano por uma margem de 56 a 37% – também apoiaram a retirada de direitos civis de lésbicas e gays. O motivo crucial foi a estratégia ineficaz das forças pró-casamento gay, que acompanharam a posição equívoca do Partido Democrata – e de Barack Obama – nesta questão. Enquanto se opunham formalmente à Proposição 8, Obama e seu vice, Joe Biden, deixaram claro durante a campanha os seus desconfortos e oposição ao casamento igualitário. Parece sensato presumir que o resultado do referendo da Proposição 8 teria sido muito diferente se Obama tivesse se declarado contrário, considerando a sua popularidade.

Apesar da quantia de dinheiro impressionante e sem precedentes arrecadada para combater o referendo – o lado que estava a favor da igualdade reuniu 43.600 milhões de dólares, frente aos 29.8 milhões de dólares das forças contrárias ao casamento gay -, o lado que dizia "não" à Proposição 8 perdeu. A coalizão estadual do "Não à 8" não usou o dinheiro para uma campanha de trabalho de base. Ela não convocou os ativistas para fazer ligações, bater de porta em porta e realizar comícios ou ações de denúncia pública do preconceito embutido nesse projeto. Apesar disso, em alguns casos, mais notavelmente o da Associação de Professores da Califórnia, os ativistas tomaram a iniciativa de fazerem isso por conta própria.

Proeminentes afroamericanos como a viúva de Martin Luther King, Coretta Scott King, e o ativista dos direitos civis, Al Sharpton, manifestaram-se com frequência em favor dos direitos civis dos gays, incluindo o casamento, e alertaram várias vezes sobre as táticas divisionistas da direita. Sharpton foi um participante assíduo em comícios do ACT UP e em marchas pelo financiamento do combate à AIDS no final da década de 1980 e começo de 1990. O reverendo Jesse Jackson, há muito tempo apoiador dos direitos LGBT, teve posicionamentos titubeantes acerca do casamento gay. Ainda assim, opõe-se a qualquer proibição. Em um importante discurso na Faculdade de Direito de Harvard, Jackson fez questão de separar as lutas por direitos civis dos negros da dos gays com o argumento de que como os gays nunca foram escravizados ou tiveram seus direitos eleitorais negados, eles não deveriam fazer campanhas por reformas nos mesmos termos que o movimento dos Direitos Civis. Porém, como afirmaram os membros da Coalizão Nacional pela Justiça dos Negros[775], alguém não precisa experienciar a mesma história de opressão para "compartilhar de um denomidador comum" e exigir direitos civis.[776]

O legado da organização ao redor das políticas de identidade nos Estados Unidos leva frequentemente a uma infrutífera "Olimpíada de opressões", nas quais diferentes grupos competem, de certa forma, para ver quem fica o mais abaixo no ranking. Parece ser um empreendimento político inútil, pois só espelha o ordenamento ideológico da classe dominante, a quem essas divisões ainda interessam, por isso, persistem. A singular história da escravização de afroamericanos e a persistência de uma desumanização sistemática com base na cor da pele estão inegavelmente entrança-

---

[775] N.T: no original, *National Black Justice Coalition*.

[776] CURTIS, Christopher."Jesse Jackson: Gay Marriage Rights Are Not Civil Rights". *Gay.com*. Publicado em: 17 de fevereiro de 2004. Disponível em: http://planetout.com/news/article/html?date=2004/02/17/6 [link indisponível na data de publicação da edição brasileira].

das por todo o tecido da sociedade estadunidense e se expressam em muitos de seus aspectos. Defender direitos civis para as LGBTs não diminui a opressão e a luta dos negros; ao contrário, tiram-se lições delas e se expande a concepção de justiça da sociedade. A chave para libertação não está no ranqueamento de opressões, mas em elaborar estratégias para unir os oprimidos.

Quando a crise da AIDS veio à tona no começo da década de 1980 nos Estados Unidos, as suas primeiras vítimas foram em grande parte homens gays brancos e usuários de drogas intravenosas. Hoje, a cara da AIDS nos Estados Unidos é, cada vez mais, negra. Os últimos dados sobre HIV/AIDS no país do Centro de Controle de Doenças mostram que 49% dos novos infectados com HIV são negros, e mais de metade deles são homens gays ou bissexuais; e que a taxa de infecção entre mulheres negras é quinze vezes maior que a de mulheres brancas.[777] Uma líder dos direitos civis, a afroamericana Julian Bond, afirma que, "A nossa incapacidade de falar sobre sexo e, mais especificamente, sobre a homossexualidade, é o maior empecilho para a prevenção da transmissão da AIDS na nossa comunidade. A intolerância levou os nossos amigos e vizinhos gays à invisibilidade. Homens levando vidas duplas – 'discretamente' – colocam nossas mulheres em risco extremo".[778] Bond está certa, apesar de ter havido algum avanço e de novas iniciativas terem sido empregadas na comunidade negra para ensinar as pessoas e incentivar a luta pelo financiamento do combate a AIDS, com um pouco de apoio federal. O alto custo de remédios para o tratamento da AIDS e o número desproporcional

---

[777] "HIV/AIDS and African Americans". *Centers for Disease Control and Prevention*. Disponível em: http://www.cdc.gov/hiv/topics/aa/index.htm [link indisponível na data de publicação da edição brasileira].

[778] BOND, Julian. "Black America Must Confront AIDS". *Washington Post*. Publicado em: 14 de agosto de 2006.

de negros que não têm acesso a assistência médica gera uma combinação mortal.

Uma expressão do racismo continuado nos Estados Unidos é a única e inteira responsabilização das igrejas negras por sua homofobia e inação diante da AIDS. De maioria branca, a Igreja Católica, assim como as igrejas negras, também virou as costas para os vitimados pelo HIV/AIDS e demonizou o estilo de vida de todos aqueles tiveram mortes horríveis sem qualquer amparo da sociedade – o que explica porque suas instituições e principais clérigos foram alvo de alguns dos protestos mais acalorados no final da década de 1980 e começo da de 1990. Contudo, a enorme riqueza da Igreja Católica, em contraste gritante com a maioria das igrejas negras, torna sua parcela de culpa muito pior.

A direita cristã não esteve sozinha ao usar táticas de dividir para conquistar. Andrew Sullivan, autodenominado "ovelha negra" da direita gay e antigo editor da revista *New Republic*, alimentou a ideia de uma homofobia própria dos negros. Em uma entrevista com Charlie Rose, ele insistiu, "Por que nós iríamos querer nos envolver com a comunidade negra? Afinal, eles são muito mais homofóbicos do que os brancos".[779] A historiadora negra, lésbica e feminista, Barbara Smith, o confrontou de maneira brilhante:

> Eu acredito que lésbicas e homens gays brancos e racistas gostam de fingir que as pessoas não-brancas[780] são mais homofóbicas do que

---

[779] Extraído de GLUCKMAN; REED, 1997, p. 200.

[780] N.T: no original, *people of color*. Em inglês, "pessoas de cor" ou só "de cor" não tem o mesmo sentido pejorativo que no Brasil ou em português, mas designa todas as pessoas não brancas, como negros, indígenas, orientais e, até mesmo, "latinos". Já o o uso do termo "colorido" (*colored*) é considerado ofensivo nos EUA por ser a designação empregada para a segregação racial.

as brancas como uma desculpa para não trabalharem com pessoas não-brancas ou para não resolverem os problemas que as concernem. O fato de que a direita é mais de 99% branca não parece fazer nenhuma diferença em suas avaliações. A homofobia institucionalizada nesta sociedade é um monopólio definitivamente branco. E quando vemos exemplos de homofobia vindos de pessoas não-brancas, o que esses casos deveriam estimular as pessoas é a ampliação da solidariedade com lésbicas e homens gays não-brancos para que possamos combater a homofobia onde quer que ela apareça.[781]

Aqui, Smith não está apenas confrontando o racismo implícito na ideia de que negros são de alguma maneira mais homofóbicos do que os brancos. Ela também suscita um elemento fundamental para ser considerado pelos gays progressistas, para que façam algo a respeito. A menos que as lutas LGBT se solidarizem às lutas das pessoas não-brancas, as lutas gays não só serão menos diversas, como também terão menos chances de serem exitosas, especialmente porque a sociedade estadunidense começa a se tornar cada vez mais multirracial.

A luta por reformas

Uma questão levantada pelas lutas do passado recente é se os ativistas deveriam lutar por reformas *ou* por revolução. Como foi declarado anteriormente, a mudança gradual e a transformação completa podem ser recíprocas, isto é, conquistar melhorias aqui e ali costuma conduzir aos tipos de métodos organizativos e à confiança para se lutar por mais. A conquista do fim da patologização da homossexualidade em 1973 abriu as portas para melhorias futuras, e a batalha continua até hoje.

---

[781] *Ibidem.*

Se o presidente Obama cumprir sua promessa de revogar o "Não pergunte, não conte", a proibição às LGBTs assumidas de servirem no exército, seria uma conquista, apesar do papel reacionário das forças armadas dos EUA. A eliminação da proibição seria uma reforma que os ativistas LGBT poderiam usar para promover uma ampla discussão sobre direitos para as minorias sexuais. A lógica hipócrita de permitir que LGBTs tenham direito para matar ou morrer pelo "Império Estadunidense", enquanto negam os direitos básicos de casamento e trabalho, estaria exposta. Não é preciso apoiar as ações do Exército ou incentivar alguém a servir em suas tropas para se aproveitar do reconhecimento dos direitos LGBT pelo governo federal em uma determinada instância para exigir direitos iguais em todas. O fato de dois terços da população dos EUA serem a favor da revogação do "Não pergunte, não conte" corresponde a uma consideração pelas LGBT entre estadunidenses comuns maior do que a que existe nos altos escalões do poder.[782]

Uma vitória como essa também poderia levar ao questionamento das normas de gênero. Apesar de a questão dos gays no Exército não ser comumente tratada como uma questão desafiadora aos papéis de gênero tradicionais, isso está implícito. Noções estereotipadas de como as mulheres e os homens deveriam ser são subvertidas pelo reconhecimento da capacidade de transgressores de gênero e sexualidade em servirem junto a todos os outros. Essa reforma aparentemente ambígua põe em questão as crenças sociais mais gerais dentro de uma das instituições mais retrógradas nos Estados Unidos, o Exército.

Diante de protestos de massa para reverter referendos contrários ao casamento gay, especialmente a Proposição 8 da Califórnia, algumas pessoas de esquerda ficam nauseadas. O colunista da revista *Nation*, Alexander Cockburn, chamou de um "desvio

---

[782] HARRIS INTERACTIVE, 2008, p.

no caminho da liberdade", e a teórica *queer* Judith Butler expressou incômodo pela "noção de um movimento alternativo estar morrendo".[783] Por que, perguntam eles, os radicais devem ser tão inflexíveis na defesa do direito de gays e lésbicas entrarem em uma instituição que é decididamente tradicional e atrelada ao Estado e à religião?

A decisão de alguns de se afastarem ou até de se oporem à emergente explosão de indignação que exige o casamento gay está equivocada. O casamento igualitário é um direito civil que deve ser defendido sem hesitação pelos socialistas e outras pessoas de esquerda – não só pelo interesse como um benefício material e social dentro do capitalismo, mas porque a reforma não é uma barreira para lutas futuras – ao contrário, pode abrir portas para elas.

Alguns fatos precisam ser elucidados para tirar os equívocos do caminho. Por causa da Lei de Defesa do Matrimônio (DOMA) do período Bill Clinton, que definia o casamento como o de um homem e uma mulher aos olhos do governo federal, nenhum dos direitos e benefícios que os casais LGBT têm hoje em alguns estados – sejam através de casamentos legais, uniões civis ou estáveis – são reconhecidos na maioria dos outros estados. As assim chamadas de "mini-DOMAs", que passaram em mais de quarenta estados, garantem que casais do mesmo sexo percam quaisquer direitos que tinham ao entrar em em estados onde essas leis vigoram".[784] Em outras palavras, casais LGBT legalmente casados não são assim

---

[783] COCKBURN, Alexander. "Gay Marriage: Sidestep on Freedom's Path". *CounterPunch*. Publicado em: 21-20 de março de 2004. Disponível em: http://www.counterpunch.org/cockburn.03202004.html [link indisponível na data de publicação da edição brasileira].

[784] O site da Campanha dos Direitos Humanos tem uma lista das leis sobre casamento e suas restrições de cada estado dos EUA. Disponível em: http://www.hrc.org.

reconhecidos em quase todos os estados do país. A DOMA permite que os estados, bem como o governo federal, desconsiderem legalmente o estado civil de casamentos, uniões civis ou estáveis de casais do mesmo sexo.

Além disso, até mesmo os casamentos gays legais em Massachusetts, por exemplo, só dispõem os direitos e benefícios deste estado – e não os referentes a aposentadoria, seguro saúde, licença familiar,[785] assistência médica, pensão por deficiência ou alistamento, ou os outros 1.049 direitos e benefícios federais previstos aos cônjuges heterossexuais.[786] Cônjuges gays que saem do estado em férias perdem seus direitos no momento em que cruzam a fronteira estadual. Assim, se uma parceira de um casal lésbico de Massachusetts, em férias na Pensilvânia, sofre um grave acidente e precisar de hospitalização, sua esposa não tem nenhum direito legal de visitação ou, em caso de invalidez, o direito de tomar qualquer decisão em seu nome até que a paciente seja deslocada para um estado que reconheça o seu casamento. Em caso de morte, ela não receberia nenhum benefício dos que são previstos aos cônjuges heterossexuais, não importa o estado; ela poderia ser tributada em 50% sobre toda a herança, sem estar apta para receber a isenção federal prevista aos casados.[787] Além disso, sem direitos federais para os casamentos igualitários, os imigrantes LGBT que se apaixonam por cidadãos estadunidenses não possuem o direi-

---

[785] N.T: no original, *family leave*. Poderia ser aproximado a licença maternidade, mas diz respeito ao direito a saída do trabalho durante determinado período, com remuneração, para cuidar de familiares doentes ou de novos filhos.

[786] KOTULSKI, Davina. *Why You Should Give a Damn About Gay Marriage*. Los Angeles: Alyson Publications, 2004. Ver cap. 5, "Why Marriage Lite Doesn't Work."

[787] *Ibidem*, p. 39.

to de se mudarem para os Estados Unidos para ficarem com os seus parceiros.

Para um casal com direitos de união estável ou união civil, se o esposo falecido for o pai biológico de um dos filhos do casal, a não ser que o parceiro vivo tenha dinheiro para adotar a criança legalmente, ele pode perder a guarda de seus filhos.

É curioso que a única vez que o governo federal reconheceu relacionamentos entre pessoas do mesmo sexo foi depois do "11 de setembro de 2001", quando as LGBTs que perderam seus parceiros nas Torres Gêmeas e no Pentágono lutaram exitosamente para conseguir as indenizações pagas aos esposos. O governo cedeu diante da indignação organizada como parte de uma tentativa de conquistar o apoio de gays e lésbicas para sua vingança imperialista no Oriente Médio.[788]

A geração que participou da Rebelião de Stonewall, em 1969, que deu início ao moderno movimento pela libertação gay, está se tornando, e alguns deles já o são, cidadãos da terceira idade. Se o supervisor da cidade de São Francisco, Harvey Milk, não tivesse sido assassinado há 31 anos atrás, ele estaria com 79 anos hoje. Sem os benefícios do casamento igualitário, os gays idosos enfrentam muitas e muito assustadoras dificuldades financeiras, entre as quais estão não ter nenhum direito legal para decidir o que acontece depois da morte de um parceiro com quem viveram décadas – sem funeral, enterro, cremação ou doação para ciência, ou onde e se o corpo será sepultado.

Em resumo, aos parceiros do mesmo sexo seriam negados direitos que são concedidos aos cônjuges heterossexuais que juntam os trapinhos bêbados numa noitada em Las Vegas. A noção, comum a algumas pessoas de esquerda, de que a direita, que investiu milhões para aprovação da Proposição 8, tenta forçar a monoga-

---

[788] *Ibidem*, p. 47-48.

mia goela abaixo dos gays é equivocada. Considere o que o troglodita republicano Newt Gingrich tinha a dizer sobre a vitória contra o casamento gay na Califórnia:

> Eu acredito que há neste país uma forma de fascismo gay e laico que quer impor a sua vontade sobre todos nós e que está pronto para se utilizar de violência, de intimidação. Eu acredito que ele está pronto para usar o governo, se puder obter o controle dele. Eu acredito que isto é uma ameaça muito perigosa para qualquer um que acredita na religião tradicional.[789]

A oposição da direita ao casamento gay tem a ver com o seu anseio de impor normas sexuais e de gênero dentro do casamento e fora dele. Socialistas não devem defender nem a monogamia e nem o poliamor – isto é, ter mais de um relacionamento sexual ao mesmo tempo. Essas são decisões pessoais a serem tomadas individualmente ou pelos próprios casais. Não há nada de implicitamente radical em relações poliamorosas ou de reacionário nas monogâmicas, mas a sua imposição é reacionária e moralista. Pessoas de esquerda devem defender a liberdade de escolha sobre qualquer arranjo sexual que for consensual, inclusive o casamento.

Em 2007, no 40º aniversário do caso judicial de *Loving versus Virginia*,[790] que derrubou leis contra miscigenação nos Estados Unidos e finalmente reconheceu o casamento entre negros e

---

[789] Extraído de WARREN, Patricia Nell. "Newt Gingrich and Gay Fascists". *HuffingtonPost.com*. Publicado em: 25 de novembro de 2008. Disponível em: http://www.huffingtonpost.com/patricia-nell-warren/newt-gingrich-and-gay-fas_b_146498.html [link indisponível na data de publicação da edição brasileira].

[790] N.T: em português, "Loving contra o estado da Virgínia"; caso de 1967, importante na luta pelos direitos civis.

brancos por todo o país, Mildred Loving, a mulher negra autora da ação, declarou-se a favor do casamento gay. "Eu acredito que todos os estadunidenses, não importa as suas orientações sexuais, deveriam ter a mesma liberdade para casar", disse ela. "Não é da alçada do governo impor as crenças religiosas de alguns sobre os outros. Especialmente se elas negam direitos civis às pessoas".[791] Loving estava certa. A esquerda deve ter o mesmo posicionamento que teve quando ela e seu marido branco, Richard Loving, lutaram contra o sistema. A conquista do direito ao casamento interracial não desviou o foco da luta por direitos civis, mas a ampliou e expandiu, assim como a luta pelo casamento gay hoje pode e irá fazê-lo.

A esquerda não deve ceder a estratégia e táticas dessa luta para as organizações LGBTs sob o controle corporativo. Ela deve se manter ao lado dos milhares de ativistas enfurecidos e convictos, e ajudar a moldar a luta pela revogação da Proposição 8 – e exigir que o Governo Obama revogue a DOMA também.

Unam-se e lutem

A onda enorme de dezenas de milhares de manifestantes contrários à aprovação da Proposição 8, em várias cidades dos Estados Unidos, começa a responder à questão crucial: De onde vem a mudança? Desde a luta contra a escravidão e as leis segregacionistas Jim Crow até a derrubada de leis machistas e LGBTfóbicas, mudanças significativas frequentemente advêm da luta organizada de pessoas comuns que foram catapultadas a circunstâncias que não escolheram. Os jovens ativistas, Oskar e David Vidaurre, que começaram e organizaram um protesto em São Francisco ao

---

[791] Extraído de KEEN, Lisa. "Same-Sex Marriage Supporter Loving Dies". *Washington Blade*. Publicado em: 9 de maio de 2008.

qual aderiram de vinte a trinta mil pessoas depois da aprovação da Proposição 8, estão entre os muitos exemplos de novos ativistas gays politizados que estão forjando o que parece ser uma nova era política sob a presidência de Obama. "A organização disso se deu, principalmente, por raiva. Eu não posso me considerar de verdade um militante", explicou Oskar.[792]

Somos levados a pensar a transformação social como sendo inevitável, linear e, sobretudo, como consequência de lideranças extraordinárias que se lançam para resolver os problemas a partir de sua sabedoria ou indignação moral diante das injustiças econômicas ou sociais. Porém, o registro histórico nos prova o contrário. Até mesmo em circunstâncias onde houve líderes que desempenharam importantes papéis para definir e fazer avançar a justiça social, eles também foram transformados e promovidos por um movimento e agitação política mais amplos. Por exemplo, Harvey Milk era um reacionário "no armário" que se transformou em um líder gay assumido e progressista, como resultado dos debates e mobilizações políticas de que ele participou.

A trajetória das lutas LGBT não foi de progresso e avanços uniformes. Na verdade, como a história apresentada no presente trabalho nos revela, ela tem sido cheia de passos em falso, obstáculos, recuos e saltos adiante – muitas vezes como um resultado do contato entre pessoas sem experiência organizativa ou política com grupos organizados ou pessoas politizadas que buscam abarcar cada vez mais gente a fim de criar uma força intencional para a mudança. Poucos dias depois da Ação de Graças de 2008, cerca de 250 trabalhadores em Chicago ocuparam uma fábrica após serem ilegalmente demitidos de seus empregos com somente três dias de aviso prévio e sem rescisão. Ao decidirem por ocupar a fá-

---

[792] MAYSTEAD, Amanda. "Giving a Voice to the Anger Over Prop 8". *Socialist Worker*. Publicado em: 12 de novembro de 2008.

brica onde trabalhavam – uma tática usada pelos trabalhadores na década de 1930, e praticamente desconhecida no país desde então – os trabalhadores da Republic Windows and Doors ganharam quase 2 milhões de dólares em indenizações e deflagraram um movimento de solidariedade que forçou um dos maiores bancos dos Estados Unidos a pagar dois meses de salários e benefícios de assistência médica, mesmo com o banco não tendo nenhuma obrigação legal de o fazer.[793] Em solidariedade, centenas de ativistas LGBT da região, que se manifestavam pelo direito ao casamento gay, uniram-se ao protesto dos trabalhadores. Na noite seguinte à vitória histórica dos trabalhadores da Republic, um deles discursou num fórum sobre libertação LGBT. Ao se dirigir à multidão, Raúl Flores disse que as nossas lutas estão unidas e que nós devemos estar unidos também. "A nossa vitória é de vocês", ele falou, "Agora, nós devemos nos juntar a vocês em sua batalha por direitos e retribuir a solidariedade que vocês nos mostraram".[794]

Quando 2009 começou, mais de cinquenta sindicatos da Califórnia, que representam mais de dois milhões de trabalhadores, assinaram uma petição *amicus curiae* que solicitava à Suprema Corte do estado a revogação da Proposição 8.[795] Em sua petição, lia-se: "Se uma simples maioria de votos pode tirar um direito fundamental, ela pode tirar outro. Se ela pode privar um grupo de cidadãos de seus direitos, ela pode privar outro grupo também. Hoje, gays e lésbicas são excluídos. Amanhã, podem ser os sindi-

---

[793] MITCHUM, 2008.
[794] Extraído de WOLF, Sherry. "Teamsters and Trannies, Unite!". *International Socialist Review*. Publicado em: janeiro-fevereiro de 2009. A autora discursou nesse fórum e gravou as palavras de Flores.
[795] SACRAMENTO BEE. "Big Labor Backs Overturn of Proposition 8". *Sacramento Bee*. Publicado em: 13 de janeiro de 2009.

calistas".[796] No dia 10 de janeiro de 2009, dia nacional de mobilização pela revogação da DOMA, membros do Sindicato UNITE Here Local 2,[797] em Chicago, uniram-se aos ativistas pelos direitos dos imigrantes e a outras duzentas pessoas em uma manifestação, e marcharam embaixo de uma nevasca para apoiar os ativistas LGBT em suas demandas ao novo governo Obama.[798]

Estas são manifestações eloquentes da antiga palavra de ordem sindical, "Mexeu com um, mexeu com todos". E também são indícios de que as LGBTs não estarão necessariamente isoladas em suas demandas por direitos e por mudanças de comportamento e pensamento nesta época de incerteza econômica e de guerras em expansão. A solidariedade entre héteros da classe trabalhadora e LGBTs não é mais um sonho distante, mas algo que pode ser forjado e fortalecido em um período que motiva todo tipo de questionamento à forma sob a qual a nossa sociedade está organizada – desde a desigualdade racial e econômica às indústrias, que movidas pelo lucro, destroem o meio ambiente. Chegou ao fim a falta de contestação da colossal transferência de riqueza dos trabalhadores para os ricos e das horríveis guerras culturais que dominaram a sociedade dos EUA por décadas. A direita está em recuo ideológico. Ainda não está claro quais ideias e esforços militantes vão surgir e se estabelecer.

Os novos ativistas LGBT estão deixando de lado a hesitação, a defensiva e as estratégias decididas de cima para baixo dos últimos

---

[796] *Ibidem.*

[797] N.E: O Sindicato UNITE Here Local 2 é um dos mais antigos e atuantes sindicatos de Chicago, representando trabalhadores do setor hoteleiro e de restaurantes desde o começo do século XX.

[798] Vídeos da manifestação e da marcha podem ser encontrados em http://www.outworld.tv/media/136/The-march-against-DOMA-begins/ [link indisponível na data de publicação da edição brasileira].

anos. Eles têm um senso de esperança, assim como um saudável desprezo pelas táticas controladas por corporações que dominaram num passado recente. Se um novo movimento deseja avançar os direitos civis para todos e levantar questões mais profundas sobre como será a libertação sexual, ele precisará lidar com a sua própria história e com as limitações políticas e teóricas do passado.

CAPÍTULO NOVE:
Libertação sexual para todos!

O que significa libertação sexual? Podemos, talvez, concordar sobre o que deve desaparecer – a discriminação institucional e legal contra pessoas LGBT, os papéis de gênero e identidades sexuais fixas, as restrições legais ao sexo consensual e a repressão social da experimentação sexual etc. Enquanto muitos de nós sonham com um mundo em que sejamos livres para fazer o que quisermos com nossos corpos e vidas sexuais, viver sob o capitalismo – no qual o sexo é comprado e vendido, os corpos são objetificados e os relacionamentos são limitados por forças materiais fora de nosso controle – dá-nos a impressão de que até mesmo os nossos desejos são um pouco limitados pelo mundo em que vivemos.

O uso constante de imagens sexualizadas para vender de tudo, de cerveja a pasta de dente, e as mudanças na cultura popular que normalizaram a nudez coexistem com uma cultura de repressão sexual e de uma política que, no campo da educação formal, nega conhecimento crucial sobre sexo aos jovens. A educação sexual nos Estados Unidos no início do século XXI foi reduzida a palestras puritanas a favor da "abstinência", privando os jovens do conhecimento sobre as funções mais íntimas de seus corpos, inclusive sobre como usar preservativo na era da AIDS. De acordo com a última pesquisa do Centro de Controle e Prevenção de Doenças (CDCP),[799] realizada em 2007, quase dois terços dos alunos do últi-

---

[799] N.T: no original, *Centers for Disease Control and Prevention*.

mo ano do ensino médio disseram que já tiveram relações sexuais e 22% disseram que já tiveram pelo menos quatro parceiros. Mesmo assim, eles recebem pouca ou nenhuma informação sobre anticoncepcionais ou doenças sexualmente transmissíveis.[800] Sob o governo de George W. Bush, 176 milhões de dólares foram gastos a cada ano para promover o ensino da abstinência, levando a um aumento da gravidez na adolescência e na ignorância generalizada dos adolescentes sobre seus próprios corpos.[801] Conforme relatado por uma professora da cidade de Joliet, em Ilinóis, muitos adolescentes acertam 5 em 25 questões sobre o sistema reprodutivo: "Eles não acertam nem onde fica o útero".[802]

A mídia e as instituições religiosas, bem como as escolas, promovem ideias que fazem muitas pessoas se sentirem culpadas ou com vergonha de explorar seus próprios corpos e sua sexualidade. Em uma pesquisa sobre sexo da ABC *News*, com uma amostra de adultos aleatória e que registrou resultados típicos dos últimos anos, apenas 30% das mulheres disseram que têm orgasmos toda vez que fazem sexo. Em contraste, 74% dos homens disseram o mesmo. Enquanto 70% dos entrevistados disseram que "gostam muito de sexo", apenas 50% relataram que estão "muito satisfeitos" com suas vidas sexuais. Embora os casais que discutem abertamente suas fantasias sexuais tendam a ter uma vida sexual mais satisfatória, apenas 51% dos entrevistados relataram fazê-lo.[803]

---

[800] MALONE, Tara. "All Eyes on Sex-Ed". *Chicago Tribune*. Publicado em: 22 de abril de 2009. Disponível em: https://www.chicagotribune.com/news/ct-xpm-2009-04-22-0904220339-story.html.

[801] *Ibidem*.

[802] *Ibidem*.

[803] ABC NEWS. "Poll: American Sex Survey: A Peek Beneath the Sheets." ABC NEWS. Publicado em: 21 de outubro de 2004. Disponível em: https://archive.org/details/atanycost000obrya/mode/2up.

Em suma, a vida sexual das pessoas, independente da orientação sexual, não é tão prazerosa quanto muitas pessoas gostariam. Há diversas explicações para isso, desde a exaustão até a falta de uma comunicação aberta sobre desejos e técnicas entre os parceiros sexuais. Em uma sociedade na qual a televisão e os filmes estão lotados de corpos jovens, magros, brancos e heterossexuais fazendo sexo à la Holywood, dezenas de milhões de pessoas continuam tendo vergonha de falar sobre seus desejos eróticos com seus parceiros sexuais. Milhões de mulheres vivem sem alcançar as alegrias do orgasmo porque não sabem que a maioria das mulheres precisa de estimulação do clitóris ou são tímidas demais para pedir a seus parceiros que lhes deem prazer dessa maneira.

As pessoas LGBT só muito raramente conseguem ver imagens de pessoas como elas mesmas nas telas – até mesmo a pornografia lésbica é em grande parte o domínio das fantasias de (alguns) homens heterossexuais, com saltos altos, seios cosmeticamente aumentados e mulheres se tocando (com unhas compridas e afiadas) de maneiras que muito poucas mulheres achariam fisicamente gratificante. Talvez o quase silêncio da mídia sobre o sexo LGBT tenha o seu lado positivo, já que as imagens de sexo hétero na tela são esmagadoramente dominadas por jovens dentro dos padrões de beleza e inconcebivelmente "bombados" que sempre parecem saber exatamente como tocar a outra pessoa desde os primeiros momentos e que, invariavelmente, chegam ao orgasmo simultaneamente, vencendo as probabilidades estatísticas de tais eventos. Esse bombardeio constante de imagens sexuais irreais e corpos de academia cosmeticamente alterados ou esculpidos não apenas promove falsas representações de sexo, mas também alimenta sentimentos de inadequação sexual e contribui para concepções negativas das pessoas em relação ao próprio corpo.

Dos *Estudos de Kinsey* do final dos anos de 1940 e início dos anos de 1950 sobre o comportamento sexual de homens e mulheres aos estudos do *Relatório Hite* sobre a sexualidade de homens e mulheres na década de 1970, cientistas sociais e médicos pesquisaram práticas e prazeres sexuais. A conclusão tirada por Shere Hite, que estuda o comportamento psicossexual e fez extensas pesquisas sobre práticas e atitudes sexuais, é que "ainda não tivemos uma revolução sexual, mas precisamos de uma".[804]

Não somos os primeiros a explorar as questões da libertação sexual. Cada vez que a sociedade passa por uma profunda transformação, as relações sexuais também são questionadas, como foram durante a "revolução sexual" do final dos anos 1960 e início dos anos 1970 nos Estados Unidos, momento em que as relações raciais, de classe e internacionais estavam no cerne das explosões sociais. De forma semelhante, após a Primeira Guerra Mundial e a Revolução Russa de 1917, houve uma explosão de debates e questionamentos aos costumes sexuais vitorianos na Europa e nos Estados Unidos.

O psicanalista marxista Wilhelm Reich fundou a Sociedade Socialista para Aconselhamento e Investigação Sexual,[805] em Viena, em 1929. Lá, ele montou clínicas em bairros da classe trabalhadora para ajudar as pessoas com seus problemas emocionais e as encorajou a procurar a raiz de seus males na organização da sociedade como um todo.[806] Ele se dedicou a expandir para o

---

[804] HITE, Shere. *The Hite Report: A Nationwide Study of Female Sexuality*. Nova York: Seven Stories Press, 2004, p. 397.

[805] N.T: no livro, em inglês, *Socialist Society of Sexual Advice and Sexual Research*; no original, em alemão, *Sozialistische Gesellschaft für Sexualberatung und Sexualforschung*.

[806] OLLMAN, Bertell. "Social and Sexual Revolution: From Marx to Reich and Back". *Dialectical Marxism: the Writings of Bertell Ollman*.

terreno do sexo a compreensão de Marx sobre alienação. Normalmente, pensamos na alienação como um sentimento de isolamento e separação dos outros e do mundo ao nosso redor. Para os marxistas, a alienação não descreve uma condição emocional, mas uma realidade econômica e social da sociedade de classes. A alienação marxista se refere à maneira como o trabalho e os produtos de nosso trabalho estão fora de nosso controle e nos dominam. Em seus *Manuscritos Econômicos e Filosóficos*, de 1844, Marx escreveu: "o objeto que o trabalho produz [*Gegenstand*], o seu produto, se lhe defronta como um 'ser estranho', como um 'poder independente' do produtor".[807]

Como Paul D'Amato explica:

> A maioria de nós não possui nem as ferramentas e maquinários com os quais trabalhamos, nem os produtos que produzimos – eles pertencem ao capitalista que nos contratou. Mas tudo aquilo no que, onde e com o que trabalhamos em algum ponto vem do trabalho humano. A ironia é que, para onde quer que olhemos, somos confrontados com o trabalho de nossas próprias mãos e cérebros e ainda assim esses produtos de nosso trabalho aparecem como coisas fora de nós e fora de nosso controle. O trabalho e os produtos do trabalho nos dominam, e não o contrário. Em vez de ser um lugar para realizar nosso potencial, o local de trabalho é apenas um lugar que somos obrigados a ir a fim de obter dinheiro para comprar as coisas de que precisamos.[808]

Disponível em: http://www.nyu.edu/projects/ollman/docs/ssr_ch06.php [link indisponível na data de publicação da edição brasileira].

[807] Tradução retirada de MARX, Karl. *Manuscritos Econômicos e Filosóficos*. São Paulo: Boitempo Editorial, 2008, p. 80

[808] D'AMATO, Paul. "Alienation in Capitalist Society". *Socialist Worker*. Publicado em: 12 de setembro de 2003. Disponível em: https://socia-

Por isso, sustentou Marx,

> O trabalhador só se sente [...] junto a si [quando] fora do trabalho e fora de si [quando] no trabalho. Está em casa quando não trabalha e, quando trabalha, não está em casa. O seu trabalho não é portanto voluntário, mas forçado "trabalho obrigatório". O trabalho não é, por isso, a satisfação de uma carência, mas somente um "meio" para satisfazer necessidades fora dele. Sua estranheza (*fremdheit*) evidencia-se aqui [de forma] tão pura que, tão logo inexista coerção física ou outra qualquer, foge-se do trabalho como de uma peste.[809]

Extrapolando a teoria da alienação de Marx e seus próprios estudos sobre as neuroses da classe trabalhadora na Berlim da década de 1930, Reich concluiu que mesmo nossas atitudes inconscientes sobre coisas como sexo e intimidade são moldadas pela sociedade. Ele não defende que as pessoas simplesmente precisavam fazer mais sexo e de formas mais variadas, embora ele desafiasse a moderação sexual vitoriana. Em vez disso, Reich defendeu a derrubada da ordem social e econômica que exige a repressão sexual, para que as pessoas possam levar uma vida sexualmente livre. Ele concluiu que a família nuclear desempenha um papel central na repressão sexual e no condicionamento social:

> Sua tarefa cardinal, aquela pela qual é defendida mais frequentemente pela ciência conservadora e o Direito conservador, é a sua propriedade como fábrica de ideologias autoritárias e estruturas conservadoras. Constitui o instrumento de educação pelo qual, quase sem exceção, tem que passar todo membro da sociedade, a

---

listworker.org/2003-2/467/467_09_Alienation.php.
[809] Tradução retirada de MARX, 2008, p. 83.

partir do primeiro sopro de vida. [...] é a mediadora entre a estrutura econômica da sociedade e sua superestrutura ideológica. [...][810]

Reich continua,

> A repressão sexual, à qual os adultos tiveram que se sujeitar para suportar a vida conjugal e familiar, é assim transmitida às crianças. E como mais tarde, por motivos econômicos, elas terão de voltar à situação familiar, a repressão sexual continua a passar de geração para geração.[811]

Não é de se admirar, então, que a rebelião de cada geração contra o *status quo* social tenha envolvido alguma rebelião contra a instituição da família. No entanto, conforme explicado anteriormente, a experiência da Revolução Russa mostrou que o processo de substituir a família por outra coisa não é apenas uma questão de leis ou de vontade, mas requer um certo patamar de desenvolvimento material antes que essas grandes transformações culturais e sociais possam ocorrer.

A Revolução Russa de 1917 colocou as contradições da vida íntima em primeiro plano, em uma sociedade que empreendia

---

[810] Tradução retirada de REICH, 1982, p. 58.

[811] *Idem*, p. 61. Um problema com as teorias de Reich sobre a repressão sexual, porém, é de que elas não ofereciam uma saída pela qual esta estrutura repressiva pudesse ser desafiada. Ele tendia a uma noção muito pessimista do quanto as pessoas estão presas por conta da repressão sexual e, como um resultado, deu muita ênfase a isso. O que o levou a se afastar do marxismo nos seus últimos anos, e em direção a ideia de que a nossa estrutura psíquica, ancorada na repressão sexual, era a determinação mais importante da estrutura social, em vez das forças econômicas.

uma monumental reorganização política e econômica. Alexandra Kollontai, uma importante revolucionária bolchevique, escreveu e se pronunciou abertamente sobre questões a respeito das relações sexuais, incluindo a ligação material entre a solidão e o impulso que as pessoas demonstram nas sociedades de classes por possuir totalmente um parceiro. Ela escreveu:

> Nós, homens do século em que domina a propriedade capitalista, de um século onde transbordam as agudas contradições de classe; nós, homens imbuídos da moral individualista, vivemos e pensamos sob o funesto símbolo de invencível alheamento moral. A terrível solidão que o homem sente nas imensas cidades populosas, nas cidades modernas tão irrequietas e tentadoras; a solidão, que não é dissipada pela companhia de amigos e companheiros, é que o impulsiona a buscar, com avidez doentia, a sua ilusória alma gêmea, num ser do sexo oposto, visto que só o amor possui o mágico poder de afugentar, embora momentaneamente, as angústias da solidão.[812]

Kollontai defendia o "amor livre", ou seja, relações entre os sexos livres da possessividade nascida das relações de propriedade privada e da alienação que as pessoas experimentam na sociedade burguesa e que muitas vezes as fazem sentir presas em relacionamentos sem amor. Suas ideias sobre a necessidade de alterar a organização material da sociedade a fim de abrir o caminho para uma reorganização sexual profunda e duradoura permanecem úteis até hoje. Kollontai escreveu que, para vencer a "crise sexual [...]" a "reorganização fundamental das relações econômicas sobre

---

[812] KOLLONTAI, Alexandra. *As Relações entre os Sexos e a Luta de Classes.* Disponível em: https://www.marxists.org/portugues/kollontai/1911/mes/luta.htm.

os fundamentos comunistas"[813] era necessária. Ou seja, a socialização da criação dos filhos, cozinha, lavanderia e outros serviços domésticos era necessária para permitir que novas formas de vida íntima florescessem.

Qualquer tentativa de se viver uma vida sexualmente livre sob as atuais circunstâncias materiais sempre esbarrará nas limitações reais da existência cotidiana das pessoas. As restrições econômicas impostas a todas as pessoas da classe trabalhadora não são apenas fisicamente severas, mas também têm um impacto psicológico. Em nossa sociedade, não é surpreendente que as pessoas nutram ciúmes quando um parceiro faz sexo com outra pessoa ou que desejem uma alma gêmea para afastar a solidão e a insegurança. Essas emoções e desejos não podem simplesmente deixar de existir, porque são respostas humanas às condições reais de nossa sociedade. Um longo dia de trabalho precedido e seguido por um longo trajeto, muitas vezes cheio de tensão, para uma casa onde cozinhar, limpar, cuidar dos filhos e outras necessidades da vida que precisam ser atendidas não são as circunstâncias ideais para experiências sexualmente libertadoras. Ao mesmo tempo, viver em uma sociedade na qual as pessoas são colocadas em disputa pelo mesmo emprego, moradia e educação as incentiva a procurarem alguém que possa ser seu porto seguro emocional em meio à hostilidade e à competição.

Isso não significa que as pessoas LGBT e outros não tenham poder hoje para desafiar as estruturas sociais e legais repressivas que confinam nossos desejos e oprimem a todos nós. O engajamento nas lutas LGBT contra o *status quo* econômico e social no aqui e agora, bem como o compartilhamento e debate de ideias sobre a libertação sexual, não pode esperar por uma sociedade futura. A incapacidade de concretizar a libertação sexual instantaneamente

---

[813] *Ibidem.*

não precisa ser uma desculpa para a inação nesse campo, como não o é em qualquer outro. O avanço no comportamento social e as liberdades que os ativistas conquistaram apenas nos últimos quarenta anos argumenta contra a passividade. No entanto, as escolhas individuais de estilo de vida, desde a rejeição ao casamento até o envolvimento em práticas sexuais não convencionais, não se impõem como um desafio à ordem dominante. Uma transformação completa do sistema que mantém as estruturas e ideologias repressivas em vigor requer luta coletiva.

Reich oferece o lampejo de uma genuína revolução sexual em uma nova sociedade:

> No momento da revolução, quando tudo está agitado, quando tudo o que está caruncho se afunda, quando nos elevamos contra os escombros de uma sociedade corrompida, exploradora, cruel e apodrecida, não se trata de ser moralista, se as contradições sexuais da juventude aumentarem de início; importa naquele momento compreender a revolução sexual em relação com toda a agitação histórica e colocarmo-nos do lado da juventude, ajudá-la o mais possível, sabendo de resto que se trata de uma época de transição. Assustar-se diantes das perturbações desta época de transição, tomar medo da "juventude tornada enraivecida" e recair em ideologias burguesas, no ascetismo e no moralismo, significa ser ultrapassado pelos acontecimentos históricos e opor-se à marcha da História.
>
> Depois da Revolução, quando o povo libertado dos exploradores se põe enfim a edificar o socialismo, a transformar a economia no sentido socialista e a aniquilar os restos apodrecidos do capitalismo em todos os domínios, a questão põe-se de uma maneira absolutamente diferente. Então, torna-se atual para a sociedade de todos os operários, a importante tarefa de pensar também na ordem sexual em construção e em prepará-la. Esta nova ordem não pode

ser outra coisa senão aquela, como o diz Lenin, de uma vida amorosa satisfatória proporcionando a força vital e a alegria de viver.

Mesmo se não podemos dizer grande coisa dos detalhes desta vida, é todavia certo que as necessidades sexuais dos homens serão de novo satisfeitas na sociedade comunista; é também certo que na medida em que, graças por exemplo à racionalização socialista do trabalho e ao aumento da produtividade, o tempo de trabalho e o excesso de trabalho diminuirão, a vida sexual libertada do lixo burguês e da economia privada, libertada do dinheiro, da brutalidade e do aviltamento, tomará de novo lugar na sociedade humana a um nível mais elevado, ao lado das atividades culturais e desportivas. E os homens poderão de novo fluir a sua sexualidade, porque a base econômica da opressão sexual, a economia privada, que os torna incapazes de gozar e por conseguinte doentes ou enraivecidos no sentido literal da palavra, terá sido eliminada.[814]

Como este livro buscou demonstrar, até mesmo os aspectos mais íntimos e aparentemente individuais de nossas vidas – as maneiras como expressamos nosso gênero e sexualidade – são determinados pelas realidades físicas de nosso mundo. Este fato central aponta para a necessidade de revolucionar nossas circunstâncias materiais a fim de realmente libertar nossas vidas sexuais. A condição de um é a pré-condição do outro. É por essa razão que a libertação sexual parece impossível sem a libertação política, econômica e social que reside no cerne do socialismo.

---

[814] REICH, Wilhelm. "A Politização do Problema Sexual da Juventude". In: _____. *O Combate Sexual da Juventude*. Brasília: edição de Gilson Dantas, 2011, p. 78. Eventualmente, Reich abandonou o marxismo e emigrou para os Estados Unidos, onde foi perseguido pelas autoridades por conta de suas teorias sexuais e morreu em uma prisão estadunidense em 1957. Ver OLLMAN, s/d, para mais detalhes.

Referências

ABC NEWS. "Poll: American Sex Survey: A Peek Beneath the Sheets." ABC News. Publicado em: 21 de outubro de 2004. Disponível em: https://archive.org/details/atanycost0000brya/mode/2up.

ABC NEWS. "Are You Born Gay?." ABC News 20/20 Reports. Publicado em: 28 de março de 2008.

ACT UP. "ACT UP Capsule History". ACT UP. Disponível em: http://www.actupny.org/documents/capsule-home.html.

ACT UP. "ACT UP Capsule History for 1992". ACT UP. Disponível em: http://www.actupny.org/documents/cron-92.html.

ACT UP. "Historical Presidential Zap". ACT UP New York. Disponível em: http://www.actupny.org/campaign96/rafsky-clinton.html

ADVOCATE. "Colin Powell Reiterates Support for Review of 'Don't Ask, Don't Tell'". Advocate. Publicado em: 12 de dezembro de 2008.

ALTMAN, Dennis. "The State, Repression and Sexuality". Gay Left 6. Outono de 1978.

ANDRIOTE, John-Manuel. Victory Deferred: How AIDS Changed Gay Life in America. Chicago: University of Chicago Press, 1999

APPLEBY, George A. Working-Class Gay and Bisexual Men. Binghamton, NY: Haworth Press, 2001

APTHEKER, Bettina. "Keeping the Communist Party Straight, 1940s–1980s". New Politics 12, n.1, verão de 2008.

ASSOCIATED PRESS. "China Decides Homosexuality No Longer Mental Disorder." Associated Press, South China Morning Post. Publicado em: 8 de março de 2001.

AVERT. "Worldwide HIV & AIDS Statistics Commentary". Disponível em: http://www.avert.org/worlstatinfo.htm.

AVERT. "United States Statistics Summary". Disponível em: http://www.avert.org/usa-statistics.htm.

B

BARNES, Jack. "Report of Membership Policy Given to the Political Committee of the SWP". 13 de novembro de 1970. In: FORGIONE; HILL, s/d, p. 5-6.

BEBEL, August. Sobre a Homossexualidade e o Código Penal. Discurso feito no Reichstag, 13 de janeiro de 1898. Tradução: Guilherme Nogueira. Disponível em: https://www.marxists.org/portugues/bebel/1898/01/13.htm.

BENNETTS, Leslie. "k. d. lang's Edge". Vanity Fair. Publicado em: agosto de 1993

BÉRUBÉ, Allan. Coming Out Under Fire: The History of Gay Men and Women in World War Two. Nova York: Plume, 1991

BOND, Julian. "Black America Must Confront AIDS". Washington Post. Publicado em: 14 de agosto de 2006.

BOYD, Nan Alamilla. Wide-Open Town: A History of Queer San Francisco to 1965. Los Angeles; Berkeley: University of California Press, 2003

BRAY, Allan. Homosexuality in Renaissance England. Londres: Gay Men's Press, 1982

BROOKEY, Robert Alan. Reinventing the Male Homosexual: The Rhetoric and Power of the Gay Gene. Bloomington, IN: Indiana University Press, 2002

BRYANT, Karl; SCHILT, Kristen. Transgender Veterans Survey. Conduzida de 13 de dezembro de 2007 a 1 de maio de 2008. The Palm Center. Disponível em: http://www.tavausa.org/PressRelease/TAVASurveyPressRelease.html.

BUTLER, Judith. Problemas de Gênero: feminismo e subversão da identidade. Rio de Janeiro: Civilização Brasileira, 2003

BUTLER, Judith. "Doing Justice to Someone". In: STRYKER, Susan; WHITTLE, Stephen (orgs.). The Transgender Studies Reader. Nova York: Routledge, 2006

C

CALIFIA, Pat. Public Sex: The Culture of Radical Sex. São Francisco, CA: Cleiss Press, 2000

CALLINICOS, Alex. Against Postmodernism: A Marxist Critique. Cambridge, MA: Polity Press, 1989

CAMPO-FLORES, Arian. "A Gay Marriage Surge". Newsweek. Publicado em: 5 de dezembro de 2008

CANT, Bob. "A Grim Tale: The IS Gay Group". Gay Left 3. Outono de 1976.

CARLETON, Gregory. Sexual Revolution in Bolshevik Russia. Pittsburgh: University of Pittsburgh Press, 2005

CARTER, David. Stonewall: The Riots That Sparked the Gay Revolution. Nova York: St. Martin's Press, 2004

Centers for Disease Control and Prevention. "HIV/AIDS and African Americans". Publicado em: 2005. Disponível em: http://www.cdc.gov/hiv/topics/aa/.

Centers for Disease Control and Prevention. "HIV/AIDS among Women Who Have Sex with Women". Publicado em: junho de 2006. Disponível em: http://www.cdc.gov/hiv/topics/women/resources/factsheets/wsw.htm [link indisponível na data de publicação da edição brasileira].

CHAMBERS, David. "Gay Men, AIDS, and the Code of the Condom". Harvard Civil Rights-Civil Liberties Review. Ed. 29, n. 2, 1994, p. 353-385.

CHASIN, Alexandra. Selling Out: The Gay and Lesbian Movement Goes to Market. Nova York: Macmillan, 2001

CHAUNCEY, George. Gay New York: Gender, Urban Culture, and the Making of the Gay Male World 1890–1940. Nova York: HarperCollins, 1994

CHICAGO GAY LIBERATION. "Working Paper for the Revolutionary Peoples' Constitutional Convention". Gay Flames. Brochura n. 13, setembro de 1970.

Church Ladies for Choice. MySpace. Disponível em: profile.myspace.com/index.cfm?fuseaction=user.viewprofile&friendID=110549818 [link indisponível na data de publicação da edição brasileira].

CLEAVER, Eldridge. Soul on Ice. Nova York: Delta, 1968

CLENDINEN, Dudley. "Anita Bryant, b. 1940, Singer and Crusader". St. Petersburg Times. Publicado em: 28 de novembro de 1999.

CLOUD, Dana. "Queer Theory and 'Family Values': Capitalism's Utopias of Self-Invention". In: ZAVARZADEH, Mas'ud; EBERT, Teresa L.; MORTON, Donald. Marxism, Queer Theory, Gender. Nova York: The Red Factory, 2001

COCKBURN, Alexander. "Gay Marriage: Sidestep on Freedom's Path". CounterPunch. Publicado em: 21-20 de março de 2004. Disponível em: http://www.counterpunch.org/cockburn.03202004.html [link indisponível na data de publicação da edição brasileira].

COMMUNITY MARKETING. "Gay and Lesbian Consumer Index". Community Marketing, Inc. Disponível em: http://gayconsumerindex.com/.

CORBER, Robert J. Homosexuality in Cold War America. Durham (Carolina do Norte): Duke University Press, 1997

CRUIKSHANK, Margaret. The Gay and Lesbian Liberation Movement. Nova York: Routledge, 1992

CURTIS, Christopher."Jesse Jackson: Gay Marriage Rights Are Not Civil Rights". Gay.com. Publicado em: 17 de fevereiro de 2004. Disponível em: http://planetout.com/news/article/html?date=2004/02/17/6 [link indisponível na data de publicação da edição brasileira].

D

D'AMATO, Paul. "Alienation in Capitalist Society". Socialist Worker. Publicado em: 12 de setembro de 2003. Disponível em: https://socialistworker.org/2003-2/467/467_09_Alienation.php.

D'AMATO, Paul. "Race and Sex in Cuba". International Socialist Review. Janeiro-fevereiro de 2007, p. 57.

DAVIS, Riccardo A. "Marketers Game for Gay Events". Advertising Age. Publicado em: 30 de maio de 1994.

DAWSON, Kipp. Gay Liberation: A Socialist Perspective. Nova York: Pathfinder Press, 1975

D'EMILIO, John. Sexual Politics, Sexual Communities: The Making of a Homosexual Minority in the U.S. 1940–1970. Chicago: University of Chicago Press, 1983

D'EMILIO, John. "Capitalism and Gay Identity". In: _____. Making Trouble: Essays on Gay History, Politics, and the University. Nova York: Routledge, 1992a

D'EMILIO, John. Making Trouble: Essays on Gay History, Politics, and the University. Nova York: Routledge, 1992b

D'EMILIO, John. The World Turned: Essays on Gay History, Politics and Culture. Durham, NC: Duke University Press, 2002

D'EMILIO, John; FREEDMAN, Estelle B. Freedman (orgs.). Intimate Matters: A History of Sexuality in America. Nova York: Harper and Row Publishers, 1988

D'EMILIO, John; TURNER, William B.; VAID, Urvashi (orgs.). Creating Change: Sexuality, Public Policy, and Civil Rights. Nova York: St. Martin's Press, 2000

DEPARLE, Jason. "Rude, Rash, Effective, Act Up Shifts AIDS Policy". New York Times. Publicado em: 3 de janeiro de 1990.

DOTINGA, Randy; DRINKWATER, Gregg. The U.S. Gives $500,000 to Nazis' Gay Victims. PlanetOut.com. Publicado em: 1 de junho de 2001.

DOUGLAS, Carol Anne. "Queerly Classed: Gay Men and Lesbians Write About Class". off our backs. Publicado em: julho de 1997.

DOUGLAS, Emily. "ACT UP's New Urgency". Nation. Publicado em: 3 de abril de 2007.

DROPP, Kyle; COHEN, Cohen. Acceptance of Gays in Military Grows Dramatically. Washington Post. Publicado em: 19 de julho de 2008.

DUBERMAN, Martin. Stonewall. Nova York: Plume, 1994

DUBERMAN, Martin; VICINUS, Martha; CHAUNCEY, George Chauncey (orgs.). Hidden from History: Reclaiming the Gay and Lesbian Past. Nova York: Meridian, 1989

DUBOIS, William Edward Burghardt. Black Reconstruction in America: 1860–1880. Nova York: Simon and Schuster, 1999

DUGGAN, Lisa. "Queering the State". Social Text, n. 39. Publicado em: verão de 1994

E

EAGLETON, Terry. As ilusões do pós-modernismo. Rio de Janeiro: Jorge Zahar Editor, 1998

EAGLETON, Terry. Depois da teoria –um olhar sobre os estudos culturais e o pós-modernismo. Rio de Janeiro: Civilização Brasileira, 2005.

EGAN, Patrick; SHERRILL, Kenneth. "California's Prop 8: What Happened and What Does the Future Hold?". NGLTF. Publicado em: janeiro de 2009. Disponível em: http://haasjr.org/design/plain/downloads/Proposition8Study.pdf [link indisponível na data de publicação da edição brasileira].

ENGELS, Friedrich. A origem da família, da propriedade privada e do Estado. São Paulo: Boitempo Editorial, 2019

ENGELS, Friedrich. A situação da classe trabalhadora na Inglaterra. São Paulo: Boitempo, 2010

EPSTEIN, Rob. The Times of Harvey Milk. Documentário. São Francisco, CA: New Yorker Studios, 1984.

F

FADERMAN, Lillian; TIMMONS, Stuart. Gay L.A.: A History of Sexual Outlaws, Power Politics, and Lipstick Lesbians. Nova York: Basic Books, 2006

FAUSTO-STERLING, Anne. Myths of Gender: Biological Theories About Women and Men. Nova York: Basic Books, 1992

FAUSTO-STERLING, Anne. Sexing the Body: Gender Politics and the Construction of Sexuality. Nova York: Perseus Books, 2000

FEINSTEIN, C. H. "Structural Change in the Developed Countries in the 20th Century". Oxford Review of Economic Policy, n. 4. Publicado em: inverno de 1999

FEJES, Fred. "The Briggs Initiative Goes National". Gay and Lesbian Review Worldwide. Publicado em: julho-agosto de 2008. Disponível em: https://glreview.org/article/article-634/.

FONER, Phillip. The Bolshevik Revolution: Its Impact on American Radicals, Liberals and Labor. Nova York: International Publishers, 1967

FORGIONE, Steve; HILL, Kurt T. (orgs.). Gay Liberation and Socialism: Documents from the Discussion on Gay Liberation Inside the Socialist Workers Party (1970-1973). 2nd ed., s/d.

FOUCAULT, Michel. "Introduction". In: BARBIN, Herculine. Herculine Barbin: Being the Recently Discovered Memoirs of a Nineteenth--century French Hermaphrodite. Nova York: Pantheon, 1980

FOUCAULT, Michel. História da Sexualidade 1: A vontade de saber. São Paulo/Rio de Janeiro: Paz e Terra, 2017.

FOUCAULT, Michel. História da Sexualidade 2: O uso dos prazeres. Rio de Janeiro: Edições Graal, 1984

FRANCE, David. "The Science of Gaydar". New York Magazine. Publicado em: 18 de junho de 2007.

FRANK, Barney. "Statement of Barney Frank on ENDA, the Employment Non-Discrimination Act". Acesso em: 28 de setembro de 2007. Disponível em: http://www.house.gov/frank/ENDASeptember2007.html [link indisponível na data de publicação da edição brasileira].

G

GALLUP. "Do You Approve or Disapprove of Marriage Between Whites and Non-whites?" Gallup poll. Realizada de 26 de junho a 1 de julho de 1968. Disponível em: pollingreport.com/race.htm.

GARCÍA, Eduardo Jiménez. "Gay Rights in Cuba: How Much Has Changed?". Green Left Weekly. Publicado em: 29 de fevereiro de 2004.

GASPER, Phil. "The German Ideology". International Socialist Review. Publicado em: janeiro-fevereiro de 2004

GASPER, Phil. "Is Biology Destiny?". International Socialist Review. Publicado em: novembro-dezembro de 2004

GATES, Gary. "Income of Gay Men Lags Behind that of Men Partnered with Women". The Urban Institute. Disponível em: http://www.urban.org/url.cfm?ID=900631.

GATES, Gary. "In Cities, Suburbs, and the Sticks". The Urban Institute. Publicado em: 4 de setembro de 2004. Disponível em: http://www.urban.org/publications/900734.html.

GAY, LESBIAN, AND STRAIGHT EDUCATION NETWORK. "The 2007 National School Climate Survey: The Experiences of Lesbian, Gay, Bisexual, and Transgender Youth in Our Nation's Schools". Gay, Lesbian, and Straight Education Network. Publicado em: 2008. P. 30. Disponível em: http://www.issuelab.org/research/2007_national_school_climate_survey_the_experiences_of_lesbian_gay_bisexual_and_transgender_youth_in_our_nations_schools [link indisponível na data de publicação da edição brasileira].

Gay and Lesbian Consumer Index. Community Marketing, Inc. Disponível em: http://gayconsumerindex.com/.

GELMAN, David. "Is This Child Gay? Born or Bred: The Origins of Homosexuality". Newsweek. Publicado em: 24 de fevereiro de 1992.

GLUCKMAN, Amy; REED, Betsy. "The Gay Marketing Moment: Leaving Diversity in the Dust". Dollars and Sense. Publicado em: novembro-dezembro de 1993.

GLUCKMAN, Amy; REED, Betsy (orgs.). Homo Economics: Capitalism, Community, and Lesbian and Gay Life. Nova York: Routledge, 1997, p. xvii.

GOLDSTEIN, Richard. "The Real Andrew Sullivan Scandal". Village Voice. Publicado em: 19 de junho de 2001.

GOLDSTEIN, Richard. Homocons: The Rise of the Gay Right. Nova York: Verso, 2002

GORDON, Colin (org.). Power/Knowledge: Selected Interviews and Other Writings. Nova York: Pantheon Press, 1980

GOSS, Robert E.; STRONGHEART, Amy Adams Squire (orgs.). Our Families, Our Values: Snapshots of Queer Kinship. Nova York: Routledge, 1997

GOSSE, Van. The Movements of the New Left 1950–1975. Nova York: St. Martin's Press, 2005

GOULD, Stephen Jay. Ever Since Darwin: Reflections in Natural History. Nova York: Norton, 1977

GRAMSCI, Antonio. Cadernos do cárcere. Vol. 1. Rio de Janeiro: Civilização Brasileira, 1999

GREEN, Richard. The "Sissy Boy Syndrome" and the Development of Homosexuality. New Haven, CO: Yale University Press, 1995

GREENBERG, David F. The Construction of Homosexuality. Chicago: University of Chicago Press, 1988

GRISWOLD, Deirdre. "One-Fourth of Humanity Is Freed". Workers World.

GROGG, Patricia. "Rights: Cuba Launches Anti-homophobia Campaign". Inter Press Service. Publicado em: 30 de março de 2009.

H

HALIFAX, Noel. Out Proud and Fighting: Gay Liberation and the Struggle for Socialism. Londres: Socialist Workers Party, 1988

HALL, Stuart. "The West and the Rest: Discourse and Power". In: HALL, Stuart Hall; GIEBEN, Bram (orgs.). Formations of Modernity. Open University/Polity Press, 1992

HALPERIN, David M. Saint Foucault: Towards a Gay Hagiography. Nova York: Oxford University Press, 1995

HARMAN, Chris. A People's History of the World. Londres: Bookmarks, 1999

HARRINGTON, Mark. "From Therapeutic Utopianism to Pragmatic Praxis: Some Transitions in the History of AIDS Treatment Activism". Publicado em: maio de 1996. Excertos de seu discurso feito na conferência do "Acting on Aids" no Institute for Contemporary Art em Londres. TheBody.com. Disponível em: http://thebody.com/content/art1461.html [link indisponível na data de publicação da edição brasileira].

HARRIS, Gardiner. "Price of AIDS Drug Intensifies Debate on Legal Imports". New York Times. Publicado em: 14 de abril de 2004

HARRIS INTERACTIVE. "Pulse of Equality: A Snapshot of U.S. Perspectives on Gay and Transgender People and Policies". Publicado em: 2 de dezembro de 2008, p. 8. Disponível em: http://www.sun-sentinel.com/media/acrobat/2008-12/43696052.pdf [link indisponível na data de publicação da edição brasileira].

HARTMANN, Heidi. "The Unhappy Marriage of Marxism and Feminism". Capital and Class, no. 8. Publicado em: verão de 1979

HEALEY, Dan. Homosexual Desire in Revolutionary Russia: The Regulation of Sexual and Gender Dissent. Chicago: University of Chicago Press, 2001

HEKMA, Gert; STEAKLEY, James; OOSTERHUIS, Harry (orgs.). Gay Men and the Sexual History of the Political Left. Filadélfia: Haworth Press, 1995

HEREDIA, Christopher. "S.F.'s ACT UP Ordered to Back Off". San Francisco Chronicle. Publicado em: 11 de novembro de 2000.

HERNDON, April. "Why Doesn't ISNA Want to Eradicate Gender?". ISNA. Publicado em: 17 de fevereiro de 2006. Disponível em: http://www.isna.org/faq/not_eradicating_gender.

HITE, Shere. The Hite Report: A Nationwide Study of Female Sexuality. Nova York: Seven Stories Press, 2004

HOLBOROW, Marnie. "Putting the Social Back into Language: Marx, Volosinov and Vygotsky Reexamined". Studies in Language and Capitalism, n. 1, 2006

HUMAN RIGHTS CAMPAIGN. "GLBT Equality at the Fortune 500". Disponível em: http://www.hrc.org/issues/6989.htm [link indisponível na data de publicação da edição brasileira].

HUMAN RIGHTS CAMPAIGN. "The State of the Workplace for Gay, Lesbian, Bisexual and Transgender Americans 2006-2007". P. 4. Disponível em: http://www.hrc.org/documents/State_of_the_Workplace.pdf [link indisponível na data de publicação da edição brasileira].

HUNT, Gerald (org.). Laboring for Rights: Unions and Sexual Diversity Across Nations. Filadélfia: Temple University Press, 1999

HYDE, Janet Shibley."The Gender Similarities Hypothesis". American Psychologist, n. 60. Publicado em: setembro de 2005

I

INTERNATIONAL JOURNAL OF SEXUALITY AND GENDER STUDIES. "There Is a Person Here: Interview with Judith Butler". International Journal of Sexuality and Gender Studies, ed. 6, n. 1/2, 2001.

INTERSEX SOCIETY OF NORTH AMERICA. How Common Is Intersex? Disponível em: http://www.isna.org/faq/frequency.

IS BULLETIN. "The Nature of the Gay Struggle, Its Importance, and Its Place in Our Work". IS Bulletin, n. 15. Publicado em: 14 de janeiro de 1972, p. 3.

J

JAGOSE, Annamarie. Queer Theory, An Introduction. Nova York: NYU Press, 1996

JONES, Leroi. "To Survive 'the Reign of the Beasts'". New York Times. Publicado em: 16 de novembro de 1969.

K

KATZ, Jonathan Ned. A Invenção da Heterossexualidade. Rio de Janeiro: Ed. Ediouro Publicações, 1996

KEEN, Lisa. "Same-Sex Marriage Supporter Loving Dies". Washington Blade. Publicado em: 9 de maio de 2008.

KINSEY, Alfred C.; POMEROY, Wardell R.; MARTIN, Clyde E. Sexual Behavior in the Human Male. Bloomington, IN: University of Indiana Press, 1998

KINSMAN, Gary. The Regulation of Desire: Homo and Hetero Sexualities. Nova York: Black Rose Books, 1996

KINSMAN, Gary. "Allan Bérubé, 1946–2007: A Queer Working-Class Community-Based Historian". Against the Current, n. 135. Publicado em: 3 de julho de 2008.

KIRSCH, Max H. Queer Theory and Social Change. Nova York: Routledge, 2000

KISSACK, Terence. Free Comrades: Anarchism and Homosexuality in the United States, 1895–1917. Oakland, Califórnia: AK Press, 2008

KON, Igor S. The Sexual Revolution in Russia. New York: The Free Press, 1995

KONIGSBERG, Eric. Gays in Arms: Can Gays in the Military Work? In Countries Around the World, They Already Do. Washington Monthly. Publicado em: novembro de 1992.

KOTULSKI, Davina. Why You Should Give a Damn About Gay Marriage. Los Angeles: Alyson Publications, 2004.

KRAMER, Larry. "1,112 and Counting". In: BLASIUS, Mark; PHELAN, Shane (orgs.). We Are Everywhere: A Historical Sourcebook of Gay and Lesbian Politics. Nova York: Routledge, 1997

KRAMER, Larry. "The Beginning of ACTing Up". 1987. In: BLASIUS, Mark; PHELAN, Shane (orgs.). We Are Everywhere: A Historical Sourcebook of Gay and Lesbian Politics. Nova York: Routledge, 1997

L

LACLAU, Ernesto; MOUFFE, Chantal. Hegemony and Socialist Strategy: Towards a Radical Democratic Politics. Londres: Verso, 1985.

LAURITSEN, John; THORSTAD, David. The Early Homosexual Rights Movement (1864–1935). Ojai: Times Change Press, 1995

LEACOCK, Eleanor Burke. Mitos da dominação masculina: Uma coletânea de artigos sobre as mulheres numa perspectiva transcultural. São Paulo: Instituto Lukács, 2019.

LEKUS, Ian. "Queer Harvests: Homosexuality, the U.S.New Left, and the Venceremos Brigades to Cuba". Radical History Review, n.89, primavera de 2004

LÊNIN, Vladímir Ilitch. O que fazer? Questões candentes de nosso movimento. São Paulo: Boitempo, 2020

LEONARD, Zoe. "Lesbians in the AIDS Crisis". In: _____. The ACT UP New York Women and AIDS Book Group, Women, AIDS and Activism. Boston: South End Press, 1990.

LERNER, Sharon Lerner. Bush's Marriage Proposal. Village Voice. Publicado em: 1-7 de maio de 2002.

LEVAY, Simon. "A Difference in Hypothalamic Structure in Heterosexual and Homosexual Men". Science, n. 253. Publicado em: 30 de agosto de 1991

LEYS, Simon. The Chairman's New Clothes: Mao and the Cultural Revolution. Nova York: Palgrave Macmillan, 1977

LISKER, Jerry. "Homo Nest Raided, Queen Bees Are Stinging Mad". Daily News. Publicado em: 6 de julho de 1969.

LOG CABIN REPUBLICANS. "About Log Cabin". Disponível em: http://online.logcabin.org/about/.

LUMSDEN, Ian. Machos, Maricones, and Gays: Cuba and Homosexuality. Filadélfia: Temple University Press, 1996

M

MALINOWITZ, Harriet. Textual Orientations: Lesbian and Gay Students and the Making of Discourse Communities. Portsmouth, NH: Boynton/Cook Publishers, 1995

MALONE, Tara. "All Eyes on Sex-Ed". Chicago Tribune. Publicado em: 22 de abril de 2009. Disponível em: https://www.chicagotribune.com/news/ct-xpm-2009-04-22-0904220339-story.html.

MANALANSAN IV, Martin. "Queer Love in the Time of War and Shopping". In: HAGGERTY, George E.; MCGARRY, Molly. A Companion to Lesbian, Gay, Bisexual, Transgender, and Queer Studies, Blackwell Companions in Cultural Studies. Malden, MA: Blackwell, 2007

MARCUS, Eric. Making History: The Struggle for Gay and Lesbian Equal Rights, 1945–1990. Nova York: Harper Collins, 1992

MARCUSE, Herbert. "Socialism in the Developed Countries". International Socialist Journal, n. 8. Publicado em: abril de 1965

MARECH, Rona. "Radical Transformation: Writer Patrick CalifiaRice Has Long Explored the Fringes. Now the Former Lesbian S/M Activist Is Exploring Life as a Man". San Francisco Chronicle. Publicado em: 27 de outubro de 2005. Disponível em: http://www.sfgate.com/cgi-bin/article.cgi?file=/chronicle/archive/2000/10/27/WB78665.DTL.

MARTIN, Del. "President's Message." Outubro de 1956. In: RIDINGER, Robert B. Speaking for Our Lives: Historic Speeches and Rhetoric for Gay and Lesbian Rights (1892–2000). Nova York: Harrington Park Press, 2004

MARX, Karl. Manuscritos Econômicos e Filosóficos. São Paulo: Boitempo Editorial, 2008

MARX, Karl. Grundrisse – Manuscritos econômicos de 1857-1858: Esboços da crítica da economia política. São Paulo: Boitempo; Rio de Janeiro: Ed. UFRJ, 2011

MARX, Karl. O capital: crítica da economia política. Livro I: o processo de produção do capital. São Paulo: Boitempo, 2013

MARX, Karl; ENGELS, Friedrich. A ideologia alemã. São Paulo: Boitempo, 2007

MARX, Karl; ENGELS, Friedrich. Marx & Engels Collected Works. Londres: Lawrence & Wishart, 2010a, vol. 42.

MARX, Karl; ENGELS, Friedrich. Marx & Engels Collected Works. Londres: Lawrence & Wishart, 2010b, vol. 43.

MARXISM TODAY. "New Times". Marxism Today. Publicado em: outubro de 1988.

MAYSTEAD, Amanda. "Giving a Voice to the Anger Over Prop 8". Socialist Worker. Publicado em: 12 de novembro de 2008.

MEAD, Margaret. Sex and Temperament in Three Primitive Societies. Nova York: Routledge, 1948

MILLER, Neil. Out of the Past: Gay and Lesbian History from 1869 to the Present. Nova York: Alyson Books, 2006

MITCHUM, Robert. What Does Deal for Chicago's Republic Windows & Doors Workers Mean?. Chicago Tribune. Publicado em: 12 de dezembro de 2008.

MIXNER, David. Stranger Among Friends. Nova York: Bantam Books, 1996.

MOHLER JR., Albert. "Is Your Baby Gay? What If You Could Know? What If You Could Do Something About It?". AlbertMohler.com. Disponível em: http://almohler.com/blog_read.php?id=891.

MOSS, J. Jennings. "Bill Clinton". Advocate. Publicado em: 25 de junho de 1996.

MURPHY, Dean E. "Some Democrats Blame One of Their Own". New York Times. Publicado em: 5 de novembro de 2004

N

NATIONAL COALITION OF ANTI-VIOLENCE PROGRAMS. Anti-Lesbian, Gay, Bisexual and Transgender Violence in 2007, 2008.

NEWSWEEK POLL. PollingReport.com. Publicado em: 3 e 4 de dezembro de 2008.

NORTON, Rictor. The Myth of the Male Homosexual: Queer History and the Search for Cultural Unity. Londres: Cassell, 1997

NOWLAN, Bob. "Post-Marxist Queer Theory and the 'Politics of AIDS'". In: ZAVARZADEH; EBERT; MORTON, 2001, p. 115-154.

O

OLLMAN, Bertell. "Social and Sexual Revolution: From Marx to Reich and Back". Dialectical Marxism: the Writings of Bertell Ollman. Disponível em: http://www.nyu.edu/projects/ollman/docs/ssr_ch06.php. [link indisponível na data de publicação da edição brasileira].

P

PATTON, Cindy. Sex and Germs: the Politics of AIDS. Cambridge, MA: South End Press, 1985

PATTON, Cindy. Inventing AIDS. Nova York: Routledge, 1990

PHELPS, Christopher. "A Neglected Document on Socialism and Sex". New Politics 12, n.1, verão de 2008

PIONTEK, Thomas. Queering Gay and Lesbian Studies. Chicago: University of Illinois Press, 2006

POLDERVAART, Saskia. "Theories about Sex and Sexuality in Utopian Socialism". Journal of Homosexuality, 29, nºs 2 e 3. Publicado em: 30 setembro de 1995, p. 40

POLITICAL AFFAIRS. "On the Front Lines with Howard Wallace". Political Affairs. Publicado em: abril de 2004. Disponível em: http://www.political affairs.net/article/artview/113/ [link indisponível na data de publicação da edição brasileira].

POLLITT, Katha. "Betty Friedan, 1921–2006". Nation. Publicado em: 9 de fevereiro de 2006.

RADICALESBIANS. "The Woman-Identified Woman". Women's Liberation Movement. Publicado em: 1970. Disponível em: http://scriptorium.lib.duke.edu/wlm/womid/.

RAEBURN, Nicole. Changing Corporate America from Inside Out: Lesbian and Gay Workplace Rights. Minneapolis, MN: University of Minnesota Press, 2004

RAFFO, Susan. Queerly Classed: Gay Men and Lesbians Write About Class. Cambridge, MA: South End Press, 1997.

REICH, Wilhelm. A revolução sexual. Rio de Janeiro: Zahar Editores, 1982.

REICH, Wilhelm. "A Politização do Problema Sexual da Juventude". In: _____. O Combate Sexual da Juventude. Brasília: edição de Gilson Dantas, 2011.

REVOLUTIONARY UNION. Position Paper of the Revolutionary Union on Homosexuality and Gay Liberation. 1969.

RIMMERMAN, Craig A. "ACT UP". TheBody.com. Publicado em: 1998. Disponível em: http://www.thebody.com/content/art14001.html.

RISTOCK, Janice L. No More Secrets: Violence in Lesbian Relationships. Nova York: Routledge, 2002

ROBINSON, Paul. Queer Wars: the New Gay Right and Its Critics. Chicago: University of Chicago Press, 2005

ROMERO, Adam P.; BAUMLE, Amanda K.; BADGETT, M. V. Lee; GATES, Gary J. "U.S. Census Snapshot". Williams Institute. Publicado em: dezembro de 2007. Disponível em: http://www.law.edu/williamsinstitute/publications/USCensusSnapshot.pdf [link indisponível na data de publicação da edição brasileira].

ROSCOE, Will. Changing Ones: Third and Fourth Genders in Native North America. Nova York: Macmillan, 2000

ROTELLO, Gabriel. Sexual Ecology: AIDS and the Destiny of Gay Men. Nova York: Dutton, 1997

ROTHBLUM, Esther. "Lesbians Coming Out Strong: What Are the Limits of Tolerance?" Newsweek. Publicado em: 21 de junho de 1993

ROWBOTHAM, Sheila; WEEKS, Jeffrey. "Edward Carpenter: Prophet of the New Life." In: _____. Socialism and the New Life: The Personal and Sexual Politics of Edward Carpenter and Havelock Ellis. Parte I. Londres: Pluto Press, 1977

S

SAAD, Lydia. "Tolerance for Gay Rights at High-Water Mark". Gallup. Publicado em: 19 de maio de 2007. Disponível em: http://www.gallup.com/poll/27694/Tolerance-Gay-Rights-HighWater-Mark.aspx

SACKS, Karen. "Engels Revisited: Women, the Organization of Production, and Private Property". In: REITER, Rayna R. (org.). Toward an Anthropology of Women. Nova York: Monthly Review Press, 1976.

SACRAMENTO BEE. "Big Labor Backs Overturn of Proposition 8". Sacramento Bee. Publicado em: 13 de janeiro de 2009.

SALIH, Sarah; BUTLER, Judith (orgs.). The Judith Butler Reader. Hoboken, NJ: Wiley-Blackwell, 2004

SCHAFFER, Amanda. "The Sex Difference Evangelists, Meet the Believers". Slate.com. Publicado em: 1 de julho de 2008. Disponível em: http://www.slate.com/id/2194486/entry/2194487.

SCHLESINGER, Arthur M. The Vital Center: The Politics of Freedom. Nova York: Westview Press, 1988

SCHMALZ, Jeffrey. "Whatever Happened to AIDS?". In: BLASIUS, Mark; PHELAN, Shane (orgs.). We Are Everywhere: A Historical Sourcebook of Gay and Lesbian Politics. Nova York: Routledge, 1997, p. 694.

SEDGWICK, Eve Kosofsky. Tendencies. Durham, NC: Duke University Press, 1993

SEEL, Pierre. Liberation Was for Others: Memoirs of a Gay Survivor of the Nazi Holocaust. Nova York: Da Capo Press, 1997

SELFA, Lance. The Democrats: A Critical History. Chicago: Haymarket Books, 2008

SENDER, Katherine. Business, Not Politics: The Making of the Gay Market. Nova York: Columbia University Press, 2005.

SERVICEMEMBERS LEGAL DEFENSE NETWORK. "About 'Don't Ask, Don't Tell'". Servicemembers Legal Defense Network. Disponível em: http://www.sldn.org/pages/about-dadt [link indisponível na data de publicação da edição brasileira].

SHEPPARD, Barry. "Concerning the Discussion". 29 de agosto de 1972. In: FORGIONE; HILL, s/d, p. 67-71.

SHILTS, Randy. The Mayor of Castro Street: The Life and Times of Harvey Milk. Nova York: Macmillan, 1988.

SHILTS, Randy. Conduct Unbecoming: Gays and Lesbians in the U.S. Military. Nova York: St. Martin's Press, 1994

SHIOYA, Tara. "Men Behaving Viciously". San Francisco Weekly. Publicado em: 19 de março de 1997.

SINGER, Daniel. Prelude to Revolution: France in May 1968. Cambridge, MA: South End Press, 2002

SLATE.COM. "Mars vs. Venus." Entrevista. Slate.com. Publicada em: 1 de julho de 2008.

SMITH, Sharon. "Mistaken Identity – or Can Identity Politics Liberate the Oppressed?". International Socialism, n. 62. Publicado em: primavera de 1994

SMITH, Sharon Smith. Engels and the Origin of Women's Oppression. International Socialist Review, Outono de 1997

SMITH, Sharon. Subterranean Fire: A History of Working Class Radicalism in the United States. Chicago: Haymarket Books, 2006

SOMETHING ABOUT EVERYTHING MILITARY. "America at War". Something About Everything Military. Disponível em: http://www.jcs-group.com/military/war0000.html [link indisponível na data de publicação da edição brasileira].

STAUFFER, Jill. "Judith Butler". Believer. Publicado em: maio de 2003.

STEIN, Edward. The Mismeasure of Desire: The Science, Theory, and Ethics of Sexual Orientation. Nova York: Oxford University Press, 1999

STEINGRABER, Sandra. The Falling Age of Puberty in U.S. Girls: What We Know, What We Need to Know. Breast Cancer Fund. Publicado em agosto de 2007

STEWART-WINTER, Timothy. "Gay Marriage and the Black Vote". Los Angeles Times. Publicado em: 14 de agosto de 2008.

STRYKER, Susan. "Marine Cooks and Stewards Union". PlanetOut.com.

STRYKER, Susan. Transgender History. Berkeley, Califórnia: Seal Press, 2008

SULLIVAN, Meg. "UCLA: U.S. Union Rates Up Substantially in 2008 for First Time Since 1970s, Study Shows". UCLA news. Publicado em: 31 de agosto de 2008. Disponível em: http://newsroom.ucla.edu/portal/ucla/PRN-u-s-union-memberships-up-substantially-56265.aspx [link indisponível na data de publicação da edição brasileira].

T

TAMAGNE, Florence. A History of Homosexuality in Europe: Berlin, London, Paris 1919–1939. Vol. 1 e 2. Nova York: Algora Publishing, 2006

TATCHELL, Peter. Hidden from History – the Gay Holocaust. Thud. Publicado em: 30 de outubro de 1997.

TAYLOR, Martin (org.). Lads: Love Poetry of the Trenches. Londres: Duckbacks, 2002.

TAYLOR, Tim. "Twin Studies of Homosexuality". Tim-Taylor.com. Publicado em: 17 de dezembro de 1997. Disponível em: http://www.tim-taylor.com/papers/ twin_studies/stud.

TEAL, Donn. Gay Militants: How Gay Liberation Began in America, 1969–1971. Nova York: St. Martin's Press, 1971

THE ASSOCIATED PRESS. "White House Apologizes for Rubber Gloves". New York Times. 15 de junho de 1995

THE RED BUTTERLFY. "Gay Liberation." Nova York. Publicado em: 1970.

TIME. "Same-Sex Marriage, Gay Rights". Time magazine poll. Realizada de 31 de julho a 4 de agosto de 2008. Disponível em: pollingreport.com/civil.htm.

TRANSGENDER LAW CENTER "Good Jobs Now!". San Francisco Bay Guardian. 2006. Disponível em: http://www.transgenderlawcenter.org/pdf/Good%20Jobs%20NOW20%report.pdf [link indisponível na data de publicação da edição brasileira].

TROTSKY, Leon. Problems of Everyday Life. Nova York: Pathfinder Press, 1994

TROTSKY, Leon. A Revolução Traída. São Paulo: Editora José Luís e Rosa Sundermann, 2005

TURNER, William B. A Genealogy of Queer Theory. Filadélfia: Temple University Press, 2000

V

VAID, Urvashi. Virtual Equality: The Mainstreaming of Gay and Lesbian Liberation. Nova York: Anchor Books, 1995

W

WALL STREET JOURNAL. "A Dream Market". Wall Street Journal. Publicado em: 18 de julho de 1991.

WARN, Sarah. "Rachel Maddow to Host MSNBC News Show". AfterEllen.com. Publicado em: 20 de abril de 2008. Disponível em: http://www.afterellen.comV/2008/8/rachelmaddow

WARNER, Michael. The Trouble with Normal: Sex, Politics and the Ethics of Queer Life. Cambridge, MA: Harvard University Press, 2000

WARREN, Patricia Nell. "Newt Gingrich and Gay Fascists". HuffingtonPost.com. Publicado em: 25 de novembro de 2008.

WASHINGTON BLADE. "Bush Wins Same Portion of Gay Vote as '00". Washington Blade. Publicado em: 3 de novembro de 2004.

WEEKS, Jeffrey. "Where Engels Feared to Tread". Gay Left: A Socialist Journal Produced by Gay Men, n.1, outono de 1975, Gay Left Collective.

WEEKS, Jeffrey. Sex, Politics and Society: The Regulation of Sexuality Since 1800. Londres: Longman Limited, 1989

WEEKS, Jeffrey. Sexuality. Nova York: Routledge, 2003

WEIL, Elizabeth. A Swimmer of a Certain Age. New York Times. Publicado em: 29 de junho de 2008.

WHITE, Allen. "Reagan's AIDS Legacy: Silence Equals Death". San Francisco Chronicle. Publicado em: 8 de junho de 2004.

WHITE, C. Todd. Pre-Gay L.A.: A Social History of the Movement for Homosexual Rights. Urbana; Chicago: University of Illinois Press, 2009

WILCHINS, Riki. Queer Theory, Gender Theory: An Instant Primer. Los Angeles: Alyson Publications, 2004

WILSON, Colin. Socialists and Gay Liberation. Londres: Socialist Workers Party, 1994

WOHLSEN, Marcus. "Exit Poll: Black Voters Back Calif. Marriage Ban". Associated Press. Publicado em: 5 de novembro de 2008.

WOLF, Sherry. "Teamsters and Trannies, Unite!". International Socialist Review. Publicado em: janeiro-fevereiro de 2009.

WOLF, Sherry. "John D'Emilio, interview by Sherry Wolf". International Socialist Review. Publicado em: maio-junho de 2009

WOOD, Ellen Meiksins. The Retreat from Class: A New "True" Socialism. Nova York: Verso, 1986

Y

YALE LAW SCHOOL. "The China Law Center Holds Conference on Homosexuality in China." Yale Law School. Publicado em: 26 de janeiro de 2006. Disponível em: https://law.yale.edu/yls-today/news/china-law-center-holds-conference-homosexuality-china.

YOUNG, Allen. Gays Under the Cuban Revolution. São Francisco: Grey Fox Press, 1981

Z

ZURAWIK, David. "Final Ratings Report on HBO's 'The Wire'". Baltimore Sun. Publicado em: 11 de março de 2008.

Posfácio à edição brasileira

Coletivo LGBT *Comunista*[815]

Introdução

O presente texto busca debater com a obra *Sexualidade e socialismo: história, política e teoria da libertação* LGBT, de Sherry Wolf, a partir de quatro pontos principais.

Primeiro, discutimos sobre o emprego do materialismo histórico dialético como método de análise da realidade pela autora. Reconhecemos a importância de sua análise para o avanço da compreensão teórica sobre o movimento e as identidades LGBT, sobretudo nos dois capítulos iniciais do livro, e compreendemos que este é um dos principais méritos de seu livro.

Em seguida, fazemos a ressalva de que apesar de demonstrar rigor metodológico no início de sua análise, Wolf não leva em conta em sua avaliação das experiências do socialismo real elementos

---

[815] O *Coletivo* LGBT *Comunista* é um coletivo de luta da classe trabalhadora, de caráter revolucionário, focado na organização e na articulação política das especificidades da população trabalhadora que tem a exploração também caracterizada pelas opressões decorrentes de orientação sexual e identidade de gênero. Para conhecer mais sobre o coletivo e eventualmente militar conosco, acesse: https://lgbtcomunista.org. Caso queira contatar o coletivo, envie um e-mail para contato@lgbtcomunista.org.

que consideramos fundamentais para que seu texto continue coerente com os instrumentos teóricos apresentados no começo.

O ponto seguinte pensa a contribuição desta publicação para o debate teórico brasileiro sobre gênero e sexualidade a partir de um levantamento historiográfico sobre o surgimento do movimento no Brasil com a fundação do Somos – Grupo de Afirmação Homossexual. Considera-se, a partir disso, características e disputas apresentadas nesse primeiro momento do movimento LGBT. Com isso, apresentamos algumas razões para a falta de expressão de estudos marxistas sobre sexualidade no Brasil e apresentamos as lacunas teóricas sobre nossa própria história, que Wolf nos ajuda a completar.

Por fim, analisamos de forma crítica a posição da autora em relação à participação de LGBTs nas Forças Armadas dos EUA e apresentamos algumas razões do porquê acreditamos que bandeiras análogas não devem ser defendidas pelo movimento brasileiro.

A importância de sexualidade e socialismo

Nos dois primeiros capítulos de sua obra, Sherry Wolf apresenta, como o modo de produção capitalista forneceu as bases materiais para o surgimento e a consolidação de identidades políticas determinadas por práticas homossexuais.

Wolf tem como um de seus principais objetos de análise as transformações históricas que a instituição familiar sofreu desde a colonização britânica em solo estadunidense, acompanhando portanto o movimento histórico em um trajeto que parte de seu formato pré-capitalista em direção às suas características atuais. Sua análise demonstra que o assalariamento geral da população, inclusive das mulheres, altera a antiga relação de dependência estrita que os trabalhadores mantinham com suas famílias, onde ter filhos e se encaixar em uma unidade familiar eram imperativos para se continuar vivo. A autora analisa que o declínio do modelo familiar dos colonos, motivado pelas novas condições de trabalho, possibilitou a organização de famílias pelo critério afetivo ou emocional e retirou a obrigatoriedade da reprodução sexual para a reprodução da vida dos trabalhadores a nível individual. No caso estadunidense, as duas guerras mundiais foram ocasiões que impulsionaram a exploração das práticas homossexuais, tanto na esfera civil quanto na esfera militar. A repressão social obrigou a essas pessoas viverem seus desejos de maneira privada, desencorajando as práticas através do discurso religioso, médico e legal. O que pela primeira vez na história as diferenciou de outras formas de relação sexual desviantes que partilhavam com a homossexualidade sua definição no termo genérico "sodomia". Segundo a autora, o processo de violência contra os homossexuais se agudiza com o término da Segunda Guerra Mundial, como reflexo de um projeto ideológico e econômico da nação estadunidense. A autora conclui que é em resposta a essa violência que surge o movimento homossexual nos Estados Unidos, que só pôde emergir pois os circulos de convívio homoafetivos herdados do período de guerra transformaram em identidade opressões até então vivenciadas de forma atomizada. Isso permitiu a indivíduos que se organizassem contra essa realidade.

A autora defende que ao mesmo tempo em que o capitalismo altera a base material da vida em sociedade através do assalariamento geral da população e do declínio do modelo de família colonial, possibilitando assim organizar a vida afetiva em torno de parceiros sexuais de mesmo gênero, delineia-se um processo de violência motivado especificamente contra quem vivencia tais possibilidades, algo inédito até então na história. Em sua argumentação, demonstra-se como tal processo tem motivação dupla: por um lado, dividir a classe trabalhadora e dificultar a organização popular; por outro, empurrar essa parcela de trabalhadores para o desemprego e dificultar seu acesso a meios de sobrevivência, tornando-os dispostos a trabalhar nas piores condições e pelos piores salários, o que rebaixa o nível geral de remuneração da sociedade.

Vemos que o modelo teórico proposto por Wolf é o resultado de sua análise sobre a história do movimento LGBT nos Estados Unidos da América. Esta análise parte também de esforços anteriores de se compreender as identidades sexuais e de gênero a partir do método marxista, como os dos pesquisadores John D'Emilio[816] e Jeffrey Weeks. Para este conjunto de pesquisadores, a qualidade da prática social das relações sexuais se modificou ao longo do tempo. Na elaboração de Wolf, esse movimento é expresso diferenciando *comportamento homossexual* de *identidade homossexual*. A autora reconhece que práticas sexuais entre pessoas do mesmo gênero sempre existiram, porém aponta que a possibilidade de um grupo de indivíduos organizar sua afetividade ao redor dessas práticas é novidade do modo de produção capitalista. Foi só a partir da Revolução Industrial que se pôde vislumbrar a constituição de identidades homossexuais na sociedade – por conta ao mesmo tempo das condições econômicas e do processo de violência específico instaurado. Wolf, portanto, argumenta a partir da história que a tese de que a homossexualidade é atemporal está equivocada.

Para ir além superfície do fenômeno e identificar o caráter histórico das identidades, a autora precisou adotar um método que considerasse ao mesmo tempo tanto a determinação econômica sobre as formas sociais e de consciência quanto a parcela de determinação das formas sociais e de consciência no processo

---

[816] ver D'EMILIO, John. "O capitalismo e a identidade gay". Disponível em: <https://lgbtcomunista.org/2021/06/07/o-capitalismo-e-a-identidade-gay/>.

econômico. Wolf lança mão do materialismo histórico-dialético, o método elaborado por Karl Marx para análise e transformação da estrutura social. Diferentemente da historiografia hegemônica disponível em português, marcada por uma análise atomizada deste objeto de pesquisa, o mérito de Wolf é compreender as identidades sexuais e de gênero como parte de uma totalidade histórica em movimento e em disputa.

Assim, a autora é capaz de passar do particular (o momento em que o movimento LGBT se encontrava em um dado momento histórico) ao universal (o movimento de transformação do real, de seu passado a seu devir). Esse contínuo movimento, do particular para o universal, e vice-versa, enriquece o tratamento dado a seu objeto de estudo. Se o livro que o leitor tem em mãos é uma referência internacional sobre a história do movimento LGBT, isto se dá em grande medida por estes motivos.

As experiências socialistas na visão da autora

Apesar dos esforços de Wolf em fazer um estudo rigoroso do movimento LGBT nos Estados Unidos da América, a autora desconsidera em outras passagens de seu livro o método marxiano.

Quando Wolf se dispõe a analisar as experiências do socialismo real, suas constatações chegam apenas na superfície dos eventos. Sua análise não é tão cautelosa quanto no primeiro momento do livro, e os apriorismos empobrecem um assunto que merece tamanha atenção. Isso é grave considerando que as experiências soviética e cubana precisam e precisaram passar por uma autocrítica séria, e não superficial, para a superação de suas falhas em relação à população LGBT.

O movimento do particular ao universal, utilizado nos primeiros capítulos, aqui se restringe à observação do particular: as falhas e avanços não aparecem como parte de uma realidade social ampla, que aponta para um caminho de libertação e que precisa ser criticada e corrigida. Pelo contrário: sua crítica abandona qualquer processualidade histórica e passa a considerar a LGBTfobia como um atestado de "verdadeiro socialista" de cada experiência.

O resultado não poderia ser outro: por esse parâmetro, o socialismo não é um movimento de transformação do real – de um mundo desigual, em que a LGBTfobia persiste como um traço da instituição familiar, a um mundo igualitário. O socialismo passa a ser um sistema estático e sem conflitos, uma utopia idealista. Por esse parâmetro, nenhuma experiência real foi socialista.

Ao abordar a questão da sexualidade antes e logo após o processo revolucionário na URSS, Wolf leva em consideração as determinantes econômicas. Ela mostra de onde partiram e até onde chegaram os avanços, compreendendo os limites materiais colocados pelo contexto político-econômico:

> As tentativas de refazer a vida familiar sob uma nova ordem econômica e social não foram limitadas pela visão marxista dos bolcheviques, mas por realidades materiais e sociais predominantes [...] As alternativas à família tradicional eram inadequadas porque faltavam recursos para providenciar creches públicas, cozinhas, lavanderias e outros meios necessários para construir uma nova sociedade.[817]

No entanto, a autora não tem o mesmo rigor ao abordar os mesmos aspectos no debate sobre o processo de consolidação da Revolução Russa. Ao invés de analisar as condicionantes econômicas e políticas do processo histórico, Wolf personifica os atrasos em desejos individuais de figuras públicas:

---

[817] WOLF, Sherry. *Sexualidade e socialismo: história, política e teoria da libertação LGBT*. São Paulo: Autonomia Literária, 2021. p. 135.

Após Stálin assumir o poder na União Soviética, a partir do começo da década de 1930, ele passou a reverter todos os avanços conquistados pela Revolução de 1917, inclusive as leis que descriminalizavam a homossexualidade. Na década de 1950, o PC adotou a postura hostil de Stálin à homossexualidade, denunciando-a como um "desvio burguês".[818]

A essa imprecisão na análise das experiências socialistas, responsabilizamos a ausência de ortodoxia[819] em sua abordagem. Parece-nos que, para a defesa de uma posição política a respeito das experiências revolucionárias, a autora flexibiliza o método que, como dissemos acima, ela lança mão ao historicizar a constituição das identidades homossexual, lésbica e bissexual.

Como consequência direta, quando da análise das experiências socialistas, a autora se utiliza de categorias de outros campos epistemológicos, por vezes antagônicos ao marxismo.

É o caso quando a autora fala em *totalitarismo*: "Assim como no caso do bloco soviético, o regime *totalitário* da China não tolera qualquer iniciativa política independente por parte dos trabalhadores gays ou heterossexuais".[820]

Losurdo demonstra que a categoria totalitarismo tem caráter polissêmico, sendo modificada ao longo da história e se adaptando para servir aos interesses da nação estadunidense, sobretudo

---

[818] *Ibidem*.

[819] Para evitar uma interpretação equivocada do que é a ortodoxia, pois aqui não nos referimos ao uso vulgar da categoria, ver LUKÁCS, Georg. "O que é marxismo ortodoxo". In: *História de consciência e classe: estudos sobre a dialética marxista*. São Paulo: Editora WMF Martins Fontes, 2012.

[820] WOLF, *op. cit.*, p. 141.

no contexto da Guerra Fria.[821] A partir da perspectiva do "regime de partido único", coloca-se a União das Repúblicas Socialistas Soviéticas e a República Popular da China sob o mesmo manto que a Alemanha nazista, à revelia de ter sido a URSS a responsável central pela derrota do Terceiro Reich e por ter perdido, neste processo, milhões de combatentes; ou o fato de sua importância nas lutas de independência de colônias em África. Não obstante, a categoria de totalitarismo escamoteia a política eugenista do nazismo ao colocar em pé de equivalência "regimes" com um "autoritarismo" abstrato.

> O defeito fundamental da categoria de totalitarismo é transformar uma descrição empírica, relativa a certas categorias determinadas, numa dedução lógica de caráter geral. Não há dificuldades em constatar as analogias entre URSS staliniana e Alemanha nazista; a partir delas, é possível construir uma categoria geral (totalitarismo) e sublinhar a presença nos dois países do fenômeno assim definido; mas transformar esta categoria na chave de explicação dos processos políticos verificados nos dois países é um salto assustador. Sua arbitrariedade deveria ser evidente, por duas razões fundamentais. Já vimos a primeira: de modo sub-reptício as analogias que subsistem entre URSS e Terceiro Reich quanto à ditadura do partido único são consideradas decisivas, ao passo que são ignoradas e removidas as analogias no plano da política eugênica e racial, que permitiriam instituir conexões bem diferentes.[822]

A posição adotada por Wolf para criticar as experiências do socialismo real traz consequências para a luta internacional revo-

---

[821] LOSURDO, Domenico. "Para uma crítica da categoria de totalitarismo". In: *Crítica Marxista*, Rio de Janeiro, v. 17, 2004, p. 55.
[822] *Ibidem*, p. 76.

lucionária. Não se trata de uma crítica que busca avançar e não repetir os erros históricos do movimento internacional da população trabalhadora. Trata-se, da negação da qualidade socialista dos processos que efetivamente aconteceram, e aí reside o perigo. Colocamo-nos frontalmente contrários a esta perspectiva.

É verdade que, ao longo de suas experiências, o socialismo lidou de maneiras distintas com as questões de gênero e sexualidade, dentro de suas possibilidades históricas. A análise crítica de toda e qualquer experiência socialista é fundamental para que possamos aprender com os erros de cada uma delas e superá-los.

Esforço neste sentido é feito por Leslie Feinberg (2008)[823], que foi militante de longa data do Partido Mundial dos Trabalhadores,[824] partido de tradição marxista-leninista. Em seu livro *Rainbow Solidarity: In Defense of Cuba*, uma coletânea de breves artigos publicados anteriormente na coluna Lavender & Red, do jornal *Workers World*, Feinberg esmiúça as características da ilha caribenha de modo inédito, demonstrando como esta se configurava antes da Revolução, durante a Revolução e seus passos posteriores.

Diferentemente de Wolf, Feinberg se distancia das análises simplistas. Não se trata de simplesmente "culpar" o socialismo real, mas de compreender historicamente as determinações colocadas para as LGBTs na ilha.

Seu estudo desenvolve como as normas e valores persecutórios às práticas homossexuais foram institucionalizados e implementados de forma sistemática a partir da invasão europeia.[825] Faz um resgate histórico desde a ilha pré-colombiana para entender como se constituiu a moralidade que influenciou a Revolução Cubana.

---

[823] FEINBERG, Leslie. *Rainbow solidarity: in defense of Cuba*. New York: Lavender & Red, 2008.

[824] Em inglês, Workers World Party (WWP).

[825] FEINBERG, *op. cit*, p. 3.

Feinberg demonstra como a continuidade da mesma política de controle introduzida pela invasão colonial também serviu ao imperialismo estadunidense:

> O imperialismo estadunidense ocupou Cuba militarmente por quatro anos, começando em 1898. De 1902 até a Revolução Cubana de 1959, Wall Street governou estabelecendo ditaduras para espremer a economia da ilha em sua região, reestruturando Cuba para a exploração como uma gigantesca plantação de açúcar.
>
> As leis contra o amor pelo mesmo sexo e a variação de gênero e a aplicação brutal do estado continuaram a ser usadas como um porrete para o controle econômico, social e político.[826]
>
> [...] Não é de surpreender, então, que os homossexuais cubanos tinham tratamento preferencial de contratação no setor turístico de Havana para atender às demandas [de empresários e chefes dos EUA].[827]

Com o controle estadunidense sobre a pequena ilha, o avanço da pobreza e a promessa de trabalho nas cidades, a população trabalhadora de todas as sexualidades foi seduzida com a possibilidade de trabalho e melhores condições de vida em grandes cidades como Havana.[828] Semelhante ao que descreve Sherry Wolf no exemplo de seu país, é nesse momento que começa a existir a possibilidade desses trabalhadores e trabalhadoras viverem suas sexualidades não como comportamento, mas como identidade.

Além disso, com a perseguição às LGBTs nos Estados Unidos e o puritanismo pregado pelo macartismo, a ilha virou um paraíso

---

[826] *Ibidem*, p. 23. (Tradução nossa)
[827] FEINBERG apud ARGUELLES; RICH (1984), p. 24. (Tradução nossa)
[828] FEINBERG, *op. cit*, p. 24.

para estadunidenses ricos poderem fugir do clima de controle da Guerra Fria e viverem seus desejos homossexuais.[829]

Ao adentrar o período revolucionário, Feinberg aborda o tema de grande polêmica: a saída de um grande contingente de homossexuais de Cuba. Mas, nessa abordagem, coloca o tema dentro de seu contexto histórico: (a) um período de guerra direta entre o socialismo e o capitalismo, em que o mundo se encontrava cindido entre dois projetos em disputa para a humanidade;[830] e (b) dentro de Cuba, a homossexualidade como elemento associado ao mercado de prostituição e, portanto, à sua condição de subserviência aos EUA.

Assim, os EUA, que tinham diversas políticas anti-homossexuais espalhadas por seus estados, se utilizavam de gays e lésbicas que saíam da ilha para uma campanha de difamação contra a experiência socialista. O objetivo era o desgaste da ilha ao apoio internacional, não a preocupação com a população LGBT cubana. Uma consequência foi o distanciamento, que só foi superado décadas mais tarde, entre os movimentos de libertação gay e as lutas anticapitalistas.

Ainda se baseando na pesquisa de Arguelles e Rich, Feinberg também descreve um elemento determinante para a população LGBT escolher entre ficar ou abandonar a ilha. Não é sua identidade sexual o fator central, mas sim sua identidade de classe.[831] Aqueles e aquelas que não pertenciam à classe trabalhadora de Cuba em sua maioria fugiram da ilha por verem na Revolução uma ameaça aos seus interesses de classe. Ao passo que aqueles e aquelas que viviam do trabalho, optaram majoritariamente por ficar na ilha para construir uma sociedade radicalmente nova, or-

---

[829] *Ibidem.*
[830] *Ibidem*, p. 27.
[831] *Ibidem*, p. 28.

ganizada pela e para a classe trabalhadora. É a partir de toda essa contextualização que Feinberg passa a descrever a luta da população LGBT para reconhecimento de seus direitos e de sua identidade. Não ignora as dificuldades que essa população encontrou no processo de consolidação do socialismo cubano, que não foram poucas, mas também não descarta essa experiência como uma importante referência de luta para o conjunto da classe trabalhadora, inclusive as LGBTs.

A forma como Sherry Wolf discorre sobre Cuba e as demais experiências socialistas, por sua vez, não considera as ponderações de Feinberg e ignora as conclusões que a própria autora chega nos dois primeiros capítulos do livro. Entendendo que a possibilidade de organizar nossa vida em torno da sexualidade, fora do âmbito da família enquanto unidade de produção, se constituiu a partir do capitalismo, é certo dizer que a opressão LGBTfóbica também ganha novas dimensões a partir daí. A principal característica da LGBTfobia é "uma reação em defesa da instituição familiar",[832] núcleo fundamental para a reprodução deste modo de produção.

Em uma sociedade socialista, cujos objetivos são a transição para a superação do modo de produção capitalista e todas as formas que derivam dele (a forma-mercadoria, a forma jurídica, a forma-valor etc.), não devem haver interesses socializados pela permanência da opressão LGBTfóbica. A LGBTfobia existe enquanto resquício do velho mundo,[833] e as gerações forjadas no velho mundo não romperam completamente com os vícios dele. Isso se expressou nas direções partidárias e no seio da sociedade cubana,

---

[832] Ver COLETIVO LGBT COMUNISTA. Cuba e a população LGBT: existe LGBTfobia na ilha?. Disponível em: <https://lgbtcomunista.org/2021/01/29/cuba-e-a-populacao-lgbt-existe-lgbtfobia-na-ilha/>. Acesso em 30/mai/2021.

[833] *Ibidem.*

com fortes valores judaico-cristãos anteriores à revolução que permaneceram no processo revolucionário. Ao não levar tais aspectos em consideração, portanto, Wolf desconsidera aspectos essenciais da própria teoria que expôs anteriormente sobre o movimento LGBT estadunidense.

Mas a ilha tem avançado a passos largos no que concerne às discussões de gênero e sexualidade. A liderança de Mariela Castro, militante do Partido Comunista e deputada, além de diretora do Centro Nacional Cubano de Educação Sexual (CENESEX), tem sido de suma importância para mudar os direcionamentos revolucionários sobre sexualidade e gênero, de modo que a revolução cubana possa ser mais abrangente e consiga respeitar toda a população trabalhadora, o que inclui lésbicas, gays, bissexuais, travestis, mulheres transexuais e homens trans cubanos ou imigrantes.

A crítica é parte fundante da tradição marxista. É ela quem nos possibilita avançar uma vez que, através do reconhecimento das limitações, ela tem o potencial para uma atuação que dê um salto de qualidade em comparação à anterior. Reconhecer historicamente a forma como as experiências socialistas lidaram com a questão LGBT (sabendo inclusive que não foi de modo unânime) é o que nos permite superar os erros históricos do movimento revolucionário. É louvável qualquer esforço de análise das experiências socialistas que tenha como fim a superação do erro, que objetive uma revolução mais abrangente para a totalidade da classe trabalhadora.

Todavia, o oposto da crítica radical é a crítica convencional, cuja única função é gerar desgaste na luta histórica da classe trabalhadora; uma crítica que não supera, mas impossibilita. E essa crítica hegemônica não nos interessa.

O início do movimento LGBT no Brasil e a esquerda

Para analisarmos de forma específica a contribuição desta publicação para o debate teórico brasileiro é oportuno operar um resgate histórico sobre o movimento LGBT brasileiro de forma sintética.

O movimento LGBT surge no Brasil em 1978 – tardiamente em relação ao Norte global, cujo fenômeno central teve início com a Revolta de Stonewall em 1969, dez anos antes –, tendo como mito fundador o Somos – Grupo de Afirmação Homossexual, fundado por João Silvério Trevisan[834] e outros intelectuais envolvidos com o Jornal *Lampião da Esquina*. Desde seu surgimento, seus rumos foram alvo de disputa.

Em um contexto de ditadura empresarial-militar, em que se perseguia sindicatos, civis e organizações, a derrubada do regime era uma das pautas que atravessavam as discussões do Somos e do então Movimento homossexual brasileiro (MHB).

Já no interior do Somos era possível observar a presença de militantes de organizações revolucionárias, especificamente a Convergência Socialista.[835] A Convergência Socialista teve protagonismo na participação do histórico 1º de maio de 1980 em São Bernardo, enquanto uma outra parcela do Somos, avessa à união da população LGBT trabalhadora em torno da pauta do trabalho, decidiu por fazer piquenique durante o fervor das mani-

---

[834] TREVISAN, João Silvério. *Devassos no paraíso: a homossexualidade no Brasil, da colônia à atualidade*. Rio de Janeiro: Objetiva, 2018.

[835] A Convergência Socialista (1978-1980) surge a partir da Liga Operária, organização trotskista clandestina filiada à Liga Internacional dos Trabalhadores – Quarta Internacional (LIT-QI). A CS viria a ser a primeira organização de esquerda legalizada no período da ditadura civil-militar no Brasil. Posteriormente, a Convergência Socialista seria uma das organizações que fundariam o Partido dos Trabalhadores.

festações.[836] Essas tensões estabelecidas expressavam a disputa do movimento entre autonomistas e socialistas. O primeiro grupo não queria aliança com setores da esquerda revolucionária tradicionalmente estabelecida em decorrência do histórico homofóbico destes e de uma suposta "subordinação" da pauta homossexual à "luta ampla", que seria a luta pelo fim da ditadura e superação do capitalismo. Já o segundo grupo entendia que uma aliança era fundamental, a fim de superar a ditadura que não agredia somente a população homossexual, mas também as mulheres, a população negra e o conjunto da classe trabalhadora como um todo, além de ser este modo de produção o principal alicerce em que a violência contra as minorias encontra sua reprodução.

Apesar das tentativas de aproximação, de modo geral, a esquerda "tradicional" tinha certo bloqueio com as pautas sexuais,[837] considerando-as pequeno-burguesas e desimportantes. A consequência foi um distanciamento de boa parte da esquerda, como o Movimento Revolucionário 8 de Outubro (MR-8)[838] e o Partido Comunista Brasileiro (PCB),[839] do incipiente movimento homossexual brasileiro. Por causa disso, é compreensível que a população homossexual tivesse receio de atuar politicamente junto às organizações revolucionárias.

A isso se deve a falta de produção marxista acerca da questão LGBT no Brasil, do surgimento dessas identidades, dos alicerces

---

[836] TREVISAN, *op. cit.*, p. 332.
[837] Ver GREEN, James N. *Revolucionário e gay: a vida extraordinária de Herbert Daniel – pioneiro na luta pela democracia, diversidade e inclusão*. Rio de Janeiro: Civilização Brasileira, 2018 e DANIEL, Herbert. *Passagem para o próximo sonho*. Rio de Janeiro: Editora Codecri, 1982.
[838] OKITA, Hiro. *Homossexualidade: da opressão à libertação*. São Paulo: Sundermann, 2015, p. 96.
[839] *Ibidem*, p. 105.

da opressão e de como são as qualidades da violência que atinge a população LGBT num contexto de país no Sul global, cujo capitalismo é dependente.

Existem algumas iniciativas que exploram essa postura teórica, como é o caso da obra *Abaixo do Equador: culturas do desejo, homossexualidade masculina e comunidade gay no Brasil*.[840] Nela, o pesquisador Richard Parker faz esforço reconhecível para a compreensão de que o desenvolvimento dependente brasileiro nos diferencia dos países de capitalismo central na constituição de uma identidade gay, ressalvada a existência de semelhanças nesse processo.[841]

Outros textos tentam fazer uma análise "de classe" da questão homossexual, como é o caso do livro *Homossexualidade: da opressão à libertação*[842], escrito por Hiro Okita, militante da Convergência Socialista, e publicado originalmente em 1981, no calor do surgimento do MHB.

Entretanto, este trabalho e outros da mesma envergadura guardam o equívoco de tratar a homossexualidade como a-histórica, presente em todos os momentos da vida humana. Como já mencionamos, uma das virtudes da obra de Wolf é confrontar essa ideia ainda muito comum não apenas no Brasil.[843]

---

[840] PARKER, Richard. *Abaixo do Equador: culturas do desejo, homossexualidade masculina e comunidade gay no Brasil*. Rio de Janeiro: Record, 2002.

[841] *Ibidem*, p. 164-174.

[842] OKITA, *op. cit.* O livro publicado originalmente continha o título "Homossexualismo: da opressão à libertação". Seu título foi corrigido na segunda edição, lançada em 2015.

[843] *Ibidem*, p. 17.

A maior parte da produção nacional sobre a população LGBT se atém a estudar o comportamento homossexual no Brasil[844] e o próprio movimento LGBT soerguido a partir de 1978[845] – temas historiográficos fundamentais, com trabalhos rigorosos feitos, com rica referência bibliográfica –, mas não há grandes referências sobre a *constituição* dessas identidades. Portanto, embora haja esforços de se fazer uma interpretação que tenha os elementos da totalidade social, que parta da análise socioeconômica e utilize uma abordagem marxista, o livro de Sherry Wolf, *Sexualidade e socialismo*, pela primeira vez em português, consegue se aprofundar em elementos para a discussão de gênero e sexualidade no Brasil até então pouco aprofundados.

A questão militar e a presença de LGBTs nas Forças Armadas

O Brasil é um país que, na divisão internacional do trabalho, encontra-se como exportador de matéria-prima. Esta condição internacional nos coloca como um país dependente, localizado na

---

[844] Ver TREVISAN, João Silvério. *Devassos no paraíso: a homossexualidade no Brasil, da colônia à atualidade.* Rio de Janeiro: Objetiva, 2018; GREEN, James N. *Além do carnaval: a homossexualidade masculina no Brasil do século XX.* São Paulo: Editora UNESP, 2019; GREEN, James N. e POLITO, Ronald. *Frescos trópicos: fontes sobre a homossexualidade masculina no Brasil (1870-1980).* Rio de Janeiro: José Olympio, 2006, entre outros.

[845] Ver MACRAE, Edward. *A construção da igualdade: política e identidade homossexual no Brasil da "abertura".* Salvador: EDUFBA, 2018; GREEN, James N., QUINALHA, Renan, CAETANO, Marcio, FERNANDES, Marisa (orgs.). *História do movimento LGBT no Brasil.* São Paulo: Alameda, 2018;

periferia global, ainda que até pouco tempo atrás estivéssemos entre as dez maiores potências mundiais. Consequentemente, a estruturação da LGBTfobia adquire formas relacionadas à configuração do modo de produção capitalista num país de capitalismo dependente.

Por conta disso, determinadas pautas que historicamente são colocadas para o movimento LGBT estadunidense, retratadas no presente livro, não fazem sequer sentido para a realidade brasileira. Nunca foi uma questão para o movimento LGBT brasileiro, por exemplo, a demanda abordada por Wolf no capítulo dois acerca da política "Não pergunte, não conte", que perseguia sistematicamente LGBTs nas Forças Armadas.

> Não há nada de incompatível em exigir o fim de leis draconianas que barram as LGBT assumidas de servirem nas Forças Armadas e em se opor ao recrutamento para as Forças Armadas e às ações imperialistas dos EUA ao redor do mundo. A exigência de igualdade de acesso não só expõe a hipocrisia de uma instituição que alega expandir a democracia, ao passo que avança em sua antítese, mas também pode ter um impacto direto nas vidas e nas consciências de milhões de pessoas que são compelidas a recorrer às Forças Armadas para se empregarem por conta de sua circunstância econômica ou condição social. Ademais, isso ainda pode provocar outra rachadura na armadura ideológica do sistema. Quanto à guerra em si, exigências por igualdade, ainda que dentro de uma instituição reacionária, podem ter consequências inesperadas.[846]

Como a própria autora pontua, é compreensível que, num país que tem três milhões de militares e que destina as principais partes

---

[846] WOLF, Sherry. *Sexualidade e socialismo: história, política e teoria da libertação LGBT*. São Paulo: Autonomia Literária, 2021. p. 102.

do Produto Interno Bruto à Defesa Militar, haja essa demanda. A questão que nos fica é: até que ponto é dever das organizações revolucionárias, mesmo as estadunidenses, lutar pelo direito de oprimir outras etnias, outras nações e até mesmo a própria população?

Ao primar pela questão econômica para a classe trabalhadora LGBT estadunidense, Wolf negligencia os impactos gerados no restante do mundo pela política militar e imperialista de seu país. Também ignora o histórico de interferência política dos EUA nos demais países, destituindo direta ou indiretamente governos democraticamente eleitos, rompendo com a soberania dos países para favorecer os interesses econômicos da burguesia estadunidense.

É sabido, por exemplo, que o Estado de Israel, parceiro fundamental do imperialismo estadunidense no Oriente Médio, faz sistemáticas incursões bélicas contra territórios palestinos, coloca frequentemente colonos em áreas palestinas e as ocupa, aumentando gradativamente seu território de modo ilegal. Apesar de tudo isso, Israel se vende como "a única democracia para a população LGBT no Oriente Médio" porque em Tel Aviv se tem uma grande Parada do Orgulho. Ainda que fosse verdade, inclusive com um exército "representativo", isso se dá à custa de quê? Movimentos palestinos como a Al-Qaws, maior organização LGBT palestina, vêm denunciando reiteradamente que sob esse pretexto, são executadas pessoas LGBTs palestinas e suas famílias em zonas de ocupação militar.

Parece-nos, portanto, um equívoco histórico a defesa de campanhas para acolhimento de pessoas LGBT em instituições estruturadas para a guerra contra a classe trabalhadora, como é o caso da principal Força militar do mundo. Embora as Forças Armadas brasileiras não tenham tamanha relevância, seria equiparável a uma defesa de "alargar a democracia interna" de instituições como a Polícia Militar, quando nosso papel deve ser a defesa da abolição dos instrumentos repressivos cujo único objetivo levado a cabo é a manutenção da acumulação privada da riqueza socialmente produzida.

Por mais que essa posição possa parecer uma essencialização de que quem trabalha nestes aparelhos tenha interesses próprios com eles, isso não é verdade. A população trabalhadora é quem compõe os cargos mais baixos nas forças repressivas do Estado burguês, atendendo a interesses dominantes que não têm correspondência com seus próprios interesses de classe. Todavia, estas pessoas, ao atenderem a interesses que não são seus, se opõem, reprimem e violentam sua própria classe.

Entendemos que é em grande medida a posição dos Estados Unidos da América no centro do capitalismo, com os maiores investimentos militares do planeta, que leva a autora estadunidense a defender algum tipo de inserção nas Forças Armadas, ainda que de maneira crítica. Contudo, ressaltamos que esta posição é bastante problemática.

Conclusão

Garantidas as considerações que elencamos aqui com relação à obra de Sherry Wolf, entendemos que seu trabalho consegue sistematizar uma série de discussões que são valiosas para a luta revolucionária no Brasil.

O livro *Sexualidade e socialismo: história, política e teoria da libertação* LGBT rompe com mitos que pairam sobre o movimento LGBT internacional. Dentre eles, principalmente aqueles a respeito da construção das identidades sexuais. Se é hegemônica a noção de que a sexualidade é inata, este livro sepulta essa ideia com maestria, revelando sua dimensão econômica. Traz, ainda, elementos para entendermos a violência que nos identifica como LGBTs.

A partir do esforço de Wolf, que já foi compartilhado com outras pessoas que a antecederam, notadamente John D'Emilio, abre-se a oportunidade para pensarmos o papel da identidade LGBT no capitalismo, e como devemos nos articular para a superação desse modo de produção que, à medida que criou a possibilidade de sermos LGBTs, criou também as limitações históricas que nos condicionam a um permanente processo de violência.

Todavia, parafraseando Lênin, o estudo de nada vale quando não é acompanhado de uma atuação consistente. O presente livro é, portanto, um chamado à luta concreta, à construção de um mundo novo. Ele nos mune para que possamos ser, de modo coletivo, um grande sujeito político que ponha abaixo a hegemonia do capital. E essa é a tarefa que nos cabe, a nós e a você, que chegou à última página deste livro.

Nos encontramos na luta, camarada.

Sobre a capa

A capa apresenta uma pintura do artista visual Matheus Henrique Gonçalves Silva, militante do Coletivo LGBT Comunista, baseada em uma imagem da fotógrafa e militante lésbica estadunidense Donna Gottschalk.

Visando fugir da personificação da figura humana e instigar o espectador na fruição da imagem foram realizadas duas operações gráficas: a inversão do sentido do original de leitura da fotografia e a cobertura de parte da pintura com tinta azul.

A cobertura de uma das mulheres retratadas pela tinta azul também remete, de forma alegórica, às relações de violência que conformam a identidade LGBT, traduzindo na forma por um lado o processo social de apagamento das identidades porque passam as LGBTs diariamente e por outro a ideia de alguém que não está mais presente, possivelmente vítima de LGBTfobia.

Quem é Donna Gottschalk

Donna Gottschalk é uma fotógrafa estadunidense que cresceu no Lower East Side de Nova York, em um cortiço de baixa renda, onde morava com a mãe e três irmãos. Ela começou a fotografar aos dezessete anos e mais tarde estudou arte na Cooper Union nos anos 1960. Quando ela tinha dezoito anos, Gottschalk juntou-se à Frente de Libertação Gay e mais tarde juntou-se às Radicalesbians, tendo participado de muitas ações políticas. Mais tarde, ela se mudou para Connecticut para abrir um laboratório fotográfico com sua parceira, Tony, que funcionou por 38 anos. (Tradução a partir de biografia do site Blue Sky, disponível em: https://www.blueskygallery.org/exhibitions/archives/2020/donna-gottschalk)

LEIA TAMBÉM

Realismo Capitalista: É mais fácil imaginar o fim do mundo do que o fim do capitalismo?
Autor: Mark Fisher

Após 1989, o capitalismo se apresentou com sucesso como o único sistema político-econômico aparentemente viável no mundo – uma situação que só começou a ser questionada para fora dos círculos mais duros da esquerda a partir da crise bancária de 2008, quando começa-se a entender a urgência de se desmontar a ideia de que "não existe alternativa". Este livro, escrito pelo filósofo e crítico cultural britânico Mark Fisher, desnuda o desenvolvimento e as principais características do "realismo capitalista", conceito que delineia a estrutura ideológica em que estamos vivendo. Usando exemplos de política, filmes, ficção, trabalho e educação, argumenta que o "realismo capitalista" captura todas as áreas da experiência contemporânea. Mas também mostra que, devido a uma série de inconsistências e falhas internas ao programa de realidade do Capital, o capitalismo é, de fato, tudo – menos realista.

Por um populismo de esquerda
Autora: Chantal Mouffe

Como podemos reagir frente a ascensão do populismo? Para filosofa política belga Chantal Mouffe, o "momento populista" que estamos testemunhando sinaliza para a crise mais aguda da hegemonia neoliberal. O eixo central do conflito será entre o populismo de direita e de esquerda. Ao estabelecer esta nova fronteira entre "o povo" e "a oligarquia", a estratégia populista de esquerda pode reunir novamente as múltiplas lutas contra subordinação, opressão e discriminação.

Essa estratégia reconhece que o discurso democrático desempenha um papel crucial no imaginário político de nossas sociedades. E, através da construção de uma vontade coletiva, mobilizando afetos comuns em defesa da igualdade e da justiça social, será possível combater as políticas belicosas e demagógicas promovidas pelo populismo de direita.

Ao redesenhar as fronteiras políticas, esse momento aponta para um "retorno do político" após anos de pós-política. O retorno pode abrir caminho para experienciais autoritárias – através de regimes que enfraquecem as instituições democráticas liberais –, mas também pode levar a uma reafirmação e extensão dos valores democráticos.

Por que as mulheres tem melhor sexo sob o socialismo e outros argumentos a favor da independência econômica
Autora: Kristen Ghodsee

Em um artigo irreverente que viralizou na internet, Kristen Ghodsee, aclamada etnógrafa e professora de Estudos Russos e do Leste Europeu, argumentou que as mulheres tinham melhor sexo sob o socialismo. O engajamento nas redes foi imenso – claramente ela articulou algo que muitas mulheres sentiram por anos: o problema é com o capitalismo, não conosco. Neste livro, Ghodsee explora, de forma espirituosa e ferozmente inteligente, porque o capitalismo é ruim para as mulheres e como, quando bem feito, o socialismo leva à independência econômica, melhores condições de trabalho, melhor equilíbrio entre vida profissional e pessoal e, sim, sexo ainda melhor. Abordando todos os aspectos da vida profissional da mulher, como sexo, relacionamentos, cidadania e liderança, disparidade salarial, assédio e discriminação, a autora apresenta uma perspectiva em que está cada vez mais claro que o capitalismo não regulamentado prejudica desproporcionalmente as mulheres e de que o socialismo é uma grande ferramenta para superar essas questões. Após longos anos de pesquisa sobre a consequência da transição do socialismo de Estado para o capitalismo, Ghodsee nos presenteia com um guia completo sobre um caminho a se seguir: ao rejeitar os lados negativos e salvar seus aspectos positivos, podemos adaptar algumas ideias socialistas ao século XXI e mudar a vida e a situação das mulheres na sociedade contemporânea.

Contra a miséria neoliberal
Autor: Rubens Casara

Fala-se constantemente do neoliberalismo, atribuindo-lhe significados muito diferentes uns dos outros, numa espécie de in ação verbal descontrolada. Rubens Casara tem razão em escrever que "o significante "neoliberalismo" é usado de tantas maneiras que acaba por se tornar uma espécie de conceito "guarda-chuva", um nome vago e impreciso". Tal imprecisão é uma fonte de erro no diagnóstico e também na resposta política ao fenômeno. Por conseguinte, qualquer trabalho acadêmico que vise de nir rigorosamente o neoliberalismo e colocá-lo de novo no centro da discussão é uma salvação pública. Esse é o caso do livro de Rubens Casara que estás prestes a ler. O autor oferece ao leitor brasileiro uma entrada extremamente clara em toda uma série de análises e pesquisas que compõem o que poderia ser chamado, para usar uma expressão inglesa, neoliberalism studies, que têm se desenvolvido há cerca de vinte anos em nível internacional. Esses estudos permitiram corrigir uma sequência de erros, como o que consiste em identificar o neoliberalismo com uma completa abstenção do Estado na vida econômica e social. O neoliberalismo não é, e nem pode ser, no plano da prática algo "anti-Estado", como proclamado por doutrinas que são mais ligadas ao libertarismo do que propriamente neoliberais. É preciso dar ao termo o sentido mais exato que está presente nos trabalhos de pesquisa inspirados pelas intuições de Michel Foucault: de um certo tipo de governo de indivíduos, que, por sua vez, exige um certo exercício de poder por meio de um Estado forte, autoritário, por vezes violento, que visa uma nova articulação entre as esferas pública e privada.

Este livro foi composto em Adobe Garamond Pro e Paralucent.